神道祭祀の伝統と祭式

沼部春友・茂木貞純［編著］

戎光祥出版

神道祭祀の伝統と祭式

▼天孫降臨（国史絵画・神宮徴古館蔵

▲浄闇のなか行われる遷座祭（生田神社）

▼大寒の禊（鹿島神宮）

▲御棚神饌（春日大社）

▼賀茂祭神饌（賀茂御祖神社）

▲東游（氷川神社）

▼延喜楽（國學院大學観月祭）

序文

神道は、四方を海に囲まれ、春夏秋冬という恵まれた日本の気候風土の中で、有史以来、長年にわたって培われてきた我が国固有の民族宗教である。世界の多くの宗教が創唱宗教といわれ、教祖がいて、その教祖の宗教体験を綴られたものが教義・教典となり、これを信じて継承していくことが信者のつとめとされている。しかし、我が民族宗教である神道は教祖がおらず、教義・教典を有しないのである。『古事記』『日本書紀』をはじめとする日本の神話・古典から、先人の思考や生き様とその歴史を学び、今に生きる幸せな生活の規範を求めるのが神道生活の基本姿勢である。換言すれば、自然の恵みと勤労に感謝しつつ、敬神崇祖を基調とした精神文化の継承発展につとめることといえよう。

そこで、神道は歴史と伝統にもとづく祭祀を実践することが、もっとも肝要なつとめである。その神道の祭祀はおよそ四つに大別される。第一は、皇居の中に祀られている賢所・皇霊殿・神殿、すなわち宮中三殿を中心に行われる皇室祭祀。第二は、皇室の祖先神であられる天照大神をまつり、日本国民の総氏神と仰がれる伊勢の神宮の神宮祭祀。第三は、伊勢の神宮を除く全国神社で行われる神社祭祀。第四は、地方の民間で行われる民間祭祀である。

第一から第三までの祭祀については、戦前は国の法制として定められていた。それは本文にも述べたように、古代には神祇令と神祇式があり、明治以降は皇室祭祀令と同附式、神宮祭祀令と神宮明治祭式、官国幣社以下神社祭祀令と同神社祭式である。なお、神社祭式に関しては、祭典執行に際しての立ち居振る舞いなどの作法が全国の神社でいくつもの流儀で行われていたことから、これを統一するための検討がされ、明治四十年六月に「神社祭式行事作法」が制定されて、全国神社の祭祀が厳粛に執行されるようになったのである。

祭式という語が公式用語となったのは明治以降で、これは日本の古代からの法体系にもとづく造語である。

すなわち、律・令・格・式という四法典によって日本の法制が構成されていたことに着目しなければならない。律は今日の刑法、令は基本法、格は臨時法、式は施行細則ということである。だから、祭祀令は祭祀の基本法であり、祭式は祭祀令に定められたことの施行細則になるのである。

今日では、式という語が法律用語として使われることはほとんどないであろう。入学式や成人式などの式は式典あるいは儀式という意味で使用され、祭式といえば祭祀の式典とか祭祀の儀礼ととらえられる。また、祭祀を執行する神職には、祭典の式次第ととらえる方も多いようである。祭式という語がつくられた本来の意味は祭祀の施行細則であるから、祭典の次第はもちろん、祭典の要領、奉献する神饌・幣帛の品目・数量、奏上する祝詞文など、祭典執行に必要な細かな規則ということである。つまり、祭式とは祭典執行の方式ということになろう。

終戦まで、国の法制として定められていた神道の祭祀に関する法制が、戦後は占領政策によってすべて廃止となったが、それぞれの祭祀は歴史と伝統を重視して厳粛に継承されている。現在、全国八万社といわれる神社を統轄している神社本庁は、神社祭祀規程、神社祭式、神社祭式行事作法をはじめ、祭祀の服制・斎戒・服忌などに関する規程を定めて、祭祀の厳修につとめている。

本書は、民間祭祀を除く神道の祭祀全般にわたって、その歴史的変遷および祭祀・祭式の構成と意義等について述べたものである。神社祭式を取り扱った文献は、これまで制度史や祭典奉仕のための行事作法、すなわち祭式の実技面に主力が注がれ、神道祭祀と祭式を体系的にとらえたものはなく、本書はその嚆矢となろう。

本書の本文原稿は、國學院大學で祭式を担当している茂木貞純教授、星野光樹・高原光啓講師、それに元同大学で祭式を担当した小生の四名で執筆し、それぞれ執筆した文章の終りには記名しておいた。実は、これまで祭式学の樹立をめざして、四名で三年余にわたり毎月一回勉強会を重ね、ようやくここに出版の運びとなったのである。今後、さらにより良い祭式学となるよう、共に研鑽を続け、我が国の精神文化の基調である神道の祭祀がますます隆盛となることを念願するものである。

先に祭式の実技編である『新 神社祭式行事作法教本』を刊行していただいた戎光祥出版株式会社代表取締役社長伊藤光祥氏には、このたびの理論編刊行にも御高配と励ましをいただいたことに厚く御礼申しあげる。

終りに、本書の刊行にあたり、ご協力いただいた神社および各位に対し、深甚なる謝意を表して擱筆する。

平成三十年二月一日

沼部春友

【目次】

第一編　神道祭祀の淵源と展開

第一章　神道祭祀の淵源

一、日本神話と神道祭祀

日本神話が伝える所によれば、天照大御神《あまてらすおおみかみ》は高天原《たかまのはら》で稲作を行い、新穀を以って新嘗祭《にいなめさい》を行っている。須佐之男命《すさのおのみこと》は宇気比《うけひ》に勝ったことに乗じて、その水田を荒らし、新嘗の御殿に汚物を散らして悪さをする。「天照大御神の営田《みつくだ》の畔《あ》を離ち、その溝《みぞ》を埋め、その大嘗《おおにえ》聞こしめす殿に糞《くそ》まり散らしき」（『古事記』）「天照大神、天狭田《あめのさだ》・長田《ながた》を以て御田《みた》と為したまふ。時に素戔嗚尊、春は則ち重播種子《しきまき》し、且其の畔毀《あをはな》つ。秋は則ち天斑駒《あめのふちこま》を放ち、田の中に伏す。復天照大神新嘗《にいなめ》きこしめす時を見て、則ち陰に新宮に放糞《くそま》る」（『日本書紀』本文）。同様の伝承は『日本書紀』の一書にも見えている。

この結果、天照大御神は天石屋戸《あめのいわやと》に籠ってしまい、高天原も葦原中国《あしはらのなかつくに》も皆暗く常夜闇《とこやみ》になり、秩序が崩壊し平安な日常生活が営めなくなってしまう。そこで、八百万神々は相談して、天照大御神に天石屋戸から出て頂くように祭祀を行った。すなわち、天香具山から真賢木《まさかき》を採り、上枝に勾玉《まがたま》、中枝に八咫鏡《やたのかがみ》、下枝に紙垂《しで》を付けて、これを布刀玉命《ふとだまのみこと》が持ち、天児屋命《あめのこやねのみこと》が祝詞を申し、天宇受賣命《あめのうずめのみこと》が神楽を舞った。天宇受賣命が神懸りして裳緒《もひも》を陰《ほと》に押し垂れると、八百万の神々は大笑し大地が動くほどであった。

真賢木

勾玉

八咫鏡

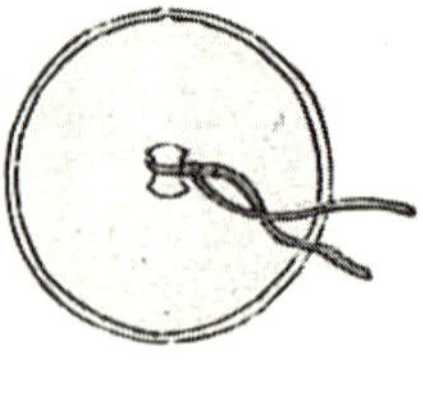

天照大御神は怪しく思い天石屋戸を細めに開き覗いたところ、八咫鏡にご自身の姿が写り、いよいよ怪しく思われて、身を乗り出されたところ、岩陰《いわかげ》に隠れていた天手力男神《あめのたぢからおのかみ》が御手をとり引き出された。天石屋戸にはすぐに注連縄《しめなわ》を張り、再び戻れないようにした。天照大御神が出現すると、高天原も葦原中国も自然と明るくなり、再び平和な秩序が回復した。

日本神話のなかで最も尊い神とされる天照大御神は、高天原で稲を栽培され、新嘗祭を行われていて、ご自身も神祭りをなさる御存在である。祭られる神であり、神に奉仕する神でもある。また、天石屋戸神話が伝えるのは、天照大御神は、天にあって光り輝く日神であり、秩序を支える根源神として信仰されて来たことがわかる。そして、皇室の祖神として御歴代の天皇が鄭重に祭りを御奉仕されてきた神でもある。

須佐之男命はこの事件をきっかけに追放され、出雲国に天降り、八岐大蛇《やまたのおろち》を退治する。助けた姫神の櫛名田姫《くしなだひめ》と結婚して、大国主神《おおくにぬしのかみ》が誕生する。大国主神は国土を開拓して国の発展に貢献するが、我が国は天照大御神の子孫が治める国と定まっていて、国譲り神話が展開される。

国譲りの交渉にまず立つのは、『古事記』では天照大御神の次子天菩比神《あめのほひのかみ》である。ところが、天菩比神は大国主神に媚びついて三年もの間復命しなかったと伝える。この後、天若日子が遣わされるが今度は国を奪おうという野心が起こり、天神の怒りに触れて殺されてしまう。

次に、建御雷神が遣わされて交渉が進む事になる。『日本書紀』（第三の一書）によれば、交渉の過程で天照大御神の神勅が発せられる。「夫れ汝が治《しら》す顕露《あらわに》事は、宜しくこれ吾孫《すめみま》治すべし。汝は即ち神事《かみごと》を治すべし。又汝が住むべき天日隅宮《あめのひすみのみや》は、今當《まさ》に供造《つく》りまつらむこと、即ち千尋栲《ちひろたく》縄《なわ》を以て、結《ゆい》て百八十紐《ももあまりやそむすび》にせむ。其の宮を造る制《のり》は、柱は則ち高く太く、板は廣く厚くせむ。（中略）又汝が祭祀《まつり》を主《つかさど》らむは、天穂日命《あめのほひのみこと》、是なりと」。この神勅により、天孫は現実世界を治め、大国

素戔嗚尊

天孫降臨（国史絵画・神宮徴古館蔵）

主神は神事《かみごと》を司ること。国譲りの条件として、※1出雲大社《いずもたいしゃ》（天日隅宮）を建設すること、大国主神の祭祀は天菩比神が奉仕することを明確にしている。出雲大社の創建とその祭祀伝統の起源を示す神話である。天菩比神（天穂日命）の子孫が、現在の第八十四代宮司千家尊祐氏であり、祭祀伝統が現代に続いている。

　平和裏に交渉が行われると、高天原から天照大御神の子孫の神が葦原中国に天降り、地上の生活が始まっていく。

二、神勅と神道祭祀

　国譲りの交渉が長びき、天照大御神の長子天忍穂耳命《あめのおしほみみのみこと》が天降る準備を整えていたが、孫の天津日高日子番能邇邇藝命《あまつひこひこほのににぎのみこと》（天津彦彦火瓊瓊杵尊）が天降ることとなる。このため、天孫降臨神話と呼ばれる。天津日高日子番能邇邇藝命は、天の太陽の子で稲穂がたくさん実る神という意である。邇邇藝命は、日向《ひゅうが》の高千穂峰《たかちほのみね》に天降る。高千穂峰は、高々と稲を積み上げた峰の意である。

※1　出雲大社　島根県出雲市大社町杵築東に鎮座する神社。正式名称は「いずもおおやしろ」で、天日隅宮（あまのひすみのみや）、杵築大社（きつきのおおやしろ）などと呼称される。主祭神に大国主命をまつる。本殿（国宝）は古代の代表的な神社建築様式である大社造を伝える。

この時、天照大御神は天孫邇邇藝命に勾玉、八咫鏡、草薙剣の三種神器を賜い、「これの鏡は、専《もは》ら我が御魂《みたま》として、吾が前を拝《いつ》くが如く拝《いつ》き奉れ」（『古事記』）と述べられ、天児屋命、布刀玉命、天宇受賣命などの神々がお供をして天降られた。この天照大御神のお言葉が神勅である。『日本書紀』の一書には、これ以外の神勅も伝えているので紹介してみたい。

天壌無窮《てんじょうむきゅう》の神勅

豊葦原《とよあしはら》千五百秋《ちいほあき》之《の》瑞穂《みずほ》の国は、是れ吾が子孫《うみのこ》の王《きみ》たるべき地なり。宜しく爾皇孫《いましすめみま》、就《ゆ》きて治せ。行矣《さきくませ》。寶祚《あまつひつぎ》の隆《さか》えまさむこと、當に天壌《あめつち》と窮《きわまり》無《な》かるべしと。

宝鏡奉斎《ほうきょうほうさい》の神勅

吾が児《みこ》、此の寶鏡《たからのかがみ》を視《み》まさんこと、當に吾《あれ》を視るがごとくすべし。與《とも》に床《みゆか》を同くし殿《みあらか》を共にして、斎鏡《いわいのかがみ》と爲可《なすべ》しと。

斎庭稲穂《ゆにわのいなほ》の神勅

吾が高天原に所御《きこしめ》す斎庭《ゆにわ》の穂を以て、亦吾が児に御《まか》せまつるべしと。

これらの神勅を総称して、三大神勅と呼ぶ。また、高皇産霊尊の神勅として伝承される次の神勅もある。

神籬磐境《ひもろぎいわさか》の神勅

吾は則ち天津神籬《あまつひもろぎ》及び天津磐境《あまついわさか》を起樹《た》てて、當に吾孫の為に斎《いわ》ひ奉らむ。汝、天児屋命・太玉命は、宜しく天津神籬を持ちて、葦原中国に降りて、亦吾孫の為に斎ひ奉れと。

天壌無窮の神勅は、葦原中国は皇孫が治めるべき国であるとの宣言と、寶祚《ほうそ》（皇位）が天壌と共に窮り無いようにという祝福の言葉である。宝鏡奉斎の神勅は宮中の賢所《かしこどころ》の起源を示し、第十代崇神天皇の御代に御鏡が宮中の外に祭られるようになり、※2伊勢神宮《いせじんぐう》の創祀につながってゆく。

※2　伊勢神宮　正式な名称は「神宮」。皇大神宮（内宮）、豊受大神宮（外宮）をはじめ、両宮に所属する別宮、摂社、末社、所管社、その他の施設を包めた神社郡の総称をいう。古来、神宮の祭祀は天皇が直轄するものとされ、天皇の御杖代（みつえしろ）となる斎宮が置かれた（後醍醐天皇の御代に廃止）。近代では社格の対象外とされたが、戦後は昭和二十一年に宗教法人となる。

高千穂峰の山頂に立てられた天逆鉾（宮崎県・鹿児島県）

神武東征（国史絵画・神宮徴古館蔵）

宮中祭祀、神宮祭祀の原点にある神勅である。斎庭稲穂の神勅は、高天原で天照大御神が栽培していた稲種を私たちの糧として下賜されたという信仰的伝承を示す神勅である。したがって、稲の栽培は神授の仕事であり、季節ごとに神事を重ねて稲作を行い、収穫の後は新嘗祭を行う。神道祭祀が稲作と密接に関係していることを示す神勅である。

神籬磐境の神勅は、天皇の玉体を守護するため神祇官に設けられた※3八神殿《はっしんでん》の起源を伝えていて、その奉仕に中臣・忌部の両氏があたってきた起源を示す。

忌部氏の伝承を書き留めた※4『古語拾遺《こごしゅうい》』には、この神勅の際に「太玉命諸部《もろとも》の神を率て、其の職《つかさ》に供《つか》へ奉ること、天上《あめ》の儀《のり》の如くせよ」と言葉を添えられたという。高天原でお仕えしていたように葦原中国に行っても奉仕しなさい、という内容である。これは、地上の生活が天上の有りさまを移したというものだという考え方、信仰を示している。つまり、祭祀伝統は高天原に始まり、地上の世界がこれを受け継ぎ大切にしてきたのである。

三、神武天皇建国伝承と崇神朝の神祇制度

天孫邇邇藝命《ににぎのみこと》は、高千穂峰《たかちほのみね》に天降ると、山神の娘木花佐久夜毘売《このはなさくやひめ》と結婚して、三人の男子を

※3　八神殿　律令制度のもとで神祇官西院に設けられた神殿。天皇を守護する八神が祭られた。『延喜式』には神産日神・高御産日神・玉積産日神・生産日神・足産日神・大宮売神・御食津神・事代主神とあり、御巫という童女たちが奉仕した。

※4　『古語拾遺』　斎部広成（いんべのひろなり）著。大同二年（八〇七）に成る。中臣氏と共に祭政に携わってきた斎部氏が一族の衰微を歎き、氏族の伝承を記して朝廷に献上した。記紀などに見られない伝承も記されている。

授かるが、跡継ぎになられたのは末子の火遠理命《ほおりのみこと》（山幸彦）で、またの名は天津日高日子穂穂出見命《あまつひこひこほほでみのみこと》といい、天の太陽の子で稲穂がたくさん出るという意である。火遠理命は、海神の娘豊玉毘売《とよたまひめ》と結婚して、鵜葺草葺不合命《うがやふきあえずのみこと》を授かる。鵜葺草葺不合命は、母である豊玉毘売の妹、玉依毘売《たまよりひめ》と結婚して四人の男子を授かり、末子の若御毛沼命《わかみけぬのみこと》が、日向国から大和国に東征して、橿原宮《かしわらのみや》に神武天皇《じんむてんのう》として即位される。日本国の建国である。若御毛沼命は神倭伊波禮毘古命《かむやまといわれひこのみこと》とも言い、彦火火出見《ひこほほでみ》とも称した。祖父の穂穂出見命と同名である。

高天原から天降った皇孫は、山と海に代表される地上の神の娘と結婚して融和し、稲の豊作を体現する名前を名付けられ、豊かで幸せな生活を期待されて、初代天皇として即位される神武天皇に繫がってくる。お米を主食として発展してきた背景が、神話伝承の中にはっきりと伝えられている。

鳥見山の郊祀（国史絵画・神宮徴古館蔵）

神武天皇は東征の長い旅を終えられ、大和国を平定されて、人々のために立派な国を建てようと理想を掲げられて橿原宮を造営され、辛酉年《かのととり》春正月元旦に即位された。その四年後に鳥見山《とみやま》[※5]に祭場を設けて、天照大御神を祭り感謝の祈りを捧げられた。その時の詔勅に

「我が皇祖《みおや》の霊《みたま》、天より降《くだ》りみて、朕が躬《み》を光《てら》し助けたまへり。今諸の虜《あだども》已に平《たいら》ぎ、海内《あめのしたしずか》無事なり。天神を郊祀《まつ》りて、用て大孝《おやにしたがうこと》を申《の》べたまふべきなりと。」

と述べられた。

第十代崇神《すじん》天皇の五年に疫病がはやり、国民の大半

※5　鳥見山　奈良県桜井市にある丘陵。標高七三四・六メートル。神武天皇に関する伝承がある。

神武天皇即位の地に建つ橿原神宮（奈良県）

が死亡する大事件が起こる。多くの国民が土地を離れてさすらい、反乱を起こす者もあり、平穏な政治が行えなくなる。天皇は早朝に起き、夜遅くまで神々に祈った。この時、宮中にまつってきた神鏡を、豊鍬入姫命《とよすきいりひめのみこと》に命じて倭の笠縫邑《かさぬいのむら》に祭ることにした。その理由を「其の神の勢《みいきおい》を畏《おそ》れて、共に住みたもうに安からず」と記している。また、神鏡と天叢雲剣《あめのむらくものつるぎ》（草薙剣）とを再鋳して宮中に留め置かれ、護身の御璽《みしるし》とされた。この後、垂仁天皇の時代になって神鏡と天叢雲剣は伊勢に遷され、伊勢神宮が創祀されることとなる。

さらに、疫病の流行が大物主神の祟りであることが判明し、子孫の大田田根子《おおたたねこ》を神主として祀れば平穏になるであろうとの託宣があり、その通りにすると平安が回復した。その後、天神地祇の社（天社・国社）や神地《かんどころ》・神戸《かんべ》を定めて祭祀を行い、※6墨坂神《すみさかのかみ》・大坂神《おおさかのかみ》に楯矛を奉り祭祀をおこなうと災いはすべて無くなり、国家は静謐《せいひつ》を回復し繁栄したと伝えている。

以来、御歴代の天皇は、祭祀を厳修されて現代にいたる。そのことを最も端的に伝えているのが、第八十四代順徳天皇《じゅんとくてんのう》の※7『禁秘抄《きんぴしょう》』である。

賢所　凡そ禁中の作法は、先ず神事、後に他事とす。旦暮《あけくれ》敬神の叡慮懈怠《けたい》無し。白地《あからさま》にも神宮并に内侍所《ないしどころ》の方を以て、御跡《みあと》と為さず。萬物出で来るに随ひて、必ず先ず台盤所の棚に置き、女官を召して奉らる。或は内侍参りて之を奉る。

賢所は、崇神天皇の時に神鏡を再鋳し宮中に留めおかれた神鏡をまつる御殿のことである。これにより、鎌倉時代になっても厳重に祭祀伝統が守られていることが確認できるのである。また、『禁秘抄』は皇室にあって後世の亀鑑とされたので、「先神事」の御精神は今日も不変である。たとえば、江戸初期に第一〇八代後水尾天皇《ごみずのおてんのう》は、『禁秘抄』の冒頭のことについて「今以かたく守らるゝ一ヶ條也」（『當時年中行事』）と仰せになられている。

※6　墨坂神・大坂神　『日本書紀』崇神天皇九年春三月十五日の条に、「天皇の夢に、神人（かみ）有して誨へて曰はく、赤盾八枚、赤矛八竿を以て墨坂神を祠（まつ）りたまへ。亦、黒盾八枚、黒矛八竿を以て、大坂神を祠りたまへと」とある。鎮座地については諸説あるが、墨坂神は墨坂神社（奈良県宇陀市榛原に鎮座）、大坂神は大坂山口神社（奈良県北葛城郡香芝町に鎮座）が有力とされている。

※7　『禁秘抄』　順徳天皇御著。上中下三巻。宮中の宝物・殿舎、毎日および毎月の恒例および臨時の公事・神事、仏事などの次第、天皇と側近の臣の心得るべき故実・芸能、禁中から出す文書の在り方、側近の臣の選択の重要性とその奉仕事務の限界などを説いている。『禁中抄』『建暦御記』などともいう。

四、皇御孫命《すめみまのみこと》としての天皇

　皇孫の天津日高日子番能邇邇藝命は、皇御孫命と呼ばれる。同時に、歴代の天皇も皇御孫命と称される。天照大御神に相対する時、歴代の天皇はすべて天照大御神のご子孫で、皇御孫命のお立場で祭祀を行うということの表明である。

たとえば、古代律令国家における祈年祭祝詞の冒頭は、

　集侍《うごな》はれる神主《かんぬし》・祝部《はふりべ》等諸聞食《きこしめ》せ、と宣る。

　高天原に神留ります皇睦神漏岐命《すめむつかむろぎのみこと》・神漏彌命《かむろみのみこと》もちて、天社《あまつやしろ》・國社《くにつやしろ》と稱辭竟《たたえごとお》へまつる皇神等の前に白さく、今年二月に御年《みとし》初めたまはむとして、

　皇御孫命《すめみまのみこと》の宇豆《うず》の幣帛《みてぐら》を朝日の豊逆登《とよさかのぼ》りに、稱辭竟《たたえごとお》へまつらく、と宣る。

という文章で始まる。祈年祭祝詞は、神祇官に参集した百官を前に諸国から集まった神主・祝部等に中臣が祈年祭祝詞を宣り聞かせる、という形式をとる。末尾の部分を現代語訳すると「皇御孫命の立派な幣帛を朝日が輝き登る時にお供え申し上げますと（御神前に奏上するよう）、宣り聞かせます」となる。

　皇御孫命とはもとより天皇のことであるが、古代律令国家当時にあっては、天皇には四種類の称号が用いられた。※8儀制令《ぎせいりょう》によれば、祭祀には天子、詔書には天皇、華夷《かい》には皇帝、上表文には陛下、と称《しょう》することが決められている。祭祀においては天子を用いるのである。この天子は、天命を受けて国を治める天帝の子の意、すなわち天照大御神の子孫である天皇の意で、口頭で称《とな》える時は「須売弥麻乃美己等《すめみまのみこと》」（※9『令集解《りょうのしゅうげ》』）と訓むとしている。

※8　儀制令　令の篇目。令釈に「儀、朝儀也、制、法制也」と註されているように、広く朝儀に関する法令。『養老令』では二十六条よりなる。天皇に対する称号の別や国忌、臣下の儀礼作法のことなどを定める。

※9　『令集解』　養老令を注釈した諸家の私記を集大成した書。九世紀後半に、惟宗直本によって編された。五十巻中三十六巻が伝わる。

つまり、歴代の天皇は天照大御神の神勅を奉じて、日本国を統治し祭祀を行う御存在ということになる。ここに神道祭祀の本質が現れている。祭祀の起源は、天照大御神の神勅にあるが、歴代の天皇は時空を越えて、皇御孫命の立場で祭祀に臨むのである。皇室における「先神事」の伝統は、この本質に由来する言葉でもあるわけである。

八世紀初頭に律令制度が整備される中で、神祇令の中に、天皇の即位儀礼である大嘗祭《だいじょうさい》を規定したのは、天皇が神祭りと本質的に密接で、不可分な関係であるという認識からきている。

即位大嘗祭は、同時に毎年の新嘗祭《にいなめさい》と基本的には同じ構造内容の祭りである。即位時に一回限りの祭りでは無く、毎年繰り返されるのである。毎年、天皇は天子である皇御孫命のお立場を自覚される、ともいうことができる。その意味で、祭祀を通じて天皇は始原に帰るといってもよい。南北朝時代の公卿の※10北畠親房《きたばたけちかふさ》は「代クダレリトテ自ラ苟《いやし》ムベカラズ。天地ノ始《はじめ》ハ今日ヲ始トスル理《ことわり》ナリ。常ニ冥ノ知見ヲカエリミ、神ノ本誓ヲサトリテ、正ニ居センコトヲ志ザシ、邪ナカランコトヲ思給ベシ」（『神皇正統記』）と述べている。まことに、至言というべきである。

五、神道祭祀の継続と発展

以上、皇室祭祀を中心に祭祀の淵源とその展開について述べてきたが、伊勢神宮においても、出雲大社においても、全国の神社においても盛衰はあるが、遠く神代より祭祀が継続されて今日に至っている。特に伊勢神宮において、式年遷宮の制度が第四十代※11天武天皇《てんむてんのう》の時代に立てられ、持統《じとう》天皇四年（六九〇）に第一回式年遷宮が行われた。以後、二〇年ごとに遷宮を繰り返し今日

※10　北畠親房　永仁元年（一二九三）―文和三年（一三五四）。南北朝時代の公家。後醍醐天皇の親任厚く、南朝の中枢として活躍する。延元四年（一三三九）『神皇正統記』を著述した。吉野で後村上天皇を助けて南朝の支柱となる。他に『元元集』『職原抄』『関城書』などがある。

※11　天武天皇　〈生年不祥〉―朱鳥元年（六八六）。第四十代天皇。舒明天皇の第三皇子。母は皇極（斉明）天皇。幼名を大海人皇子という。天武元年（六七二）に大友皇子（弘文天皇）を破り、飛鳥浄御原に即位。律令制による中央集権国家の建設に尽力した。伊勢神宮の祭祀を重んじ、国造を諸国の大祓（おおはらえ）に奉仕させるなど、天皇に祭祀権を集中させた。

に至っている事実は、祭祀の強い継続性を証明するものである。中世戦乱の時代に百二十年余の中絶期があるが、平和な時代が到来すると再興されるということも、大きな特徴であろう。

神代の昔から神々の加護を得て発展してきた日本の歴史は、次掲の明治天皇の御製（『類纂新輯明治天皇御集』）に明らかである。

わがくには神のすゑなり神まつる昔のてぶりわするなよゆめ

おごそかにたもたざらめや神代よりうけつぎきたるうらやすのくに

ちはやふる神のまもりによりてこそわが葦原のくにはやすけれ

天てらす神の御光ありてこそわが日の本はくもらざりけれ

めにみえぬ神のこころにかよふこそ人の心のまことなりけれ

とこしへに國まもります天地の神のまつりをおろそかにすな

神道祭祀の特徴は、前述の通り毎年原点に立ち戻り、同じ祭祀を繰り返す。そのため伝統は厳格に墨守されるが、同時に新時代の文化も取り入れることに抵抗はない。原点を守りつつ、その時々の流行をも積極的に取り入れている。時間は永遠に回帰するので、そこに参加する神職や氏子等は、時代時代の人々がそうであったように、神々と真摯に向き合う事になる。その姿勢は、神に近づくにあたり心身の清浄を尊ぶことから、物忌《ものいみ》・水垢離《みずごり》・禊《みそぎ》などの習俗が良く残っていて、今日でも厳格に守られている。

清浄を追求する姿勢から、浄明、正直、誠、嘘をつかない等の倫理を大切にする気風が培われ、日常倫理の根本を形作ってきた。神道祭祀は、日本の国民性を形成する大本でもあった。神道祭祀をますます振興させなければならない所以である。

（茂木貞純）

大寒の禊（茨城県・鹿島神宮）

第二章　古代国家と祭祀制度史

一、律令制度

わが国の古代における法制は、律令時代ともいわれるように、七世紀後半から十世紀前半に編纂施行された、律《りつ》・令《りょう》・格《きゃく》・式《しき》という四つの法典によって構成されていた。

律は今日の刑法に相当し、令は律に定められた以外の国家統治のための基本法である。格は律令の修正または不備を補うため、臨時に発せられた詔《※1みことのり》・勅、官符《※2かんぷ》などの類で、その後も永例となったものが多い。そして、式は律令格の施行細則というべきものである。

これらが編纂施行された時期は、天武天皇[※3]十年（六八一）に編纂が開始され、持統天皇三年（六九二）に施行されたという飛鳥浄御原令《あすかきよみはらりょう》があったとされるが、これは現存しておらず詳かでない。次に、文武天皇の大宝元年（七〇一）に制定された大宝律令がある。これは令が大宝元年に、律がその翌年に施行されたといわれている。そして、元正天皇の養老二年（七一八）に編纂が開始され、天平宝字元年（七五七）に施行されたという養老律令各十巻をもって、律令が一応完成を見たのである。

大宝律令・養老律令ともに原法典の全文は伝わらないが、これまでの研究により、大宝律令と養老律令とは大した相違がないことから、養老律令は大宝律令を継承したものであることは明ら

※1　詔・勅　天皇の御言葉。おおせ。おおみこと。『令義解』第三十一公式令によれば、「詔」の字は臨時の大事に用い、また「勅」は尋常の小事に用いるとされている。

※2　官符　太政官符の略称。符は所管（管理する側）から被管（律令制で、上級官庁に直属する官庁。省の管轄下にある寮・司など）に下す文書なので、官符が扱う領域には、太政官被管の八省・弾正台および神祇官など在京官司と、大宰府・諸国など地方官司とがあった。

※3　天武天皇　10頁註11参照。

※4　『令義解』『養老令』の公的注釈書。十巻。天長三年（八二六）に明法博士額田今足が令の解釈に統一的な見解の必要性を上申したことによる。天長十年に成立。

かなようである。令の注釈については、養老令の公的注釈書である※4『令義解《りょうのぎげ》』十巻が勅命によって作成された。これは右大臣※5清原夏野《きよはらのなつの》以下十二名が編纂にあたり、明法家《みょうぼうか》（法律家）のみならず、※6菅原清公《すがわらのきよとも》・※7小野篁《おののたかむら》などの文人も携わって、天長十年（八三三）十二月に上奏、翌承和《じょうわ》元年（八三四）十二月に詔により施行されたのである。

『令義解』が養老令の公的注釈書であるのに対して、その後、私的な注釈書である『令集解《りょうのしゅうげ》』がつくられた。これは書名が示すごとく、それまでに説かれてきた養老令の諸学説を集成したもので、本書の編者は※8惟宗直本《これむねのなおもと》とされ、三十五巻が現存する。前述のように、養老令も原法典全部は伝わらないが、『令義解』や『令集解』によって原本文を知ることができるのである。

次に、「格《きゃく》」について述べる。まず格というのは、前述の通り、律令を部分的に改めるにあたって、臨時に発せられた詔・勅、官符の類を集めた古代の法令集で、弘仁格《こうにんきゃく》・貞観格《じょうがんきゃく》・延喜格《えんぎきゃく》の三代格があった。

弘仁格は弘仁十一年（八二〇）四月に撰進して、天長七年（八三〇）十一月に施行した全十巻である。貞観格は弘仁十一年（八二〇）から貞観十一年（八六九）までの間を対象に編纂し、貞観十一年（八六九）四月に撰進して、同年九月に施行した全十二巻である。延喜格は、貞観十一年（八六九）から延喜七年（九〇七）までの間を対象に編纂し、延喜七年十一月に撰進して、翌八年十二月に施行した全十二巻である。

これら格の編纂にあたっては、対象期間に出された詔・勅、官符などのすべてではなく、不要なものを除くなどして行われた。三代格とも巻一神祇・中務で、巻二以降が式部・治部・刑部・雑・臨時などとなっている。なお、三代格は再編成されて『類聚三代格《るいじゅうさんだいきゃく》』や※9『政事要略《せいじようりゃく》』などに引用されていて、その大部分の内容を知ることができる。

※5　清原夏野　延暦元年―承和四年（七八二―八三七）。平安時代の公卿。正五位下小倉王の第五子。『日本後紀』（承和四十年成立）の撰修にも与り、天長十年二月『令義解』を奉撰した。

※6　菅原清公　宝亀元年―承和九年（七七〇―八四二）。平安時代初期の文人。延暦二十三年（八〇四）遣唐判官として入唐し、翌年帰朝。弘仁九年（八一八）彼の献議により、儀式や衣服などを唐風に改める詔が下る。『令義解』や勅撰三集の撰者として名を連ねる。

※7　小野篁　延暦二十一年―仁寿二年（八〇二―八五二）。平安時代前期の公卿、文人。『令義解』撰修に加わり、承和元年（八三四）には遣唐副使を命ぜられた。

※8　惟宗直本　生没年不詳。平安時代の明法家。勘解由次官などを経て主計頭となり明法博士を兼ねた。

次に「式《しき》」についてであるが、法制用語としては律令格の施行細則という内容のものである。単に祭典や儀礼の順序次第を指すのではない。わが国の古代法制だけではなく、明治以降も終戦に至るまで、近代法令の施行細則を意味する法令用語として用いられていたのである。

式については、正式には施行されなかったといわれる、※10石川年足《いしかわのとしたり》（六八六～七六二）編の『別式』二十巻があったとされ、また、官吏の交代に関して定めた、延暦・貞観・延喜の交替式などもあったが、本書で学ぼうとする神道祭祀をも含めた公式の「式」としては、弘仁・貞観・延喜の三代式である。三代式は三代格と合せ三代格式とも称されるが、これらのうち『延喜式』だけがほぼ全部現存し、他はみな逸文《いつぶん》でしか伝わっていない。そこで今日、式といえば『延喜式』を指すのである。

まず、『弘仁式』四十巻から述べよう。これは桓武天皇の命を受けて編纂が開始されたが、天皇の崩御に伴って中断した。のち嵯峨天皇の御代になって再開し、弘仁十一年（八二〇）四月に奏進となったが、さらに修正が施されるなどして、二十年後の承和七年（八四〇）四月になってようやく施行された。しかし、これは現存しておらず、※11『本朝法家文書目録《ほんちょうほうかもんじょもくろく》』によると、全四十巻のうち巻数では四分の一に相当する第一から第十までが神祇《じんぎ》で、第一四時祭《しじさい》、第二臨時祭、第三大神宮、第四斎宮《さいぐう》、第五践祚大嘗祭《せんそだいじょうさい》、第六祝詞《のりと》、第七～第十神名《しんめい》となっている。

次に『貞観式』二十巻であるが、これは貞観十三年（八七一）八月に奏進され、同年十月に施行となった。弘仁式に比して巻数は半分である。それは弘仁式が継続して施行され、弘仁式に定められているものを一部改訂し、不足している事項を新たに増補した部分が貞観式として定められたからである。なお、弘仁式を継承改訂した条文には「前式」、新たに増補した条文には「今案」と表記されている。これも現存しておらず、『本朝法家文書目録』によると、全二十巻のうち第

※9　『政事要略』　平安中期の法制書。明法博士惟宗允亮（これむねのまさすけ）撰。長保四年（一〇〇二）頃成立。一三〇巻のうち二十五巻が現存する。朝儀・制度・吏務の事を類別に集成。政務に関するあらゆる制度事例を掲げている。

※10　石川年足　持統天皇二年—天平宝字六年（六八八—七六二）奈良時代の貴族。蘇我氏の直系にあたる。律令と並ぶ『別式』政策の必要を述べた封事を上り、『別式』二十巻を編集したが、施行はされなかった。

※11　『本朝法家文書目録』　律令法典・法律書の図書目録。一巻。編者不明。平安時代中期以降成立と考えられている。律（五部）・令（五部）・格（四部）・式（十五部）・雑（十四部）の五類に分かれ、『（養老）律』から『天長格抄』に至る計四十三部の法典・注釈書などの名称や巻数を掲げて、その多くについて成立の経緯や内容の構成・篇目を示す。

一から第五までが神祇で、全体の四分の一の巻数を占めているのである。

次に『延喜式』五十巻で、神祇に関することをはじめ、わが国の古代史研究に欠くことのできない貴重な文献である。本書は延喜五年（九〇五）八月、※12醍醐天皇《だいごてんのう》の命を受けて※13藤原時平《ふじわらのときひら》をはじめとする十二名の編纂委員によって編纂が進められた。弘仁式と貞観式を併用するのではなく、これら二式をもとに新たな式の編纂ということもあって、時平の没後は弟の忠平が受け継いで編纂を進めた。撰進は延長五年（九二七）十二月であったが、その施行はそれから四十年後の康保四年（九六七）十月になってからであった。

二、神祇官と律令祭祀

わが国の古代における政府機関は、大宝令によって制定された。これによると、中央には神祇《じんぎ》官《かん》と太政官《だいじょうかん》という二つの最高官庁が設置され、神祇官は神祇を尊重するわが国特有の官庁で、朝廷で行われる神祭りをはじめ、天つ神国つ神の祭祀、神々に仕える祝部《はふりべ》、神社の経済を支える神戸《かんべ》の管理など、神祇行政全般を統轄していた。

わが国が古来、神祇を尊重する国柄であることは、『日本書紀』によれば第三十六代孝徳天皇（六四五―六五四在位）に蘇我石川麻呂大臣が、「先ずもって神祇を祭鎮《いわいしず》めて、然して後に応《まさ》に政事《まつりごと》を議《はか》るべし」と奏しており、第八十四代順徳天皇（一二一〇―一二二一在位）の御撰である※14『禁秘抄《きんぴしょう》』には、「およそ禁中の作法は神事を先とし他事を後とす」とある。禁中とは宮中のことであるから、これらの文献から国政においても宮中においても神事を最優先としていたことが

※12　醍醐天皇　仁和元年―朱雀八年（八八五―九三〇）【在位八九七―九三〇】。宇多天皇の第一皇子。寛平九年七月、十三歳で即位。『三代実録』『延喜式』の編纂、『古今和歌集』の勅撰などの国家的事業を行った。

※13　藤原時平　貞観十三年―延喜九年（八七一―九〇九）。平安時代前期の政治家。藤原基経の長男。醍醐天皇を補佐し、「延喜の治」を推進したとされる。

※14　『禁秘抄』　8頁註7参照。

うかがえるのである。

太政官は律令時代にはダイジョウカン、明治維新に設置されたものはダジョウカンとよむことが多いが、特に決められたものではない。太政官は国および諸国を総括し、国政を統轄する最高機関である。その組織は中務《なかつかさ》・式部《しきぶ》・治部《じぶ》・民部《みんぶ》・兵部《ひょうぶ》・刑部《ぎょうぶ》・大蔵《おおくら》・宮内《くない》の八省、弾正台《だんじょうだい》の一台、衛門府《えもんふ》・左右衛士府《えじふ》・左右兵衛府《ひょうえふ》の五衛府などが、さらに省の下には十六寮、二十八司その他で構成されていた。

神祇に関する基本法は神祇令であるが、官制を規定した職員令《しきいんりょう》によると、神祇官の長官を伯といい、※15伯《はく》の職掌は、

神祇の祭祀。祝部《はふりべ》、神戸《かんべ》の名籍《みょうじゃく》、大嘗《おおにえ》、鎮魂《たましずめ》、御巫《みこ》、卜兆《うらかた》、官の事を惣判《そうはん》する事を掌る。
餘の長官、事を判《はん》ずること此に准ぜよ。

とある。つまり、神祇官の長官は、神祇の祭祀全般を総括していたということである。そこで、神祇令をみると、その冒頭に、

凡そ天神地祇は神祇官みな常の典《のり》に依りて祭れ

とある。すなわち、天《あま》つ神（天神《あまつかみ》）国つ神（地祇《くにつかみ》）は神祇官が本令に定めた通りに祭祀を執行せよということである。ここでいう天神地祇については、義解に次のように記してある。

謂《い》ふ。天神とは、伊勢《いせ》、山城《やましろ》の鴨《かも》、住吉《すみよし》、出雲国造《いずものくにのみやつこ》が斎《いつ》く神等の類《たぐい》是れぞ。地祇とは※16大《おお》神《みわ》、大倭《おおやまと》、葛木《かつらぎ》の鴨《かも》、出雲の大汝神《おおなむちのかみ》等の類是れぞ。常典とは、此の令に載する所の祭祀の事条《じじょう》是れぞ。

これらを現在の地名・神社名で記すと、天つ神（天神）とは、伊勢は伊勢の大神宮の神、山城の鴨は京都市の賀茂御祖《かものみおや》・賀茂別雷《かものわけいかづち》神社の神、住吉は大阪市の住吉大社の神、出雲の国造が斎

※15　伯　律令制で神祇官の長官のこと。神祇伯（じんぎはく）とも。従四位下相当官。神祇の祭祀、祝部、神戸の名籍などを司った。平安時代中期に皇族である王が任官され、平安末期以降に白川家が世襲した。明治二年（一八六九）に神祇官の再興に際して再び設けられたが、同四年に廃止された。

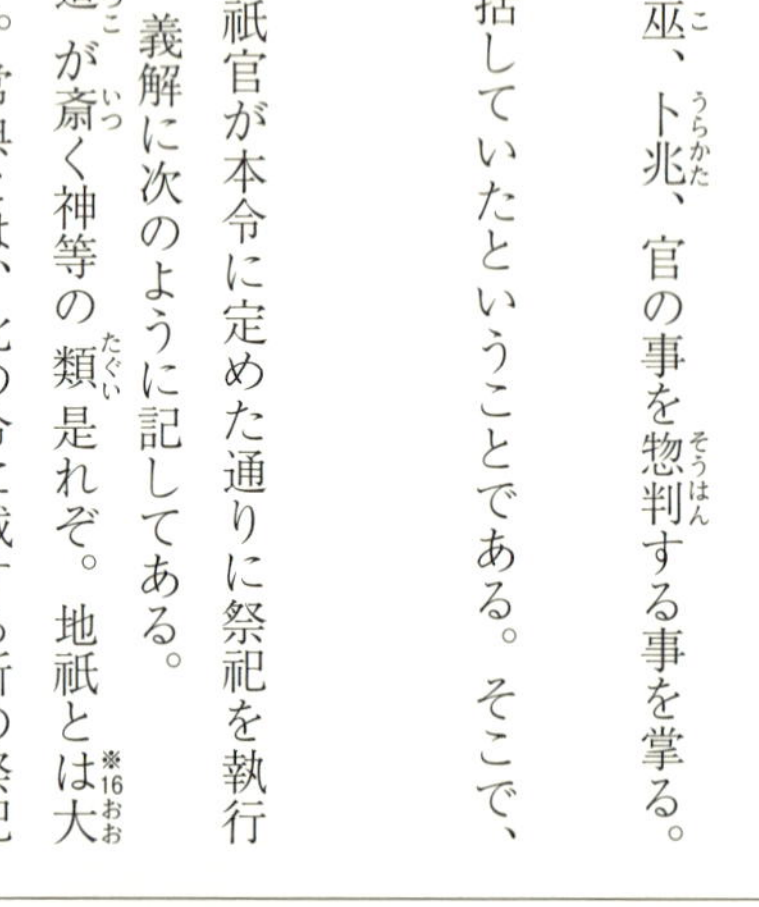

※16　大神　大神神社。奈良県桜井市三輪の三輪山に鎮座する大和国一宮。旧官幣大社。『延喜式』には大神大物主神とみえ、大物主神をまつる。

く神は島根県松江市の熊野神社の神等の類を称する。国つ神（地祇）とは、奈良県桜井市の大神《おおみわ》神社の神、同県天理市の大和《おおやまと》神社の神、葛木《かつらぎ》の鴨は同県御所市の鴨都波《かもつば》神社の神、出雲の大《おお》汝神《なむちのかみ》は島根県出雲市の出雲大社の神等をいうのである。

『令集解』には、天つ神国つ神について「跡に云う。天より下り坐しし神（天つ神）といい、地に就いて顕れしを祇（国つ神）という」とある。しかし、義解にいうところの天つ神の中に記されている住吉の神は、『※17釈日本紀《しゃくにほんぎ》』では『摂津国風土記』を紹介して、地上にてお生れになったとある。これとは逆に、『出雲風土記』では「大国魂命、天降りましし」とあるのに、これが国つ神とされているなど、如上の天つ神国つ神の区別は一応のもので、厳密な基準を示すことはできないということになる。

神祇令に制定されている四時の祭祀名と、その義解を左に掲載する。「謂ふ」とある以下が、義解の文章である。

仲春《ちゅうしゅん》

祈年祭《としごいのまつり》

謂《い》ふ。祈は猶《な》ほ祷《とう》の如し。歳《とし》の災《わざわい》作《おこ》らず、時令《じれい》を順度ならしめむと欲《ほっ》して、即ち神祇官に於て祭る。故に祈年《としごい》と曰《い》ふ。

季春《きしゅん》

鎮花祭《はなしずめのまつり》

謂《い》ふ。大神《おおみわ》、※18狭井《さい》の二《ふたつ》の祭なり。春の花飛散《ひさん》する時に在《おい》て、疫神分散《えきじんぶんさん》して癘《れい》を行ふ。其の鎮遏《ちんあつ》の為に必ず此の祭有り、故に鎮花《はなしずめ》と曰《い》ふ。

孟夏《もうか》

※17　『釈日本紀』　鎌倉時代中期に著された『日本書紀』の注釈書。卜部兼方（懐賢）著。二十八巻。『釈紀』ともいう。成立年は未詳。『日本書紀』を講読してきた諸博士の説と、卜部家の実学を集大成して本書を著した。

※18　狭井　狭井神社。正式には狭井坐大神荒御霊神社という。大神神社の摂社で、『延喜式神名帳』に記載されている。

住吉大社（大阪市）

神衣祭《かんみそのまつり》

謂《い》ふ。伊勢の神宮の祭なり。此《こ》れ神服部《かんはとりら》等、斎戒潔清《さいかいけっせい》にして、参河《みかわ》の赤引神調《あかひきのかんつぎ》の絲を以《も》て、神衣《かんみそ》を織り作り、又麻績連《おみのむらじら》等、麻《お》を績《う》みて敷和衣《うずはたのみそ》を織《お》りて、神明に供す。故に神衣《かんみそ》と曰《い》ふ。

三枝祭《さいぐさのまつり》

謂《い》ふ。率川社《いさかわのやしろ》の祭なり。三枝《さいぐさ》の花を以《も》て、酒罇《みか》に飾りて祭る。故に三枝と曰《い》ふ。

大忌祭《おおいみのまつり》

謂《い》ふ。※19広瀬《ひろせ》、※20龍田《たつた》の二の祭なり。山谷《さんこく》の水変《みずへん》じて甘水《あまきみず》と成り、苗稼《びょうか》を浸《ひた》し潤《うるお》し、其の稔《みのり》を全《まっと》うすることを得《え》しめむと欲《ほっ》す。故に此の祭有り。

風神祭《かぜのかみのまつり》

謂《い》ふ。亦広瀬、龍田の二の祭なり。沴風《れいふう》吹かず、稼穡《かしょう》滋登《ますますみの》らしめむと欲す。故に此の祭有り。凡《およ》そ此の四の祭を読むことは、先ず神衣を読み、其の次に三枝《さいぐさ》、其の次に大忌、其の次に風神なり。即ち公式令《くしきりょう》の連署《れんしょ》と義《ぎ》同じ。以下の諸祭も並此の例に准ぜよ。

季夏《きか》

月次祭《つきなみのまつり》

謂《い》ふ。神祇官に於て祭る。祈年祭と同じ。即ち庶民《しょにん》の宅神祭《やかつかみのまつり》の如し。

道饗祭《みちあえのまつり》

謂《い》ふ。※21卜部《うらべら》等、京城《きょうじょう》の四隅《よすみ》の道の上に於て祭る。言ふは、鬼魅《きみ》の外《そと》より来る者をして、敢へて京師《きょうし》に入らざらしめむと欲す。故に預《あらかじ》め道に迎へて饗《あえ》し遏《とど》むるなり。

鎮火祭《ほしずめのまつり》

謂《い》ふ。宮城《きゅうじょう》の四方《よも》の外《そと》の角《すみ》に在《おい》て、卜部《うらべ》等、火を鑽《き》りて祭る。火災を防《ふせ》がむが為なり。

右：広瀬神社　左：龍田大社（ともに奈良県）

故に鎮火《ほしずめ》と曰《い》ふ

孟秋《もうしゅう》

大忌祭《おおいみのまつり》

風神祭《かぜのかみのまつり》

季秋《きしゅう》

神衣祭《かんみそのまつり》

謂《い》ふ。孟夏《もうか》の祭《まつり》に同《おな》じ。

神嘗祭《かんにえのまつり》

謂《い》ふ。神衣祭《かんみそのまつり》の日《ひ》の使《つかい》即《すなわ》ち祭《まつ》る。

仲冬《ちゅうとう》

上卯相嘗祭《かみのうのひのあいにえのまつり》

謂《い》ふ。大倭《おおやまと》、住吉《すみのえ》、大神《おおみわ》、穴師《あなし》、恩智《おんち》、意富《おお》、葛木鴨《かつらぎのかも》、紀伊國《きのくに》の日前神《ひのくまのかみ》、等《など》の類《たぐい》是《こ》れぞ。神主各官《かんぬしおのおのかん》の幣帛《へいはく》を受けて祭る。

寅日鎮魂祭《とらのひのたましずめのまつり》

下卯大嘗祭《しものうのひのおおにえのまつり》

謂《い》ふ。若《も》し三《みつ》の卯《うのひ》有《あ》らば、中卯《なかのうのひ》を以《も》て祭日《まつりのひ》と為《な》す、更に下卯《しものうのひ》を待《ま》たず。

季冬《きとう》

月次祭《つきなみのまつり》

道饗祭《みちあえのまつり》

鎮火祭《ほしずめのまつり》

※19　広瀬　広瀬神社。奈良県北葛城郡河合町川合に鎮座。若宇加能売命（わかうかのめのみこと）を主祭神に、櫛玉命、穂雷命を相殿神にまつる。式内社（名神大）、二十二社（中七社）の一社。旧社格は官幣大社。

※20　龍田　龍田大社。奈良県生駒郡三郷町立野に鎮座。天御柱命、国御柱命をまつる。五穀豊穣を護る風の神として信仰をあつめた。式内社。二十二社（中七社）に列せられる。旧官幣大社。

※21　卜部　古代、亀卜によって朝廷に仕えた神祇氏族。中臣氏の部民（べのたみ）出身と考えられ、卜占のほか、二季の大祓や道饗祭、鎮火祭に従事した。平安期以降、天皇の祓を勤める宮主（みやじ）を独占するようになり、中臣氏の配下から独立して神祇官の次官（神祇大副）に任命された。中世には兼倶を輩出し、神祇管領長上を自称して神社神職を支配するに至った。

右に記してある季語から説明しよう。まずこれは旧暦であり、春は一・二・三月、夏は四・五・六月、秋は七・八・九月、冬は十・十一・十二月をいうのである。そして、春夏秋冬の各三ヵ月に、孟《もう》（はじめ）、仲《ちゅう》（なか）、季《き》（すえ）を冠するのである。これを一覧表にすると、次のようになる。数字は月名である。

	春	夏	秋	冬
孟	一	四	七	十
仲	二	五	八	十一
季	三	六	九	十二

上段の孟・仲・季の一つと、右列の春・夏・秋・冬の一つとを組み合わせたのが、月数である。たとえば、仲と秋を合せると八月となるから旧暦八月は仲秋で、十五夜の月を仲秋の名月ということがわかる。

祈年祭――班幣祭祀

神祇令の定める国家祭祀のうち、祈年祭（二月）・新嘗祭（十一月）・月次祭（六月・十二月）は「四箇祭《しいこのまつり》」と称され、中央や地方の指定諸官社に幣帛を奉献する祭祀として重視された。これらの祭祀には、神祇官がそれぞれの神社に奉献する幣帛を用意して、参集した神社の神主・祝部に幣帛を頒《わか》つ班幣が行われた。神祇官の管轄する全国すべての神社に対し、班幣を行う祭祀が祈年祭である。

祈年祭はキネンサイ、またはトシゴイノマツリとよむ。わが国で最も古くから行われてきた祭りの一つで、われわれ人間が一日たりとも欠くことのできない食糧、とりわけ日本人の主食であ

※22　中臣　古代より朝廷の祭祀に奉仕した神祇氏族。天児屋命を始祖と仰ぐ。欽明朝に常磐大連が中臣姓を賜る。鎌足のとき天智天皇から藤原姓を賜ると、鎌足の子の不比等が藤原姓を継承し、意美麻呂（おみまろ）らは神事に奉仕するために中臣姓に復した。その子孫は神祇伯、神宮祭主、大宮司、春日社などの大社を司るものが出た。このうち、神宮祭主は近世初期以降、藤波姓を名乗った。

る稲米の耕作にあたり、播種の時期である旧暦の二月に、皇室の安泰、国家の繁栄、風雨の災害がなく、穀物をはじめとする農作物が豊饒であることを祈願する。『延喜式』によれば神祇官が管轄する三、一三二座のすべての神社に幣帛を捧げて祭祀が行われたのである。

本来、祈年祭の幣帛は、いずれの神社の神主・祝部等も神祇官に参集することになっていたが、幣帛を取りに来ないという事態が生じることとなった。そこで、延暦十七年（七九八）に神祇官に代って、畿外の国司がそれぞれの国の役所である国衙《こくが》において、祈年祭の幣帛を頒《わか》つ制度ができたのである。

二月四日、神祇官の斎院（西院）において班幣式が行われる。当日、まず官幣大社の幣帛を案上に、同小社の幣帛を案下の薦上《こもうえ》に鋪設する。祭儀は※22中臣《なかとみ》が進んで祈年祭の祝詞を神社の神主・祝部等に対して、宣り聞かせる。宣読の途中、「何々と宣る」というところでは、神主・祝部《はふりべ》が「オー」と応答（称唯《いしょう》）する。終って神主・祝部等は幣帛を大切に預ってそれぞれの神社に持ち帰り、これを神前に奉献して祈年祭を斎行したのである。

宣読が終ると中臣は退出する。次に神祇伯《じんぎはく》が「幣帛を班《わか》ち奉れ」と申すと、※23史《さかん》が「オー」と応じて幣帛案に進む。史が順次祝部を呼び、祝部が順次応答して進み、※24忌部《いんべ》から幣帛を受取る。頒ち終ると史は自座に戻り、「頒《わか》ち訖《おわ》りぬ」と申すと、諸司が退出して終了する。ただし、伊勢の大神宮に奉る幣帛は、神祇官が使《つかい》を差し遣わして届ける。国衙で行われる祭儀もまた、これに準じて行われるのである。

『延喜式』によると、毎年二月の祈年祭の班幣では、神祇官からの幣帛（官幣）と、国司からの幣帛（国幣）があり、それぞれを大と小に区分している。神座数は官幣の大が三〇四座、小が四三三座、国幣の大が一八八座、小が二、二〇七座、合計三、一三二座とあり、神社数は神名式に

※23　史　律令制の四等官の最下位の官職。官司によって文字が異なり、太政官・神祇官では「主典」、省では「録」、職・坊・寮では「属」、国司では「目」などと書いた。公文書の授受・作成や庶務をつかさどった。

※24　忌部　中臣氏とともに古代の朝廷祭祀に奉仕した神祇氏族。天太玉命を始祖に仰ぎ、阿波、讃岐、紀伊、安房等にも分布する。宮殿建築儀礼や班幣のことなどに従事するとともに、宮殿の造営や幣帛・祭具の調進などに関与した。平安時代に入ると中臣氏の権勢に圧倒されて振るわなくなった。

※25　相殿の神　神社において主神（主として祀られる神）とともに祀られる複数の神々のこと。通常、主神と配祀神（主神と所縁のある神）とが祀られる場合には、後者の神をいい、『延喜式』に「前」とある神々もこれに該当する。なお、すべて主神の場合には、それらの神々を指していう場合もある。

社二、八六一処、※25相殿《あいどの》の神《かみ》は前二七一座とある。官幣の大社には祈年祭のみでなく、月次祭と新嘗祭にも幣帛が奉献され、さらにこの中の七一座には相嘗祭《あいにえのまつり》にも奉献された。

式内社について

『延喜式』の巻第一から巻第十までは、神祇に関する内容であり、巻数では全体の五分の一、分量からいうと、およそ三分の一に近い頁数を占めている。このことはわが国の組織からみても、いかに神祇を重視しているかを物語っている。

神祇式の目次は左の通りである。

巻第一	四時祭上	巻第六	斎院司
巻第二	四時祭下	巻第七	践祚大嘗祭
巻第三	臨時祭	巻第八	祝詞
巻第四	伊勢大神宮	巻第九	神名上
巻第五	斎宮寮	巻第十	神名下

『延喜式』の巻の第九・十は神名式と呼ばれ、祈年祭に官幣または国幣が奉られる神社が、大と小に区分して掲載されている。

国幣については各国の国衙で行われたのに対して、官幣は神祇官の斎院一ヵ所で、幣帛は七三七座分であるから、相当膨大な量となる。そこで、官幣の大の幣帛は案上（机の上）に、官幣の小の幣帛は案下に舗設されたのである。

官幣　大　三〇四座 ｝七三七座
　　　小　四三三座

畿内を中心とした旧国図「国郡全図」江戸時代

国幣　大　一八八座
　　　小二、二〇七座 ｝二、三九五座

これを宮中、京中、五畿、七道別に一覧表にしたものが表1（次頁）である。この表をみると、まず宮中、京中、畿内はすべて官幣である。ここでは畿内について説明しておこう。

初見は孝徳天皇紀の大化二年正月の条に、改新の詔があり、その中で畿内を置き、その範囲を定めている。すなわち、東は名墾《なばり》の横河、南は紀伊の兄山《せのやま》、西は赤石《あかし》の櫛淵《くしぶち》、北は近江の狭狭波《ささなみ》の合坂山《おおさかやま》より内を畿内国とすることが記されている。

その後、律令制によって国郡制が成立すると、畿内は大和、摂津、河内、山背《やましろ》（のち山城）の四カ国で、四畿内と称したが、八世紀半ばに河内から和泉が分立してからは五畿内となり、平安遷都後の承和三年（八三六）から、山城をはじめに表記することになった。そして、この畿内というのは、皇居が置かれたところと縁が深い。だから、畿内はすべて官幣ということになるのである。

さらに官幣についてみると、官幣の大三〇四座のうち二六四座、八七％が、宮中、京中、五畿内に鎮座し、あとの四〇座、一三％が七道に鎮座するということになる。この四〇座もみな特別に由緒ある神社で、とりわけ、東海道一九座のうち一四座は伊勢国で、皇室との特別由緒を有する神社であり、東山道五座はすべて近江国、北陸道一座は若狭国、山陰道一座は丹後国、山陽道四座のうち三座は播磨国、南海道一〇座のうち八座は紀伊国、といったように畿内に比較的近いところが多く、遠いところでは伊豆の※26三嶋大社《みしまたいしゃ》、下総の※27香取神宮《かとりじんぐう》、常陸の※28鹿島神宮《かしまじんぐう》といった、特別な由緒がある神社ということになる。

また、西海道には官幣社は鎮座しない。これら官幣以外はすべて国幣に委ねられ、その神座数は大一八八座、小二、二〇七座、合計二、三九五座となっている。すなわち、全体の二三・五％に

鹿島神宮（茨城県）

香取神宮（千葉県）

表1　延喜式内社一覧　数字の単位は座

	官幣大	官幣小	官幣計	国幣大	国幣小	国幣計	合計
宮中	三〇	六	三六				三六
京中	三		三				三
畿内	二三一	四二七	六五八				六五八
山城国	五三	六九	一二二				一二二
大和国	一二八	一五八	二八六				二八六
河内国	二三	九〇	一一三				一一三
和泉国	一	六一	六二				六二
摂津国	二六	四九	七五				七五
東海道	一九		一九	三三	六七九	七一二	七三一
東山道	五		五	三七	三四〇	三七七	三八二
北陸道	一		一	一三	三三八	三五一	三五二
山陰道	一		一	三六	五二三	五五九	五六〇
山陽道	四		四	一二	一二四	一三六	一四〇
南海道	一〇		一〇	一九	一三四	一五三	一六三
西海道				三八	六九	一〇七	一〇七
合計	三〇四	四三三	七三七	一八八	二二〇七	二三九五	三一三二

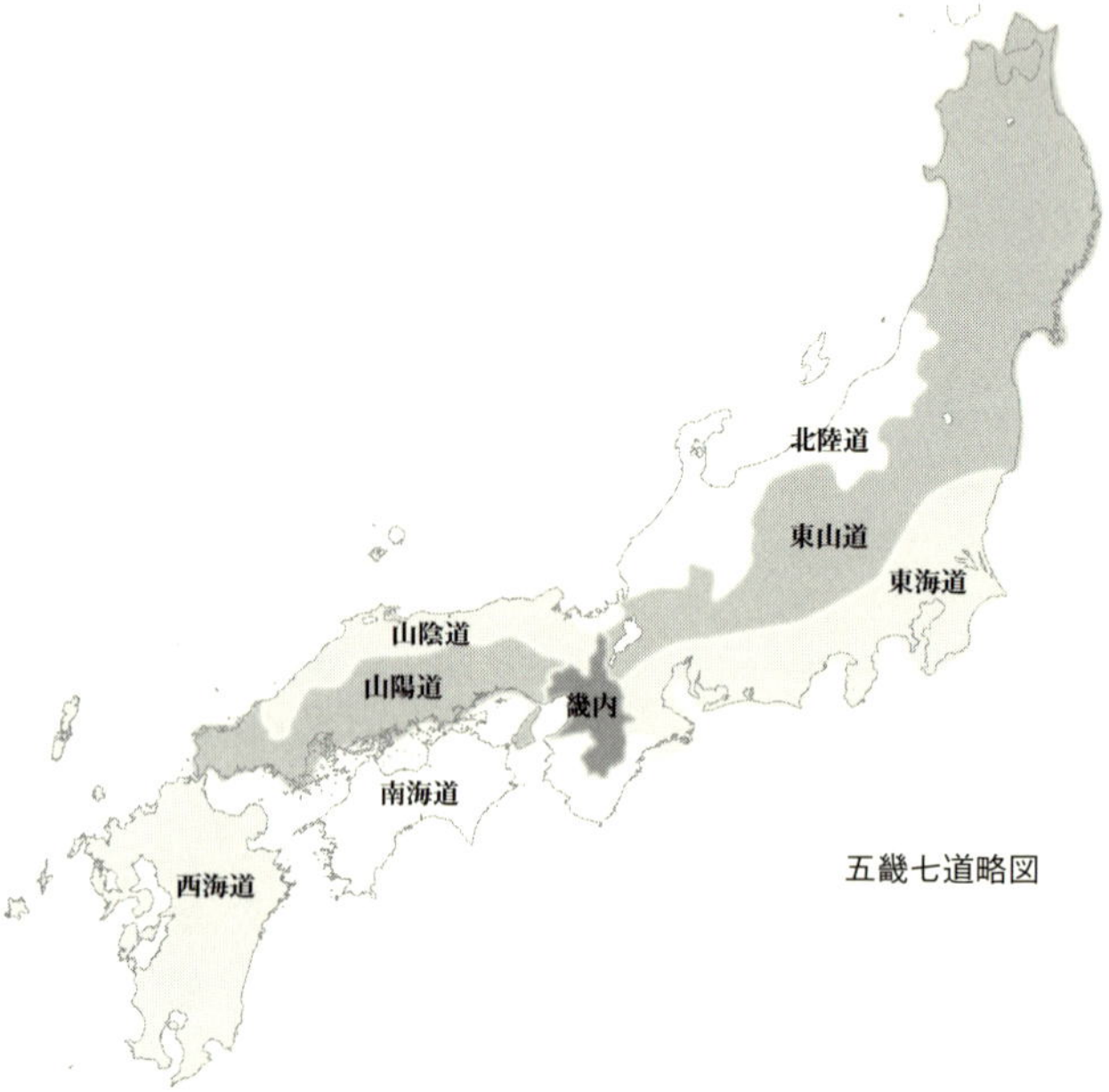

五畿七道略図

官幣が、七六・五％に国幣が奉られたということである。

なお、幣帛の内容について『延喜式』所載の祈年祭（官幣大）を見ると、絁《あしぎぬ》などの絹や麻や木綿《ゆう》などの植物繊維の布、弓や槍鋒などの武具、鍬などの農耕具のほか、神饌の類が奉献されている。

（沼部春友）

奉幣の祭祀

奉幣とは、神々に幣帛を捧げることをいう。神祇官や国司の班幣では、参集した諸社の神主・祝部に幣帛の奉献を委託する。班幣も目的としては神社の神々に幣帛を捧げることにあるが、奉献様式において班幣と区別するため、ここでは朝廷や国家の使が祭場に参向し、幣帛を奉献することを奉幣と呼ぶことにする。

『日本書紀』に、天武天皇五年（六七六）の夏、大旱魃のため、「四方ノ諸神祇」に対して使を遣わして奉幣を行ったとする記述を初見とし、その後も諸社に対する奉幣がなされた。

神祇令では、国家恒例の祭祀となる「常祀」を定め、神宮の祭祀や広瀬社（大忌祭）・龍田社（風神祭）に奉幣を行うこと、諸社に対して行う臨時奉幣のことを定めた。奉幣では、太政官や神祇官の官員が朝廷の使に任じられ、祭典において幣帛の奉献・宣命《せんみょう》※29の宣読など、重要な役を務めた。皇室の祖先神をまつる伊勢の神宮では、古来、天皇の御杖代となる斎王が置かれたように、天皇が祭祀する宗廟として、皇室の祭祀と密接な関わりをもって祭祀が営まれてきた。

なかでも、その年の新穀を皇祖神に捧げる九月の神嘗祭の奉幣（例幣）は、中祀とされた重儀であり、主使として太政官側から王と、副使として神祇官の官人である中臣・忌部・卜部・王（四姓の使）が任じられた。奉幣では、使の進発に際して幣帛を託す出立《いでたち》の儀が行われる。神嘗祭では、

※26　三嶋大社　静岡県三島市大宮町に鎮座。『延喜式』神名帳では伊豆国賀茂郡四十六座の筆頭に「伊豆三島神社」がみえる。天長九年（八三二）、妃神である伊古奈比神と共に名神に列せられた。伊豆国一宮。源頼朝は配流時代から崇敬が厚く、鎌倉幕府成立後も伊豆箱根二所権現とともに特遇した。祭神は大山祇神、事代主神ほか三座。旧官幣大社。

※27　香取神宮　千葉県香取市香取に鎮座。祭神は経津主大神。平安期に住吉社、鹿島社とともに二十年に一度の式年遷宮の制度が定められる。『延喜式』神名帳に名神大社となる。源頼朝以来、東国の武家により崇敬寄進がなされた。下総国一宮。旧官幣大社。十一月三十日の大饗祭や翌日の賀詞祭など、特殊神事が多い。

※28　鹿島神宮　茨城県鹿島郡鹿島町宮中に鎮座。祭神は武甕槌大神。平安時代には一世一代の奉幣にあずかるなど、朝廷からことあるごとに奉幣使（「鹿

天皇の臨御のもと八省院の小安殿において儀式が行われる。天皇が座に著《つ》いた後、忌部が召し出されて御殿に昇り、外宮の幣帛を受けて後執《しどり》（卜部）に渡し、次に忌部は内宮の幣帛を受け、これを自ら持って退出する。続いて中臣が召されて昇殿し、天皇から「好く申して奉れ」とのお言葉を受け、これに中臣が称唯して下がる。この間に王が上卿《しょうけい》※30から宣命を賜る、という次第である。この儀が終わり、使の一行は神嘗祭へと赴く。祭典では忌部が幣帛を捧げ、大宮司による祝詞の奏上の前に、中臣は宣命を奏上する。

祈年祭、六月・十二月両度の月次祭では、神祇官西院で諸社への班幣がなされるが、神宮の幣帛については、使である中臣（祭主）に付され、奉幣がなされる。

神宮以外の常祀では、広瀬社の大忌祭と龍田社の風神祭に奉幣が行われる。いずれも四月、七月の両度に行われ、年穀と風雨順調を願う。天武天皇四年に記録の上では登場し、以後、奉幣が行われ、使には王と神祇官の官人各一名が任じられた。

また、神祇令は常祀のほか、諸社に奉幣を行う際の使は、五位以上の者を卜って決めることが定められており、国家の大事には諸社に対して臨時奉幣が行われた。奉幣の理由には、自然災害（祈雨、風雨、止雨、地震、霹靂、山火事など）や国家の事業・政策（即位、都城の造営・遷都、外交、内乱の鎮圧や戦争など）、天皇や皇太子の不予に関わることなどがあげられるが、とりわけ農耕と関わる祈雨のことが最も多い。

奉幣の対象には、神宮など特定の神社や畿内の諸社、諸国の神社が対象とされた。とくに霊験の顕著な神社は名神《みょうじん》※31とされ、延暦六年（七八七）、旱魃への対応として、翌七年に神宮はじめ畿内七道諸国の名神に祈雨奉幣を行い、その結果、効験があり、平安時代には畿内および諸国の名神奉幣が展開する。

島使」）が差遣された。『延喜式』神名帳に名神大社とあり、伊勢の神宮と香取神宮とともに「神宮」号を称している。武神として信仰され、源頼朝を始め武家からの崇敬を受けた。常陸国一宮。旧官幣大社。

※29　宣命　天皇の命令を宣り聞かせること。また、その文書。本来は詔・勅（みことのり）と同性質のものであり、特に和文を宣命書きという特殊な表記で表現したものを、漢文体で記された詔・勅と区別していう。

※30　上卿　朝廷の諸行事等を主宰する上席の公卿。祭の場合は勅使のことであり、大臣・大中納言が充てられることが多い。

※31　名神　『延喜式』巻三「臨時祭」の「名神祭」条、同巻九・十「神名式」に記載された神社。

以上は、朝廷の意向によって行われる臨時奉幣であるが、地方の自然災害への対応として、国司の意向に基づいて領国内の神社に奉幣がなされることもあった。職員令の国司の職掌に「祠社」のことが定められており、折々に神社に幣帛を捧げて祈願を行うことも、国司の重要な務めであったことがわかる。

（星野光樹）

三、神社祭祀の公祭化

※32桓武天皇《かんむてんのう》は、都城を大和国の平城京から長岡京（延暦三年〈七八四〉）、さらに同十三年（七九四）には平安京へと遷した。奈良から京都へと政治の舞台が移るなか、朝廷において祭祀に対する考えに変化が生じる。従来の神祇官に委ねる国家祭祀に代わり、天皇の意志を反映する形で神社に朝廷の官吏が使として遣わされ、天皇の幣帛を捧げる奉幣祭祀が展開していった。

律令祭祀には、天皇の祖先神を祭る神宮の神嘗祭や神衣祭と大和の広瀬大忌祭、龍田風神祭が奉幣の対象となっていたが、奈良時代後期から平安時代にかけて、神社で年間恒例に行う祭祀を朝廷の行事として位置づける神社祭祀の公祭化がなされるようになった。それらの祭祀のなかで、盛儀となったのが、のちに三勅祭と呼ばれる春日祭、賀茂祭、石清水放生会（石清水祭）である。

三勅祭の内容については、それぞれに独自の祭儀が構成されており、行事の次第や参向する使や幣帛などが異なる。社頭の儀の次第においては、神社側による神饌の奉献、祝詞の奏上や朝廷から宣命の奏上、芸能（舞・音楽）や神馬の奉納がなされ、上卿や※33参議《さんぎ》といった※34公卿《くぎょう》、※35内蔵寮《くらりょう》や※36近衛府《このえふ》、※37馬寮《めりょう》の官人などが差遣されて行われている。

※32　桓武天皇　天平九年―延暦二十五年（七三七―八〇六）【在位七八一―八〇六】。第五十代天皇。光仁天皇と百済渡来氏族出身の高野新笠（たかののにいがさ）との第一皇子。長岡京、平安京への遷都、蝦夷征討を行うなど、朝廷権力の拡大・強化をはかった。

※33　参議　太政官に設置され、大臣、納言に次ぐ重要な官職。参議以上が公卿とされた。律令の令で規定されていない令外の官。

※34　公卿　公（太政大臣・左大臣・右大臣）と卿（大納言・中納言・参議および三位以上の者）の併称。

※35　内蔵寮　律令制下で中務省に属した役所。主に皇室経済を司った。

ここでは平安時代に展開する奉幣祭祀について三勅祭を取り上げ、公祭化がなされた経緯と祭祀の特徴について述べておきたい。

春日祭

古代では、朝廷に奉仕する氏族は、その祖先や所縁のある神を氏神として祭祀を行っていた（氏神祭）。氏神祭は、年間で二月、四月、十一月のうちに二、三度行われ、朝廷もその実施を奨励した。また、他の氏族の者が関与できないのが慣例で、それは天皇といえども例外ではなかった。それらの祭祀は「私祭礼」「私神祀」などと称され、公的な祭祀とは区別されていた。

しかし、称徳天皇《しょうとくてんのう》の頃には、父方・母方双方の血縁が社会通念上、重視されるようになった。天皇の外戚となる氏族の氏神も、天皇の氏神として位置づけられ、九世紀の間に歴代の天皇によって、その外戚となる氏神祭が公祭化されていった。

その端緒となったのが、二月・十一月に行われた春日祭である。春日社は藤原氏の氏神として創建されたが、称徳天皇の母（光明皇后）が藤原氏の流れをくむため、称徳天皇の意向により春日社の氏神祭である春日祭に奉幣がなされるようになった。応仁の乱を契機として、神社の公祭は中絶を余儀なくされたが、春日祭は摂関家として権勢を誇った藤原氏の祭祀ということもあり、往時の盛儀とはならないものの、中世から近世に至るまで奉幣は継続して行われていった。春日祭が公祭化された当初、春日社には常駐する神主がいないため、氏神祭には氏人である中臣氏が神主を務めていた。したがって、当日は祭典に先立ち、藤原氏の神祇官人のなかから神主一名を占い（卜部の奉仕）によって選出していた。

当日の祭祀に参向するのは、神祇副・神部・卜部・物忌といった神祇官の官人のほか、儀式や

春日大社（奈良県）

※36　近衛府　宮中の警衛を司った役所。左右両官があり、衛門・兵衛の各左右を総称して六衛府というが、その中で最も天皇の側近くを警固した。令外の官。

※37　馬寮　律令制官司の一つ。左右二寮あり、御牧および諸国から貢進する官馬の飼育、調教、御料の馬具、穀草の配給や飼部（うまかいべ）の戸口・名籍（みょうじゃく）などをつかさどった。

会議を執行する最高責任者である上卿。祭祀の事務一切を処理する弁《べん》※38・外記《げき》※39・史といった太政官の官人。近衛府の使で祭祀の警護や芸能のことを司った近衛府使。天皇の幣帛を奉る使である内蔵寮使（幣使）。祭祀の馬を管理していた馬寮使。御幣物の警護にあたる衛士。近衛府の官人で東遊を奏した舞人・中宮使（皇后の使）・春宮使（皇太子の使）、藤原氏の女性で伊勢の斎宮・賀茂の斎院同様、祭祀の日に神社に奉仕する斎女《いつきめ》、天皇に常侍して宮中の礼式を司った女官である内侍《ないし》※40のほか、これらの人々に付き従う陪従・官人・随身・雑色等が参向し、それぞれの官人によってさまざまな所役が奉仕された。藤原氏の氏神祭という性格から、それら所役には藤原氏の人々が任じられている。

ここで、春日祭の社頭の儀について『貞観儀式《じょうがんぎしき》』※41『江家次第《ごうけしだい》』※42といった儀式書からみていきたい。

〈神宝奉飾〉春日祭の当日、神祇官の官人により神宝の奉飾がなされる。奉飾される神宝は鏡、太刀、鉾、弓矢であり、神庫から取りだされ、それぞれの本殿、木階左右の案上に飾られる。これは祭神の神威を示そうとする性格のものであり、今日これらが、神社の祭礼に威儀の物と称して奉飾されるのも同様の意味を持つといえよう。

〈神饌の弁備〉同じく神祇官人により、神前に供えられる神饌が弁備される。神饌には若枝を黒葛で編んで作った棚（楉《しもと》案）に神饌を載せた御棚神饌《みたなしんせん》や、また、社殿の扉を開くのに際して供えられる御戸開神饌《みとびらきしんせん》※43（八種神饌）がある。

〈祓戸の儀〉使の一行が神社に到着すると、上卿や弁など使は祓戸社で祓の行事（祓戸の儀）を行う。当該行事では神祇官の卜部が中臣祓を奏上する。この間、使は贖物《あがもの》（人形・解縄・散米）に穢をうつす所作を行う。次に、卜部が進める榊の枝（大麻）を用いて、祓が行われる。時代により贖物の種類や榊の枝の作法は異なるが、社頭の儀に際して使を対象とする祓が行わ

※38　弁　太政官の事務を掌った弁官のこと。太政大臣・左右大臣・大中納言・参議で構成される議政官組織の下に置かれた要職。勅使である上卿に随行した。

※39　外記　律令制で、太政官に属した。少納言の下で、内記の草した詔勅の訂正や上奏文の起草、先例の勘考、儀式の執行などをつかさどった官職。大外記と少外記があった。

※40　内侍　律令制の内侍司の女官の総称。尚侍（ないしのかみ）、典侍（ないしのすけ）、掌侍（ないしのじょう）のことをいったが、平安中期からは掌侍のことをさすようになった。

※41　『貞観儀式』　平安初期の儀式書。全十巻。貞観年間に編纂されたとされる。恒例・臨時の朝儀の次第を詳述したもの。現存の書名は『儀式』となっている。

※42　『江家次第』　平安後期の儀式書。大江匡房著。天永二年

れたのは、春日祭が最も早く、近代に成立する「修祓」の原型となっている。

〈幣帛の奉献〉社頭に使が到着すると神祇官の幣帛（神祇官幣）のほか、天皇の幣帛である内蔵幣や中宮、東宮の幣帛（中宮幣、東宮幣）が奉られる。これらの幣帛は、神祇官の神部により物忌の童女に渡され、神殿に奉納された。

〈神饌の奉献〉幣帛の奉献後、上卿以下がそれぞれ四殿分の御棚神饌を奉昇し、各御殿前に敷かれた食薦《すごも》のうえに据える。その後、神酒を入れた酒樽《しゅそん》・缶《ほとぎ》が供えられ、これを内侍が神饌案上にある杯にこれら神酒を注ぐことがなされる。

〈祝詞と返祝詞《かえしのっと》〉次に、神主は木綿《ゆう》鬘《かずら》を付けて、祝詞を奏上する。奏上後、現行の神社祭式とは異なり、祝詞は神前に納められる。その後、使に対して返祝詞が読まれる。これは、神々によって幣帛が納受されたことを使に告げるものである。返祝詞が終わると、神社側の神職（禰宜や祝）と使との間で、合せ拍手が行われる。返祝詞は後述する賀茂祭、石清水放生会においても行われ、公祭に特徴的な行事作法となっている。

〈神馬の牽引と東游の奉納〉次に、馬寮の官人は社頭の儀の祭場となる本殿前の庭上において、近衛府、東宮、中宮から奉納される神馬を八度引き廻らすことが行われる。こののち、東游《あずまあそび》※44が陪従の奏楽によって奉納される。

〈直会〉この後、上卿以下使の官人、氏人は直会殿に移動して直会を行う。饗膳ののち、倭舞《やまとまい》※45が神主以下、氏人等によって舞われる。倭舞は神宮神嘗祭や豊明節会で行われるが、三祭で倭舞が舞われるのは春日祭だけである。

賀茂祭

（一一一一）成立。宮廷の年中行事や神事、仏事、臨時の儀式などを載せている。後世、儀式に関する最良の参考書と評価された。『江次第』（ごうしだい）ともいう。

※43　御戸開神饌（八種神饌）　本殿の御戸を開く神事に供され、「八種（やくさの）神饌」といわれる。四台の高杯（たかつき）に神饌を盛り、高杯ごとに八品を高く積み上げて盛る。御戸開（みとびらき）の神事は春日祭当日勅使参向前に行われる。

※44　東游　日本伝統歌舞の一つ。大和歌に対する称で、東国の民間歌舞が起源。曲目は駿河歌・求子（もとめご）歌等の六曲から構成される。四人または六人で舞われ、現在、神武天皇祭、春秋の皇霊祭や石清水、賀茂、氷川神社の祭りに宮内庁楽部により奏される。

※45　倭舞　国風歌舞の一種。大和地方の歌舞であったものが採り入れられ、竜笛一人・篳篥一

平安時代初期に公祭化された神社祭祀では、春日祭のように国家の機関である神祇官が関与して行われた。しかし、承和年間（八三四—四八）以降に成立する公祭は、天皇の個人祭祀的な要素を持ち、近衛府（天皇の親衛軍）や内蔵寮（天皇の財産関係）といった内廷機関からの使いが差遣される奉幣が行われるようになる。そして、そうした公祭の端緒となるのが、大同元年（八〇六）に公祭化された賀茂祭である。

賀茂祭は、葵祭、北祭、単に「まつり」とも称され五月に行われる。欽明天皇のときに鴨の神の祟りで飢餓や疫病が蔓延し、鴨県主の一族が氏神を鎮め祭ったことが起源とされている。和銅四年（七一一）、元明天皇により、山城国の国司が祭場に臨み、監督を行うことが命じられている。大同元年（八〇六）、賀茂神の託宣によって、※46平城天皇《へいぜいてんのう》の意向により公祭が行われることとなった。

※47嵯峨天皇《さがてんのう》のときには、弘仁九年（八一八）に神宮の斎宮寮にならって斎院の制度が調えられ、翌年には新嘗祭や祈年祭、神宮の神嘗祭と同様、国家祭祀の中祀に位置づけられた。賀茂社が神宮に並ぶ格別の扱いを受けた背景には、当時、平城天皇が弟の嵯峨天皇に譲位して平城京に移ると、都を再び平城京に遷すことを宣言したことで、二所朝廷の対立が生じたことがある。そうした軍事的な緊張のなかで、嵯峨天皇は賀茂社に対立の克服を願い、天皇の皇女※48有智子《うちこ》内親王を初代斎王として奉っている。祭祀の前日には「警固の儀」が行われ、※49六衛府《ろくえふ》によって祭祀の期間が終わるまで厳戒態勢がとられるなど、軍事的な示威行為として祭儀が行われている。

その賀茂祭の祭儀は、古来、賀茂社の祭祀として行われてきている※50御阿礼《みあれ》の儀、山城国司による乗馬騎射などの陳設と臨検が行われる。そして、続く酉《とり》の日に公祭が行われる。氏神祭のように、すでに行われている一社の祭祀に使が差遣されるのではなく、新たに祭日を設けている。

当日、御所では天皇が出御し、飾馬を御覧になり、使に宣命を渡す御所の儀が行われる。この

人の伴奏に歌方数人が歌い、舞人四人が舞う。宮中の大嘗祭の他、神社の神事などで行われる。

※46　平城天皇　平安時代前期の天皇。宝亀五年—弘仁十五年（七七四—八二四）【在位八〇六—八〇九】。第五十一代。桓武天皇の第一皇子。参議制を廃して観察使を設置する等行政の刷新を図った。

※47　嵯峨天皇　延暦五年—承和九年（七八六—八四二）第五十二代天皇。【在位八〇九—八二三】。「弘仁格式」「新撰姓氏録（しんせんしょうじろく）」等を編纂させ、蔵人所（くろうどどころ）、検非違使（けびいし）を設置して行政の補強を行った。また、伊勢斎宮に倣い賀茂斎院を創設。

※48　有智子内親王　嵯峨天皇皇女。弘仁元年（八一〇）四歳で初代の賀茂斎院となる。漢詩文に優れ、斎院の花宴のときにつくった詩が嵯峨天皇に賞賛され三品（さんぼん）、封百戸を与えられた。

賀茂祭

ことは、春日祭や後述する石清水祭にみえない。使いの一行が御所から下賀茂社の社頭へと参向する路頭の儀が行われる。

賀茂祭では、他の公祭と異なって御所から直接、装束を整えた使の行列が社頭に参向する。斎王を中心とするその行粧は絢爛豪華なもので、賀茂祭（葵祭）といえば、誰もがその行粧の美しさを想像するであろう。

『賀茂注進雑記《かもちゅうしんざっき》』※51によれば、「歩兵左右に各四十人、騎兵左右に各六十人、郡司八人、健児左右各十人、検非違使十人、史生・目《さかん》・掾各一人、山城守（または介）一人、内蔵寮の官幣、中宮・東宮の御幣、宮主、東宮・中宮の走馬各二疋、馬寮の走馬左右各六疋、東宮の御使、中宮の使、馬寮の吏、近衛使、内蔵寮吏、司、中宮の女蔵人、内蔵人、中宮の命婦、左右の衛門・兵衛・近衛各二人、斎長官御輿駕輿丁前後二十人、御輿の長《おさ》左右各五人、女孺《はしりわらわ》各十人、執物十人、腰輿、供膳の唐櫃三荷、雑器の物二荷、膳部六人、陰陽寮漏刻、騎女十二人、童女四人、院司二人、唐櫃十荷（神宝）、蔵人所陪従六人、御車、内侍車、女別当車、宣旨車、女房車、馬寮車」の順で行列が編成され、それぞれの列には、牛車や風流傘、飾馬が並び、沓や笏、胡床を取り持つお伴の者などが加わる盛大なものである。

行列が下社に到着すると、社頭の儀が行われ、内蔵幣、中宮幣、東宮幣が奉奠される。幣帛の

※49　六衛府　左右近衛府・左右衛門府・左右兵衛府の総称。宮中や行幸啓の警護等を担当した。

※50　御阿礼の儀　賀茂別雷（かもわけいかずち）神社の神迎え神事。かつては旧暦四月の中の午の日に行われ、現在は五月十二日夜に斎行。神社北西の御生野（みあれの）という所で神霊を迎え、本社に遷す。「みあれ」は出現・誕生を意味する。

※51　『賀茂注進雑記』　賀茂別雷神社の社家が幕府の要請に応じて、神社の由来や歴史、祭礼、社家等についてまとめた書物。一ヶ月にも満たない短期間で作成されたが、内容は多岐にわたり、随所に和歌を配す等、文学性の高いものとなっている。延宝八年（一六八〇）完成。

※52　走馬　社頭において馬を走らせ、神慮を慰める行事。文献上では、『続日本紀』大宝元年五月五日に文武天皇の臨席のもと、五位以上の群臣に走馬を出させたとあるのがもっとも早

奉奠が行われると、内蔵寮使により宣命が奏上される。なお、同祭では、神社側による祝詞の奏上はない。宣命は下鴨社・上賀茂社で一通であり、下社で宣命が奏し終わると当社の神職から再び使に渡される。

次に、近衛府使は神馬を牽き巡らし、その後、※52走馬《はしりうま》を行うよう命じる。近衛官人は嵯峨天皇の時代から天皇に近侍し、軍事的な奉仕とともに朝廷の芸能に奉仕するようになり、同祭に参向した（なお、春日祭での近衛府使の参向は、賀茂祭の成立後とされる）。下鴨社での社頭の儀を終えると、再び行列をなして上賀茂社に向かい、下鴨社とおよそ同様の祭式が行われる（『貞観儀式』）。

賀茂祭が成立して以降、神祇官の官人ではなく、内蔵寮使や近衛府使を中心とする公祭が行われていくことになったが、賀茂社では、※53宇多天皇《うだてんのう》が即位前にうけた賀茂大神の託宣により、寛平元年（八八九）、賀茂祭に準じて臨時祭が創祀されることとなった。

宇多朝では、殿上《でんじょう》制が拡充し、天皇の意向が祭祀面に影響して、殿上人が使に差遣されることとなった。臨時祭では賀茂祭同様、奉幣に先立ち内裏において天皇が御禊を行う。天皇は使が社頭で捧げる幣帛に対して奉拝し、奉納される神馬の御覧があるなど、天皇の祭祀という性格が強い。社頭では使による奉幣、東游、走馬の奉納が行われる。

賀茂臨時祭は、醍醐天皇以降、恒例化することとなった。祭祀の名称は「臨時祭」である。その後、石清水や春日、平野などの神社でも臨時祭が、賀茂臨時祭と同様の祭式によって行われ、恒例化することとなった。

石清水八幡宮

平安期に公祭化された祭祀において、朝廷の事務を司った弁《べん》、外記《げき》、史《さかん》、史生《ししょう》、官掌《かんしょう》といっ

い例。「そうめ」とも。

※53　宇多天皇　貞観九年―承平元年（八六七―九三一）【在位八八七―八九七】。第五十九代天皇。光孝天皇の第三皇子。関白藤原基経の死後、関白を置かず、菅原道真を起用して政治の刷新に努め、後世、寛平の治と称えられた。

石清水八幡宮（京都府）

た太政官の官人が祭祀に参加した。上卿・参議のいずれもが参向し、格別な扱いを受けて奉幣がなされたのが石清水祭である。

　この祭が行われる石清水八幡宮は、清和天皇の貞観元年（八五九）、朝廷が関わって社殿が創建され、翌年に宇佐神宮から神霊を勧請して鎮護国家を祈念したことに始まる。

　八幡神は応神天皇であり、皇室の祖先神として、神宮に次ぐ第二の宗廟《そうびょう》とされる。奈良朝から鎮護国家のことが祈請され、神護景雲三年（七六九）の※54宇佐八幡宮神託事件（道鏡事件）により、皇統の守護神として位置づけられた。また、同宮は早い時期に仏教と結びつき、隼人《はやと》の乱の鎮圧後、仏道に帰依する旨の託宣により※55放生会《ほうじょうえ》が行われた。天平十五年（七四三）の東大寺建立の際には、託宣によって東大寺の鎮守として勧請され、天皇から大菩薩号が奉られている。

　このように、八幡神は皇統守護・鎮護国家の神として朝廷守護の神として朝廷から崇敬を受けつつ、神仏習合により「八幡大菩薩」とされ、中央に迎えられ、貞観二年の鎮座以降、天皇の皇子誕生への祈願と関わる形でさなざまな奉幣がなされていった。

　石清水八幡宮が鎮祭され、公祭に至るまでの間、同宮では臨時祭、※56神社行幸がたびたび行われた。天慶五年（九四二）に、※57承平《じょうへい》・天慶《てんぎょう》の乱《らん》の鎮圧を奉賽するため賀茂社とともに臨時祭が斎行され、天禄二年（九七一）以降、恒例化した。天元二年（九七九）には、石清水臨時祭の日に合わせて神社行幸が行われた。神社行幸は、天皇と使が行う行事は臨時祭と同じであるが、天皇は内裏から六衛府の官人を伴い、神社まで行幸を行うものであり、境内に設けられる御在所において御禊、幣帛を奉拝し、宣命を勅使である上卿に渡す儀が行われる。社頭においては上卿が天皇の幣帛を奉奠、宣命が奏上、御神楽や東游・舞楽が奉納される。

　同宮への行幸は、※58一条天皇《いちじょうてんのう》以降、大嘗祭の翌年に賀茂社とともに代始行幸《だいはじめぎょうこう》が開始された。

※54　宇佐八幡宮神託事件（道鏡事件）　奈良時代に称徳天皇の寵を得ていた僧道鏡が天皇位に即こうとして阻止された事件。神護景雲三年（七六九）豊前国（大分県）の宇佐八幡神が道鏡を天皇にしたならば天下太平ならんと神託を下したが、和気清麻呂（わけのきよまろ）が派遣されて偽りの神託であることが判明、道鏡の企ては潰えた。

※55　放生会　殺生を戒める仏教の思想から鳥獣や魚を放つ行事。神仏習合の典型例でかつては神社でも行われていた。現在も京都府の石清水八幡宮や福岡県の筥崎宮等で行われている。

※56　神社行幸　天皇が祈願（あるいは奉賽）神社に参向すること。天慶・承平の乱の鎮圧を奉賽して、賀茂・石清水に対して行われたのが最初。一条天皇のときに両社への行幸が天皇の代始めの行事として定例化する。

※57　承平・天慶の乱　平安中期に相次いで発生した平将門、藤原純友の反乱。将門は東国で、

歴代天皇において神社行幸が行われたが、同宮は格別な崇敬を受け、賀茂社を凌いで実施されている。そして、この行幸の重儀に準じて石清水放生会の奉幣は執り行われることとなった。

石清水放生会

創建時から石清水八幡宮は※59宮寺《みやでら》であり、神事とともに仏事が執り行われている。同宮が宇佐八幡宮に倣って放生会を行ったのは、貞観五年（八六四）とされている。この放生会に際して、応和元年（九六一）には※60村上天皇《むらかみてんのう》の中宮※61安子《あんし》により、音楽・走馬を奉る中宮奉幣が行われた。天延二年（九七四）の放生会から節会に準じて音楽・神馬の奉納がなされるようになり、延久二年（一〇七〇）、※62後三條天皇《ごさんじょうてんのう》によって上卿が勅使を兼ねる形で奉幣がなされた。ここに放生会が公祭として位置づけられることとなった。

石清水祭

石清水放生会の特徴は、他の公祭のように社頭の神前において祭祀が行われるのではなく、本殿から神輿により山麓の下院に神霊が遷されること、そこで公祭となる神事と仏事となる放生会が相並んで行われている点である。ここで、それら神事の内容について、室町時代に著された※63『榊葉集《さかきばしゅう》』から見ていきたい。

旧暦八月十五日、男山山頂の本殿において三所の御神体である御璽が、それぞれ神輿に遷す神事（上院行事）を神

純友は西国で兵をおこし、朝廷は衝撃を受けた。

※58　一条天皇　天元三年—寛弘八年（九八〇—一〇一一）【在位九八六—一〇一一】。第六十六代天皇。藤原道長が絶大な権勢をふるい、藤原文化の最盛期となる。治世中、清少納言や紫式部らの女房が活躍し、女流文学が最盛期を迎えた。

※59　宮寺　神仏習合の影響で境内の寺院と神社とが一体となった形式。

※60　村上天皇　第六十二代天皇。延長四年—康保四年（九二六—九六七）【在位九四六—九六七】。在位四年目に関白藤原忠平が死去した後は摂関を置かず親政を行った。天暦の治として讃えられた。

※61　安子（あんし、やすこ）　村上天皇の中宮。第六十三代冷泉天皇・第六十四代円融天皇の生母。藤原道長は甥に当たる。

※62　後三條天皇　長久七年—

社側の僧侶・神職が行う。三基の神輿は石段をくだり、山麓の絹屋殿《きぬやでん》まで渡御する。前日から参向している上卿以下使の一行はこの絹屋殿で神輿を迎え、神輿とともに使の一行は神社行幸に準じて下院に参向する。一行が下院に着くと、御璽を神輿から下院内の宿院に遷し、上卿以下は礼堂の座に着いて公祭と放生会から成る下院行事が始まる。

その次第は、御供である供花ほか精進神饌（素饌）が奉られ、禰宜三人により内蔵幣が御殿の前に立てられたのち、神主が舞台の上で祝詞を奏上する。この間に御馬が近衛官人によって曳かれる。次に川原に出て馬を馳せる。この後に仏事が行われ、神前において鳥、放生川に魚を放すことがなされる。続いて勅楽（賀殿・万歳楽《まんざいらく》※64・延喜楽《えんぎらく》※65・長保楽）が奏され、東游や舞楽、相撲が奉納される。このように下院行事が行われると、下院から山頂に御璽を遷す同夜行事が行われる。

四、平安朝の臨時奉幣

平安時代以降、三勅祭のほか、都の近辺の神社を中心に、その祭祀が公祭化されて奉幣の対象となったが、その一方で、国家の大事に際して臨時の奉幣も行われるようになり、使により宣命が奏され、幣帛を奉られることとなった。

前述したとおり、延暦六年（七八七）に始まる旱魃への対応として、翌七年に神宮はじめ畿内七道諸国の名神に祈雨奉幣がなされた。その成果があったことで、その後も祈雨や皇太子の病気平癒、平安遷都、蝦夷征伐、万国安寧などを祈願する名神奉幣が行われた。

なお、地方の国司（地方官）が朝廷の祭祀と関わるようになるのは延暦十七年（七九八）以降

延久五年（一〇三四—一〇三七）【在位一〇六八—一〇七二】。第七十一代天皇。母が藤原氏出身ではなく、外戚に藤原摂関家がいないため、進んで親政を行った。荘園整理令発布、記録荘園券契所設置等、刷新を図った。

※63　『榊葉集』　石清水八幡宮の恒例の神事、仏事について、月日を追って記したもの。秋・冬の二巻のみ現存し、秋の巻は七月から九月まで、冬の巻は十月から十二月の行事を収める。室町中期の成立とされている。

※64　万歳楽　唐楽に属する平調の曲。六人または四人で舞う。めでたい文の舞として、武の舞の「太平楽」とともに即位礼その他の賀宴に用いる。

※65　延喜楽　高麗壱越調の舞楽。右方の舞で文の舞の代表曲の一つ。四人舞。鳥甲（とりかぶと）、襲（かさね）装束を著けて舞う。

貴船神社（京都府）

大原野神社（京都府）

で、国幣社を定め、それら神社に対し、国司が祈年祭の幣帛を用意することになったことに始まる。嵯峨天皇朝の弘仁（八一〇―八二四）以降には年穀を祈願して、朝廷と国司による奉幣祭祀が行われた。これは、諸国の国司が主に名神への奉幣、朝廷から五畿内・諸国の名神への奉幣、神宮一社への奉幣である。

宇多天皇朝（在位八八七―八九七）には、天皇の一代一度の大《だい》神宝使《しんぽうし》が開始され、天皇の即位後に特定の神社に対して幣帛・神宝が奉献された。対象となる神社は、神宮を始め五十社であり、中央の十六社・二十二社制、地方の一宮制《いちのみやせい》※66の成立に影響を与えた。

続く醍醐天皇朝（在位八九七―九三〇）には、十六社を対象とした祈雨奉幣、祈年穀奉幣が行われた。臨時奉幣は仁明朝（八三三―八五〇）からで、神宮および平安京近辺の諸社、摂津の住吉社を対象とし、これに大和の古社が加えられて十六社が選定された。十六社《じゅうろくしゃ》※67奉幣以降、奉幣となる対象社は増加し、永保元年（一〇八一）には二十二社《にじゅうにしゃ》※68が定まった。奉幣の目的は祈年穀奉幣がもっとも多く、長元年間（一〇二八―三七）には、二月・七月の奉幣が恒例化することとなった。

二十二社奉幣は中世に引き継がれることとなり、宝徳二年（一四四九）まで行われた。

（星野光樹）

※66　一宮制　国ごとの鎮守神として定められた神社。国司が着任の際、最初に参拝するところもあった。

※67　十六社　醍醐天皇の昌泰元年（八九四）の祈雨奉幣をはじめとして、伊勢、石清水、賀茂（下上）、松尾、平野、稲荷、春日、大原野、大神、石上、大和、広瀬、龍田、住吉、丹生、貴布祢を対象に奉幣を行うことが決まった。

※68　二十二社　平安後期以降、恒例の奉幣のほか、国家の重大事に朝廷からの奉幣を受けた二十二の神社。伊勢の神宮を除けば、すべて畿内に鎮座する。永保元年（一〇八一）に制度として確定。上七社（伊勢・石清水・賀茂・松尾・平野・稲荷・春日）、中七社（大原野・大神・石上・大倭・広瀬・龍田・住吉）、下八社（梅宮・吉田・広田・祇園・北野・丹生・貴船・日吉（ひえ））。近代の社格制度では、神宮を除き、すべて官幣大社、中社に列格している。

第三章　封建時代と神社祭祀

一、鎌倉幕府による神祇政策

平安中期以降、軍事力を背景として地方の行政に力を持つようになった武士団は、清和源氏や桓武平氏を棟梁として結束し、戦乱の鎮圧や権力争いにおいて、その力に頼らざるをえない情勢となっていった。平治の乱で勝利を収めた※1平清盛《たいらのきよもり》は太政大臣の地位に上り詰め、後白河院の専制に終止符をうったが、その平氏一門も※2源頼朝《みなもとのよりとも》によって滅ぼされ、鎌倉に武家政権（幕府）が開始されることとなった。政治の実権は朝廷から武家へと移ることとなり、従来、神祇令や延喜式に定められた神社の公的祭祀についても、幕府の権限に委ねられる状況となった。

幕府の創設者である頼朝は、東海道の諸国の社寺の修造を担うなど、神仏両面の復興に努めた。また、神宮に対しては※3御厨《みくりや》を寄進し、公私の祈りが捧げられることとなった。このほか、氏神である石清水八幡宮や※4熱田神宮《あつたじんぐう》などの神社も崇敬し、二十二社奉幣の復興にも寄与しているが、鎌倉の将軍である※5鎌倉殿《かまくらどの》の祭祀が行われ、公私の祈願が行われることとなった。

政治の中心地である鎌倉の※6鶴岡八幡宮《つるがおかはちまんぐう》では、当社を源氏の氏神、幕府の守護社として位置づけ、その祭礼の興隆をはかった。次いで相模の箱根権現、伊豆の伊豆山権現の「二所」と伊豆の三島明神を加えた三社は、いずれも頼朝が挙兵以前に崇敬をしていた神社で、毎年正月には鎌倉殿が

※1　平清盛　平安末期の武将。父は平忠盛。平氏棟梁として躍進し、従一位・太政大臣まで昇進する。娘の徳子は高倉天皇の中宮となり、安徳天皇を生み、平氏一門が政権を主導した。

※2　源頼朝　鎌倉幕府初代将軍。源義朝三男。平治の乱後、伊豆国（静岡県）に配流されたが、平氏打倒の挙兵をし、鎌倉を本拠に東国を支配。その後、征夷大将軍となり、武家政権を樹立。

※3　御厨　古代・中世において皇室や神宮寺の大社に神饌の料を供出した所領のこと。

※4　熱田神宮　名古屋市熱田区新宮坂町に鎮座。三種の神器の一つ草薙剣（くさなぎのつるぎ）を神体として、主神の熱田大神と五柱の相殿神をまつる。旧官幣大社。

※5　鎌倉殿　鎌倉幕府の棟梁、または鎌倉幕府そのもの。

参詣する「二所詣」が行われた。

地方では平安期以降から国司が一宮や※7総社《そうじゃ》の祭祀興行にあたり、流鏑馬《やぶさめ》、一物《ひとつもの》、十列《とうつら》、競馬《くらべうま》など神賑わいの奉納行事が行われた。一宮は国司から守護に管理がうつり、室町時代以降は守護大名、戦国大名からも特別な崇敬をうけた。

鶴岡八幡宮の祭祀

東国の一宮の総鎮守として、頼朝の格別な崇敬のもとに鎮座したのが鶴岡八幡宮である。頼朝の主宰により別当・供僧に仏事・法会を委託させて国家安寧を祈願する一方、鎌倉殿の主宰により年間恒例の祭祀が行われた。治承五年（一一八一）、頼朝は元旦に社参し、奉幣と神馬の奉献がなされた。以後、鎌倉殿によって元旦の奉幣が実施されるようになった。

また、朝儀となる石清水八幡宮の放生会に合わせ、当宮のほか京内の※8六条若宮八幡《ろくじょうわかみやはちまん》でも鎌倉殿の直轄により放生会が行われた。このほか、文治・建久年間には、三月三日、四月三日、五月五日、九月九日に舞楽・流鏑馬・相撲を奉納する将軍臨時祭が執行された。節句にあたる三月三日、五月五日、九月九日の節日神事は、石清水八幡宮の祭祀に準じて行われている。

このように鶴岡八幡宮では、僧侶が鎮護国家を祈願する面と、年間恒例の祭祀を主宰する鎌倉殿により奉幣・芸能の奉納により、神威増益に努めたとされている。

御成敗式目の制定

執権※9北条泰時《ほうじょうやすとき》は、貞永元年（一二三二）、五十一ヵ条からなる※10貞永式目《じょうえいしきもく》（御成敗式目）を制定した。これは鎌倉幕府の基本法典であり、武家に関する最初の成文法である。

※6　鶴岡八幡宮　神奈川県鎌倉市雪ノ下の神社。祭神は応神天皇・比売神（ひめがみ）・神功（じんぐう）皇后。康平六年（一〇六三）に京都・石清水八幡宮の分霊をまつったことに始まる。

※7　総社　国内の特に霊験あらたかな神社の祭神を一ヵ所に勧請し、合祀した神社。

※8　六条若宮八幡　京都市東山区に鎮座。現在は若宮八幡宮社と称する。天喜元年（一〇五三）に後冷泉天皇の勅願により源頼義が自邸内に石清水八幡宮の若宮を造営したことに始まる。

※9　北条泰時　鎌倉幕府三代執権。義時の子。評定衆の設置や御成敗式目の制定など、執権政治の基礎を築いた。

※10　貞永式目　鎌倉幕府の基本法典。貞永元年（一二三二）に執権北条泰時が評定衆に命じて編纂させた。内容は守護・地頭の職務内容や民事・刑事訴訟手続きなど多岐にわたる。

その第一条では、「右神は人の敬によって威を増し、人は神の徳によって運を添ふ。然らば即ち、恒例の祭祀は陵夷を致さず、如在の奠礼は怠慢せしむる勿れ」（原漢文）との文言が掲げられている。人の崇敬によって神の威光は高まり、人は神の徳によって生かされるという神と人との関係性が述べられている。神社で行う恒例の祭祀を怠らないよう命じているのであり、この式目が武士の守るべき信仰生活に立脚したものであることが指摘できよう。

二、室町時代における朝儀の中絶と神祇官代

鎌倉幕府が倒れ、後醍醐天皇《ごだいごてんのう》による親政（建武の新政）が行われることになるが、武士層の不満を招き、足利尊氏《あしかがたかうじ》によってわずか二年足らずで政権が倒され、南北朝時代を迎える。

室町幕府では、社寺領を尊重し、半済《はんぜい》（年貢の半分を納付）の慣行を禁じて、社寺の経済の窮乏を救おうとした。また、寺社奉行を置き、祭祀や神領の問題を処理した。しかし、室町幕府も後半に入ると群雄割拠の争乱の時代を迎える。幕府は有名無実となり、朝廷も衰微を極めた。有力大社も所領を侵略されて経済的な基盤を失い、神宮も式年遷宮が中絶することとなった。

応仁の乱によって朝儀が中絶せざるをえない状況のなか、代々の神祇権大副の地位にあり、吉田社の祠官を兼務していた※11吉田兼倶《よしだかねとも》は、家伝とされる「唯一神道」を確立・大成させた。公家や将軍家に対して日本書紀や中臣祓の講釈を行うとともに、独自の神道説や「八部の祓」などの儀礼を創出し、その伝授を行った。神社・神職に対して※12宗源宣旨《そうげんせんじ》・※13神道裁許状《しんとうさいきょじょう》を発行するなど、全国的な神社界の組織化を行い、自らは「神祇管領長上《じんぎかんれいちょうじょう》」等と称し、幕末期に至るまで※14吉田家《よしだけ》が

※11　吉田兼倶　永享七年（一四三五）—永正八年（一五一一）。室町後期の神道家、吉田神道の大成者。本姓は卜部（うらべ）氏。京都吉田神社の祠官。吉田兼名（かねな）の子。父祖伝来の家学を継ぎ、発展させて独自の神道説を確立。『唯一神道名法要集』『中臣祓抄』などを著した。

※12　宗源宣旨　中世末期以降、吉田家が、諸国の神社に位階・神号などを授けた文書。吉田家により、私的に作られたものだが、公文書的な性格を持つようになった。内容は明神号などの神号の授与と、神階叙位の二種類があった。

※13　神道裁許状　吉田神道の伝授を受けた者に対して、その修了に際して出した許状のこと。吉田神道を普及するため、宗源宣旨とともに吉田家が発給した。近世以降、風折烏帽子と狩衣の着用を許可することが記されている。

※14　吉田家　京都吉田神社の社家。伊豆国卜部氏の出身。元来、

神社界に君臨する礎を築いた。

兼倶は唯一神道（吉田神道）の普及をはかるとともに、文明十六年（一四八四）に私的な祭場であった太元宮《たいげんきゅう》を大規模に再建した。諸法の根源とされる国常立尊（太元尊神）を鎮祭する太元宮を中心に、左右に全国の式内諸社を配し、後方には伊勢内外両宮と神祇官の祭祀施設である八神殿を配して斎場所とし、全国の神祇の根拠地であることを示そうとした。兼倶は、斎場所において応仁の乱の収束を祈願することを朝廷に願い出、朝廷はこれを承認した。斎場所は国家・公的な位置付けを得て公武の崇敬をあつめ、のちに吉田山に移転、拡充がなされた。

なお、令制において神祇行政の統括機関であった神祇官は、律令体制の崩壊とともに、鎌倉時代にはその実をなくし、庁舎は応仁の乱により焼亡した。兼倶は神祇伯※15忠富王《ただとみおう》とともに神祇官の復興を図り、明応元年（一四九二）に勅許を得たが、果たせなかった。

慶長八年（一六〇三）、徳川家康によって幕府が江戸に開かれる。その六年後の慶長十四年（一六〇九）、※16吉田兼見《よしだかねみ》の代に斎場所は神祇官の代替施設（「神祇官代」）とされ、新嘗祭や勅使の差遣などの祭儀が行われることとなった。

神職の統制策として幕府は、寛文五年（一六六五）七月に、※17神社条目《じんじゃじょうもく》を制定し、神道を学び、神事・祭礼を怠ることなく行うなど、神職の責務や、着用する装束について定めた。このなかで、無位の神職は吉田家から任免を受けた者以外は、※18白丁《はくちょう》以外を着用してはならないことが定められた。そのため全国の多くの神職は、吉田家から発行される神職の任免状である神道裁許条を受けに上京することとなった。

神祇官に属して亀卜を主な家職とした。神祇大副（たいふ）を世襲、後には神祇管領長上を自称するに至った。特に鎌倉以降、記紀等の神道古典を家学として「日本書紀の家」と称され、それらを基底に吉田神道が成立。江戸時代には、独自に「神道裁許状」を出して全国神職を配下に置くほどの影響力があった。

※15　忠富王　正長元年—永正七年（一四二八—一五一〇）室町後期の公卿。雅兼王の次子。延徳二年（一四九〇）、六十三歳で神祇伯となる。吉田兼倶から神道説を聞いた。

※16　吉田兼見　天文四年—慶長十五年（一五三五—一六一〇）安土桃山時代の神道家。兼右（かねみぎ）の長男。梵舜の兄。家督を継ぎ吉田神道の布教に努めた。天正十八年に神祇官八神殿を斎場所に再興、慶長十四年に「神祇官代」として神祇官祭祀の一部を代行した。織田信長・豊臣秀吉に接近し、秀吉が没すると秀吉を神としてまつる豊国社の創建に弟梵舜らと尽力した。

三、近世期における朝廷祭祀の復興

近世前期における朝儀再興

　戦国時代以降、朝廷の衰微に伴い朝儀は中絶を余儀なくされていたが、織田信長、豊臣秀吉の天下統一事業が進められると朝廷に対しても支援がなされ、朝儀復興の兆しが現れた。神宮では、寛正三年（一四六二）以来中断されていた内宮の式年遷宮が、天正十三年（一五八五）十月、織豊政権の援助を得て再興された。

　天下統一を果たして江戸に幕府を開いた徳川家康は、神社に対し、略奪や秀吉の検地によって失われた神社の社領を復旧させることはせず、朱印状や黒印状を与えて領地を保証する政策を行った。また、秀吉が自身の神霊をまつらせるために豊国社を創祀したのと同様に、家康も廟堂を創建することを遺言し、元和三年（一六一七）、日光の地に廟堂が創建され、のちに東照宮と宮号を賜った。東照宮には正保四年（一六四八）九月に勅使が差遣されて以降、毎年四月に奉幣の祭典を行うことになった。

　一方で、家康は慶長二〇年（一六一五）に「禁中並公家諸法度」を公布して、天皇や公家の権限に対して制限を加えた。朝廷の行事等の一切は幕府の許可に基づいて行われることとなったが、朝儀となる国家祭祀については、その再興への歴代天皇の願いは切なるものがあった。朝廷側からの幕府に対する並々ならぬ働きかけにより、往時と比べて簡略な形式ではあるが実現されていった。

　正保四年（一六四八）九月、※19後《ご》光明天皇《こうみょうてんのう》の特旨によって神宮の神嘗祭に例幣使が差遣され、

※17　神社条目　江戸幕府が発した神社・神職統制のための法令。

※18　白丁　下級官人などにより着用された服装の一つ。白張とも。仕立は狩衣と似ているが、白麻や白絹に糊を強くつけ張りを出した布地を材料とした。

※19　後光明天皇　寛永十年―承応三年（一六三三―一六五四）【在位一六四三―五四】第百十代天皇。後水尾天皇の第四皇子。儒学（朱子学）を学び、藤原惺窩に私淑した。朝儀典礼に深い関心を持ち、格式を重んじた。

※20　霊元天皇　承応三年―享保十七年（一六五四―一七三二）【在位一六六三―一六八七】。第百十二代天皇。異母兄後西天皇の譲位をうけて十歳で即位。貞享四年に譲位し、院政を行った。朝廷の復旧を志向し、大嘗祭、立太子式の朝儀を再興した。また、有職故実や宮中記録の整備を行った。

※21　東山天皇　延宝三年―宝永六年（一六七五―一七一〇）

以後、継続的に実施された。続いて※20霊元天皇《れいげんてんのう》の延宝七年（一六七九）には石清水放生会、※21東山《ひがしやま》天皇《てんのう》の元禄七年（一七〇〇）には賀茂祭が再興された。また、東山天皇の貞享四年（一六八七）には、後土御門天皇の文正元年（一四六六）以降、中断していた大嘗祭が再興された。

大嘗祭は、つぎの※22中御門天皇《なかみかどてんのう》は行われなかったが、※23桜町天皇《さくらまちてんのう》は徳川吉宗の協力を得つつ、朝儀の再興に尽力し、大嘗祭の再興がなされた。以後、継続して実施されるようになった。また、吉田家の神祇官代で行われていた新嘗祭についても、元文五年（一七四〇）、紫宸殿を神嘉殿代として、親祭の形式に復する儀式として再興させた。神社奉幣では、延享元年（一七四四）、六十年に一度の甲子の年にあたるため、それまで天皇の御祈祷がなされていた※24七社七寺《しちしゃしちじ》に奉幣が行われ、その後も六十年ごとに奉幣が行われることとなった。

諸家神道の興隆と祭政一致の思想

近世に入り、社会秩序の安定や道徳への関心が高まり、儒教、とりわけ藤原惺窩《ふじわらのせいか》によって提唱された朱子学が盛んに行われることとなった。そして、近世期の神道説は、惺窩の弟子である※25林羅山《はやしらざん》を始めとして、仏教を批判する神儒一致的な神道説（儒家神道）が説かれるようになった。それら神道説では、天皇や神々の存在とともに、神々の意志に基づく天皇の政治として祭祀がなされたとする「祭政一致」の重要性が論じられていった。

『日本書紀』には、祭祀に関わる神勅として、天照大御神が天孫瓊瓊杵尊《ににぎのみこと》に宝鏡を授けて、天照大御神をまつることを命じた宝鏡奉斎の神勅と、高皇産霊尊が天孫の守護を祈るために、天児屋命・太玉命に天津神籬を授けて、神々をまつることを命じた神籬磐境の神勅が記されている。吉田神道の道統を継承し、吉川神道を成立させた※26吉川惟足《よしかわこれたり》は、天照大御神が高皇産霊尊をして、「君

【在位一六八七—一七〇九】第百十三代天皇。霊元天皇の第四皇子。父霊元院の幕府への働きかけにより、立太子式、大嘗祭、賀茂祭などの朝儀が再興された。

※22　中御門天皇　元禄十四年—元文二年（一七〇二—一七三七）【在位一七〇二—一七三七】第百十四代天皇。先帝の御代に再興された大嘗祭は再絶。朝儀に対する関心が深く、古記録から朝儀の記事を抄出した『公事部類』を著した。

※23　桜町天皇　享保元年—寛延三年（一七二〇—一七五〇）【在位一七三五—一七四七】第百十五代天皇。中御門天皇の第一皇子。幕府と協調関係のなかで、大嘗祭、新嘗祭や宇佐奉幣使の発遣のほか、数多くの朝儀の復旧につとめた。

※24　七社七寺　伊勢神宮・石清水・賀茂・松尾・平野・稲荷・春日の七社と仁和寺・東大寺・興福寺・延暦寺・園城寺・東寺・広隆寺の七寺のこと。

臣の道」を守るように天児屋命と太玉命に命じたのが神籬磐境の神勅とし、神籬とは「日ヲ守リシク」の意であると述べる。

また、神武天皇紀には、大和に即位する神武天皇が「上《かみ》は乾霊《あまつかみ》の国を授けたまひし徳《みうつくしび》に答へ、下は皇孫《すめみま》の正《ただしきみち》を養ひたまひし心を弘めむ」（『日本書紀』巻三、神武天皇即位前紀）とあり、天皇は天神の「徳」に基づいて国を統治し、臣民は天皇の徳化の担い手とされている。惟足は、かかる神武天皇の勅について、天皇とは、万民に日の光の恩恵をもたらし、「君臣の道」を拡げる天照大御神の徳を受け継ぐ存在としたのである。惟足の神道説では、天皇と臣下が一体となって「君臣の道」を遵奉し、私利私欲を廃することで万民に天皇の「日」の徳が及び、世の中が繁栄するという。こうした吉川惟足の神道説を継承し、祭政一致を主張したのが、※27山崎闇斎《やまざきあんさい》である。

闇斎は、儒学上の造詣を加えて、伊勢神道や吉田神道など諸家の神道を集大成した垂加神道を主唱した。それによれば、皇天二祖を始め万神や万人・万物に至るまで、生命の本源である天御中主尊から「君臣の徳」を賜るとし、君臣上下の秩序を守り天皇を守護するのが日本人の役割であり、天皇に帰一すべきことを述べた。そして、天皇を守護する神々に対して祭祀を行い、人々に対して「徳」を以て治める、天皇の祭祀と政治のあり方を述べた。

闇斎の学問は、垂加神道と儒学、あるいはその両方を兼学する学派と門流を成し、その尊王思想は後世に大きな影響を与えることとなった。闇斎の神道説は、※28玉木葦斎《たまきいさい》や谷秦山などの門人によって継承された。闇斎の述べた天皇における政治と祭祀との関わりについて、それら門人により「祭政一致」の語が用いられ、祭祀に関してさらに言及がなされた。

玉木葦斎は、神代以来、神々の祭祀によってこの国が治められてきたとし、「政事」の根本は玉体安穏・宝祚無窮を祈る「祭」にあるとして、「祭政一致」を国政上に位置づけた（『五鰭翁答

※25　林羅山　天正十一年—明暦三年（一五八三—一六五七）。江戸前期の儒官。林家の始祖。朱子学を藤原惺窩に学ぶ。徳川家康以下四代の侍講を務めた。また、神儒一致の立場から理当心地神道を創唱した。著作に『本朝神社考』などがある。

※26　吉川惟足　元和二年—元禄七年（一六一六—一六九五）。江戸前期の神道家。江戸の人。京都で萩原兼従（かねより）に吉田神道を学び、のち吉川流を開く。天和二年（一六八二）幕府の神道方に任じられた。

※27　山崎闇斎　元和四年（一六一八）—天和二年（一六八二）。江戸前期の儒者、神道家。保科正之に招聘され賓師となる。伊勢・吉田両神道など既成の神道説を集大成し、垂加神道を創唱した。

※28　玉木葦斎　寛文十年—元文元年（一六七〇—一七三六）。近世中期の神道家。名は正英。正親町公通らに垂加神道を伝授され、また、薄田以貞から橘家

谷氏問目』）。また、※29栗山潜鋒《くりやませんぽう》は、神代・上古の祭政一致のあり方を理想とし、祭祀の実践が政治的な課題として主張され、後述する水戸学にも影響を与えることとなった。

光格天皇の朝廷祭祀の復興

近世後期に入り、朝幕関係にも変化が見られるようになった。天明の飢饉により、生活難に喘ぐ民衆のため、※30光格天皇《こうかくてんのう》は幕府に対して救済策を促し、これに幕府が応じることとなった。また、焼亡した御殿の再建を旧来の形で造営させたほか、実父閑院宮典仁《かんいんのみやすけひと》親王の尊号を求めるなど（尊号一件）、天皇は幕府に対して従来にない強い姿勢を打ち出した。また、朝儀の復興にも尽力し、文化十年（一八一三）には石清水臨時祭、翌十一年には賀茂臨時祭、翌十二年には儀式のみの形ではあるが祈年祭を再興させている。この他、新嘗祭や大嘗祭の旧儀再興、神祇官の復活にも心を砕いた。

ときにロシアのラクスマンが幕府に対して通商を求めるなど、国内では海外諸国に対して危機意識が浮上するようになったが、社会に不安が広がるなかで光格天皇による神事の再興、旧儀の復興は朝廷の権威を再興させることのみならず、国内の平穏無事を祈るということに向けられていたと考えられる。

こうした朝廷の動きに対し、老中松平定信は、朝廷が幕府に対して政治的な介入をする立場にないとする大政委任論を主張した。これはその後の朝幕関係の基本となったが、同時に幕府よりも朝廷の権威が上位にあるということを認めるものであった。そして、この認識のもとで幕末期には朝幕関係が逆転し、朝儀の復興も新たな局面を迎えることとなる。

神道の口授を受け、一派をなした。『玉籤集』などの秘伝書を多数著した。

※29　栗山潜鋒　寛文十一年―宝永三年（一六七一―一七〇六）。江戸中期の儒者。出雲路信直に師事する。徳川光圀に招かれ、『大日本史』編纂に従事、二十七歳で彰考館総裁に抜擢された。主著に『保建大記』がある。

※30　光格天皇　明和八年―天保十一年（一七七一―一八四〇）【在位一七八〇―一八一七】。第百十九代天皇。閑院宮典仁の第六皇子。朝儀再興に意を用い、古制により内裏を再建させた。崩御ののち、村上天皇以来中絶していた諡号が再興され、光格と追諡された。

祭政一致論の展開

近世後期には、海外列強諸国が我が国に接近し、その軍事力やキリスト教の国内への影響が脅威とされるなかで、天神から歴代の天皇によって受け継がれてきたことを重視し、それら祭祀を政治政策として実践しようとする祭政一致論が展開されるようになった。

そのひとつが水戸学である。水戸学は、※31『大日本史《だいにほんし》』の編纂事業を遂行する過程で水戸藩に展開した学問であり、儒教的な立場から神道を主張した。十八世紀末から幕末期にかけて『大日本史』の編纂事業に加え、君臣間の名分論《めいぶんろん》や対外問題など現実社会の課題解決に向けた主張が、藤田幽谷《ふじたゆうこく》や※32会沢正志斎《あいざわせいしさい》、藤田東湖《ふじたとうこ》といった水戸藩士よりなされていった。

なかでも、会沢正志斎の『新論』は、その後の※33尊王攘夷運動《そんのうじょういうんどう》に影響を及ぼしたことで知られている。ここで注目されるのは、西欧諸国が進めていた植民地政策の一環としてキリスト教の布教を捉えており、その防御策として、天皇の祖霊祭祀（新嘗祭）をはじめとする神道祭祀に民心統合の役割を見出したことである。同書「国体篇」で会沢は、天孫降臨に始まる天皇の統治について、次のように述べる。

天祖（天照大神）は、地上で暮らす人々のために衣食の道を開いた。天祖が天孫（瓊瓊杵尊）に宝鏡を授けて以降、歴代天皇によって宝鏡の祭祀が執り行われた。神々を祭ること（神社祭祀）によって、歴代天皇は天祖と庶民に対して自分たちの祖先を想起させ、その恩恵に報いること（「報本反始」）で国家を治めてきたという。こうした歴史観に基づき、『新論』では、生命の根源と君臣秩序の淵源が天祖に求められることを説き、天祖と、その同体である天皇に民衆の心を帰一させるうえで、天皇の祖先祭祀や神社祭祀が果たす役割を主張したのである。

祭政一致の主張は、古典を実証的に学ぶことで、儒教・仏教渡来以前のわが国固有の「道」を

※31　『大日本史』　江戸時代の歴史書。明暦三年（一六五七）水戸藩主徳川光圀の命により編纂が開始され、明治三十九年（一九〇六）完成。神武天皇から後小松天皇までの歴史を漢文の紀伝体で記述。大義名分の史観は幕末の尊王思想に影響を与えた。

※32　会沢正志斎　天明二年—文久三年（一七八二—一八六三）。江戸後期、幕末の水戸学者。藤田幽谷に師事し、彰考館に入り『大日本史』の編纂に従事した。彰考館総裁、弘道館総裁を歴任した。

※33　尊王攘夷運動　水戸学が基盤となって展開された幕末の政治運動の一つ。天皇の権威の絶対化と開国の反対を主張した。

※34　本居宣長　享保十五年—享和元年（一七三〇—一八〇一）。江戸時代中・後期の国学者。賀茂真淵に入門し、以後、『古事記』の研究に勤しみ、『古事記伝』をはじめ、多数の著述を著わした。その学問は、神道

明らかにしようとする国学の立場からも展開されていった。※34本居宣長《もとおりのりなが》は「道」が天神から伝えられ、天照大御神から天皇に受け継がれた国家統治の「大御業」とし、そのことをひたすら奉じることが民の務めであると説いた。宣長はその「大御業」となる「マツリゴト」において、祭の意味があるとしながらも「奉り事」、すなわち天皇に奉仕する意であることを述べた。

これに対し、宣長の門人である※35平田篤胤《ひらたあつたね》は、世の中のあらゆる物事は天神地祇の意志に基づくもので、「マツリゴト」はもともと神々をまつることの意とした。それゆえ、祭祀とは政治の根本となるものであり、天孫降臨の際、天神が地上を治める天孫に対して、それぞれの世の中を平穏に統治するためにさまざまな神々の謂われや働き、祭りのあり方などを「言教へ」として伝えられたものという理解を示している（『古史徴《こしちょう》』）。

平田篤胤の学問は、さまざまな地域・社会層に受容され、全国的な門人組織が形成された。それら門人のなかには、篤胤の学問を現実の社会環境に照らして展開がなされた。そして、幕末期に篤胤の幽冥思想に基づき、祭政一致を主張した篤胤の門人に、※36六人部是香《むとべよしか》や※37矢野玄道《やのはるみち》らがいる。宣長の国学以来、世の中の人や物は産霊大神の「産霊《むすび》」の働きによって生成されることが説かれ、篤胤の幽冥論は、『日本書紀』神代巻下に大国主命が高皇産霊尊の勅によって治めた「幽事《かみごと》」を「幽冥之事」とし、人々の没後の霊魂を掌る事柄とした。

是香は地域ごとに鎮まる産土神が大国主命の「幽冥之事」を分掌し、「産霊」のことも掌ることを主張し、人々の社会生活を維持するために神社祭祀の実践を主張した。それは祠官の立場から、神社祭祀の公的な役割を主張したものといえるが、その指標となったものが天皇の身体を守護する神祇官八神殿であった。尊皇攘夷が台頭するなか、是香は八神殿の祭祀を再興し、守護すべき対象を明らかにして国内の士気を高め、敬神の実を示すことが建議された。

や国語の研究などに多大な影響を及ぼした。

※35　平田篤胤　安永五年—天保十四年（一七七六—一八四三）。江戸後期の国学者。本居宣長の門人を自称した。古道の学に根ざした霊魂・他界論を展開した。その学問は多岐にわたり、多くの著述を残した。全国に門人を形成し、幕末期の国学の主流となった。

※36　六人部是香　寛政十年—文久三年（一七九八—一八六三）。幕末期の国学者。山城国乙訓郡向日神社祠官。平田篤胤に入門し、「産須那社」（うぶすなしゃ）を中心とする神道論を主張した。多くの門人を輩出し、平田派関西の重鎮と目された。

※37　矢野玄道　文政六年—明治二十年（一八二三—一八八七）幕末・維新期の国学者。大洲藩士。平田篤胤の没後門人となる。白川家学師、吉田家学頭を務め、祭政一致体制の実現に努めた。維新後、大学中博士、宮内省御用掛などを歴任。

また、矢野玄道は、こうした是香の神道説に加えて、「産霊」を掌る産霊大神を天皇の祖神として位置づけ、万物の根源としての祖神と天皇が同体であること、歴代の天皇は祭祀によって、民に忠孝を教え諭してきたと述べる（伊曽乃神社所蔵『天放雑纂』）。その論には『新論』の祭政一致論に通じるものがあり、国学の立場から、天皇の祭祀における倫理的・信仰的な役割を主張したものであった。

孝明天皇と幕末期の攘夷運動

弘化三年（一八四六）閏五月、米国軍艦が浦賀に来航し、六月には仏国が長崎に入港、幕府に対して開国を要求した。同年八月二十九日、※38孝明天皇《こうめいてんのう》は幕府に対して異例となる勅諭を発し、海防の厳修を命じた。翌四年四月、石清水臨時祭の宣命では、皇室・国家の安泰を祈り、とくに「辞別《ことわき》」（言葉を改めること）として外国勢力の一掃と国民の安寧を祈願した。

嘉永六年（一八五三）六月、米国使節ペリーが軍艦を率いて浦賀に来航し、幕府に開国を迫ると、幕府は事態の収束のため、朝廷に※39奏聞《そうもん》した。安政三年（一八五六）には米国と幕府の間で通商条約の交渉が始まり、幕府は朝廷に条約締結の勅許を求めたが天皇はこれを拒否し、結局、安政五年（一八五八）六月、幕府は勅許を得ないまま、条約の調印に踏み切ることとなった。その後、幕府の内紛により政局は混乱し、幕府が権威を失墜させるなか、国内では尊王攘夷《そんのうじょうい》論が高まり、幕府は朝廷と連携して政治の刷新をはかることとなった（公武合体）。

孝明天皇は、諸社の恒例・臨時の奉幣を実施し、未曽有の国難に接して海内の静謐と万民の安穏を祈願した。臨時の奉幣では、三社・七社・十社（熱田・香取・鹿島・諏訪・杵築・熊野・筥崎・宗像・香椎・宇佐）・二十二社あるいは特定一社を対象とし、その多くは外患に関する祈願であった。

※38　孝明天皇　天保二年―慶応二年（一八三一―一八六七）【在位一八四六―一八六七】第百二十一代天皇。仁孝天皇の第四皇子。条約勅許問題以降、積極的に政治に参画した。攘夷を強く表明したが、皇妹和宮を将軍徳川家茂に降嫁させ、公武合体をはかった。

※39　奏聞　天皇に政治上のことで勅裁を仰ぐため、口頭または文書で申し上げること。

※40　戸田忠至　文化六年―明治十六年（一八〇九―一八八三）宇都宮藩家老間瀬家を継ぐ。文久二年に宇都宮藩が山陵修補を命ぜられ、藩主戸田忠恕に代わり上京し、畿内一円の山陵の調査・復興を実施した。維新後は宮内大丞、諸陵頭を歴任。

※41　鳳輦　屋形の上に金銅の鳳凰を飾り付けた輿。天皇専用の乗り物で、晴れの儀式の行幸に用いた。

※42　鹵簿　「鹵」は楯の意、「簿」は行列の順序を記した帳

それは、皇祖神より委ねられ、歴代の天皇が治めてきた神州を汚さず、万民の安寧を導こうとする孝明天皇の自覚と、深い敬神の念に基づくものにほかならない。かかる天皇の信念のもと、吉田祭（慶応元年）、大原野祭（同年十一月）、松尾祭（慶応二年）、春日臨時祭（慶応元年二月）、北野臨時祭（元治元年十月）、祇園《ぎおん》臨時祭（慶応元年六月）が再興された。

また、天皇は神武天皇陵をはじめとする諸陵の奉幣を再興する。嘉永六年、天皇は幕府に対して山陵の修補を命じ、調査が開始された。文久年間には宇都宮藩家老、※40戸田忠至《とだただゆき》を中心として事業が進められた（文久の修陵）。諸陵はほぼ全体にわたり治定され、古制に復するかたちで竣工された。神武天皇陵は文久三年（一八六三）に竣工、勅使の奉幣があった。この日、天皇は清涼殿《せいりょうでん》の東庭において遙拝があった。ここに明治時代に繋がる新儀による神武天皇祭の原型が成立する。元治元年以降は神武天皇の忌日に、宮中における親祭と山陵への奉幣が恒例化されることとなった。

孝明天皇画像　『歴代至宝帖』

孝明天皇の攘夷の姿勢は一貫しており、文久二年（一八六二）十月、勅使が江戸に下向して幕府に攘夷を促した。翌十一月、幕府は勅旨を奉じることを決めた。同三年三月、孝明天皇は攘夷の成功を祈願し、神宮・諸社のほか神武天皇陵および神宮皇后陵に奉幣を行った。

攘夷を主張していた長州藩は、賀茂社行幸のことを奏聞する。その意図は、攘夷が天皇の親征によって行われ、将軍を天皇の臣下として明示することにあった。三月十一日、天皇は※41鳳輦《ほうれん》に御し、将軍徳川家茂以下諸侯が※42鹵簿《ろぼ》に供奉するかたちで賀茂両社に参向した。社頭の儀では、天皇親か

面の意で、儀仗（儀式に用いる武器）警衛を供えた行幸啓の行列のこと。

※43　幣殿　神社で参詣者が幣帛を供えるための建物。本殿と拝殿の間に位置する。

※44　三条実萬　享和二年―安政六年（一八〇二―一八五九）江戸後期の公卿。開国問題以後、武家伝奏として朝幕関係の交渉、朝権回復に努めた。通商条約の勅許に反対し、安政の大獄で失脚したが、後に謹慎を解かれた。三条実美の父。

※45　岩倉具視　文政八年―明治十六年（一八二五―一八八三）。幕末・明治の公卿・政治家。初め公武合体を説き、のちに王政復古に参画。維新後、右大臣となり、特命全権大使として欧米視察。帰国後、内治策を進め、欽定憲法の制定、天皇・華族制度の強化に尽力した。

※46　白川家　代々神祇官の長官である神祇伯を世襲した公家。平安末期に花山天皇の孫延

ら幣殿《へいでん》[※43]に出御し、御幣を献じて御拝があった。翌四月二日は石清水行幸が賀茂社行幸に準じて行われ、将軍家茂に代わり一橋慶喜が供奉して天皇は金銀幣三捧を献じている。天皇の「攘夷親征」の意味合いを持つ神社行幸では、古今未曾有となる神社社頭における天皇の親祭が実現された。

神祇官再興の建議

孝明天皇は一貫して攘夷運動を推進し、その成功を祈願するうえで神社・山陵での朝廷祭祀を復興していく。一方、攘夷の機運と密接な関わりをもって展開されたのが、神祇官の再興に関する建議である。

建議は、通商条約が求められた安政年間を契機とし、朝廷では三条実萬《さんじょうさねつむ》[※44]や岩倉具視《いわくらともみ》[※45]などの公家や、猿渡容盛《さわたりひろもり》・六人部是香らの祠官、新田邦光《にったくにてる》ら勤王の志士たちによってなされた。とくに[※46]白川家《しらかわけ》一党は、文久三年には、白川家の家司、古川躬行《ふるかわみつら》[※47]の建白に当主である白川資訓《しらかわすけのり》[※48]が添書して建議がなされ、慶応三年には白川家学師であった矢野玄道の建白書が資訓によって朝廷に奉られ、これにより再興が成ったとされている（藤井貞文『近世における神祇思想』）。

それらの建議では、攘夷の機運が高まるなか国内の安泰を祈願し、祖先に対する「孝」を実践して国内の士気を高めること、民衆が報いるところを明らかにし、外教（キリスト教）の浸潤に備えることが説かれている。また、祈年祭などの諸祭典を再興させて「敬神」を実質化させるとともに、神道による教化政策を実施するため大学校を創設することも主張されている。

津和野派国学者の登場

慶応二年十二月二十五日、攘夷を主張してきた孝明天皇が崩御した。これより先、攘夷の旗手

信（のぶざね）王が源姓を賜り臣籍降下して興した。その後裔の顕広（あきひろ）王が神祇伯に任じられて以来、明治維新まで神祇伯を世襲した。白川伯王家ともいう。江戸時代に至り、独自の神道説を主張し、伯家神道と呼ばれる。

※47　古川躬行　文化七年―明治十六年（一八一〇―一八八三）。国学者。平田篤胤の没後門人となり、白川家関東執役となる。維新後は奈良県国学館教授、大神神社大宮司などを歴任した。

※48　白川資訓　天保十二年―明治三十九年（一八四一―一九〇六）幕末明治期の公家・神道家。資敬王の長子。嘉永四年に神祇伯に就任。維新後は神祇事務局補に就任。大掌典、式部寮御用掛などを歴任した。

※49　大国隆正　寛政四年―明治四年（一七九二―一八七一）。幕末維新期の国学者。平田篤胤に国学を、村田春門に音韻学を学び、また洋学にも関心を持った。脱藩するが、嘉永四年に帰

であった薩摩・長州の両藩は、文久三年の馬関戦争・薩英戦争において大敗を喫し、攘夷から開国へと方針の転換がなされる。

こうした動きのなかで、積極的に西洋文明を摂取し、国内を強化したうえで諸外国の脅威を斥けようとする「大攘夷」を唱えたのが、津和野藩国学者の大国隆正《おおくにたかまさ》[※49]であった。隆正によれば、人の世は神々の意志が現れる「気運」によって展開されると述べ、神武天皇が大和に遷都した際、「気運」が改まり、海内に天皇の威光（「皇威」）を示したが、二千五百年を経た今が「気運」の改まるときであり、外国船の来航は治世の繁栄の現れであり、喜ぶべきことであると主張した。

また、祭政一致についても持論を展開している。慶応三年十二月に著した『神祇官本義』では、神祇官の創立を「天神を郊祀《まつ》りて、用《も》て大孝《おやにしたがふこと》を申《の》べ給ふべきなり」（『神武天皇紀』四年春二月二十三日条）とある神武天皇の鳥見山《とみやま》[※50]の誓祭に見ている。そして、「大孝」については、「オヤニシタガフマコトとよむはあたらず。まことはトホツオヤニシタガフマコトとよむべし」と、祖神に対するものであり、祖霊祭祀における「孝」が庶民に示す国家的な規範となることを述べた。また、天皇は「無私」の存在であり、かつ「天つ日の光線は、人の眼光と、地上の潜光とをひきおこし、かつ人の職業と徳行とを、ひきおこし給ふものにて、その天つ日次につぎ給ふ」と述べ、国民の統治における天皇祭祀の役割を主張した。

こうした大国の神道思想は津和野藩に影響を及ぼし、亀井茲監《かめいこれみ》[※51]や福羽美静《ふくばよししず》[※52]といった門人に継承されていく。

慶応三年（一八六七）十月十四日、徳川慶喜《とくがわよしのぶ》は政権を朝廷に返上（大政奉還）、江戸幕府が終焉を迎えた。「神武創業」に基づく天皇の親政が開始され、亀井や福羽たちは天皇の祖霊祭祀を中軸とした国家祭祀を推進していくことになる。

（星野光樹）

藩し、藩校養老館教授となる。維新後は新政府に参加し、徴士内国事務局権判事・神祇官宣教使御用掛などを歴任した。

※50　鳥見山　7頁註5参照。

※51　亀井茲監　文政八年―明治十八年（一八二五―一八八五）津和野藩主。久留米藩主有馬頼徳の次男。津和野藩主亀井茲方の養子となり、人事の刷新、海防の強化、葬祭改革など藩政改革を実施した。また、国学者岡熊臣、大国隆正を起用し、文教興隆に努めた。維新後、神祇官副知事、津和野藩知事を歴任した。

※52　福羽美静　天保二年―明治四十年（一八三一―一九〇七）幕末、明治期の国学者。津和野藩士。岡熊臣、大国隆正らに学ぶ。藩命を受けて上京し、国事に活躍した。維新後、神祇事務局判事、神祇少副を任じられ、神祇行政に重きをなした。以後、貴族院議員などを歴任した。

第四章　明治維新と祭祀法制

一、祭政一致の布告と国家祭祀の再編

慶応三年（一八六七）十二月十四日、※1王政復古《おうせいふっこ》の大号令《だいごうれい》が布告され、幕府に変わって、天皇の「王政」による国家体制の樹立が宣言された。翌四年一月、新政府は三職七科制を定め、神祇行政官衙となる神祇事務科を設置した。

三月十三日、「神武創業《じんむそうぎょう》ノ始《はじめ》」に基づき、「諸事御一新《しょじごいっしん》祭政一致之御制度」に復することが布告された。同布告では諸祭典および神祇官を再興させ、神職を吉田家※2や白川家※3、公家などによる神社の※4執奏《しっそう》・支配を廃し、一律に神祇官に所属させることが掲げられた。また、神社本来のあり方に復するため、同月十七日は神仏判然令で社務に復する僧侶の還俗、同月二十八日には、神社において仏像・仏具類を除去することを命じた。

三月十四日、天皇が群臣を率いて天神地祇をまつり、新政の基本方針を誓う天神地祇御誓祭が京都御所の南殿において行われた。同祭では、神祇事務局の官員によって、祓え、降神、献供の各行事ののち明治天皇が出御《しゅつぎょ》、総裁（※5三条実美《さんじょうさねとみ》）が天皇に代わって御祭文を読み上げ、天皇が御拝、幣帛の玉串を捧げた。続いて総裁が五箇条の御誓文《ごせいもん》を読み、公卿※6・※7諸侯《しょこう》・※8徴士《ちょうし》らの群臣が奉答書に署名した。天津神の「言依し」に従って、「王政」を行う天皇と、その政治を輔弼

※1　王政復古の大号令　慶応三年十二月九日、幕府にかわり天皇親政による公議政治を宣言したもの。摂政・関白、征夷大将軍などの職を廃し、総裁・議定・参与の三職が設置され、新政府が樹立された。

※2　吉田家　40頁註14参照。

※3　白川家　49頁註46参照。

※4　執奏　朝廷や上のものに対し、意見などを取りつぐこと。

※5　三条実美　天保八年―明治二四年（一八三七―一八九一）。公卿、政治家。尊皇攘夷運動に参加し、長州藩と提携して活躍。維新後、議定、副総裁、太政大臣など要職を歴任した。

※6　公卿　27頁註34参照。

する臣下によって執り行われる新儀の天皇親祭は、広く国内に示されるところとなった。このような新儀による天皇親祭は、天皇が親から皇祖・皇霊をまつることで国民が倫理的な徳目を養い、秩序の維持に繋がると考えた福羽《ふくば》美静《よししず》[※9]ら津和野藩出身の国学者たちにより、恒例の国家祭祀として実施されていく。

明治元年（八月に改元）十一月十五日、伝統的な天皇親祭である新嘗祭には諭告がなされ、稲《とう》穀《こく》を地上に齎《もたら》した天照大御神の恩恵に感謝し、その豊熟を祈願する祭祀の重要性とともに、同日は庶民に至るまで、五穀豊熟・天下泰平を祈ることとした。翌二年二月二十日には、新嘗祭とともに民政に関わる祭祀として祈年祭の再興が布告され、神宮に奉幣がなされ、翌年には諸社に対して班幣が実施された。

天神地祇御誓祭（国史絵画・神宮徴古館蔵）

明治二年八月、官制改革により太政官と神祇官の二官が設置された。新設された神祇官の職掌は、「祭典・諸陵・宣教・祝部・神戸」とし、律令官制にはない「宣教《せんきょう》[※10]」や「諸陵」のことが加えられた。同年九月には諸陵寮《しょりょうりょう》[※11]が神祇官下に設置され、以後、諸陵の奉幣が開始された。十二月には歴代皇霊を神祇官のなかに鎮祭した。以後、神祇官に天皇が行幸し、神武天皇や先帝祭（孝明天皇）などの祖霊祭祀が親祭によって執り行われた。

また、明治元年（一八六八）八月二十六日、明治天皇の御誕生日（旧暦九月二十日）を奉祝する天長節が定められた。天長節《てんちょうせつ》の儀式は、光仁天皇《こうにんてんのう》（在位七七〇～

※7　諸侯　近世の諸大名のこと。

※8　徴士　明治新政府が藩・民間から登用し、官吏に任命した者の呼称。

※9　福羽美静　51頁註52参照。

※10　宣教　神道を中心とする国民教化政策。神祇官・神祇省のもとに宣教使が置かれた。翌年、大教宣布の勅により、活動が本格化した。

※11　諸陵寮　明治二年（一八六九）、陵墓の管理を担当した役所。神祇官の中に設置され、のちに宮内省に移管された。

七八一）の御世に行われて以来となるが、明治新政府は天長節を官民一体の、佳節を悦ぶ国家的行事として位置づけており、その意味では近代国家と天皇のあり方を示したものとなった。同三年四月には、※12五節句《ごせっく》とともに「祝日」とされた。同年の天長節では、神祇官の神殿で祭典が執行された。歴代の天皇を※13「追孝《ついこう》」するとともに、連綿と続いている皇統の「今」を奉祝し、治世の繁栄を祈ることがなされた。

神社奉幣に目を向けると、近世期に上七社を中心に復興されていたが、明治三年二月に伝統的な畿内の※14二十二社に加え、出雲・熱田・※15氷川《ひかわ》・鹿島・香取・香椎・宇佐といった畿外の由緒ある神社を対象とした※16二十九社奉幣《にじゅうきゅうしゃほうべい》が開始された。この年、上卿や弁、外記など、公卿や内廷官司の奉行が廃止され、臨時祭の廃止、恒例の勅祭は年に一度とするなど、朝廷との結びつきの強い畿内の勅祭は相対化がなされていった。

また、翌四年五月十四日、全国の神社を「国家の宗祀《そうし》」とし、神職の世襲を廃して精選補任すること（太政官布告二三四）、神社の社格を官幣社《かんぺいしゃ》と国幣社《こくへいしゃ》を大社・中社・小社に分け、その下に府社・藩社（廃藩置県により廃止）・県社・郷社《ごうしゃ》（のちに村社《そんしゃ》が追加）とすること（太政官布告二三五）が布告され、それぞれの神社で公的祭祀を一定に行う法制度が整えられた。

同四年八月、神祇官は※17神祇省《じんぎしょう》へと改組された。神祇省では、福羽美静を中心とした官員により、天皇が親から皇祖・皇霊・天神地祇をまつり、天皇の政治の輔弼《ほひつ》者が天皇の祭祀をも輔弼する国家祭祀の構想が具現化される。明治四年十月、「天孫開国」を奉祝し、瓊瓊杵尊《ににぎのみこと》を始め歴代皇霊をまつる元始祭《げんしさい》を定め、これに神宮神嘗祭に天照大御神を遥拝する皇大神宮遥拝、神武創業を奉賛し、同天皇を祭祀する神武天皇祭が「国家ノ大典」とされた。

そして同日、これら新儀の天皇親祭をはじめとする国家祭祀の大綱となる四時祭典定則・地方

※12　五節句　人日（じんじつ：正月七日）・上巳（じょうし：三月三日）・端午（たんご：五月五日）・七夕（しちせき：七月七日）・重陽（ちょうよう：九月九日）の五つの節句のこと。唐の暦法に基づく季節の変わり目で、わが国には奈良時代に伝えられた。宮中の年中行事であったものを、江戸時代に幕府が公的な行事を行う「式日」として制度化した。

※13　追孝　死んだ父母や祖先の霊をとむらい、孝行を尽すこと。

※14　二十二社　37頁註68参照。

※15　氷川神社　埼玉県大宮市高鼻町に鎮座。祭神は須佐之男命、稲田姫命、大己貴命。『延喜式』神名帳には名神大社に列する。武蔵国一宮。明治元年（一八六八）、東京奠都に際し、明治天皇が当社を武蔵国の鎮守社と定め、行幸・親祭があった。以後、勅使の参向があり、東游が奉納されている。旧官幣大社。

祭典定則が制定された（文末資料参照）。

四時祭典定則は、国家祭祀を大祭・中祭・小祭に区分して掲げ、祭日・祭場・奉仕者およびその役割などについて定めている。伝統的な祭祀には、天皇親祭である新嘗祭をはじめ祈年祭・月次祭が大祭、鎮魂祭・御神楽・遣外国使祭が中祭、節朔《せっさく》御拝《ごはい》・毎日の御拝・日供が小祭とされた。一方、新儀にかかる祭祀としては、皇大神宮遙拝・元始祭・神武天皇祭・孝明天皇祭（以上、天皇親祭）・後桃園・光格・仁孝三天皇を大祭、御歴代式年祭・外国定約祭《がいこくていやくさい》を中祭、春秋祭《しゅんじゅうさい》・天長節・御正辰祭《ごせいしんさい》を掲げ、祖霊祭や条約、天皇誕生日などが皇廟《こうびょう》（皇霊をまつる神殿）において行われた。これらの祭祀には、天皇・皇族および中央の行政機構である太政官・神祇省などの官員が奉仕した。また、勅祭となる神社祭祀（官幣社の例祭）を定め、神宮神嘗祭および官幣大社の例祭（賀茂祭・氷川祭・熱田祭・男山祭・鹿島祭・香取祭）および式年祭（出雲社・宇佐社）を国家の大祭、春日祭以下の官幣大社例祭を中祭、梅宮社以下官幣中社の例祭を小祭とし、それらの奉幣では太政官の祭使（宣命使）と神祇省の官員が参向した。

地方祭典定則は国幣社以下の神社祭祀を定めたもので、祈年祭・新嘗祭・例祭には社格に応じて知事以下の地方官の官吏が参向し、奉幣を行った。

ここに、「政」の主体である天皇およびその「政」の輔弼者となる太政官の官員が、神事を補佐する神祇省の官員とで行う中央の祭祀と、「政」を担う地方官の官員（知事）が、神官の長官（宮司）と行う地方の祭祀を定めた近代国家祭祀が制度として位置づけられた。また、「国家ノ大典」である元始祭・皇太神宮遙拝・神武天皇祭を定め、わが国の建国に関わる歴史的な記念日を奉祝し、皇廟と神社で祭典も行われることとなった。

明治五年（一八七二）三月十八日、神祇省に鎮祭していた八神・天神地祇は宮中に遷座され、

※16 二十九社奉幣 明治三年二月九日に再興が図られた奉幣祭典のこと。大奉幣に出雲大社・熱田・宇佐・鹿島・香取、大祭に賀茂（下上）・一宮氷川・石清水・春日、中奉幣に香椎・宗像・日吉・三輪（大神）・大和、中祭に八坂・北野、小奉幣に太宰府・広瀬・龍田・石上・広田・住吉、小祭に松尾、大原野、吉田、平野、稲荷、梅宮、貴船が選定された。

※17 神祇省 神祇官の後進として、太政官の下に属した神祇官衙。祭祀・宣教などの事務を司った。明治五年三月廃止。

中央における国家祭祀の場は、祭祀を管轄する神祇官衙ではなく、天皇が公務を行う宮中へと移ることになった。宮中での国家祭祀が実現し、その後、宮中の国家祭祀を中軸とする神社祭祀の再整備が進められていく。同年三月二十三日には神祇省が廃止された。神祇省が管轄していた宣教に関する事務は教部省※18《きょうぶしょう》が、祭祀に関する事務は式部寮※19《しきぶりょう》が管轄することとなった。

式部寮は教部省と協議のうえ、祭祀・神事の新儀を定めていった。地方祭典定則で「海内適宜《かいだいてきぎ》準行《じゅんこう》」するとした「六月祓」について、明治五年六月十八日、教部省は「大祓式」を布達した。これは明治四年（一八七一）六月二十五日に大祓の旧儀を再興し、「追々天下一般」に実施するとした布告に基づくものだが、「大祓式」では、神官がご祭神に対して祝詞を奏上し、祓詞を宣読する新儀の次第が定められた。

同年十一月二十三日、式部寮は天皇親祭となる大祭について、神社で祭典を実施するため、「元始祭式」、「孝明天皇遥拝式」、「神武天皇即位遙拝式」を制定した。地方祭典定則は国幣社以下の元始祭、神武天皇祭を定めていた。これらの祭祀は、いずれも天皇の崩御日を「追孝」して行われる性格のものであった。

これに先立つ十一月九日、改暦の詔書が発布され、従前の太陰太陽暦※20《たいいんたいようれき》に代わり太陽暦※21《たいようれき》が採用されるようになった。従前の祭日や忌日は、新暦に置き換えられた。この新暦の採用に基づき、十一月十五日には、神武天皇の即位を「紀元」とし、即位日※22《そくいび》の一月二十五日を祝日とし、宮中で定例の祭典を行うこととした。したがって、「神武天皇即位遙拝式」は、紀元節に神武創業を奉祝する宮中の祭祀（のちの紀元節祭）と対応する形で定められたものである。

明治五年十一月は、近代国家の制度的改革が進められるなかで新暦・皇紀が採用され、紀元節の祭祀・神事が新たに成立した。一方、同月は宮中の伝統的な国家祭祀についても改革がなされ

※18　教部省　明治五年に神祇省に代わって設置された宗教政策を管轄する行政機関。教導職を置いて国民教化を実施するとともに、社寺の廃立、神官・僧侶の任命を行った。同十年に廃止。

※19　式部寮　明治四年、太政官の一局である式部局を改称して設立。同五年三月、国家祭祀の事務を管轄した。同十七年に式部職に改称した。

※20　太陰太陽暦　月が地球を回る周期を基準とした暦法。一年を約三五四日とし、季節の推移を合わせるために、十九年に七度、閏月を設けて一年を十三カ月として調整した。

※21　太陽暦　地球が太陽を回る周期（公転）を基準とした暦法。地球の公転一回を一年とし、季節の周期と合致させている。四年に一度、二月に閏日を設け調整する。新暦。

※22　即位日　天皇の位につい

た。十一月二十七日、宮中の神殿では天神地祇と八神の二座が合併し、以後、神殿と称されることとなった。天皇の守護神としての八神を対象とした祭祀がなくなり、賢所・皇霊・神殿をまつる宮中三殿の原型が成立した。

また、天皇の意向で展開された勅祭についても転換がなされ、明治六年（一八七三）二月、神宮を除き、勅使の差遣を廃止することが決まる。以後、官幣社の例祭には国幣社と同様、地方官の長官（知事）が参向し、国家の幣帛を奉献することとなった。これより後、式部寮では官幣社と国幣社の例祭について祭式を定めることとなり、次節で述べるように、官国幣社共通の祭祀・神事を合わせた統括的な祭式の法令となる「神社祭式」を制定することとなった。

○四時祭典定則

大祭

元始祭　正月三日於皇廟祭之　　皇太神宮遥拝　九月十七日同上

神武天皇祭　三月十一日同上　　孝明天皇祭　十二月二十五日同上

新嘗祭　十一月卯日　於神嘉殿代

右

天皇親祭　皇后御拝

親王御手代ニ供ス太政大臣祝詞ヲ奏ス太政大臣厥席アレハ左右大臣之ニ代ル左右大臣参議々長諸省卿使長官列侍ス但長官厥員ナレハ次官之ニ代ル神祇省奉行式部寮典儀諸次官勅任官等著坐奏任官

た日。神武天皇は「辛酉年春正月庚申朔」に即位（『日本書紀』）。明治六年からの太陽暦移行に際し、神武即位を紀元とし、旧暦正月朔日にあたる明治六年一月二十九日が祝日となった。だが、新暦の旧正月朔日は毎年一定しないことから、神武天皇即位日の固定化が図られ、辛酉年正月朔日二百五十余年前を逆算して二月十一日に改まった。

判任官拝礼華族拝礼廃務一日刑獄ヲ止ムル事一日府県庁官員遙拝
後桃園光格仁孝三天皇（式年御正辰於皇廟）
祈年祭（二月四日於神祇省）　月次祭（六月一日同上）
右
親王御手代ニ供ス太政大臣祝詞ヲ奏ス（太政大臣左右大臣厥席アレハ参議之ニ代ル）左右大臣参議々長使長官諸省
卿列坐神祇省奉行式部寮典儀勅任官著坐奏任官拝礼廃務刑獄ヲ止ムル事一日
神宮神嘗祭（九月十六七日）
祭使神祇卿（或ハ大少輔）大掌典以下発遣
賀茂祭（四月）　氷川祭（六月）　熱田祭（同）　男山祭（八月）
鹿島祭（同）　香取祭（八月）　出雲大社　宇佐神社
右二社式年祭（五十年一度祭之）
以上祭使神祇大丞掌典等発遣
中祭
御歴代式年祭（式年御正辰於皇廟）　外国定約祭（皇廟）
遣外国使祭（同上）　御神楽（一二月同上）

鎮魂祭　十一月寅ノ日於神殿

右御神楽臨御アリ式別ニ載ス鎮魂祭旧儀ニ拠ル鎮魂ノ行事斉親王之ニ仕ス可シ左右大臣或ハ参議祝詞ヲ奏ス神祇省奉行式部寮典儀諸省卿或ハ輔著坐勅任官拝礼

春日祭以下官幣大社例祭

祭使大掌典以下発遣

小祭

春秋祭　二月八月於皇廟　天長節　九月二十二日於皇廟

右春秋祭皇太后皇后内親王等玉串使アリ神祇卿祝詞ヲ奏ス宮内卿著坐式部頭著坐

梅宮祭以下六社官幣中社　式年祭　隔年祭之

使同上

節朔御拝　御正辰祭　御歴代正辰之祭

神祇省奉行卿輔祝詞ヲ奏ス大掌典以下奉仕

日々御代拝　日供

中掌典奉仕

○地方祭典定則
国幣官社　府県社準国幣祭
祈年祭　新嘗祭　例祭
右知事祝詞ヲ奏ス但知事厥員アレハ正権大参事事之ニ代ル大少参事以下官員参向著坐宮司以下奉仕官員拝礼
廃務刑獄ヲ止ムル一日
府県社
祈年祭　新嘗祭　例祭
右大小参事属等参向祠官祝詞以下奉仕
郷社
祈年祭　新嘗祭　例祭　皇大神宮遙拝
右祠官奉仕郡出張ノ地方官区長等参向
元始祭　正月三日　皇大神宮遙拝　九月十七日
神武天皇祭　三月十一日
右三祭国幣社以下上件ノ定則ニ準シ祭典ヲ行フ
天長節　六月祓
右海内適宜遵行ス

（星野光樹）

二、明治初期の神社祭式

地方祭典定則が制定されたことに伴ない、神祇省は明治五年二月に、「官国幣社祈年祭式制定ノ件」を布達した。祭式という用語が公式に使われたのは、これが嚆矢であろう。ここに、官国幣社における祈年祭の祭典次第と、奏上する宮司と長官の祝詞が示された。

祈年祭式によると、二月四日に神祇省で地方官を召し、官幣社《かんぺいしゃ》への幣物を班つ。これを地方官が監督保護してそれぞれの地方に下し、祭日を撰んで祭典を執行することとし、国幣社《こくへいしゃ》への幣物は地方において具備することとある。そして、その祈年祭典には、官国幣社ともに前日から地方長官以下、祭典に奉仕する官員が参向し、宮司以下神官とともに斎戒して奉仕するのである。当日の祭典次第は、宮司が開扉をし、これから祈年祭を御奉仕いたすという旨の祝詞を奏してから神饌・幣帛を奉献し、地方長官が豊作をお祈りする祝詞を奏上し、玉串奉奠《たまぐしほうてん》・撤幣・撤饌・閉扉で終るのである。

このように、祈年祭式は祭典にあたっての幣帛の出所、祭典の次第、祝詞などが定められているが、神饌の品目数量についての記載はない。

明治六年二月十五日には、「伊勢神宮ヲ除ク外、官幣諸社祭典ノ節地方官参向ノ件」と題する太政官布告第五十三号が公布された。

　従前官幣諸社官祭ノ儀式部寮官員参向執行候処今後伊勢神宮ヲ除ク外総テ地方官ニ於テ執行可致事

　但巨細ノ儀ハ追テ式部寮ヨリ可相達事

官幣諸社の官祭には、これまで式部寮の官員が参向して執行してきたが、今後は伊勢の神宮を除いて、すべて地方官が執行すること。ただし、詳細は追って式部寮から達しがある、というものので、翌三月には、式部寮達番外「官幣諸社官祭式」（以下「官祭式」と略称する）が制定された。この官祭式は番外だが、六項目の前文と祭典次第、祝詞、大・中・小社別の神饌品目・数量などを定めているから、法制としての式の体裁を一応整えているとみることができよう。

官祭式が制定されてから二年後の明治八年四月十三日には、式部寮達「神社祭式」が制定され、これによって神社祭式がはじめて公式に確立したのである。この寮達「神社祭式」には、はじめに上表文《じょうひょうぶん》が付されている。上表文とは、天子のみことのりを恭しく拝受したうえで、祭祀の常に従うべき方式を作成して献上し、御裁可を仰いだというものである。これには式部頭従三位※23坊城俊政《ぼうじょうとしただ》、式部助従四位※24五辻安仲《いつつじやすなか》、式部権助従三位※25橋本実梁《はしもとさねやな》の三名が連署している。同年八月十二日には、教部省達書第三十四号「府県社以下神社祭式ハ官国幣社祭式ニ準スヘキ件」により、はじめて全国の神社祭式が統一された。

ここで、寮達「神社祭式」における祈年祭・新嘗祭・例祭の三大祭についてみると、祈年祭と新嘗祭は官国幣社共通であるのに、例祭は官幣社と国幣社とを区別している。すなわち、祈年祭に際しては、官国幣社とも二月四日に太政官が班幣式《はんぺいしき》を執行し、伊勢の神宮には幣使を発遣《はっけん》し、官国幣社への幣帛《へいはく》はそれぞれの地方官が参集してこれを受け、持ち帰って各社で祭日を択び、官幣社国幣社ともに地方長官が参向して祭祀を執行することとなっている。なお、新嘗祭は班幣が十一月十日で、その式はすべて祈年祭と同じと定められている。

これに対して例祭は、官幣社には地方長官が、国幣社には地方次官が参向して、祭典を執行するという差異がみられる。祭典の次第についてみると、まず前儀では官幣社例祭には手水と修祓があるのに、国幣社例祭と官国幣社の祈年・新嘗祭には手水のみで修祓が記されていない。

『神社祭式』表紙

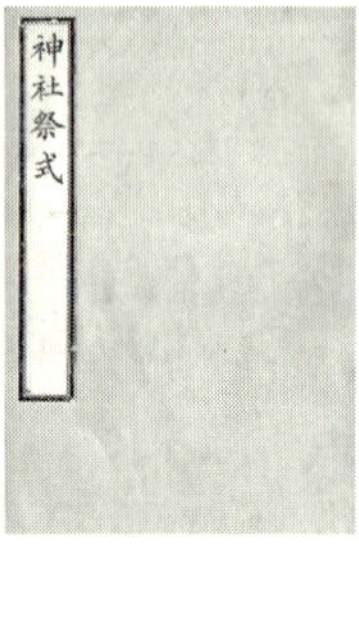

『神社祭式』見開き

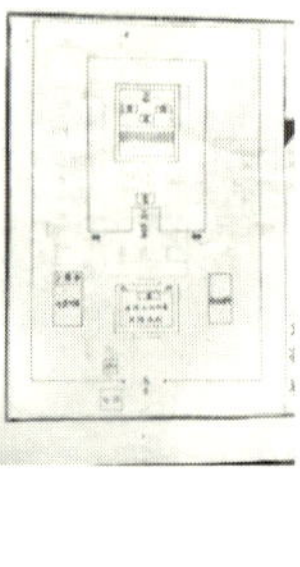

『神社祭式』　明治八年（一八七五）四月十三日、式部寮によって、官国幣社で行う公的祭祀すべてにわたる祭式を定めた法令「神社祭式制定ノ件」が「別冊之通」布達された。この別冊となる刊本が『神社祭式』であり、地方官から官国幣社に頒布され

　次に本儀の次第は、官国幣社の祈年・新嘗・例祭の三祭ともに同様で、開扉、献饌、献幣、祝詞奏上、玉串拝礼、撤幣、撤饌、閉扉と進む。これを現行の大祭式次第に照合すると、祭典開始と終了の宮司一拝、および奏楽がないだけであるから、大祭の祭典次第は寮達「神社祭式」でほぼ確立したということができる。ただし、祝詞奏上は、祈年・新嘗祭には地方長官が参向しても神官の長官が奏上し、例祭には、官幣社は地方長官、国幣社は神官の長官が奏上したのである。
　この寮達「神社祭式」の構成は、はじめに上表が掲げられ、次に目次があってから官国幣社祈年祭をはじめ、それぞれの祭典次第が記されている。その中に祝詞文もあり、神饌の台数・品目数量等も定められている。神饌の台数は、

　官国幣社祈年祭　大社九台　中社八台　小社七台
　官国幣社新嘗祭　大社十一台　中社十台　小社九台
　官幣社例祭　大社十一台　中社十台　小社九台
　国幣社例祭　中社十台　小社九台

とあり、その品目・数量は社格と祭典により異なるが、官幣社例祭では、

　和稲荒稲　酒二瓶　餅　海魚　川魚　野鳥○中小社ニハ野鳥水鳥ノ中ニテ一品　水鳥　海菜二品
　野菜三品○小社ニハ海菜一品野菜二品一台トス　菓二品　塩水

と定められている。

た。祭典ごとに行事の次第、調度、祝詞を掲げ、巻末に祭場や調度の図を載せている。

※23　坊城俊政　文政九年―明治十四年（一八二六―一八八一）。幕末の公家、明治期の官僚・華族。明治四年（一八七一）式部頭に就任。

※24　五辻安仲　弘化二年―明治三十九年（一八四五―一九〇六）。幕末の公家、明治期の官僚・華族。明治四年（一八七一）岩倉使節団の岩倉具視に随行して欧米に渡った。式部寮理事官心得、宮内省御用掛などを務めた。

※25　橋本実梁　天保五年―明治十八年（一八三四―一八八五）。伯爵。元老院議官。王政復古により参与に任じられ、諸官を歴任、式部権助兼二等掌典となる。神祇官再起建白書を提出した。

三、神社祭式行事作法の制定

明治八年（一八七五）に神宮および神社の祭式が成立したが、祭祀奉仕の行儀礼法については未だ統一されたものはなく、全国の神社でさまざまな流儀が行われていたのである。

内務省は統一した行儀礼法を作成するため、明治三十四年三月末に※26皇典講究所《こうてんこうきゅうじょ》に対して神社祭式作法の取調を委嘱した。これに対して皇典講究所は、礼典調査会で検討を加え、三十八年六月に「神社祭式行事作法書」を作成して、内務省に提出した。その内容は、御裁可を仰いだ寮達「神社祭式」に基づいて作成されたという。内務省は皇典講究所からの答申を受けると、神社祭式行事作法調査会を設置してさらに検討を加え、明治四十年六月二十九日に、「神社祭式行事作法」を内務省告示第七十六号をもって制定したのである。それまで諸流が行われていた神社祭式の行事作法は、これによってはじめて統一されたのであり、その意義はまことに大きい。

その神社祭式行事作法の構成をみると、およそ次の通りである。

第一編　行　事

一　開扉及閉扉
二　神饌献撤
三　御幣物献撤
四　祝詞奏上
五　玉串奉奠
六　修　祓

※26　皇典講究所　明治十五年（一八八二）に国史・国文など古典を教授・研究するために設立された機関。初代総裁は有栖川宮幟仁（たかひと）親王。親王の告諭を建学の精神として、日本の国柄を明らかにし、日本的特性を有する人材育成により、伝統文化に基づく日本の大本を究めることを目的とした。設立当初より神職養成に関与した。

七　大祓切麻

第二編　作　法

上

一座法　二立法　三座揖　四立揖　五起拝　六居拝　七立拝　八拍手　九起座

十著座　十一進退　十二膝行　十三膝退　十四平伏　十五跪居　十六蹲踞　十七起立

十八磬折　十九屈行　二十逆行　二十一持笏　二十二置笏　二十三把笏　二十四懐笏

二十五正笏　二十六警蹕

下

一階ノ昇降　二御扉ノ開閉　三祝詞ノ展巻　四御鑰、祝詞、玉串、大麻等ノ持方　五三方、案、薦、軾等ノ持方　六大麻、切麻ノ祓方　七折敷、三方等ノ据方

第三編　雑　載

一　祭場ノ座位

二　神饌献撤ノ順序

第一編が行事、第二編が作法、第三編が雑載の三部構成で、第一編の行事とは、祭典の本儀である御扉の開閉、神饌・幣帛の献撤、祝詞奏上、玉串奉奠、前儀である修祓、それに大祓切麻の祓方などである。すなわち、行事とは祭典を構成する要素にあたるものを称した。

第二編の作法の「上」は、祭典奉仕員の姿勢をはじめ、起居進退、お辞儀の仕方、笏の取扱い方など立居振舞いと笏の作法で、作法の「下」は、行事を執行する際の御殿での階の昇り方降り方、御扉の開け方閉め方、それに祝詞・玉串・大麻・三方、その他祭器具類の取扱い方などである。すなわち、作法とは立居振舞や祭器具の扱い方など、祭典奉仕の行儀礼法ということができる。

そして第三編の雑載は、作法を行うための前提条件となる祭場の上位下位（※27祭場の座位）を定めている。

この行事作法が制定されたことで、全国の神社祭式の作法までが統一された。このように祭典執行の行事作法は整ったが、わが国の法体系からみると、この時点では基本法の「令」が未だ確立していないのである。そこで、内務省は祭祀関係法制の確立をはかることになる。

四、祭祀令と祭式

神道の祭祀は、皇室祭祀・神宮祭祀・神社祭祀・民間祭祀に大別されるが、わが国が祭祀制度の確立をはかったのは、これら四祭祀のうちの民間祭祀を除く三祭祀である。

この中で早く制定されたのは「神社祭式行事作法」が制定された翌明治四十一年九月十八日に、皇室令第一号をもって公布された「皇室祭祀令」※28である。また、同時に公布された「附式」は皇室祭祀の施行細則で、「皇室祭式」ともいえるものである。

皇室祭祀令の構成は全三章からなり、第一章が総則、第二章が大祭、第三章が小祭となっていて、祭祀区分は大祭と小祭の二つである。大祭は、元始祭《げんしさい》・紀元節祭《きげんせつさい》・春季皇霊祭《しゅんきこうれいさい》・春季神殿祭《しゅんきしんでんさい》・神武天皇祭《じんむてんのうさい》・秋季皇霊祭《しゅうきこうれいさい》・秋季神殿祭《しゅうきしんでんさい》・神嘗祭《かんなめさい》・新嘗祭《にいなめさい》・先帝祭《せんていさい》・先帝以前三代ノ式年祭《しきねんさい》・先后ノ式年祭・皇妣《こうひ》タル皇后ノ式年祭で、小祭は、歳旦祭《さいたんさい》・祈年祭《きねんさい》・明治節祭《めいじせつさい》・賢所御神楽《けんしょみかぐら》・天《てん》長節祭《ちょうせつさい》・先帝以前三代ノ例祭・先后ノ例祭・綏靖《すいぜい》天皇以下先帝以前四代ニ至ル歴代天皇ノ式年祭である。

神宮　神嘗祭

※27　祭場の座位　祭場において、祭祀奉仕者・参列者の席次の基準を定めたもの。縦列・横列の並びにおいて、神座に近いほうを上位とし、遠いほうを下位とする。

※28　皇室祭祀令　宮中三殿（賢所・皇霊殿・神殿）および陵墓において行われる諸祭祀に関する法令。明治四十一年（一九〇八）九月皇室令第一号。同

皇室祭式にあたる附式は第一編大祭式、第二編小祭式の二編で、その項目をあげると左の通りである。

第一編　大祭式

①賢所ノ儀
②皇霊殿ノ儀
③神殿ノ儀
④新嘗祭神嘉殿《しんかでん》ノ儀
⑤新嘗祭前一日鎮魂《ちんこん》ノ儀
⑥神宮遥拝ノ儀
⑦神宮ニ勅使発遣《ちょくしはっけん》ノ儀
⑧神宮ニ奉幣ノ儀
⑨山陵《さんりょう》ノ儀
⑩山陵ニ勅使発遣ノ儀
⑪山陵ニ奉幣ノ儀
⑫神宮賢所皇霊殿神殿及ビ山陵ニ親告ノ儀
⑬神宮賢所皇霊殿神殿ノ造営ニ因リ奉遷ノ儀
⑭天皇ノ霊代奉遷ノ儀

第二編　小祭式

①賢所ノ儀
②皇霊殿ノ儀

令は、皇室の祭祀を大祭と小祭に区分し、大祭は天皇が祭典を行い、小祭は掌典長が祭典を執行し、天皇は拝礼するものと定めている。

③神殿ノ儀
④四方拝《しほうはい》ノ儀
⑤賢所御神楽ノ儀
⑥神宮ニ勅使発遣ノ儀
⑦神宮ニ奉幣ノ儀
⑧皇后皇太子皇太子妃皇太孫皇太孫妃親王親王妃内親王王王妃女王ノ霊代ヲ皇霊殿ニ遷《うつ》スノ儀

この附式は、祭儀の次第ともいうべきもので、御告文《おつげぶみ》・祝詞の文章、神饌・幣帛の品目・数量などは記されていない。それは皇室祭祀令・同附式ともに、天子が御親《おんした》しくお定めになられたものので、のちに述べる省令「神社祭式」の一部である大・中・小祭式は、それぞれの祭典次第を記していて、附式の大・小祭式も形式上からは統一されている。さらに、御殿内のことは御作法を含めて公表すべきではないということもあるだろう。だが、皇室祭祀制度としては、令と式の法制形式をとっている、ということができるのである。

次に、神宮祭祀と神社祭祀の法制は、ともに大正三年（一九一四）一月二十四日に、勅令第九号をもって「神宮祭祀令」が、同第十号をもって「官国幣社以下神社祭祀令」（○以下勅令「神社祭祀令」と略称す）が制定公布され、同年三月二十七日に内務省令第四号で「官国幣社以下神社祭式」（○以下省令「神社祭式」と略称す）を内務大臣が発布した。なお、神宮祭式は新たに制定されず、従前の「神宮明治祭式」によることとされた。

神宮祭祀の区分は大・中・小祭の三区分で、大祭には三節祭と称される神嘗祭《かんなめさい》ならびに六・十二月の月次祭《つきなみさい》をはじめ、祈年祭・新嘗祭・神御衣祭《かんみそさい》・遷宮祭《せんぐうさい》・臨時奉幣祭。中祭には日別朝《ひごとあした》夕大御饌祭《ゆうべのおおみけさい》をはじめ、歳旦祭・元始祭・紀元節祭・風日祈祭《かざひのみさい》・天長節祭など。小祭は大祭中祭以外の祭祀とされており、これに相当する祭祀は一月十一日の御饌のみである。

このように神宮の祭祀は、三節祭をはじめ神御衣祭・日別朝夕大御饌祭・風日祈祭など、神宮固有の祭祀が多く、これらの祭祀の祭式は前述の神宮明治祭式に定められているから、新たな祭式は制定しなかった。ここにおいて、神宮祭祀も令と式が整うのである。

祭祀区分については、明治二十七（一八九四）年五月九日に内務省訓令第三二七号をもって、官国幣社以下、神社の祭祀を大祭と公式の祭祀とに区分された。祭祀区分としての大祭という名称は判るのだが、公式の祭祀というのは何を基準に名づけたのか理解しにくく、しかもその中に、大祓と遥拝式とがある。大祓と遙拝式は後になると、祭祀とは区別し恒例式となるのである。訓令当時は、神事全般を祭祀ととらえていたようだ。さらに大正三年に制定された勅令「神社祭祀令」および省令「神社祭式」になると、これらの区別基準が明瞭になるのである。

勅令「神社祭祀令」の祭祀区分は、神宮祭祀と同様に大・中・小祭の三区分となり、その祭祀は左の通りである。

大祭―祈年祭・新嘗祭・例祭・遷座祭・臨時奉幣祭
中祭―歳旦祭・元始祭・紀元節祭・天長節祭・明治節祭・神社ニ特別ノ由緒アル祭祀
小祭―大祭及中祭以外ノ祭祀

これによると、大祭は神社の三大祭、すなわち古来の祈年・新嘗祭と各神社固有の由緒ある日に行われる例祭、それに御神座をお遷しする遷座祭、大嘗祭《だいじょうさい》当日他に斎行される臨時奉幣祭とされており、中祭とされた歳旦祭以下の五祭は、当時の国民の祭日・祝日であり、小祭は大祭・中祭以外の祭祀、すなわち月次祭他となるのである。

さらに、省令「神社祭式」が制定されたのと同日、内務省訓令第二号をもって「神宮並官国幣社以下神社ニ於テ行フ恒例式」が制定された。神宮における恒例式は、春季皇霊祭遥拝・神武天皇祭遥拝・明治天皇祭遥拝・秋季皇霊祭遥拝・大祓で、官国幣社以下神社は、これらのほか神嘗祭遥拝が加わる。ここに前述した明治二十七年の内務省訓令で大祭とされた臨時奉幣式が臨時奉幣祭となり、公式の祭祀とされた大祓と遥拝が、祭祀ではなく恒例式となったのである。その区分の基準は、神饌を供して祝詞を奏上する神事を祭祀とし、神饌を供さない神事を式としたといえよう。そして、恒例式の条文は二ヵ条からなり、第一条は神宮において、第二条は官国幣社以下神社において「恒例トシテ左ノ式ヲ行フ」とあるから、神社祭式の式と恒例式の式とは、その用法を異にしている。

次に、神社祭祀では式部寮達「神社祭式」があったが、神社祭祀令に続いて省令「神社祭式」が新たに制定された。寮達「神社祭式」では、古来の祈年・新嘗祭について大・中・小社による神饌台数が異なるだけで祭典執行には官幣社と国幣社の区別がなかったが、例祭には区別があった。それが省令「神社祭式」になると、三大祭すべてに官幣社国幣社の区別を撤廃し、祭典は大・中・小祭による相違となったのである。

そこで、勅令「神社祭祀令」と省令「神社祭式」の内容についてみると、神社祭祀令は勅令であるため天皇がこれを公布せしめられ、省令「神社祭式」は内務大臣が制定したのである。

勅令「神社祭祀令」の内容は、第一条から第四条まで神社祭祀を大・中・小祭に区分して、それぞれに祭祀名を明記している。第五条で新たに小祭を定めるときの条件、第六条で喪にある者の祭祀奉仕または参列の条件、第七条で祭式および斎戒に関する規程は主務大臣が別に定めることなどを述べている。これらは神社祭祀についての基本的なことであって、法制上からは、まさに基本法である令の体裁を具備したものといえる。

次に、省令「神社祭式」の構成は、およそ次のように整理することができる。

第一　官国幣社祭式

一　大祭式

祈年・新嘗・例祭次第

本殿遷座祭次第

仮殿遷座祭次第

臨時奉幣祭次第

二　中祭式　祭典次第

三　小祭式　祭典次第

四　修　祓　祓次第

五　祝　詞

祈年祭宮司祝詞　同幣帛供進使祝詞

新嘗祭宮司祝詞　同幣帛供進使祝詞

例祭宮司祝詞　同幣帛供進使祝詞

仮殿遷座本殿祭祝詞　同仮殿祭祝詞

本殿遷座仮殿祭祝詞　同本殿祭祝詞

歳旦祭祝詞　元始祭祝詞　紀元節祭祝詞　天長節祭祝詞　祓詞

六　雑　則

○御幣物・神饌の点検・弁備のこと、修祓のこと、神饌の台数・品目は大・中・小社と、大・中・小祭にわけて定めている。

第二　府県社以下神社祭式

○官国幣社祭式に準ずることとし、祝詞は別に示している。

右の省令「神社祭式」の構成をみると、全体としては、まず大・中・小祭の次第、本儀に先だって行われる修祓の仕方、各祭祀の祝詞、神饌の社格別台数と品目などを明記している。そのため、省令「神社祭式」は、祭典次第をも含めた「神社祭祀令」に定められている神社祭祀の施行細則としての要件を備えたものといえる。

これまで述べてきたように、明治八年に制定された「神宮明治祭式」、および式部寮達「神社祭式」をもって、神宮および官国幣社以下神社の祭式が一応成立したことになる。さらに祭祀制度の整備がはかられ、明治四十年から大正三年にかけて神宮・皇室・神社の祭祀制度が確立した。それは、わが国古来の法制に則って整備されたのである。

皇室祭祀にあっては「皇室祭祀令」と「同附式」、神宮祭祀にあっては「神宮祭祀令」と「神宮明治祭式」、官国幣社以下神社祭祀にあっては、勅令「神社祭祀令」と省令「神社祭式」により、それぞれ基本法の令と施行細則である式が成立したのである。

行事とは、祭典を構成する開閉扉・献撤饌・献撤幣・祝詞奏上・拝礼・修祓・直会などをいうのであるから、行事とは〝祭典を構成する要素〟ということができる。

また、作法については行事を行う行儀礼法ということができる。（沼部春友）

五、神社祭式関係法令の改正

※29　熱田神宮　38頁註4参照。

※30　出雲大社　4頁註1参照。

※31　橿原神宮　奈良県橿原市久米町に鎮座。神武天皇と媛蹈鞴五十鈴媛（ひめたたらいすずひめ）皇后をまつる。明治二十三年、皇紀二五五〇年を記念して橿原宮の跡地に創建された。旧官幣大社。

橿原神宮（奈良県）

大正三年（一九一四）に「神社祭祀令」をはじめとする法令が成立したことは既述したが、昭和に入ると、明治節（十一月三日）の制定に伴い、全国の神社では明治節祭を斎行することとなり、関係法令の改正が行われた。明治節は明治天皇の御誕生日にあたり、近代日本を築いた御功績に思いを致すための祝日であった。

また、恒例式として定められていた明治天皇遙拝は廃止され、新たに先帝となられた大正天皇遙拝が加えられた。皇室祭祀において先帝祭が行われるのに対し、神社では遙拝式を以て奉仕する。大正期には明治天皇遙拝が、昭和期には大正天皇遙拝が崩御日に行われたのである。このほか、昭和十二年には氷川神社・熱田神宮※29・出雲大社※30・橿原神宮※31・明治神宮※32の例祭祭式と祝詞が定められるなど、祭祀・祭式制度はさらなる充実を見せる。

遷座祭

昭和十三年（一九三六）には「官国幣社以下神社祭式」が改正され、遷座祭のことが改定された。遷座とは御霊代《みたましろ》を遷すことで、神殿の改築や修繕に際し仮の御殿に遷す仮殿遷座祭と、仮殿から本殿へ遷す本殿遷座祭とがある。従来、本殿遷座祭に神饌幣帛料の供進は無かったが、官国幣社に対し供進されるように改正された。これにより式次第も見直され、「遷座ノ儀」と「幣帛供進ノ儀」の二つの儀に分けて行うこととされた。

式次第のみならず、行事作法についても改正があった。明

※32　明治神宮　東京都渋谷区代々木に鎮座。明治天皇と昭憲皇太后の神霊をまつり遺徳を敬仰したいとの機運が国民の間で高まり、大正四年に明治神宮造営局官制が公布、同九年に創建された。旧官幣大社。

明治神宮（東京都）

遷座祭での祝詞奏上

治四十年の「神社祭式行事作法」制定以降、関連する法令が数度改正されたこと、また、三十年余の運用のなかで現状にそぐわない部分が現れてきたことを受け、昭和十七年（一九四二）に改正が断行された。改正の方針は、

①伝統正しき故実に依拠すること
②現行祭式の意義に適合せしむること
③礼法の一般精神を参酌すること

であった（神祇院作成「神社祭式行事作法の改正に就て」）。これらに基づき当時の学識経験者、宮内省関係者、神職らが議論を重ね、十七年十月に公布された。主な変更点には、

①通則として「祭場ノ位次」、「所役ノ順位」が冒頭に掲げられた
②「附記」を随所に配し、補註が記されるようになった
③御扉開閉における「再拝拍手二」、警蹕が削除された
④御幣物献撤における「再拝拍手二」が削除された
⑤祝詞奏上の前後に行われてきた「拍手二」、「押し合はせて一揖」が削除された
⑥行事の名称として、「玉串奉奠」は「拝禮」に改称され、「再拝　拍手二　一拝」から、「再拝　拍手二　拝揖」に改められた
⑦新たに行事として降神、手水が規定された
⑧作法の配列、表現に関し、大幅に改められた

深夜に行われる遷座祭

といった点が挙げられる（長谷晴男『神社祭式行事作法沿革史』）。

右の通り、改正点は多岐にわたり、なおかつ、従来の作法を大きく変えるものであったが、厳しさを増す戦局のなか、いかなる理由で改正が断行されたか、問われたことも事実である。そうした声に対し、改正に従事した長谷外余男は次の通り述べている。

> 国家内外の最も緊迫した戦時下に於いて、さほど急務とも思はれぬ祭式行事作法を何故に改正したか、と非難する人もあるやに仄聞するが、（中略）時局が重大である故にこそ、いよいよもって改正を緊急なりと考へられたのである。
>
> （『長谷外余男先生講述　改正神社祭式行事作法講話』）

まさに、戦時下において祭祀の厳修が平時よりも強く求められたのである。そうした背景の中で、普及を目指した講習会も各地で開催されたが、ほどなくして終戦を迎え、その法的効力を失うこととなった。

ちなみに、こうした行事作法改正を含め、昭和十五年以降の神社行政は神祇院《じんぎいん》[※33]が担った。明治以降、神社行政を管轄した官庁は変遷を重ねたが、神祇院成立以前は内務省に置かれた神社局が担当していた。昭和十一年に祭務官《さいむかん》[※34]と祭務官補という役職が置かれ、その職掌は「神社ノ祭祀ニ関スルコトヲ掌ル」とされた。その後、神祇院官制の中で祭務官及び祭務官補は位置づけられ、さらに十六年には地方祭務官・地方祭務官補も設置された（「官報」昭和十六年一月十五日）。終戦によりその役目は終えたが、官制時代に祭祀制度拡充と共に祭務官らが活躍したことは覚えておきたいものである。

（高原光啓）

※33　神祇院　昭和十五年（一九四〇）に新設された神祇行政官庁。内務省の外局。神宮および官国幣社以下神社、神官・神職、敬神思想の普及に関する事務を管掌した。昭和二十一年廃止。

※34　祭務官　神社祭祀に関することを掌る官員で昭和十一年に設置。当初は飯田秀真が祭務官に任命され、祭祀制度改正などに関わった。その後、各地方にも同官が置かれ、拡充をみた。戦後、飯田は神社本庁祭式講師として活躍したが、同様に祭式指導者として後進の育成にあたった者も多い。

第五章　戦後の祭祀制度

一、神社本庁の設立

昭和二十年八月、※1ポツダム宣言《せんげん》を受諾して※2終戦《しゅうせん》の詔書《しょうしょ》が発布された。日本は降伏し、終戦に至った。まさに非常事態であり混乱が予期されたが、そうした状況にあっても、翌九月には宮中、神宮はじめ全国神社においても戦争終熄の奉告祭が粛々と斎行された。

その年の十二月、連合国軍総司令部（ＧＨＱ）は日本政府に対し、いわゆる※3「神道指令《しんとうしれい》」を発した。これにより神社は国家の管理から離れ、「宗教法人令」に基づく宗教法人として出発することとなった（「宗教法人令」は昭和二十六年「宗教法人法」施行により廃止）。

こうしたなか、全国の神社を包括する※4神社本庁が昭和二十一年二月三日に設立され、以後、ＧＨＱの厳しい監督の下、祭祀・祭式制度は再編されていく。まず本庁の根本的な定めである「神社本庁庁規」において、大祭は祈年祭・新嘗祭・例祭・遷座祭・鎮座祭・合祀祭となり、中祭は歳旦祭・元始祭・紀元節祭・天長節祭・明治節祭と規定された。これは、大正三年の「官国幣社以下神社祭祀令」（以下、「神社祭祀令」と略記）に準拠した取り決めであった。

設立直後には「神社ノ祭儀ニ関スル件」が発せられ、暫定措置として大祭式は大正三年の「官国幣社以下神社祭式」に準じ、祭式行事作法は昭和十七年の「神社祭式行事作法」に依ることと

※1　ポツダム宣言　ドイツのポツダムで米・英・中三国首脳により発表された日本への共同宣言。降伏勧告及び戦後処理方針を表明した。

※2　終戦の詔書　ポツダム宣言受諾の勅旨を国民に宣布するため発布。「玉音放送」により国民に広く伝わった。

※3　神道指令　昭和二〇年（一九四五）十二月十五日に連合国軍総司令部（ＧＨＱ）が日本政府にあてた覚書「国家神道・神社神道ニ対スル政府ノ保証・支援・保全・監督及ビ弘布ノ廃止ニ関スル件」の通称。国家による神社の管理、公的機関からの神道的施設の撤去等を指示。その後、神社関係法令が廃止され、いわゆる「国家神道」が解体された。

した。ただし、幣帛供進使の参向は廃止、さらに府県社以下神社に対する幣物奉奠は廃止された。翌三月には本庁庁規が大幅に改正され、皇室・国家と関わる祭祀は悉く削除されてしまった。このことは、公共性のある神社祭祀の本義に関わることではあるが、神社の存立すら危ぶまれていた当時の状況からすると、やむをえない対応であった。

二、昭和二十三年神社祭式・神社祭式行事作法の制定

庁規の改正に伴い二十二年五月に神社祭式と行事作法の改正があったが、これは部分的な改正にとどまるものであった。そこで、これまでの改正ではなく新たに制定されるべきものとして、祭祀制度について議論が重ねられた。その方針は「国家の管理を離れた神社の祭祀は、夫々の神社の祭祀として執行すること」「公からの御幣物並びに幣帛供進使及び官吏に関する行事作法は、悉くこれを削除すること」「氏子崇敬者の信仰的情操を満足させるような祭式を考案すること」であったという（長谷晴男『神社祭式行事作法沿革史』）。

こうして、二十三年五月に規程として「神社祭式」と「神社祭式行事作法」がそれぞれ制定されたのである。この二つは先年の庁規改正を踏まえ、公とのつながりを廃したものだが、一方で総代及び氏子崇敬者の参画を重視した内容となっている。特に「信仰的情操」の観点から、奏楽や直会が行事として新たに定められたことは意義深いことであった。

ここで終戦直後の状況に思いを致し、先人たちが苦労されたその一端を紹介しよう。神社のあり方や神社本庁の諸制度をめぐって、ＧＨＱからさまざまな干渉があった。祭祀制度全般のみな

※4　神社本庁　国家と神社の分離を命じた連合国軍総司令部（ＧＨＱ）の神道指令を受け、昭和二十一年に大日本神祇会、皇典講究所、神宮奉斎会の三団体が協議して設立した宗教法人。伊勢神宮を本宗と仰ぎ、全国約七万九千社を包括する。

神社本庁（東京都）

らず、式次第や祝詞の例文に至るまでGHQは神経をとがらせていたという。結果、「天皇」に関することは悉く削除されてしまった。「天皇《すめらみこと》の大御代《おおみよ》」と例文に示すことすら許されない時代であった。ただし、例文の本文には記されないが、「祝日当日祭辞別」例文を別途定め、「天皇の大御寿《おおみいのち》」を祈る道を開いた。ここに当時の厳しさと、それに抗う先人の見識が思われるのである。これら一連の経緯は『神道指令と戦後の神道』（神社新報社）に詳しい。

このほか、GHQの顧問を務めていた岸本英夫は、靖国神社の存続が危ぶまれるなか、同社の護持にむけて関係者が奔走したことを書き残している。とくに、昭和二十年の臨時大招魂祭には大変な労苦があったという。参列したGHQの要職は、それまで同社の祭典は軍国主義的で扇情的なものと誤解していたようだが、実際に参列し、神社祭祀が静かで清浄なものと認識を改めたと岸本は述懐している。このことが転機となって、同社への理解が進んだという（『戦後の社会と宗教』）。まさに、祭祀が人の心を動かした事実として明記したい。

三、昭和四十六年の改正とその意義

「神社祭祀令」に変わる祭祀制度の根本は神社本庁の庁規に基づいていたが、昭和二十七年（一九五二）に庁規から分離される形で「祭祀規程」が定められた。昭和四十年代に入ると、戦後二十年という節目から、神社制度全般の改正機運が高まった。特に、占領政策により歪められた祭祀制度を正すべく審議が重ねられ、四十六年に改正に至った。以下、その内容として主なものを列記する。まず「祭祀規程」を「神社祭祀規程」と改め、条文を刷新。大祭は例祭・祈年祭・新嘗祭・式

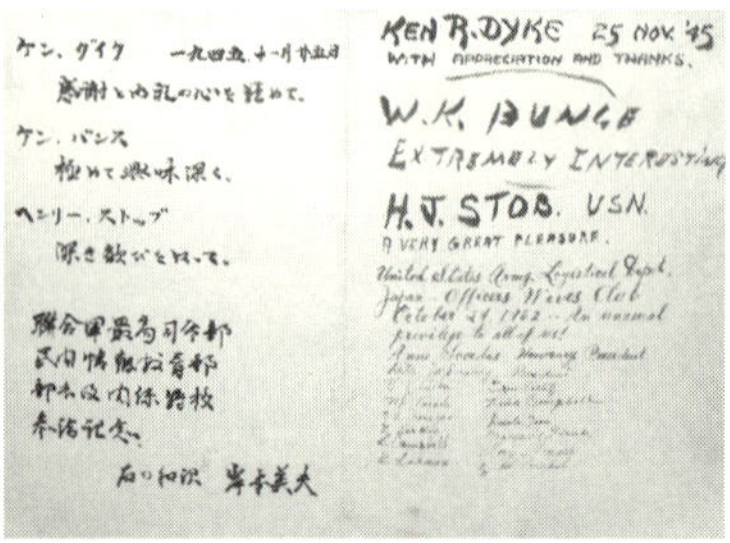

GHQ、中氷川神社を見学。こうした見学が神社への理解を促した。

年祭・鎮座祭・遷座祭・合祀祭・分祀祭、神社に特別の由緒ある祭祀と定め、中祭は歳旦祭・元始祭・紀元祭・天長祭・神嘗祭当日祭・明治祭、その他これに準ずる祭祀及び神社に由緒ある祭祀と定まった。かつて削除された皇室国家に関わる祭祀が再び規定されるなど、意義深い改正であった。さらに「神社祭祀規程」改正に伴い、「神社祭式」にも反映された。また、例祭・鎮座祭・本殿遷座祭の式次第に改正があった。

「神社祭式行事作法」も大幅に改正された。主要なものに祭場《さいじょう》※5の座位《ざい》の変更、本庁幣献撤、威儀物、女子神職作法の制定を挙げておく。とくに祭場の座位については、昭和十七年の行事作法で幣帛供進使等は「左」、宮司以下祭員は「右」と規定されていた。宮司以下祭員が下位から奉仕することは当然であったが、昭和二十三年の改正時、祭祀執行権者となった宮司の座位は「左」と改定されたのである。官制を離れた直後の状況からすると、やむをえない変更と言えよう。こうした背景のなか、宮司以下祭員の座位は旧に復して「右」と規定され、現在に至っている。

このほか「神社に於て行ふ恒例式」、「斎戒に関する規程」が制定、「本庁幣供進に関する規程」が改正されるなど、祭祀制度全般で大整備がなされたのである。ちなみに恒例式とは、大正三年制定「神宮並官国幣社以下神社ニ於テ行フ恒例式」を踏襲するもので、遙拝と大祓に関して規定された。なお、神社において御祭神を直接の対象として行うものを〝祭〟、直接の対象としないものを〝式〟とし、前者には神饌を供するが、後者では献饌は無いと区別される。

第二章で述べた通り、神社は公より幣帛を受けてきた歴史がある。明治に入って国家的な祭祀制度として再編確立するも、終戦により廃止となった。そこで神社本庁では、戦前の御幣物や幣帛供進使の代替として、昭和二十一年に「統理幣」と称する幣帛料を例祭に献ずることを決定。同二十三年には「献幣使に関する件」が出され、それらに基づいて暫定的に執行されてきた。

※5　祭場の座位　66頁註27参照。

三十三年には「幣帛料供進に関する規程」が定められ、他の祭祀関係規程に合わせ、改めて規程化された。その後の運用の中で、幣帛料の名称は「本庁幣」と統一されることを受け、四十六年の改正により「本庁幣供進に関する規程」と改まった。

同規程の冒頭に本庁幣の意義として「全国神社の総意に基いて神社の神徳を顕揚し、斯道の興隆を祈願し、奉賛の誠を捧げる趣旨で、神社の例祭・鎮座祭・本殿遷座祭及び式年祭に、本庁幣を供進する」と掲げている。

四、祝日と神社祭祀

現在、日本の祝日は「国民の祝日に関する法律」（以下「祝日法」。昭和二十三年施行、以後数次改正）で規定されている。一方、戦前の制度では祭日祝日と明確に規定されていた。比較すると、次の通りである。

勅令第二十五号（昭和二年）

左ノ祭日及祝日ヲ休日トス

元始祭	一月三日	神嘗祭	十月十七日
新年宴会	一月五日	明治節	十一月三日
紀元節	二月十一日	新嘗祭	十一月二十三日
神武天皇祭	四月三日	大正天皇祭	十二月二十五日
天長節	四月二十九日	春季皇霊祭	春分日
		秋季皇霊祭	秋分日

国民の祝日に関する法律（抜粋）

元日	一月一日	海の日	七月の第三月曜日
成人の日	一月の第二月曜日	山の日	八月十一日
建国記念の日	政令で定める日（二月十一日）	敬老の日	九月の第三月曜日
春分の日	春分日	秋分の日	秋分日
昭和の日	四月二十九日	体育の日	十月の第二月曜日
憲法記念日	五月三日	文化の日	十一月三日
みどりの日	五月四日	勤労感謝の日	十一月二十三日
こどもの日	五月五日	天皇誕生日	十二月二十三日

「祝日法」の特徴として、①神道的意義を有するものは廃止、②あるいは名称を変更され、③国民重視の祝日が新設された、といった点がある。これにより、祝祭日本来の意義が薄れ、単なる休暇日になってきているとしたら、由々しき事であろう。

　こうしたなか、神社本庁では「祝日法」制定後に「国民の祝日当日に於ける祭儀取扱に関する件」を通達。同法に定まる祝日を踏まえ、その当日に祭典及び行事を行うよう勧奨した。その後、「神社祭祀規程」施行を以て本通達は廃止となるが、同規程には祈年祭・新嘗祭・歳旦祭・元始祭・紀元祭・昭和祭・神嘗奉祝祭・明治祭・天長祭等が定められている通り、戦前の祝祭日において斎行された神社祭祀は概ね継承され、祝祭日の意義を伝える場となっている。

　ここまで見た通り、祭祀制度は変遷を重ね、昭和四十六年の改正を以て占領時代の影響は取り払われた。とは言え、議論の余地が残された箇所はあり、さらなる改正が求められたこともあった。これを受け、種々の審議の結果、平成十八、二十年に祭祀関係規程の改正に至った。

十八年には「神社祭祀規程」、「神社に於て行ふ恒例式」改正、「遙拝及び大祓次第」制定のことがあった。とくに「神社祭祀規程」改正の主なものとして、冒頭に前文が加わったこと、従来の神嘗祭当日祭は神嘗奉祝祭と変更されたこと、昭和祭が追加されたこと、諸祭の執行が規程に位置づけられたこと、などがある。

次いで二十年では「神社祭式」、「本庁幣供進に関する規程」、「神社祭式行事作法」がそれぞれ改正された。とくに「神社祭式」では鎮座祭並びに遷座祭の祭式が改正となった。また、両祭儀の遷御において、前行（「御」の左前を進む）を務める本庁使を新設。本庁使が献幣使を兼ねて本庁幣を供進することとされた。さらに合祀祭の祭式も改正され、ここに重儀である三祭の式次第が官制時代に則したものになった。

こうした「神社祭式」改正に伴い、「本庁幣供進に関する規程」、「神社祭式行事作法」にも反映された。後者については宮司一拝の行事化、※6叉手《さしゅ》の規定といった改正点もある。

以上の通り、終戦直後から数次の改正を経て現在に至っている。平成期に施行された祭祀関係規程が現行法であるが、今後もさらなる制度の充実を期して、祭祀審議会や神社庁祭式講師研究会等で検討が続けられている。

（高原光啓）

※6　叉手　基本的な作法の一つ。祭典において笏、扇を持たないときに、下腹部の前で左右の手を十文字に交叉させる。

第二編　神道祭祀と祭式

第一章　宮中祭祀

一、宮中三殿と御陵

宮中三殿とは、皇居内の宮殿の後方にある賢所《かしこどころ》・皇霊殿《こうれいでん》・神殿《しんでん》という三つの神霊をまつる御殿の総称である。土塀に囲まれた約二二〇〇坪の神域にある。この神域一帯をケンショ（賢所）と音読して呼ぶ。

「賢所」は、「かしこどころ」とも訓読みし、天照大御神をおまつりする御殿を示す。「畏所」「恐所」等とも記し、畏く尊い神をおまつりする所の意である。天照大御神が天孫に授けられた神鏡を御神体とする。第十代崇神天皇の時、疫病の流行を契機として、親授の神鏡は皇居外の倭の笠縫邑《かさぬいのむら》に祀られることになる。この時、写しの御鏡が鋳造され、宮中に祀られたと伝えている（※1『古語拾遺《こごしゅうい》』）。親授の神鏡は、その後、垂仁天皇の時、皇女倭姫命《やまとひめのみこと》によって伊勢の五十鈴川の川上に祀られ、伊勢神宮が創祀される。それゆえ、賢所と伊勢神宮は御同体である。神代以来、宮中で祀られ、明治以降、明治二年（一八六九）に東京の皇居内に遷座された。その後、皇居の火災等で移動されたが、明治二十二年（一八八九）に現在地に遷座した。

皇霊殿は、歴代の天皇・皇后、皇族の御霊が祀られている。崩御、薨去後一年を経て皇霊殿に御霊を合祀する。皇霊は伝統的に各陵墓にて祀られてきた。これとは別に、京都御所の御黒戸《おくろど》に

※1　『古語拾遺』　6頁註4参照。

歴代天皇の御尊牌を安置して、女官が仏式でまつってきた。これに対応して、神祇伯白川家で宮中八神とともに歴代天皇の神霊を神式でまつってきた。『長橋局記《ながはしのつぼねき》』[※2]に神祇伯白川資訓《しらかわすけのり》[※3]が「御預八神殿并御代々御霊社」の修造費を請う文書（文久三年）を載せていることから推測できる。明治維新後、祭政一致の御精神のもと神仏分離となり、神祇祭祀の制度が整えられる中で、明治四年に賢所の相殿に歴代の皇霊を神式でおまつりした。これまで御黒戸に安置してきた御尊牌等は京都東山の泉涌寺《せんにゅうじ》[※4]に移され奉祀される。その後、賢所の説明に記したように移動があり、明治二十二年（一八八九）、現在地に遷座した。

神殿は、天神地祇八百万の神々をまつる。古来、宮中に神々（宮中神三十六座・延喜式）が奉斎されてきたが、中世に衰微して祀られなくなってしまう。ただ、宮中神三十六座の筆頭の八神（神産日神《かみむすびのかみ》・高御産日神《たかみむすびのかみ》・玉積産日神《たまるむすびのかみ》・生産日神《いくむすびのかみ》・足産日神《たるむすびのかみ》・大宮売神《おおみやのめのかみ》・御食津神《みけつかみ》・事代主神《ことしろぬしのかみ》）のみは、中世戦乱期に神祇官の退転以降も神祇伯（長官）の白川家[※5]・同次官吉田家[※6]などで私的に奉斎されてきた。

明治以降、神祇官が復興し、神殿を設けることとして明治二年（一八六九）、中央の座に八神、東の座に天神地祇、西の座に皇霊を奉斎した。その後、神祇官が廃されたため、皇霊は宮中賢所の相殿に遷座された。明治五年、明治天皇の仰せにより白川家・吉田家・有栖川宮邸内に鎮祭されてきた八神を神祇省八神殿に遷座した。この年に神祇省が廃されたため、八神及び天神地祇を宮中賢所の拝殿に奉遷した。同十二月になり、八神及び天神地祇を合祀して一座として、神殿と改称した。以後の経過は、賢所・皇霊殿と同じで、明治二十二年、現在地に遷座した。

宮中三殿の西側に、神嘉殿《しんかでん》がある。神嘉殿は新嘗祭《にいなめさい》を行うための御殿で、普段は空殿である。神嘉殿の中央に神座を設け、ここに天照大御神を迎えて新嘗祭が行われる。神嘉殿は、平安時代

※2　『長橋局記』　天皇の側近に奉仕する勾当掌侍、すなわち長橋局とその付属女房が執筆した職掌日記。孝明天皇の安政五年（一八五八）九月より明治天皇の慶応三年（一八六七）十二月に至るまでの十ヵ年分、二十八冊が宮内庁書陵部に所蔵されている。

※3　白川資訓　50頁註48参照。

※4　泉涌寺　京都市東山区泉涌寺山内町にある真言宗泉涌寺派の総本山。山号は月輪山（がちりんさん）。四条天皇の御陵が営まれて以後、皇室の菩提所として崇敬される。霊明殿には、四条天皇をはじめ歴代天皇、皇后、親王の尊牌（そんぱい：位牌）が安置されている。

※5　白川家　49頁註46参照。

※6　吉田家　40頁註14参照。

宮中三殿

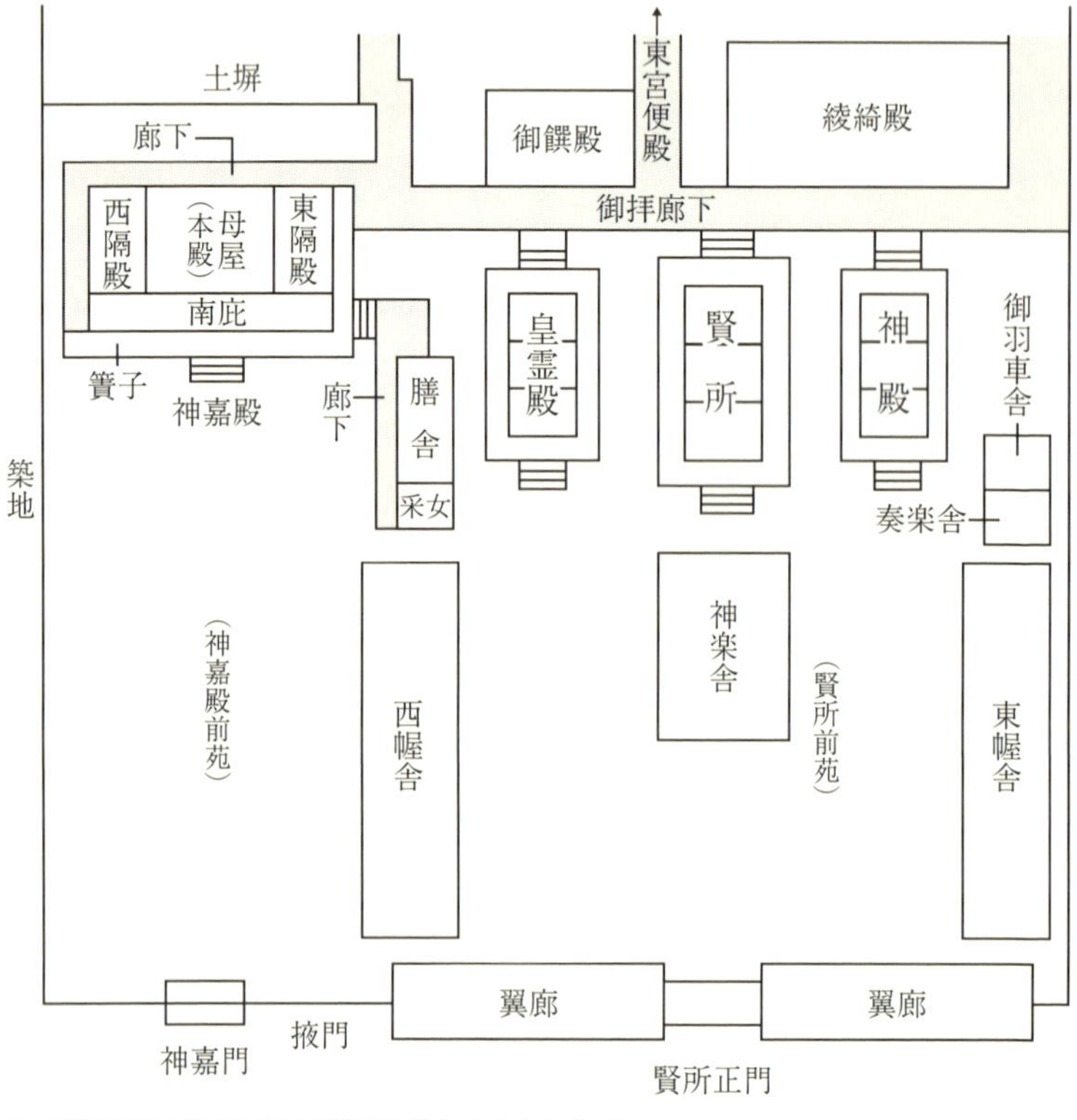

宮中三殿配置図（川出清彦『祭祀概説』をもとに作成）

に大内裏にあった中和院《ちゅうかいん》の正殿の名称で、当時、ここで新嘗祭・神今食《じんこんじき》が行われたことから、それを踏襲している。明治二十二年、宮中三殿の竣工鎮座とともに造営され、その年より新嘗祭がここで行われている。宮中三殿の北側には綾綺殿《りょうきでん》があるが、ここは両陛下が祭典に臨まれる際にお召替えをなさる御殿である。宮中三殿の配置図は前掲の通りである。

山陵は歴代天皇皇后等の墳塋《ふんえい》のことで、皇太子以下皇族は墓と称した。御陵《ごりょう》・御墓《ごぼ》を中心に、歴代天皇皇后皇族の御霊の祭祀が続けられてきた。『延喜式』※7諸陵寮式《しょりょうりょうしき》の条には、神代三陵から始まり、神武天皇の畝傍山東北陵以下、歴代天皇の所在地・兆域《ちょういき》（墓域）・守戸《もりこ》（守衛・管理に従事した番人）の数を記している。毎年十二月に諸陵及墓に奉幣していた。諸陵及墓については、山陵は陵戸五烟をおいて管理させ、墓は墓戸三烟を置き守らせていた。しかし、だんだんと管理が行き届かなくなり、その所在地も曖昧になってしまった。後世になると仏教の影響を受け多宝塔や十三重塔なども造られるようになり、南北朝以降は円丘・五輪塔・宝篋印塔《ほうきょういんとう》、方形堂となり、江戸時代には九重塔が多くなり、明治以降は※8皇室陵墓令《こうしつりょうぼれい》（大正十五年）が制定され、「陵形ハ上円下方又ハ円丘トス」と定められた。

近世になり、※9蒲生君平《がもうくんぺい》が『山陵志』（文化五年・一八〇八）を刊行し関心が高まるとともに、幕府による陵墓の修復のことがあり、徐々に整えられて、孝明天皇には外国船の渡来を憂え、外患祈禳のため神武天皇山陵と神功皇后山陵に勅使を遣わされ、親しく※10庭上下御《ていじょうげぎょ》にて御遥拝祈念された。以後、明治の制度改革となり、山陵御墓での祭祀について宮中三殿での祭祀とともに※11「皇室祭祀令《こうしつさいしれい》」（明治四十一年九月）が定められ、厳修されることになる。戦後、同法令は「日本国憲法」施行（昭和二十二年五月二日）とともに廃止となったが、翌五月三日付宮内府文書課長の依命通牒により、「皇室祭祀令」を基本としながらも憲法に抵触しない原則をもとに改めて、

※7　諸陵寮式　『延喜式』巻二十一に記載される陵墓に関する諸陵寮は、治部省の被管で、陵墓関係の事務を司る官司。養老令制の諸陵司が天平元年（七二九）八月五日に機構を拡張し、寮に改められた。諸陵寮式によれば、七十三陵・四十七墓を挙げている。

※8　皇室陵墓令　皇室の陵墓に関する法令。大正十五年（一九二六）に公布。陵墓の兆域・形式などについて規定。昭和二十二年（一九四七）廃止。

※9　蒲生君平　明和五年―文化十年（一七六八―一八一三）。江戸後期の勤王家。宇都宮に生まれる。『山陵志』は歴代天皇陵を調査し著したもの。また、ロシアが北辺を侵すと聞き『不恤緯』を著して、沿海防衛の必要性を説いた。

※10　庭上下御　天皇自ら庭上に降り立たれ、御拝座において遥拝される最も鄭重な作法。

現在は昭和三十年十二月二十三日の伺定により、今日も厳修されている。

二、掌典職と楽師

宮中祭祀の準備や三殿の清掃などを行い、天皇陛下を補佐し祭典を行うのが掌典職である。戦後の掌典職職制によれば、掌典長・掌典次長・掌典（五名）・掌典補（六名）・出仕（三名）・内掌典（五名）・雑仕（二名）で構成される。掌典職は内廷の職員で、一般の公務員とは区別されて内廷費から給与等が支払われる。

掌典は明治四年（一八七二）以降に設けられた職制で、宮中祭祀に奉仕することになるが、宮内省の時代は定員が十二名で戦後は縮小された。「皇室祭祀令」にもとづいた祭祀の奉仕は掌典・掌典補が務める。神殿の清掃は掌典補が行い、日供は掌典が奉仕する。

内掌典は未婚の女性で、江戸時代までは刀自《とじ》と呼ばれていた。その起源は古代にまで遡る。賢所を内侍所とも呼ぶのは、後宮十二司の内侍司《ないしのつかさ》が賢所を守護したため、このように呼ばれたものである。女官の管理のもと、未婚の女性が神役として神様のおそば近くの御用を奉仕してきた。原則として賢所構内に居住し、厳重な斎戒生活を送り、日々の賢所・皇霊殿の御日供、御鈴の儀、諸祭典の開扉閉扉等の奉仕をする。

※12宮内庁式部職楽部《くないちょうしきぶしょくがくぶ》は、宮中行事における雅楽や西洋音楽の奏楽を行う機関だが、宮中祭祀における※13御神楽《みかぐら》や奏楽にも奉仕する。明治二年に政府が京都から東京へ移されるとともに太政官に※14雅楽《ががく》局《きょく》を設置して、雅楽の伝習と西洋音楽の奏楽とを担当することとなった。これまで雅楽は三方楽所《がくそ》

※11　皇室祭祀令　66頁註28参照。

※12　宮内庁式部職楽部　雅楽局設立後、いく度かの名称の変更を経て、昭和二十四年（一九四九）に宮内庁式部職楽部となった。雅楽の演奏・演舞を担当するとともに宮中晩餐会などで洋楽も演奏する。

※13　御神楽　宮中の神祭りで行われる神楽を敬っていう。楽器は和琴、大和笛、笏拍子、篳篥が用いられる。楽人は左右二座に分かれ神楽歌をうたい、楽器を奏し、舞人が舞を舞う。十二月に行なわれた内侍所の御神楽は代表的なもの。

※14　雅楽局　近世末まで京都・奈良・天王寺の三方楽所と江戸城紅葉山に楽所が形成され雅楽が伝えられていた。慶応三年（一八六七）の大政奉還の翌年、明治天皇は東京へ移り、江戸城が皇居となる。東京での奏楽に従事するため、雅楽局が太政官の中に設置され、楽人たちは一同に集められた。

（京都・南都、天王寺）と幕府の紅葉山楽所を中心に伝習されてきたが、それらの楽人を雅楽局に集め、楽家の秘伝とされた曲目を※15『明治選定譜《めいじせんていふ》』として統一し、一般人への神楽・舞楽の伝習が開かれた。当時、定員は五十名であったが、戦後に半減されて二十六名となる。なお昭和三十年、宮内庁楽部の全員が雅楽伝習の本流ということで、重要無形文化財保持者に認定されている。

三、恒例祭と臨時祭

○恒例の祭祀

「皇室祭祀令」によれば、皇室の祭祀は大祭と小祭に区分され、大祭は天皇陛下が御自身にて祭典を行われ、御告文《おつげぶみ》を奏上される。小祭は掌典長が祭典を行い、天皇陛下はご拝礼になられる。

◆四方拝（一月一日）　元旦の早朝午前五時半、天皇陛下が神嘉殿南庭に降り立ち、庭上下御《ていじょうげぎょ》にて伊勢の神宮及び四方の神々を御遙拝になられ、国家国民の安寧を祈られる年中最初の行事である。綾綺殿にて※16黄櫨染御袍《こうろぜんのごほう》を召された天皇陛下は、掌典長が前導し、侍従が脂燭《ししょく》にて足元を照らす中、神嘉殿南庭に薦を敷き二双の屏風で囲んだ中に進まれ、その中に設けられた御座に著かれ、まず伊勢の神宮、続いて四方の神々を両段再拝の作法にて御遥拝される。

※17宇多天皇《うだてんのう》の寛平年中に始まる行事というが、不明。当初は属星（北斗七星）・天地四方・二陵を遥拝する行事であった。応仁の乱後に一時中絶し、後陽成天皇の時に再興され、明治以降は遥拝の対象に変遷があったが、現在は前記の通りとなっている。

◆歳旦祭（一月一日）小祭　賢所・皇霊殿・神殿にて行われる年始の祭典である。天皇は四方拝

※15『明治撰定譜』　雅楽局が設され、楽統がひとつになったことにより、曲目や奏法など各流儀を統一する必要から曲目の選定が行われ、明治九年（一八七六）、明治二十一年（一八八八）に新たな規範とすべき楽譜集として編纂されたもの。

※16　黄櫨染御袍　宮中祭儀の恒例臨時を通じて最も多く用いられる天皇の御束帯。黄櫨染とは黄色の勝った茶色。御位袍とも称えられる。特殊な桐・竹・鳳凰・麒麟を一つの長方形にまとめ、一定の間隔に全面に織出されている。御冠は有文（菊花の立纓の御冠をお著けになられる。

※17　宇多天皇　33頁註53参照。

に続いて神嘉殿簀子《すのこ》に登られ、御拝廊下を進まれ、まず賢所の内陣の御座につかれ、掌典長が進める御玉串をもち、両段再拝の作法で御拝される。引き続き内掌典が奉仕して、御鈴の儀が行われる。内内陣《ないないじん》の天井から太綱が延び、これに拳大《こぶしだい》の十六箇の御鈴が付いている。内掌典がこれを九十一回引く。引くに従い涼やかな音が発せられる。この間、天皇陛下は平伏をされ、その音色に耳を澄まされるという。終わって皇霊殿に進まれ御拝、次に神殿に進まれ御拝される。

引き続き、※18黄丹袍《おうにのほう》を召された皇太子殿下が賢所・皇霊殿・神殿の順に内陣の座に進まれ御拝礼される。なお、二日祭、三日祭の規定はなく出御もないが、同様の祭典が三ヵ日の間行われている。賢所に正月を含め毎月一日に供饌することは、古く※19『禁秘抄』にも見えていて古い伝統の祭典である。

◆元始祭（一月三日）大祭　年始にあたり皇位の大本と由来とを祝し、国家国民の繁栄を賢所・皇霊殿・神殿にて行われる祭典である。綾綺殿にて黄櫨染御袍を召された天皇陛下は、午前十時、賢所の内陣に進まれ、まず御玉串をもち御拝された後、御告文を奏上される。その後、御鈴の儀があり平伏されたあと、皇霊殿、神殿に進まれ御拝、御告文を奏上される。次に御五衣・御小袿・御長袴を召された皇后陛下が賢所・皇霊殿・神殿の内陣の御座にて御拝される。次に黄丹袍を召された皇太子殿下、五衣・小袿・長袴を召された皇太子妃殿下が賢所内陣の御座に進まれ、それぞれのお作法で御拝礼される。続いて皇霊殿・神殿へ進まれ御拝礼される。

◆奏事始（一月四日）　宮殿鳳凰の間で行われる。天皇陛下に掌典長が「神宮祭主申す」として、伊勢神宮の昨年中の恒例臨時の祭典が滞りなく行われた旨を奏上し、続いて宮中の諸祭典も滞り無く行われたことを奏上する。陛下、掌典長共にモーニングコートを着用して行われる。

平安時代に年始にあたり太政官庁、外記庁で政始《まつりごとはじめ》が行われ、小御所で神宮奏事始《じんぐうそうじはじめ》が行われた

※18　黄丹袍　皇太子の御位袍。黄櫨が「日中の色」を模し、黄丹は「曙の色」を模すと謂われる。織文は窠鴛鴦（かにおしどり）。

※19　『禁秘抄』8頁註7参照。

ことが起源。明治以降は正月四日、小御所で政始、十一日、神宮奏事始、十二日、賀茂奏事始が行われる。その後、変遷があり、大正十五年（一九二六）以降、「皇室儀制令」が制定され、政始は内閣総理大臣が神宮及び各省のこと、宮内大臣が皇室のことを奏することとした。戦後、政教分離の憲法のもと、現在の形に改められた。

◆昭和天皇祭（一月七日）大祭　昭和天皇の崩御日に当たり、午前十時に皇霊殿及び武蔵野陵《むさしののみささぎ》※20にて行われる。夜には皇霊殿にて御神楽《みかぐら》が行われる。黄櫨染御袍を召された天皇陛下は、午前十時、皇霊殿の内陣に進まれ、まず御玉串をもち御拝された後、御告文を奏上される。次に御五衣・御小袿・御長袴を召された皇后陛下が皇霊殿内陣の御座にて御拝される。次に黄丹袍を召された皇太子殿下・五衣・小袿・長袴を召された皇太子妃殿下が皇霊殿内陣の御座に進まれ、それぞれのお作法で御拝礼される。その後、皇族は洋装で皇霊殿前の木階下より拝礼される。武蔵野陵においても同時刻、勅使により祭典が行われ、皇族が参列し拝礼される。午後五時より皇霊殿の前庭にて篝火が焚かれて御神楽が行われ、午前一時過ぎに終了する。

◆孝明天皇例祭（一月三十日）小祭　孝明天皇の崩御日に当たり、午前十時に皇霊殿及び後月輪東山陵《のちのつきのわのひがしのみささぎ》※21にて行われる。孝明天皇は慶應二年（一八六六）十二月二十五日に崩御され、仏式にて葬られた。明治三年以降、神式に改められ、明治五年の改暦以降、崩御日相当日を新暦に換算して、翌明治六年より一月三十日に行われるようになった。黄櫨染御袍を召された天皇陛下は、午前十時に皇霊殿の内陣に進まれ、御拝される。引き続き皇后陛下が御拝され、次に皇太子同妃両殿下が御拝礼される。その後、皇族は洋装で皇霊殿前の木階下より拝礼される。後月輪東山陵においても同時刻、掌典により祭典が行われ、皇族が参列し拝礼される。

◆臨時御拝（二月十一日）　この日は明治維新以降、神武天皇即位を祝う紀元節祭が行われてき

※20　武蔵野陵　昭和天皇の皇陵。東京都八王子市長房町の武蔵野陵墓内。武蔵陵墓地には、多摩陵（大正天皇）、多摩東陵（貞明皇后）、武蔵野陵、武蔵野東陵がある。

※21　後月輪東山陵　孝明天皇の皇陵。京都府京都市東山区今熊野泉山町・泉涌寺内。

たが、占領行政により昭和二十三年（一九四八）の「国民の祝日に関する法律」施行に伴い、紀元節が廃された。そのため、紀元節祭は翌年より行われなくなったが、昭和二十四年から昭和天皇の思召しによって、旬祭に引き続き臨時御拝が行われ、今日に続いている。

◆**祈年祭（二月十七日）小祭**　賢所・皇霊殿・神殿で行われる御年《みとし》（稲の稔）の豊作を祈る祭典。古代律令国家では、国家祭祀として神祇官において二月四日に祈年祭を行い、全国神社に班幣の儀が行われていた。しかし、賢所に班幣した例はなかったが、明治五年以降、三殿でも行われるようになった。黄櫨染御袍を召された天皇陛下は、午前十時、賢所の内陣に進まれ御拝される。引き続き皇霊殿、神殿の順に御拝礼される。次に、黄丹袍を召された皇太子殿下が三殿を順に御拝礼される。

◆**春季皇霊祭（春分の日）大祭**　春分の日に皇霊殿にて行われる歴代天皇・皇后皇妃皇族の御霊を祀られる先祖祭で、明治維新後に宮中では神仏分離が進められ、明治十一年（一八七八）より制度化された。黄櫨染御袍を召された天皇陛下は午前十時、皇霊殿の内陣に進まれ、まず、御玉串をもち御拝された後、御告文を奏上される。次に、御五衣・御小袿・御長袴を召された皇后陛下が皇霊殿内陣の御座にて御拝される。次に、黄丹袍を召された皇太子殿下、五衣・小袿・長袴を召された皇太子妃殿下が皇霊殿内陣の御座に進まれ、それぞれのお作法で御拝礼される。続いて、皇族以下諸員の拝礼が階下にて行われる。皇霊殿の前庭にて東游[※22]が奏される。また、内閣総理大臣・各国務大臣・衆参両院議長・最高裁長官の参列がある。

◆**春季神殿祭（春分の日）大祭**　皇霊祭に引き続き神殿にて行われる神恩感謝の祭りである。明治四年に神祇官八神殿で行われた春季御祈祭を起源として、明治十二年以降は皇霊祭と同様に大祭とされ、春季神殿祭と改称のうえ行われている。次第は皇霊祭と同じであるが、東游の奉奏は

※22　東游　30頁註44参照。

ない。

◆神武天皇祭（四月三日）大祭　初代の神武天皇崩御日に当たり、午前十時に皇霊殿、※23畝傍山《うねびやまの》東北陵《うしとらのみささぎ》にて行われる。黄櫨染御袍を召された天皇陛下は、午前十時に皇霊殿の内陣に進まれ、まず御玉串をもち御拝された後、御告文を奏上される。次に、御五衣・御小袿・御長袴を召された皇后陛下が皇霊殿内陣の御座にて御拝される。次に、黄丹袍を召された皇太子殿下、五衣・小袿・長袴を召された皇太子妃殿下が賢所内陣の御座に進まれ、お揃いでそれぞれのお作法で御拝礼される。その後、皇族は洋装で皇霊殿前の木階下より拝礼される。畝傍山東北陵においても同時刻、勅使により祭典が行われる。

なお、戦後に紀元節祭が行われなくなり、その夜に行われていた皇霊殿御神楽を昭和二十四年（一九四九）以来、神武天皇祭の夜に行う事となり、午後五時より神楽舎にて篝火が焚かれて御神楽が行われ、午前一時過ぎに終了する。

◆香淳皇后例祭（六月十六日）小祭　香淳《こうじゅん》皇后崩御日に当たり、午前十時に皇霊殿及び※24武蔵野《むさしの》東陵《ひがしのみささぎ》にて行われる。天皇皇后両陛下・皇太子同妃両殿下が皇霊殿内陣にて御拝礼になり、皇族側近者は皇霊殿木階下より拝礼がある。武蔵野東陵では掌典をして祭典を行わせる。

◆節折（六月三十日）　天皇のための祓いの行事。平安時代初期より行われてきたが、中世以降は廃絶し、明治四年に大祓とともに再興された。宮殿竹の間にて午後二時より行われる。※25御《お》小直衣《このうし》を召された天皇陛下がお出ましになり、まず荒世の儀が行われる。御服（御袍・御袴の長さの絹を柳筥に収める）を奉り、御息を三度吹き掛けられる。御麻を奉り、それを執り祓われる。掌典が御竹九本を侍従に順次送り、陛下の御背丈（一本）、左右御肩より御足まで（二本）、左右御胸より御指先まで（二本）、左右御腰より御足まで（二本）左右御膝より御足まで（二本）順次

※23　畝傍山東北陵　神武天皇の皇陵。奈良県橿原市大久保町。

※24　武蔵野東陵　香淳皇后皇陵。

※25　小直衣　狩衣の裾に襴をつけたような仕立てになっている。御袴は紅切袴。金巾子（きんこじ）の御冠をお著けになられる。

計らせていただき、侍従が竹に墨じるしを付けて送り下げると、掌典補はその墨じるしのところを折り、櫃に収める。なお、節折の名は節と節の間の「よ」を折るに由来する。次に御壺を奉り、御息を三度いただき、荒世《あらよ》の儀を終える。引き続き、和世《にごよ》の儀が同様におこなわれる。

◆**大祓（六月三十日）**　神嘉殿前庭で、皇族を始め国民全体のために行われる祓いの行事。大宝律令の神祇令に規定された国家行事としての大祓に起源し、平安時代には朱雀門前に百官が参列して行われた。しかし中世以降は廃絶し、明治四年に節折とともに再興されて今日にいたる。午後三時に皇族及び宮内庁・皇宮警察の職員が参列し、案上の御麻に稲穂（節折の折に玉体を祓われたもの）が挟まれる。次いで掌典により大祓詞が宣読され、終わって御麻にて皇族、諸員を祓う。続いて御贖物《みあがもの》が大河に流棄される。

◆**明治天皇例祭（七月三十日）小祭**　明治天皇崩御日に当たり、午前十時に皇霊殿及び伏見桃山陵《ふしみのももやまのみささぎ》※26において行われる。黄櫨染御袍を召された天皇陛下は、午前十時に皇霊殿の内陣に進まれて拝礼される。引き続き皇后陛下・皇太子同妃両殿下が拝礼される。その後、皇族は洋装で皇霊殿前の木階下より拝礼される。伏見桃山陵においても同時刻、掌典により祭典が行われ、皇族が参列し拝礼される。

◆**秋季皇霊祭（秋分の日）大祭**／◆**秋季神殿祭（秋分の日）大祭**　ともに春季皇霊祭・春季神殿祭に同じ。

◆**神嘗祭賢所の儀（十月十七日）大祭**　神宮にて神嘗祭が行われるに際し、賢所にも新穀をお供えになり五穀豊穣を感謝する。祭典に先立って、神嘉殿南庇《みなみひさし》より神宮遥拝の儀がある。黄櫨染御袍を召された天皇陛下は、午前十時に神嘉殿南庇より神宮を御遥拝になり、引き続き賢所内陣に進まれ、まず御玉串をもち御拝された後、御告文を奏上される。次に、御五衣・御小袿・御長袴を召された皇后陛下が賢所内陣の御座にて御拝される。次に、黄丹袍を召された皇太子殿下、

※26　伏見桃山陵　明治天皇の皇陵。京都府京都市伏見区桃山町古城山。

五衣・小袿・長袴を召された皇太子妃殿下が賢所内陣の御座に進まれ、それぞれのお作法で御拝礼される。

◆鎮魂の儀（十一月二十二日） 新嘗祭前日に行われる天皇及び皇后・皇太子・皇太子妃の御霊《みたま》を鎮め奉り、御寿《みいのち》の長久安泰を祈る儀。大事な祭典の前に御霊を本来の姿にと願っての祭祀である。神祇令以来、新嘗祭（下卯日）の前日、寅日に行われてきたが中世に廃絶し、明治六年に再興された。午後五時に綾綺殿《りょうきでん》を祭場として、玉体守護《ぎょくたいしゅご》の神とする神魂神《かみむすびのかみ》・高御魂神《たかみむすびのかみ》・生魂神《いくむすびのかみ》・足魂神《たるむすびのかみ》・魂留魂神《たまるむすびのかみ》・大宮女神《おおみやのめのかみ》・御膳神《みけつかみ》・辞代主神《ことしろぬしのかみ》の八神と大直神《おおなおびのかみ》を二基の神籬に降神する。鎮魂歌を奏する中、八代物《やつしろもの》（大刀・弓・箭・鈴・佐奈伎・絁・木綿・麻）・神饌を供し、掌典長の祝詞奏上の後、天皇の御衣・御玉緒が運ばれ、八開手《やひらで》が行われ、御玉緒《おんたまお》の糸結び、御衣振動がおこなわれる。次に皇后・皇太子・皇太子妃の御衣・御玉緒と同様の所作が行われる。終わって大直歌《おおなおびうた》を奏し、※27倭舞《やまとまい》があって神饌・八代物を撤下し、昇神する。

◆新嘗祭（十一月二十三日）大祭 神嘉殿に神座を舗設し、新穀を天照大御神はじめ神々に供して、御自らもお召し上りになる宮中最大の大祭。午後六時より夕《よい》の儀、午後十一時より暁《あかつき》の儀が行われる。この日午後二時半、三殿に新穀を供し掌典長以下で祭典を奉仕する。その後、神嘉殿に掌典長以下により神座が奉安され、夕刻午後六時に※28御祭服《ごさいふく》を召された天皇陛下が※29剣璽《けんじ》御動座にて出御され、新嘗祭神嘉殿の儀が行われる。斎服を召された皇太子殿下は※30壺切御剣《つぼきりのぎょけん》を帯同され参列し、御拝礼される。続いて掌典・采女等により神饌行立《しんせんぎょうりゅう》が行われ、膳舎《かしわや》から神嘉殿に神饌が運ばれる。神饌は、新穀で調理された米の御飯《ごはん》・粟の御飯、米の御粥《おかゆ》・粟の御粥、鮮物《なまもの》（鯛・烏賊・蚫・鮭）、干物《からもの》（干鯛・堅魚・蒸蚫・干鯵）菓物《くだもの》（干柿・搗栗・生栗・干棗）蚫の汁漬《しるづけ》・海藻《め》の汁漬・蚫の御羹《おあつもの》・海松《みる》の御羹・白酒《しろき》、黒酒《くろき》である。

※27　倭舞　30頁註45参照。

※28　御祭服　御一代一度の大嘗祭、毎年十一月の新嘗祭にお著けになられる装束。純白の生絹（すずし）で作られる。

※29　剣璽　三種の神器の一つ。剣は素盞嗚尊が天照大御神に奉った草薙剣で、崇神天皇のとき、写しの剣が造られ宮中に留め置かれ、天照大御神神授の剣は熱田神宮に祀られている。安徳天皇入水に際してともに海中に没したが、一時、昼御座の御剣を以て代え、のちに伊勢より奉られた宝剣を以て神剣とされている。璽は八坂瓊の勾玉のことである。

※30　壺切御剣　立太子にあたり皇太子に相伝される剣。

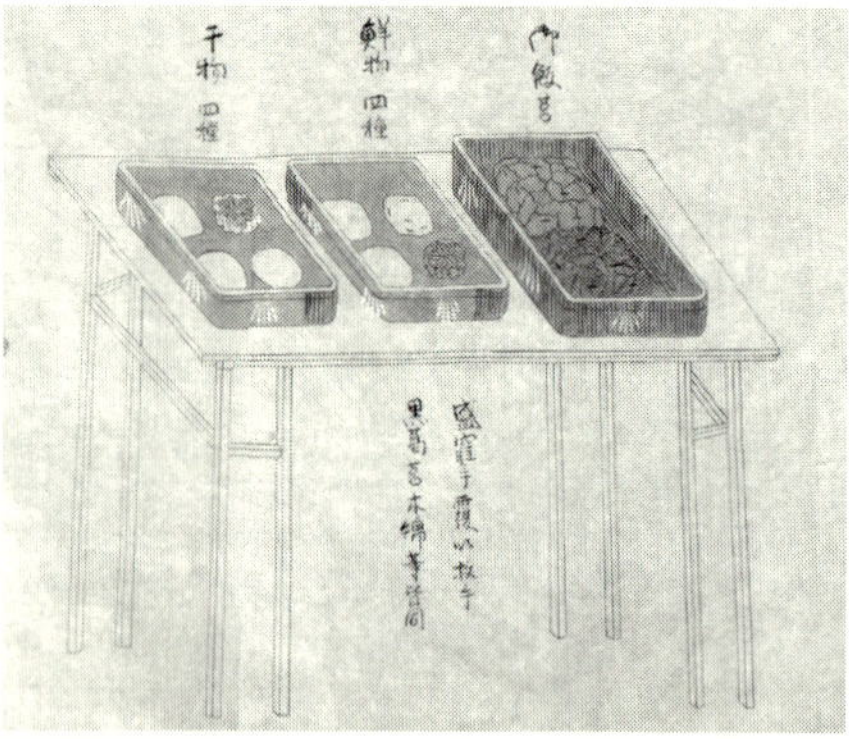

新嘗祭神饌

神饌が神嘉殿に運ばれると、天皇陛下は正殿（母屋）の御座に進まれる。陪膳采女《はいぜんのうねめ》の御奉仕で御手水を執られ、伊勢の方向の神座の御前に、御箸で神饌を古来の定め通りに次々と御枚手《ひらで》※31に盛り分けられお供えになる。この間、約一時間半に及ぶという。御親供が終わると御拝礼、御告文を奏上され、御直会となる。直会では米御飯・粟御飯・白酒・黒酒を食されるが、古記録には「この時拍手三度称唯《いしょう》低頭する」とある。称唯は目上の方からものを戴く作法である。

この間、皇太子殿下は西の隔殿《かくでん》に正座されたままであるが、御告文のあと正殿正面の南庇《みなみひさし》の座に進まれ、御拝礼される。この後、参列の皇族・諸員が庭上正面から拝礼になる。続いて陪膳采女の奉仕で御手水があり、神饌をお下げして、午後八時頃には天皇陛下入御《じゅぎょ》、皇太子殿下退下《たいげ》となる。

そして午後十一時より暁の儀が行われる。夕の儀と同じ内容の祭祀が行われ、二十四日午前一時頃、すべての祭儀が終了する。なお、内閣総理大臣・各国務大臣・衆参両院議長・最高裁長官の参列がある。

◆賢所御神楽（十二月中旬）小祭　年末にあたり、皇祖天照大御神の恩頼《みたまのふゆ》（ご加護）に感謝して来る年の弥栄を祈る祭典。賢所前の神楽舎で夜通し御神楽を奏し、神霊を和め奉る。古来、祭日は定められておらず、陰陽寮《おんみょうりょう》の日時勘進により定められた古例を残す。黄櫨染御袍を召された天皇陛下は、午後五時に賢所内陣へ進まれ拝礼される。引き続き、皇后陛下・皇太子同妃両殿下が

※31　枚手　神に捧げる御饌を盛って供える器。数枚の柏の葉を竹ひごなどで刺し綴じて丸く作る。大嘗祭・新嘗祭のときに用いられる。葉盤とも。

御拝礼される。午後六時、御神楽に奉仕する楽人が参進、神楽舎内の座につき、正面中央に庭燎を焚く。その明かりの中で、夜通し神楽歌が歌われ、楽師の長である人長により早韓神《はやからかみ》※32、其駒《そのこま》※33の曲に合わせて人長の舞が行われる。翌日午前零時過ぎに終了する。この間、天皇陛下にはおやすみになられず、御神楽の終了の御報告があるまで慎んでおられると伺う。

◆天長祭（十二月二十三日）**小祭**　天皇陛下の御誕生日を祝し、賢所皇霊殿神殿にて行われる祭典。黄櫨染御袍を召された天皇陛下は、午前九時に賢所の内陣へ進まれ御拝される。引き続き皇霊殿、神殿の順に御拝される。次に、黄丹袍を召された皇太子殿下が三殿を順に御拝礼される。

この日、天皇陛下は午前十時より宮内庁長官以下の祝賀を受けられ、十時十五分から一般参賀を受けられ、さらにさまざまな祝賀行事に臨まれる。

◆大正天皇例祭（十二月二十五日）**小祭**　大正天皇の崩御日にあたり、午前十時に皇霊殿・多摩陵（大正天皇の皇陵）で行われる。黄櫨染御袍を召された天皇陛下は、午前十時に皇霊殿の内陣へ進まれ、御拝される。引き続き皇后陛下、皇太子同妃両殿下が御拝礼される。その後、皇族は洋装で皇霊殿前の木階下より拝礼される。多摩陵でも同時刻に掌典により祭典が行われ、皇族が参列し拝礼される。

◆節折（十二月三十一日）／**◆大祓**（十二月三十一日）　共に六月三十日の節折・大祓に同じ

◆除夜祭（十二月三十一日）　節折・大祓の終わったあとの夕刻に、賢所・皇霊殿・神殿にて行われる歳末の祭典。掌典職限りで行い、天皇陛下のお出ましはない。

◆毎朝御代拝・日供及び旬祭　毎朝午前六時開扉、清掃装飾のあと神饌調理し、午前八時、賢所・皇霊殿には内掌典が奉仕、神殿には掌典が日供を供え、午前八時三十分にモーニングコート着用の侍従が参進して、御殿の木階下より御代拝される。

※32　早韓神　御神楽に歌う神楽歌の曲名。韓神は平安遷都以前から皇居の宮内省に祀られていた神で、歌詞はそれを招く意味を持っている。

※33　其駒　御神楽に歌う神楽歌の曲名。御神楽次第の最終部に歌う神上げの歌。

大正天皇陵（東京都）

毎月一日・十一日・二十一日には、賢所・皇霊殿・神殿で旬祭が行われる。毎月一日には午前八時、御直衣《のうし》[※34]を召された天皇陛下が三殿に進まれ、御拝礼になる。十一日・二十一日は、侍従が御代拝になる。「皇室祭祀令」に定めはなかったが、古来より継続されてきた祭典である。

○臨時の諸祭祀

臨時に行われる祭祀は、「皇室祭祀令」に皇霊の式年祭について「式年は崩御の日より三年五年十年二十年三十年四十年五十年百年及爾後毎百年とす」という定めがある。また、皇室または国家の大事を神宮および神武天皇山陵・先帝山陵に親告するとき、神宮の造営により新宮に奉遷するとき、三殿の造営により本殿または仮殿に奉遷するとき、天皇・太皇太后・皇太后の霊代を皇霊殿に奉遷するときに、それぞれ臨時祭を行う。

このほか皇室の御婚儀、皇子の御誕生、内親王・女王の臣籍に御降嫁、成年式、立太子の諸祭典、また天皇即位に際して行われる諸祭典などがある。

四、御服と祭式

この節では、御服と祭式について、「皇室祭祀令」附式の大祭式（賢所の儀）の次第にそって解説する。

当日早旦御殿を装飾す（中略）

次に天皇・皇后綾綺殿に渡御

次に天皇に御服（御束帯・黄櫨染御袍、）を供す（侍従奉仕）

※34　直衣　天皇、貴族の平常に用いられた服。直衣の袍は衣冠と同じであるが、位による色目・文様に制限がない。勅許を得たものは、直衣を著用して参内することが出来た。

葉盤（枚手・國學院大學博物館所蔵）

次に天皇に御手水を供す（同上）

次に御笏を供す（同上）

とあり、次いで皇后の御服・皇太子・皇太子妃の儀服のこと、それぞれ次のように定められている。大祭・小祭とも服装は同様である。

皇后の御服（御五衣・御小袿・御長袴）

皇太子の儀服（束帯・黄丹袍）

皇太子妃の儀服（五衣・小袿・長袴）

御服・儀服を供する順はすべて天皇と同様で、皇后・皇太子妃には檜扇が供される。祭典開始前の御服・儀服に関わる改服のことについて細かく定めていて、これは一般の神社にはないことでその重要性が理解できる。

なお、新嘗祭には、天皇は純白の御祭服、皇太子は斎服を召されることになっている。旬祭には、天皇は御直衣を召される。

次に御扉を開く。この間、神楽歌が奏される。三殿の外陣の御扉は毎早朝開かれるので、ここでは外陣の御簾及び内内陣の御簾が掲げられる。

次に神饌・幣物（色目時に臨み之を定む）を供す。この間、神楽歌が奏される。

新嘗祭以外は、掌典・掌典補の奉仕によって神饌所から伝供される。宮中の神饌は恒例祭祀・旬祭・日供などに古例の調理神饌が伝えられていて、現在は次の五種類がある（神饌やその祭器具については本書第三編第三章を参照）。

①葉盤《ひらて》神饌　槲《かしわ》葉《は》を竹ひごで細工して、丸い皿型の容器の葉盤《ひらて》（枚手・神饌を盛り分け供える）、筥型の容器の窪盤《くぼて》※35（窪手・神饌を納める）という古代の食器を用いて、食薦《すごも》の上に竹製の御

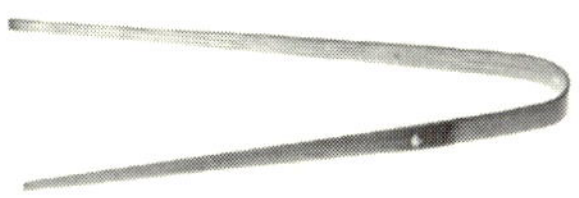

箸（國學院大學博物館所蔵）

窪盤（窪手・國學院大學博物館所蔵）

※35　窪盤　食べ物を盛るために、柏の葉を並べて竹ひごでとじ、中をくぼませた容器。「葉椀」とも。

箸を用いて供えられる。新嘗祭の神饌で、その内容は新嘗祭の項で記した通りである。

②折敷高坏《おしきたかつき》神饌　土器の小皿に高盛りしたもの。四品あてを胡粉《ごふん》塗《ぬ》りの折敷に載せ、土高坏に据えて供える。平安期から記録に見える神饌で、御飯・四種物（醤・塩・酢・酒）・窪ッ器物（海月《くらげ》・鯛・鮎・鮑）・鮮物四種・干物四種・菓子物・酒二瓶を供える。

③折櫃《おりびつ》神饌　白木檜製の小筥に詰めた神饌で折敷高坏神饌よりも一時代前の神饌と考えられている。平安期の記録には、折敷高坏神饌と併せ供した。「折敷高坏六基、折櫃二十合、酒二瓶の神饌」と称した。その二十合の内容の一例は、鯛・魚（三合）・昆布・海菜（二合）・時菓（三合）・作菓（椿餅）・洗米（六合）・菊紙（二合）である。

④薄折敷神饌　小型の折敷を並べて、これに供えられる神饌。日供・旬祭に供えられる。日供には五品、旬祭には十品供えられ、御酒・鳥ノ子（糯米の御握り卵形）・干物・昆布は欠かせない品という。

⑤丸物神饌　三方に土器、もしくは檜葉の掻敷《かいしき》をして供える。明治維新後から用いられる。

次に掌典長祝詞を奏す

大祭・小祭ともに祝詞は掌典長が奏上する。大祭には天皇の御告文が奏上され、御祈願や御礼を直接申し上げられるので、この部分は掌典長の祝詞では省かれる。掌典長の祝詞を「神饌祝詞」ともいう。

次に天皇出御

次に天皇御拝礼御告文を奏す

掌典長の祝詞が済むと定められた時刻に天皇が出御され、賢所の内陣に進まれて御拝礼される。掌典長が進める御玉串の根本を両手で執られ、両段再拝の作法にて御拝礼される。御拝礼のあと御玉串は内掌典に伝えられ、神前の玉串立に挿したてられる。続いて御告文が奏上され、内掌典が奉仕して御鈴の儀が行われる。賢所の内内陣から赤染の太綱が下がっており、これに拳大の鈴が数多く付けられていて、これを振り動かしてお鈴を鳴らす。約十分間、天皇は平伏して鈴の音に耳を澄まされるという。御拝礼は天皇・皇太子は両段再拝、皇后・皇太子妃は女房拝と言われる座拝である。次いで、皇族以下諸員の拝礼が階下からおこなわれる。終って神饌・幣物が神楽歌の奏される中、掌典・掌典補によって撤下され、閉扉（垂簾《すいれん》）が行われる。

皇霊殿、神殿での祭典も概ね同様であるが、こちらではお鈴の儀はない。小祭についても天皇の御告文が無いだけで、他は概ね大祭に同じである。

五、勅祭の伝統

第一編第二章で述べたように、特定の神社祭祀が天皇の特別な崇敬を受ける中で、奉幣祭祀が公祭化して勅祭として位置づけられるようになる。[※36]二十二社など多くの奉幣祭祀の中で、春日神社の春日祭、賀茂御祖神社・賀茂別雷神社の賀茂祭、石清水八幡宮の石清水祭は三勅祭として有名で、国家の祈りが捧げられてきた。伊勢神宮にて天皇の国家安泰・五穀豊穣の祈りが捧げられたように、勅使が参向して国家安泰の祈願が行われた。これらの奉幣祭祀は中世の戦乱時に一旦は廃絶するが、近世期に入ると徐々に再興されてきたことは前述の通りである。

明治維新後、明治天皇が東京に遷られると、明治元年（一八六八）十月十七日に「祭政一致の道を復し氷川[※37]神社を親祭し給ふの詔」を発せられた。そして武蔵國一宮氷川神社に行幸し、当国

※36　二十二社　37頁注68参照。

※37　氷川神社　54頁注15参照。

氷川神社

の鎮守と位置付けて祭政一致の道に復すことを宣言され、新政府の政治や教学の方針を示された。以後、毎年勅使を遣わし永例となす、と定めた。以後、氷川神社（八月一日）の例祭日に勅祭が行われている。

　これを契機として、近代の勅祭社（現在十七社）が定められてゆく。特に三勅祭は、江戸期に再興され毎年行われてきたが、改めて賀茂祭（五月十五日）・石清水祭（九月十五日）は明治十七年、春日祭（三月十三日）は明治十九年に、それぞれ旧儀によって再興され勅祭社となる。古くから皇室と縁のある神宮には、祈年祭（二月十七日）・神嘗祭（十月十七日）・新嘗祭（十一月二十三日）に勅使が遣わされて奉幣が行われ、六月・十二月の月次祭には勅使の発遣はないが幣帛のみ奉られる。

　また、熱田神宮（六月五日）・出雲大社（五月十四日）には毎年例祭日に香取神宮（四月十四日）・鹿島神宮（九月一日）には六年ごとに宇佐神宮・香椎《かしい》宮には毎十年ごとに勅使が遣わされ、奉幣祭が行われる。

　近年になり創立された皇室と縁深い神社では、橿原神宮（二月十一日）・平安神宮（四月十五日）・明治神宮（十一月三日）・近江神宮（四月二十日）の例祭日、英霊をまつる靖國神社（四月二十二日・十月十八日）は春秋の例祭日に勅使が遣わされ、奉幣祭が行われている。

（茂木貞純）

表2　勅祭社一覧

神社名	鎮座地	祭日	勅使参向
神宮	三重県	二・一七 一〇・一七 一一・二三	毎年祈年祭日 毎年神嘗祭日 毎年新嘗祭日
賀茂御祖神社	京都府	五・一五	毎年例祭日
賀茂別雷神社	京都府	五・一五	毎年例祭日
石清水八幡宮	京都府	九・一五	毎年例祭日
春日大社	奈良県	三・一三	毎年例祭日
氷川神社	埼玉県	八・一	毎年例祭日
香取神宮	千葉県	四・一四	毎六年例祭日
鹿島神宮	茨城県	九・一	毎六年例祭日
熱田神宮	愛知県	六・五	毎年例祭日
出雲大社	島根県	五・一四	毎年例祭日
宇佐神宮	大分県	三・一八	毎十年伺定ノ日
香椎宮	福岡県	一〇・二九	毎十年伺定ノ日
橿原神宮	奈良県	二・一一	毎年例祭日
平安神宮	京都府	四・一五	毎年例祭日
明治神宮	東京都	一一・三	毎年例祭日
近江神宮	滋賀県	四・二〇	毎年例祭日
靖國神社	東京都	四・二二 一〇・一八	毎年例祭日

第二章　神宮祭祀

一、殿舎と祭神

三重県伊勢市に鎮座する伊勢の神宮は皇室の御祖神であり、日本人の総氏神として崇敬されてきた。

一般に伊勢神宮と呼ばれるが、正しくは神宮と称し、五十鈴川の川上に鎮座する皇大神宮《こうたいじんぐう》（内宮《ないくう》）と山田の原に鎮座する豊受大神宮《とようけだいじんぐう》（外宮《げくう》）を中心とし、両宮には十四の別宮《べつぐう》、百九を数える摂社・末社・所管社が所属している。これらすべてを総称して神宮と言うのである。内宮や外宮のことを正宮《しょうぐう》とも言う。別宮は正宮に対して「わけみや」の意で、宮社の中でも重んじられている。摂社は、※1『延喜式《えんぎしき》』神名帳《じんみょうちょう》所載の社を言う。末社とは、神名帳には未載だが、神宮の儀式のことを神祇官へ提出した文献（※2『皇太神宮儀式帳《こうたいじんぐうぎしきちょう》』並びに※3『止由気宮儀式帳《とゆけぐうぎしきちょう》』）に載せられている社のことである。これらのほかに、正宮及び別宮の所管する社があり、これを所管社と言う。

祭神

内宮は天照坐皇大御神《あまてらしますすめおおみかみ》を主祭神とし、相殿神二座をまつる。ここに言う相殿神とは、主神に対し配祀された神のことである。次いで外宮は、豊受大神《とようけのおおかみ》と共に、相殿神として三座祀られている。

皇大神宮　御正宮

※1　『延喜式』神名帳　古代において、神祇官では官社を記載登録し、名簿を作成した。この名簿が一般に官社帳あるいは神名帳と呼ばれるものだが、『延喜式』巻九、巻十は当時の神名帳が記載されていて『延喜式神名帳』と呼ばれている。

※2　『皇太神宮儀式帳』　延暦二十三年（八〇四）八月に皇太神宮の大神宮司大中臣真継らが神祇官に提出したといわれる解文。二十三ヵ条からなり、皇太神宮の年中行事の大綱、鎮座の伝承、宮域および殿舎の構造・様式、装束神宝の細目、禰宜・神官の職掌、神郡・神戸の管理経営などが詳細に記されている。

内削の千木（伊勢神宮内宮）

さて、内宮の創祀は垂仁天皇の御代に遡る。遠く神代の昔、瓊瓊《にに》杵尊《ぎのみこと》降臨の折に「宝鏡奉斎の神勅」と共に授けられた八咫鏡《やたのかがみ》は歴代皇居内にて奉斎されたが、第十代崇神天皇のとき、国内に疫病が流行り、人心は不安定となった。神慮（神のみこころ）を畏れかしこみて倭笠縫邑《やまとかさぬいのむら》（現在の奈良県桜井市周辺とされる）に御鏡を遷し、豊鋤入姫命《とよすきいりひめ》をして奉斎せしめることとなった。次いで垂仁天皇二十五年のとき、皇女の倭姫命《やまとひめのみこと》は八咫鏡を奉じ、さらに良き地を求め各地を巡幸。伊勢国に至り、「神風の伊勢国は常世之浪重浪帰《とこよのなみしきなみよ》する国なり。傍国可怜国《かたくにのうまし》なり。是の国に居《お》らむと欲《おも》ふ」との御神託を得て現在地に奉斎されたと『日本書紀』は伝えている。

一方、外宮は時代が下って雄略天皇のとき、天皇の御夢に天照大神の御神託があり、それを契機として奉斎されたと伝わる。このことは記紀には記載が無く、延暦二十三年撰の『止由気宮儀式帳』に記されている。それによると、「吾一所にのみ坐《ま》せば甚苦《はなはだくる》し。しかのみならず大御饌《おおみけ》も安く聞食《きこしめ》さず坐《ます》が故に、丹波国比治《ひじ》の真奈井《まない》に坐す我が御《み》饌都神《けつかみ》、等由気大神《とゆけのおおかみ》を我が許に欲す」との御神託を受けた雄略天皇が等由気大神を丹波国より山田の原にお迎えし、食物を司る御饌都神として奉斎すると共に、御饌殿《みけでん》を造り朝夕の大御饌供進を始められたという。

※3 『止由気宮儀式帳』 延暦二十三年（八〇四）止由気宮（豊受大神宮）の禰宜五月麿らが同宮の祭儀、殿舎、鎮座の由来、摂社、職員の分掌などを記し報告したとされる書。一巻。『皇太神宮儀式帳』『止由気宮儀式帳』を合わせた書が『延暦儀式帳』と呼ばれる。

殿舎

ここで、内宮の殿舎について見ていきたい。一般の参拝者は板垣《いたがき》南御門から進み、御幌の垂れる外玉垣南御門にて参拝する。御垣は外側より内に、板垣・外玉垣《とのたまがき》・内玉垣《うちたまがき》・瑞垣《みずがき》の四重となっている。瑞垣の内を内院と称し、ここに御正殿が建っている。御正殿の屋根は切妻造《きりつまづくり》※4の平入《ひらいり》※5にして萱葺き、棟には十本の鰹木《かつおぎ》※6が並ぶ。棟の東西両端には千木《ちぎ》※7がそびえ、先端は水平に切られていて、これを内削《うちそぎ》と言う。柱は檜の丸柱で、直接地中に埋め建てる掘立式である。金物類を除き、装飾や彩色の無い素木造である。かような社殿形式を唯一神明造と言う。

外宮の御正殿も同様の形式であるが、鰹木が九本となり、千木が外削《そとそぎ》（先端が垂直に切られる）となるなどの違いが見られる。御垣の構造は概ね同じだが、殿舎の配置は異なる。特に東北隅には御饌殿、西北隅には外幣殿《げへいでん》がある。

両宮ともに外玉垣と内玉垣の間を中重《なかのえ》と言い、中央に中重鳥居が立つ。この鳥居の左右に石壺《いしつぼ》（石畳）があり、勅使や随員・大少宮司・禰宜が著座し、祭祀が執り行われる。

二、恒例祭と臨時祭

神宮では年間千数百回もの祭祀が斎行され、それらは恒例祭と臨時祭とに分けられる。恒例祭とは毎年定められた日時に行われる祭祀のことであり、臨時祭は皇室や国家の重事に臨んで行われる祭祀のことである。恒例祭の内、十月の神嘗祭と六月・十二月の月次祭、この三祭は三節祭《さんせつさい》と称され、神宮祭祀の中でも重要なものである。

※4　切妻造　切妻構造の屋根。屋根を棟から両側へふきおろして、その両端を棟と直角に切ったもの。本を開いて伏せたような形状。広くはそのような屋根をもつ建物の様式。甍造（いらかづくり）。

※5　平入　建物の大棟に平行な面（屋根の長辺側）すなわち平に入口のあるもの。

※6　鰹木　神社本殿などの棟木の上に横たえて、並べた装飾の木。名の通り形は円形状で鰹節に似ているが、勝男木・堅魚木・葛緒木とも表記される。

※7　千木　社殿の屋上、破風（はふ）の先端が伸びて交叉した木。後世には破風と千木は切り離され、ただ棟上に取り付けた一種の装飾となり、置千木（おきちぎ）と呼ぶ。

神嘗祭《かんなめさい》

天照大御神に新穀をはじめとする由《ゆ》貴夕《きのゆうべの》大御饌《おおみけ》[※8]を捧げ、皇室の弥栄と国家の平安を祈る祭で、最も重要な祭祀である。十月十五日午後十時に外宮の由貴夕大御饌、翌十六日午前二時に由《ゆ》貴朝大御饌《きのあしたのおおみけ》、同日正午に奉幣の儀が行われる。内宮にあっては、十六日午後十時に由貴夕大御饌、翌十七日午前二時に由貴朝大御饌、同日正午に奉幣の儀が行われる。この通り、外宮での祭が先に行われる。このことは古く『太神宮諸雑事記《だいじんぐうしょぞうじき》』[※9]に記される通り、天照大神の「我が祭仕へ奉るの時、先づ豊受神宮を奉るべし」との御託宣に基づくもので、「外宮先祭」と称される。

さて、由貴大御饌とは何か。由貴とは清らかという意味で、その大御饌すなわち神饌を供進するのである。品目は御飯・御餅・御酒を主として、海魚十二種・河魚二種・野鳥・水鳥・海藻・野菜・果実・塩・水で（『神宮祭祀概説』）、これは三節祭に限り供進されるものである。

由貴朝大御饌の儀が終わって、同日正午から勅使が参向され奉幣の儀が行われる。奉幣とは神々に幣帛を奉ることで、一般に金員を献ずる場合と、絹織物といった実物を奉納する場合とがある。神宮での幣帛は後者であり、実物は削った柳の木を編んだ柳筥《やないばこ》に入れられ、正殿内に奉られる。奉幣の儀が終わったその夜六時より、四丈殿《よじょうでん》にて御神楽の儀が行われる。両宮における祭儀に続いて、十月二十五日まで別宮・摂末社・所管社でも祭りが行われる。

この神嘗祭に付属する祭祀として次のものがある。

・御園《みその》祭　三月春分の日。神宮の御園において野菜・果物の豊作が祈られる。
・神田《しんでん》下種《げしゅ》祭　四月上旬。神宮神田で神嘗祭をはじめ諸祭典にお供えするご料米の稲種を蒔く祭り。
・抜穂《ぬいぼ》祭　九月上旬。神田で神嘗祭に奉るご料米の稲穂を刈り取る祭り。

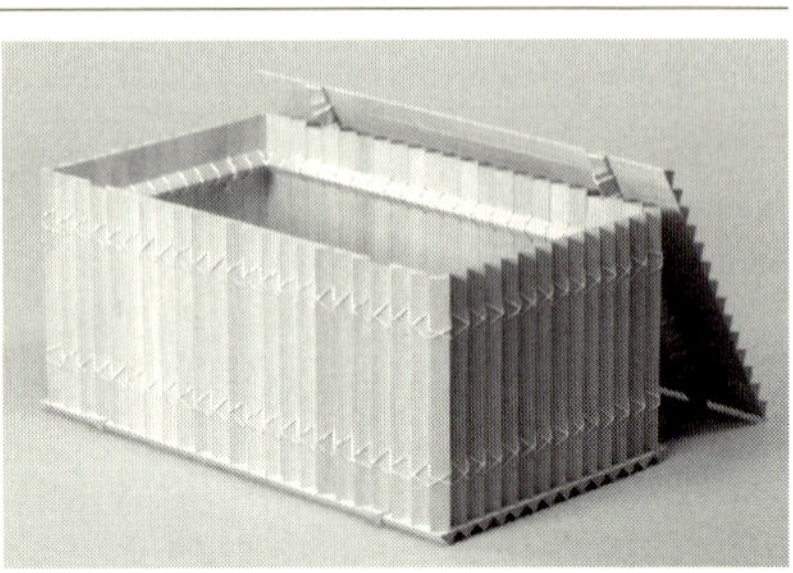

柳筥

※8　由貴大御饌　神聖にして清浄で尊い特別な神饌のこと。潔斎した神職により二日間にわたり調理される。

※9　『太神宮諸雑事記』　伊勢神宮の主要な事件を編年体で記した史書。垂仁天皇二十五年の皇大神宮の鎮座から延久元年（一〇六九）までの記事を収録。平安中期の作。内宮禰宜の荒木田徳雄とその子孫によって書きつがれた。『神宮雑記』とも。

・御酒殿《みさかどの》祭　十月一日。御料酒がうるわしく醸造されるよう祈られる祭り。

これらを始めとする祭祀が粛々と行われ、神嘗祭へと至るのである。

月次祭《つきなみさい》

一般に月次祭は月ごとの祭祀を言うが、神宮の月次祭は一年を二分し、その最終月である六月と十二月の二度行われ、由貴大御饌が供進される祭りである。内宮では六月及び十二月十六・十七日、外宮では十五・十六日に行われ、その時間や祭儀の流れは神嘗祭とほぼ同様である。ただし、奉幣の儀はあるが勅使の御参向は無い。

月次祭に付属する祭祀として、六月と十二月の一日に行われる御酒殿祭がある。先の十月御酒殿祭ともども、酒造に携わる組合も参列し、酒造業の繁栄が祈られる。

以上の三節祭および祈年祭・神衣祭にあたり、前提となる祭祀がいくつか執り行われることにも留意したい。それぞれ三節祭の前月晦日に大祓があり、神職・楽師が祓い清められる。六・九・十二月の十五日には内宮御垣内《みかきうち》に鎮座する興玉神《おきたまのかみ》に対し、これよりの祭儀の無事が祈られる。

さらに同日、興玉神祭終了後、祭祀奉仕者が神の御心に適い奉仕する資格を有しているか、神にお伺いを立てる御卜《みうら》神事が行われる。祭主以下奉仕者の職名と名が一人ずつ読み上げられるなか、そのつど、「嘯《うそぶ》く」、つまり息を吸い込む口笛が吹かれ、次いで、笏にて琴板《こといた》と呼ばれる木板を打つ。すなわち、職・名の読み上げ、嘯き、琴板を打つ音、これが淀みなく進むと大御心に適ったという意味になる。仮に一連の流れが滞った場合、その時に該当する者は奉仕できない定めとなっている。いかに厳粛に祭祀奉仕に臨んでいるか、理解できるだろう。

五大祭

三節祭に祈年祭と新嘗祭を加えて五大祭と呼ぶ。祈年祭は二月十七日、新嘗祭は十一月二十三日に斎行され、勅使が参向して大御饌の儀と奉幣の儀を行う。別宮以下諸宮社で祭祀がある。

神御衣祭

皇大神宮と荒祭宮に和妙《にぎたえ》（絹布）・荒妙《あらたえ》（麻布）二種の神御衣《かんみそ》を奉る祭で、五月並びに十月の十四日に行われる。前者は夏の御料、後者は冬の御料とされている。同祭に付属する祭祀として両月一日の神御衣奉織始祭《ほうしょくはじめさい》、十三日の神御衣奉織鎮謝祭《ほうしょくちんしゃさい》がある。和妙・荒妙の織り始めと、織り上がったことへの感謝として、それぞれ松阪市にある神服織機殿神社《かんはとりはたどのじんじゃ》（和妙を織る）・神麻続機殿神社《かんおみはたどのじんじゃ》（荒妙を織る）にて斎行される。

日別朝夕大御饌祭

毎日朝夕の二度、外宮の御饌殿《みけでん》で、両正宮・相殿神・各別宮の神々に神饌を供える祭である。その由来は第一節で記した通り、外宮の創祀と関係が深い。神饌の品目は御飯・御塩・御水・魚類・海藻・野菜・果物・清酒で、調理は忌火屋殿《いみびやでん》で行う。忌火とは清浄な火のことで、[※10]火鑽具《ひきりぐ》からきり出した火で、お米を蒸して御飯にするなど調理にあたる。御水は上御井《かみのみい》神社の御井より汲む。それらの神饌をお供えしたあと祝詞奏上、次いで神宮独特の拝礼作法である八度拝を行う。

神宮大麻、暦に関する祭祀

神宮では各家庭の神棚に祭る神宮大麻と暦を頒布しているが、その奉製や頒布に際して折々の

神宮忌火屋殿の火鑽（提供：神宮司庁。以下、本章の写真はすべて同庁の提供）

※10　火鑽具　火を起こす道具。神宮の火鑽具は『古事記伝』によると、この頃には火鑽板と火鑽棒を用いる鑽揉み式で行われていたが、現在は舞鑽式と言われる方法で火が起こされている。

祭祀が行われる。奉製の開始と終了にあたっては大麻《たいま》暦《れき》奉製《ほうせい》始《はじめ》祭、同奉製終了祭が一月・十二月、四月には大麻のご用材伐りはじめに大麻用材伐始祭が行われる。頒布にあたって九月には全国の関係者が参列し大麻暦頒布始祭、三月には大麻暦頒布終了祭がそれぞれ行われる。ちなみに、神宮での頒布始祭を受け、各県での頒布始祭を経て、神宮大麻・暦はそれぞれ全国の氏神神社を経て各家庭に渡るのである。

臨時祭

かつて神宮禰宜を務め、戦前の神社行政に携わった阪本廣太郎氏の『神宮祭祀概説』では臨時祭について左の通り分類している。

一、法令に基づく臨時祭

・即位礼、大嘗祭を行う期日を定められたとき
・大嘗祭が行われる当日
・立太子礼が行われる当日
・立皇太孫の礼が行われる当日
・天皇の御成年式が行われる当日
・大婚の約が成立した当日
・皇太子皇太孫の結婚成約の当日

いずれも皇室の重大事に関わる事柄であり、大御饌供進の儀と奉幣の儀が行われる。右のほかに、即位礼の当日、皇太子結婚の当日にも臨時祭が規定されていた。ここに言う「法令」は戦前の定めだが、戦後も概ね右の通り斎行されている。

二、臨時に仰せ出される臨時祭（臨時奉幣祭とも称される）
・国家の重大事
・皇室の重大事
・神宮の重大事

次にはこの三種を挙げ、それぞれの事前もしくは事後に行われるという。一例を挙げると、昭和二十年九月六日に終戦奉告祭が行われている（『神宮史年表』）。この他にも戦役、憲法・皇室典範制定時など、まさに国家の重大事に臨んで行われてきたのである。

式年遷宮祭

神宮には二十年に一度、社殿・御装束・神宝を新調し、神々に旧御殿より新造の御殿へとお遷りいただく式年遷宮という最も重要な祭りがある。式年とは、定まった年という意味である。遷宮はおよそ一三〇〇年前、天武天皇の御発意により定められ、次いで持統天皇四年（六九〇）に第一回の式年遷宮が行われて以降、戦乱による中絶はあったが、この伝統は遵守されている。平成二十五年に第六十二回の式年遷宮が斎行されたことは、よく知られているところだろう。以下、式年遷宮に関わる祭祀と行事について、第六十二回式年遷宮の日程を踏まえて解説したい。

◆山口祭《やまぐちさい》（平成十七年五月二日）　遷宮諸祭で最初に行われる祭りで、御用材と萱《かや》を採る御杣《みそま》山の山口神を祭る。伐採と搬出の安全が祈られる。

◆木本祭《このもとさい》（五月二日夜）　御正殿床下に建てる心の御柱を伐り出すに際し、その木本の神への祭りで、山口祭の夜に行われた。

◆御杣始祭《みそまはじめさい》（六月三日・五日）　御杣山とは造営用材を採るための山で、元来、内宮は神路《かみじ》山、

御杣始祭

外宮は高倉《たかくら》山であったが、良材が乏しくなり今は木曽山となる。その木曽の御杣山で御用材を伐り始める祭りであり、三日に長野県上松町、五日に岐阜県中津川市加子母で行われた。

◆御樋代木奉曳式《みひしろぎほうえいしき》（六月九日・十日）　御神体を納める器である御樋代の御用材を伊勢へ運ぶ行事。

◆御船代祭《みふなしろさい》（九月十七日・十九日）　御樋代を納める御船代の御用材伐採にあたり行われる。御船代はその名の通り、小舟のような器という。

◆御木曳初式《おきひきぞめしき》（平成十八年四月十二・十三日）　御用材の搬入始めに際して行われる。御用材は正殿の棟持柱《むなもちばしら》や垂木《たるき》に使われる役木《やくぎ》と呼ばれる重要なもので、役木曳とも称される。

◆木造始祭《こづくりはじめさい》（四月二十一日）　御用材の木取りを始めるにあたり、木工工事の安全を祈る祭り。小工《こだくみ》らが忌斧《いみおの》を以て用材を打つ所作を行う。

◆仮御樋代木伐採式《かりのみひしろぎばっさいしき》（五月十七日）　遷御の際に御神体を仮に納める仮御樋代と、その仮御樋代を納める仮御船代を用いるが、それぞれの用材伐採にあたり、木本に坐す神を祭り、忌斧を入れる。

◆御木曳行事《おきひきぎょうじ》（第一次五月～、第二次十九年五月～）　旧神領民である伊勢市民と、一日神領民となる全国の崇敬者が御用材を神域内に奉曳《ほうえい》する。内宮は五十鈴川を川曳《かわびき》、外宮は御木曳車で陸《おか》曳《びき》となる。

◆鎮地祭《ちんちさい》（平成二十年四月二十五日）　大宮地、すなわち新しいお宮を建てる地に坐す神を祭り、工事の安全を祈る。忌鎌《いみかま》を以て草刈り初め、忌鍬《いみくわ》を以て穿ち初めを行う。

◆宇治橋渡始式《うじばしわたりはじめしき》（平成二十一年十一月三日）　宇治橋は遷宮に先行して掛け替えられる。新造なった宇治橋は、三世代三夫婦が渡り初めを行う。

◆立柱祭《りっちゅうさい》（平成二十四年三月四日・六日）　御正殿の宮柱を立て、小工が木槌にて打ち固める。屋《や》

御木曳行事

鎮地祭

船大神《ふねのおおかみ》を祭り、新殿の安泰を祈る。

◆御形祭《ごぎょうさい》（三月四日・六日）　御正殿東西の妻（両側面にある三角の壁面部分）の梁《はり》の上にある束《つか》柱《ばしら》に御形《ごぎょう》を穿つ祭り。御形は鏡形つまり円形の図様を穿つ。立柱祭に続いて行われた。

◆上棟祭《じょうとうさい》（三月二十六日・二十八日）　正殿の棟木を上げる祭り。小工が中心となって儀式を行う。

◆檐付祭《のきつけさい》（五月二十三日・二十五日）　御正殿屋根に萱を葺き始める祭り。屋船大神を祭り、工事の安全を祈る。

◆甍祭《いらかさい》（七月二十一日・二十三日）　萱を葺き納めたのち、千木・鰹木・甍覆《いらかおおい》に金色の金物を打ち付け飾るのに際して行う祭り。甍は屋根棟の頂上部のことで、甍覆の上部に鰹木が取り付けられる。

◆御白石持行事《おしらいしもちぎょうじ》（平成二十五年七～九月）　正殿の御敷地に白石を敷き詰める行事。御木曳同様、伊勢市民と全国からの一日神領民が奉仕する。

◆御戸祭《みとさい》（九月十三日・十五日）　御正殿の御扉を立てる祭り。御扉に御鑰穴《みかぎあな》を穿つ行事がある。これにより正殿の完成を意味する。

◆御船代奉納式《みふなしろほうのうしき》（九月十七日・十九日）　御神体が鎮まる御船代を正殿内に奉納する式。

◆洗清《あらいきよめ》（九月二十四日・二十六日）　竣工なった新殿を洗い清める。

◆心御柱奉建《しんのみはしらほうけん》（九月二十五日・二十七日）　御正殿床下に心御柱を奉建する秘祭。古来、奉仕者は心御柱について口外せずの心得があり、重要さを物語る。

◆杵築祭《こづきさい》（九月二十八日・二十九日）　竣工を寿ぎ、御正殿の柱根を築《つ》き大御代の長久を祈る祭り。杵築歌を唱えながら、白杖を以て御柱の元をつき固める。

◆後鎮祭《ごちんさい》（十月一日・四日）　完成した正殿が平安であるよう大宮地の神々に祈る祭り。

上棟祭

御白石持行事

◆御装束神宝読合《ごしょうぞくしんぽうとくごう》（十月一日・四日）　御装束は大神の装束類や殿内装飾品等、神宝は威儀物《いぎもの》※11等で、それらは天皇陛下より大神に献上される。その品々と目録とを読み合わせる儀式である。

◆川原大祓《かわらのおおはらえ》（十月一日・四日）　仮御樋代はじめ遷御に用いる品、御装束神宝、奉仕する祭主以下、神職を祓い清める儀式。

◆御飾《おかざり》（十月二日・五日）　御装束で殿内を装飾し、遷御の準備を整える行事。

◆遷御《せんぎょ》（十月二日・五日）　正殿から新殿へと御神体をお遷しする祭儀で、遷宮祭の中核をなす。勅使が御参向になり、祭主以下神職によって厳かに斎行される。

◆大御饌《おおみけ》（十月三日・六日）　遷御の翌朝、はじめての大御饌を奉る祭り。

◆奉幣《ほうべい》（十月三日・六日）　勅使が幣帛を奉り、御祭文を奏せられる。遷御と共に重んじられてきた。

◆古物渡《こもつわたし》（十月三日・六日）　旧宮に奉納してあった神宝類を新宮の西宝殿へと移す儀式。

◆御神楽御饌《みかぐらみけ》（十月三日・六日）　遷御の翌夕、御神楽に先立って大御饌を奉る祭り。

◆御神楽《みかぐら》（十月三日・六日）　遷御の完遂を受け、御神楽と秘曲を神前に奉奏する。宮内庁楽師により深夜まで奏される。

三、神宮の祭式作法

神社祭式との相違

『神宮祭祀概説』において、「一般神社祭式との相違点」として次の六項目が指摘される。

①神宮祭式は庭上なること

※11　威儀物　天皇の行幸や神社の遷座祭の鹵簿のときなど、供奉者が儀式の威容を整えるために捧げ持つもの。弓・箭（や）・胡簶（やなぐい）・太刀・桙（ほこ）・盾など。

杵築祭

②大御饌供進と幣帛供進の儀が、別々に行はる、こと
③大御饌の供進に特殊の儀が祭式中に規定せらる、こと
④幣帛の供進につき、特殊の行事が附随すること
⑤御開扉は勅使参向の祭祀に限らる、こと
⑥玉串奉奠と拝礼とは別の行事として行はる、こと

以下、各項目について同書に基づき解説する。

①は祭場に関わることである。神宮には幣殿や拝殿といった建物は無く、御垣内の庭上にて祭祀が行われる。これは、庭上坐礼式とも言われる特殊な礼式である。

②について神社祭式と比較すると、例祭では献饌と献幣は一つの祭りのなかで行われ、本庁幣を献ずる献幣使は宮司以下祭員と共に奉仕する。一方、神宮では別々に行われ、大御饌供進の際に勅使は参列されない。

③の特殊の儀として、大御饌供進に先立ち忌火屋殿《いみびやでん》前庭で祓えが修されること、また、内宮では供進の前に御贄《みにえ》調理の行事と言ってアワビの調理が行われる。まさに神饌に対する厳重な取扱いが窺える。

④の特殊行事として読合《とくごう》がある。幣帛の供進に先立って、勅使から幣帛を点検・受領する行事である。その幣帛自体も祓えが修され、丁重な取り扱いがなされる。

⑤の開扉は祈年・神嘗・新嘗の三祭における奉幣の儀に限り行われる。大祭中祭に開扉がある神社祭式とは大きく異なる。

⑥の玉串は、神社祭式「玉串を奉りて拝礼」のごとく拝礼の行事中に玉串が含まれるが、神宮ではそれぞれ別に行われる。すなわち、奉幣の儀と神御衣祭において太玉串《ふとたまぐし》が奉られる。古来、

川原大祓

遷御

太玉串行事として特別丁重に執り行われてきた歴史が背景にある。

祭祀制度の変遷

明治時代に入り全国の神社は変革の時を迎え、神宮もまた例外ではなかった。明治四年（一八七一）以降、大改革が進み、祭祀制度自体も改廃があった。結果、明治八年に「神宮明治祭式」が成立し、祭祀に関わる事柄が定められた。以後、修正を経つつも、それに基づき斎行されていく。大正三年の「神宮祭祀令」により、それぞれの祭祀は大祭・中祭・小祭と区分された。祭祀令とは祭祀に関する根本法規であり、「皇室祭祀令」（明治四十一年）・「官国幣社以下神社祭祀令」（大正三年）とともに、国家的な祭祀制度は充実するに至った。行事作法に関しては、大正四年に「神宮祭式行事作法」第二編作法、翌年に第一編行事が神宮司庁《じんぐうしちょう》※12（神宮の事務を掌る機関）にて決議され、行事と作法とが改めて規定された。現在も、同行事作法は概ね踏襲されていると聞く。

作法について

前節で触れた「神宮祭式行事作法」は公開されていないため、作法の詳細については不明だが、『神宮祭祀概説』では神宮の作法として二種のものを挙げる。

一つは玉串の作法である。神社では玉串の根本を神前に向けて奉るが、神宮では根本を手前にして奉奠する。これは、太玉串の伝統に基づくものと同書は指摘する。太玉串は内玉垣御門の柱頭に奉立するものが古儀であり、今は案上に奉奠するとは言え、その本義のままに根本を手前に奉るという。

次いで、八度拝《はちどはい》を挙げる。式次第に「奉拝八度拍手両端」（『神宮要綱』）と表記されるものである。

※12　神宮司庁　三重県伊勢市にある伊勢神宮の事務を扱う機関。明治四年（一八七一）に皇太神宮境内に取建てられた官庁。同六年に内務省の所管となる。昭和二十六年に一宗教法人となり、神宮規則に従って運用されている。

拝には居拝と起拝と立拝とがあって、庭上坐礼式の神宮では起拝を行う。起拝とは坐した状態から起ち、さらに伏しながら坐して拝する所作で、八度拝はまず起拝を四度、拍手八つ拍ち、さらに一つ拍ち、坐したまま一拝する、この順序を以てもう一度繰り返す。かくして起拝を八度、八拍手を二回行うことから「両端」となる。この八拍手のことを八開手《やひらで》と称し、二拍手が一般的な神社祭式とは異なる独特な作法である。

四、祠職

現在の祠職として、祭主・大宮司・少宮司・禰宜・権禰宜・宮掌《くじょう》といった職名が知られる。このうち、祭主とは旧皇族の女性がその任にあるが、これは戦後からの制である。戦前は明治初期を除き男性皇族が務め、明治以前においては※13大中臣氏《おおなかとみし》が代々任命されてきた。その職掌は時代の経過と共に変遷するが、あくまで中心は祭祀執行にあった。

また、かつては未婚の皇女が※14斎王《さいおう》（斎内親王）として大神に仕える制度があった。平生は厳重な潔斎を重ね、三節祭にあっては太玉串を捧げた。この斎王制度は、後醍醐天皇の御代に戦乱などにより廃絶となった。

このほか、多様な奉仕者が祭祀に従事していた。儀式帳や延喜式に規定された通り、内人《うちんど》や物《もの》忌《いみ》と呼ばれる祠職が存在した。内人は神宮の守護宿直、また、玉串の調達や奉仕者にすすめる務めを担った。内人の中でも大内人は禰宜に次ぐ重職とされ、特にその長を宇治大内人《うじのおおうちんど》と称した。物忌は大神に近侍し、大御饌の供奉、御料の調進に従うなどの役目を有した。童男童女がこれに

※13　大中臣氏　神祇祭祀をつかさどる中臣氏の後裔。神護景雲三年（七六九）、中臣清麻呂が称徳天皇から大中臣（朝臣）を賜ったことに始まる。代々、伊勢祭主を世襲。江戸時代に藤波を称した。

※14　斎王　伊勢神宮の天照大御神に奉仕するために選ばれた未婚の皇女。大来皇女（おおくのひめみこ）を天皇の御杖代（みつえしろ）として伊勢に遣わされたことを始めとする。天皇即位時に未婚の内親王・女王が卜定され、その天皇の一代の間、仕えることを原則とした。いつきのひめみこ。

従事し、実際の奉仕には物忌父と称する神役が介添えにあたった。物忌のうち、※15大物忌《おおものいみ》は御饌の供進・御鑰《みかぎ》の管理・御扉の開閉など、重い任務にあずかった。

　これら内人や物忌は近代の神宮改革に伴い廃絶したが、現在その遺風をかいま見ることができる。それは、遷宮諸祭には童男童女が物忌として奉仕するのである。両宮の鎮地祭では、物忌が忌鎌を以て草刈り初めを行う。神職の子女から適任者が選ばれるが、その奉仕する様は実に清々しく、そしてゆかしいものがある。

（高原光啓）

※15　大物忌　神宮に奉仕した祀職の一つ。主に天照大御神の神饌供進をはじめ、正殿の御扉開閉等に奉仕した。多くの物忌職の中で最も重要とされる。童女で、大物忌父（おおものいみのちち）が介添えした。

第三章　神社祭祀

一、神社祭祀と諸祭

神社祭祀とは、神社本庁規程の中の「神社祭祀規程」に定められている祭祀を言い、これ以外の祭祀を諸祭もしくは雑祭という。『大漢和辞典』によると、「雑」「諸」という漢字は、どちらも「もろもろ」とも読んでいるから、雑祭、諸祭はどちらももろもろの祭祀ということになる。「神社祭祀規程」をみると、その第一条に「神社の祭祀は、大祭、中祭及び小祭とする」と、神社祭祀を大・中・小祭に三区分している。そして、第二条に大祭、第三条に中祭が列記されているから、今これらを紹介して、その祭祀を簡単に解説することにする。

大祭

◆例祭《れいさい》　それぞれの神社固有のもっとも重要な祭祀。神恩に感謝し、皇室の弥栄《いやさか》と世界の平和、国家・国民・氏子崇敬者の平安を祈念する。例祭日はその神社でゆかりの深い日とされており、みだりにこれを変更することはできない。

◆祈年祭《きねんさい》　春祭りの代表的祭祀で、五穀をはじめ作物の豊かな実りと諸産業の発展を祈り、併せて皇室の弥栄と世界の平和、国家・国民・氏子崇敬者の平安を祈念する。トシゴイノマツリともいう。次の新嘗祭とともに、はやく養老令にみえている日本古来の大事な祭祀。人間が一日たりとも欠くことのできない、食事の素材となる作物の豊かな実りを祈る。

◆新嘗祭《しんじょうさい》　秋祭りの代表的祭祀で、穀物をはじめ、収穫した作物を神饌・神酒に調理・醸造して神前に奉り、祈年祭に祈念した作物の実りと諸産業の興隆に感謝する祭祀。ニイナメノマツリともいう。宮中では十一月二十三日夜から二十四日早旦にかけて、天皇が親しく新穀で調理し醸造した御食御酒《みけみき》を神々にお供えする。そしてその実りに感謝され、神々と共食される御《お》直会《なおらい》が行われる。

◆式年祭《しきねんさい》　一定の年を期して行う祭祀。神社の鎮座日、または御祭神の年祭などが多い。その年数は三年・五年・十年・二十年・三十年・四十年・五十年・百年、および以後、毎百年を通例とする。

◆鎮座祭《ちんざさい》　御社殿を創建し、神霊をはじめて鎮め奉る祭祀。

◆遷座祭《せんざさい》　おまつりしている神の座を遷《うつ》す祭祀。御神体（霊）を本殿《ほんでん》から仮殿《かりでん》もしくは権殿《ごんでん》へお遷しする仮殿遷座祭。仮殿もしくは権殿から本殿へお遷しする本殿遷座祭とがある。御殿の建替え、お屋根の修築などのときに行われる。

◆合祀祭《ごうしさい》　神霊を合せまつる祭祀。神社と神社の合併による場合、またはすでに祀られている祭神のほかに、新たな神霊を増加して合せまつる場合とがある。後者は靖國神社・護国神社に多い。

◆分祀祭《ぶんしさい》　神霊を分ける祭祀。分けられた神霊《しんれい》（御分霊《ごぶんれい》）は他の神社に祀られる。神霊は分けられても、その御神威《みいつ》（霊力）は変ることがない。

◆神社に特別の由緒ある祭祀　その神社で古来行われている、特に由緒ある祭祀。特殊神事として扱われる祭祀が多い。

中祭

◆歳旦祭《さいたんさい》　正月元日の早旦に行う祭祀。新年を祝って寿詞《よごと》を奏上し、皇室の弥栄と世界の平和、国家・国民・氏子崇敬者の平安を祈念する。

◆元始祭《げんしさい》　一月三日。天《あま》つ日嗣《ひつぎ》すなわち天皇の御位《みくらい》の大元《おおもと》をことほぎ、皇位の永遠に栄えますことを祈る祭祀。

◆紀元祭《きげんさい》　二月十一日。『日本書紀』による、第一代神武天皇の即位された日を皇紀元年とし、日本国はこの日を建国記念日として国民の祝日とする。そこで、皇室の弥栄と国家の隆昌・平和を祈念する祭祀。

◆昭和祭《しょうわさい》　四月二十九日。昭和天皇のお誕生になられた日に御聖徳《ごせいとく》（天皇の智徳）を景仰《けいこう》（お徳を慕い仰ぐこと）し、皇室の弥栄と国運の隆昌を祈念する祭祀。

◆神嘗奉祝祭《かんなめほうしゅくさい》　十月十七日。本宗（全国最高位の神社）と仰ぐ伊勢の神宮において、神嘗祭《かんなめさい》が行われることを奉祝する祭祀。

◆明治祭《めいじさい》　十一月三日。明治天皇がお誕生になられた日に、その偉大なる御聖徳を景仰し、皇室の弥栄と国運の隆昌を祈念する祭祀。

◆天長祭《てんちょうさい》　十二月二十三日。天皇のお誕生日に、天皇の御健やかなることを祝福し、大御代（天皇の治世）の長久と皇室の弥栄を祈念する祭祀。右のほか、これらに準ずる祭祀および神社に由緒ある祭祀を中祭とすることが規定されている。

小祭・諸祭

大祭・中祭以外の祭祀は、小祭とすることが規定されている。全国の神社の多くで行われている小祭には、毎月朔日と十五日に行われる月次祭《つきなみさい》、また、神社によっては毎月一・十一・二十一日に行われる旬祭《しゅんさい》、その他がある。右に述べた祭祀は、「神社祭祀規程」に定められている祭祀であり、これらはすべて神社祭祀であるのに対して、「神社祭祀規程」に定められていない祭祀、すなわち、諸祭もしくは雑祭の数は非常に多い。

神社本庁では、前述の「神社祭祀規程」第七条に「神社に関与し社会慣行となった諸祭は、これを執行することができる」として、諸祭の執行を奨励している。そこで諸祭の祭儀執行のために、神社本庁は『改定諸祭式要綱』正・続編を撰定している。とりあげている諸祭の種類は多岐にわたっている。

新築工事に関する祭りでは、地鎮祭《じちんさい》・釿始祭《ちょうなはじめさい》・立柱祭《りっちゅうさい》・上棟祭《じょうとうさい》・定礎祭《ていそさい》・新殿祭《しんでんさい》（竣工祭）・新殿清祓の儀などがある。工事関係では、橋梁竣工祭《きょうりょうしゅんこうさい》（渡初《わたりぞめ》式）・水道竣工祭（通水式）・道路竣工祭（開通式）・鉄道竣工祭（開通式）・建碑除幕式など。造船関係では造船竣工祭・造船進水式（命名式）など。人生儀礼に関する祭りでは、安産祈願祭・命名式・初宮詣・七五三祭・成人祭・結婚式、そして人生終焉を迎えると、やがて神葬祭の諸儀がある。

このほか農耕に関する斎田清祓《さいでんきよはらい》・播種祭《はしゅさい》・田植祭《たうえさい》・抜穂祭《ぬいぼさい》など。また、火入式《ひいれしき》・鎮火祭《ちんかさい》・竈《かまど》神祭《がみのまつり》・井神祭《いじんさい》・針祭《はりまつり》・献詠祭《けんえいさい》・献茶祭《けんちゃさい》・大漁祭《たいりょうさい》など、数えあげれば切りがない。日本人は古来事があるたびに神に祈り、神に感謝する生活を送っているのである。

そこで第四編諸祭には、人生儀礼に関する初宮詣・七五三詣・神前結婚式と神葬祭、建築儀礼の中から地鎮祭・上棟祭・新殿祭をとりあげて、それぞれ由緒・祭式などについて解説している。

二、恒例祭と臨時祭

右に述べた神社祭祀の大祭についてみると、例祭・祈年祭・新嘗祭は毎年一定の祭日に行われるのに対して、式年祭・鎮座祭・遷座祭・合祀祭・分祀祭は、毎年一定の祭日に行われるのではなく、数年もしくは数十年に一度行われ、しかもその祭日は定まっていない。中祭の祭祀は国民の祝日に行われる祭祀が多く、毎年一定の祭日に行われている。このように毎年定められた期日に行われる祭祀を恒例祭といい、祭日が不定で毎年行われない祭祀を臨時祭というのである。このことは神社祭祀のみならず、諸祭でも同様である。たとえば、常に鞴《ふいご》※1を使用する鍛冶屋《かじや》や鋳《い》物《もの》師《し》が、毎年十一月八日に行っている鞴祭《ふいごまつり》は恒例祭であり、鞴を新しく設置したときに行う鞴の竣工祭は臨時祭である。

三、恒例式

祭と式

神社祭式関係規程では、祭祀と式とを区別している。その区別は、大正三年（一九一四）以降に始まるもので、神霊の前で神饌を供えて祝詞を奏上する祭儀を「〇〇祭」といい、神饌を供えず、遙かに遠いところから拝詞を奏上したり、祓えの神を対象にして、神饌を供えず祓詞を奏する祓え行事を「〇〇式」というのが一応の基準となっている。ただし、春日祭にあっては勅使と

※1　鞴　金属製錬等で、火力を強めるため用いる送風装置。

弁の祓のとき、祓戸神社に神饌を供え、その前庭で祓が行われる。これは特殊な事例といえよう。

現行の恒例式

現在、神社本庁で制定している恒例式は左の通りである。

①昭和天皇祭遙拝　一月七日
②春季皇霊祭遙拝　春分の日
③神武天皇祭遙拝　四月三日
④秋季皇霊祭遙拝　秋分の日
⑤神嘗祭遙拝　十月十七日
⑥大　祓　六・十二月の晦日

これによると、恒例式は遙拝と大祓ということになる。右の①〜④の遙拝が行われる対象は、いずれも宮中の皇霊殿で行われる祭祀である。すなわち、先帝の昭和天皇祭と初代の神武天皇祭、それに春分と秋分の日に、歴代皇霊をおまつりする皇霊殿の皇霊祭で、⑤は皇祖神をおまつりする伊勢の神宮でもっとも重儀とされる神嘗祭にあたり、神宮を遙拝するのである。

大祓は古くは国の大祓ともいわれ、伊勢の神宮および宮中をはじめ全国の神社で、半年ごとに日本国民すべてのツミ・ケガレを祓い清める神事である。『古事記』仲哀天皇段に大祓の記載があるほか、『日本書紀』天武天皇五年（六七六）・同十年・朱鳥元年（六八六）などに大解除《おおはらえ》が行われた記事があり、これらが後に制度化されたと思われる。神祇令には、毎年六月・十二月晦日の二季恒例大祓と、諸国で臨時に行われる諸国大祓とが記載されている。また、戸ごとに麻一条を差し出すことが明記され、庶民も関与していたことが知られる。

その後、律令制度のゆるみと共に大祓はすたれ、応仁の乱後に中絶した。下って元禄四年（一六九一）に大祓の復興をみたが、吉田家が管掌する宮中の清祓という形式であった。民間では六月の大祓を夏（名《な》）越《こし》祓、水無月《みなづき》祓と称し、災厄《わざわい》よけとして行った。元禄十五年刊の『神道《しんとう》名目類聚抄《みょうもくるいじゅうしょう》』※2に「名越祓」として「六月晦日、閏月あれば、のちの六月晦日に行ふ古例なり（中略）茅の輪を一丈五尺にこしらへてくゞりぬけるなり（中略）秋にやすく〳〵と越の儀なり」との記載がある。

近代に至り国家的祭祀制度が形作られるなか、国家的規模の大祓再興が明治四年に決定され、翌五年六月に官社以下の神社で国家儀礼としての大祓を執行することになった。以後、第一編第四章でふれた神社祭祀制度のなかに位置づけられ現在に至っている。

現行の恒例式による大祓では、祓所《はらえど》正面に祓物《はらえつもの》として木綿《ゆう》と麻布を置く。これらに罪穢を移し、祓所の神の神威により、罪穢は解除《げじょ》されるのである。古代、罪の償いとして贖物《あがもの》という財物を差し出したことが起源とされる。このほか、紙で人の形に作った形代《かたしろ》で身を撫でて息を吐きかけ、罪穢れを移すことも広く行われている。

なお、先に引いた夏越祓は、各神社で毎年六月三十日や旧暦六月三十日前後に行われ、茅輪《ちのわ》という茅萱《ちがや》等で造った輪を社頭に設けるところが多い。これを茅輪神事とも言い、それをくぐることで罪禍を祓うとされる。最近では、十二月の大祓でも茅輪を設ける神社が多くなっている。

以上、神社祭祀・諸祭・恒例式の概要を解説したが、神社祭式については第三編にて詳しく説明することとしたい。

（沼部春友）

※2　『神道名目類聚抄』　神道に関する用語について解説したもの。六巻六冊。著者は城西野殿某。元禄十二年（一六九九）の序がある。宮社部・神宝部・祭器部・神官服部・神祇部・祭祀部・神官部・雑部の八部に分け、適宜図を挿み、注解する。

第四章　神道祭祀成立の要件

一、祭祀服の伝統

祭祀服の変遷

わが国の服飾は、律令時代になると衣服令《いふくりょう》によって服制が定められたが、それ以前の服飾は簡単なつくりであった。上下二つになっているものと、一枚の裂地《きれじ》をまとう形式のものとであった。

上下二つのものは、男子用を衣褌《きぬはかま》といい、女子用を衣裳《きぬも》といった。衣は袂《たもと》のない筒袖《つつそで》形式で、褌はズボン式、裳はあんどん袴《はかま》式（スカート式）の長いものであった。一枚の裂地による服は、男子用は袈裟《けさ》式で、左肩から右腋下にまとい、女子用は貫頭衣《かんとうい》式で、巾広の裂地の中央を切り、この穴に頭を通して裂地を身にかけるものであった。

『日本書紀』によると、第三十三代※1推古天皇《すいこてんのう》十一年（六〇五）十二月五日の条に、六種十二階の冠服が定められて、それぞれの色目《いろめ》が決められたが、これはその後しばしば改定され、大宝元年（七〇一）に大宝令が制定されると、この中の衣服令に服制が制定されたのである。これによって法制上の服制が確立したのであるが、その内容は中国風の模倣であった。

衣服令には、礼服《らいふく》・朝服《ちょうふく》・制服《せいふく》の三様式が定められており、この中の礼服が最高級であり天皇即位の礼にはこれが用いられた。天皇の礼服は冕服《べんぷく》と称し、奈良時代の聖武天皇から江戸時代

※1　推古天皇　欽明十五年―推古三十六年（五五四―六二八）【在位五九二―六二八】。記紀に記された初の女帝。欽明天皇皇女、母は大臣蘇我稲目の娘堅塩媛（きたしひめ）。用明天皇の同母妹で、崇峻天皇の異母姉。和風諡号は豊御食炊屋姫尊。諱は額田部。

末期の※2孝明天皇《こうめいてんのう》まで、これを御著用になられたのである。

①礼服は皇太子・親王・諸王・諸臣礼服の順で記され、即位・朝賀、その他に著用することが定められている。

②朝服は皇族以下の官人が朝廷に出仕するときに着用したもの。礼服・朝服ともに文官と武官とを区別して制定している。

③制服は無位以下が着用するもので、これは朝服を簡易化したものである。

衣服令に制定された服飾はいずれも唐令を基本にしたものであり、わが国民には馴まなかったこともあった。そのため、十世紀中頃には朝服に創意工夫が加えられて、束帯《そくたい》という名称で呼ばれるわが国独自のものがつくられた。

束帯

束帯は、地質・文様・色目などに意匠を凝らし、優雅な作品に完成させている。その名称は、上衣《うえのきぬ》（表衣）である袍《ほう》を革の帯（石帯《せきたい》）で括《くく》ることから名付けられた。束帯を構成する皆具《かいぐ》は、冠《かんむり》・袍《ほう》・半臂《はんぴ》・下襲《したがさね》・衵《あこめ》・単《ひとえ》・表袴《うえのはかま》・大口《おおくち》・石帯《せきたい》・襪《しとうず》・履《くつ》・笏《しゃく》・帖紙《たとうがみ》・檜扇《ひおうぎ》などである。

平安の末期頃までは、装束は打梨《うちなし》といって柔らかなものであったが、その後、装束の裂地《きれじ》に糊をきかせるなどしてこわばらせ、仕立てでは折目を正すなどした強《こわ》（剛）装束というものができてくる。そのため、従来のものを柔《なえ》（凋）装束といって区別するようになった。

皆具《かいぐ》は右に述べたようにその種類が多く、強装束になると威儀をただすための着付けは一層厄介となることから、形良くきちんと着けるための衣紋道《えもんどう》というものが追求されるようになった。鎌倉時代には※3大炊御門《おおいみかど》と※4徳大寺《とくだいじ》の二家が、これにあたるようになった。室町時代になると、大炊

※2　孝明天皇　48頁註38参照。

※3　大炊御門　大炊御門家　藤原氏北家諸実流。京極摂政諸実の三男経実（一〇六八―一一三一）を始祖とする。経実の女贈皇太后懿子が二條天皇を生んだため、太政大臣正一位を贈られ、その男経宗は外戚として権勢を得、左大臣に任ぜられた。その男頼実は女の陰明門院麗子が土御門天王の中宮となり、関東申次、太政大臣へと任ぜられ、清華家としての家格が定まった。

※4　徳大寺　徳大寺家　藤原北家閑院流の権大納言公実の五男左大臣実能を始祖とする堂上公家。公実はその女璋子（待賢門院）が鳥羽天皇の皇后になり、崇徳・後白河天皇を生んだ関係で院政期に勢力があり、公実の三子、実行が三條家、通季が西園寺家、実能が徳大寺家を起こし、いずれも清華家の家格となった。

※5　高倉流　公家装束の着装

御門は高倉流《たかくらりゅう》※5、徳大寺は山科流《やましなりゅう》※6として衣紋道が成立し、これが今日におよんでいるのである。

束帯の着装（衣紋）は、頭には冠をかぶるが、冠の後方の纓《えい》は、文官が垂《すい》纓で武官が巻《けん》纓に緌《おいかけ》を加える。足は今日のこはぜのある足袋ではなく、五指をそっくり入れて足首を紐で結ぶ襪《しとうず》をはき、赤の大口《おおくち》に単をきて、衵《あこめ》を着て表袴《うえのはかま》をつけ、下襲《したがさね》に半臂《はんぴ》をきて、袍をつける。袍には、襴《らん》があって両脇《わき》を縫い合わせた縫腋《ほうえき》と、襴がなく両腋を縫い合せない闕腋《けってき》とがあり、前者は文官用で後者は武官用である。袍は腰部を石帯《せきたい》という石（メノウ他）を配した帯で束ね、平《ひら》緒《お》で剣を佩《は》き、檜扇を入れた帖紙《たとうがみ》※7を懐中し、右手に笏《しゃく》を持つ。

衣冠

衣冠とは、広義には衣服とかぶり物とを身に着けることだが、狭義には装束の一種の名称で、現在は神社祭祀の大祭に着用する正装と定められている。平安時代には束帯が朝廷における重要な儀式に参列するときの正装とされたが、これは着装にたいへん手がかかることから、束帯を簡略化した衣冠という装束が創られた。平安末期以降になると、これが参朝服として用いられるようになった。単《ひとえ》を用いることから、単衣冠《ひとえいかん》・重《かさね》衣冠・衣冠単などとも称した。

衣冠の構成（皆具）は冠《かんむり》・袍《ほう》・衣《きぬ》・単《ひとえ》・指貫《さしぬき》・下袴《したのはかま》・檜扇《ひおうぎ》・帖紙《たとうかみ》・浅沓《あさぐつ》である。

冠は束帯と同じで纓《えい》は垂纓であるが、非常の際には巻くこともあった。袍は両腋《りょうわき》が縫ってある縫腋《ほうえき》で、束帯の袍と異なるのは後身《うしろみ》の格袋《かくぶくろ》（はこえ）が外に出ており、格袋の左右脇には、格袋を整えるために腹部の前で結ぶ小紐《こひも》が付いている。

衣《きぬ》は晴の儀式に用いるもので、省略する場合が多い。前身の丈を長目に仕立て、着用するときは、袴の中に着込めないで裾を袍の襴より少し下に出す。これを出衣《いだしぎぬ》といった。衣、単はとも

と調進を家職とする一流派。山科流に対していう。高倉家の衣紋は後嵯峨院のころより永康・永経の兄弟が奉仕したことに始まる。大炊御門家によって独占されていた朝儀における天皇の加冠の儀の総角、即位の際の礼服、大嘗会の帛の服・斎服などの重要な装束の着装は、冬信の早世により、その故実・口伝が断絶し、慣習とし祗候していた蔵人所の高倉家の奉仕となり、その技術は高倉一門に移るに至った。

※6　山科流　公家装束の調進と衣紋の流派。室町時代より山科家は内蔵頭として家流による装束を製作し、時には高倉家に代わり天皇の衣紋に当たった。近世では天皇及び春宮の衣紋だけに限られた。

※7　帖紙　檀紙・鳥の子などの紙を横に二つ、縦に四つに折ったもの。幾枚にも重ねて懐中に入れておき、詩歌の詠草や鼻紙に用いる。衣冠や束帯を着装した際に懐中する。

に色目が自由だったが、単は若年は濃色《こきいろ》、老人は白色が用いられた。

袴は指貫・差貫・奴袴なども書いて、「さしぬき」という。袴は長さを身丈に切ったものを差袴《さしこ》というが、「さしぬき」とは差袴の一・五倍ほどの長さに仕立てたもの。その裾口に輪をつくって紐を指し貫くところからの名称である。着用するときには裾を内側に引き上げ、足首のところで紐をしばるのを下括《げくくり》といい、膝の下まで引き上げてしばるのを上括《しょうくくり》という。これは所役によって異なる。なお、袴の裾を内側に引き上げることで、袴の下部がふっくらとなるのが指貫の特色である。この指貫は狩衣にも用いる。

下袴は指貫の下にはくもので仕立や色目などは一様でなく、指貫と同様のものが多く括緒《くくりお》はなかった。近世以降ほとんど省略された。

檜扇は冬の料とされたのに対して、夏は蝙蝠扇《かわほりおうぎ》といって、橋《きょう》（骨）があらく紙を一面だけはったものを用いた。帖紙は単衣冠のときに用いたもので、単を省略した衣冠には用いない。鎌倉以降は衣や下袴が省略され、手には笏を把る姿もみえる。

なお、明治以降の祭祀服制における衣冠は、後述の通りである。

狩衣

平安時代には、公家の略装ともいわれる狩衣《かりぎぬ》という装束もできた。狩衣は、猟衣とも雁衣とも書かれるように、狩猟の衣《きぬ》ということであるから、参内にはこれを着けることを許されなかったが、上皇や法皇への参院には許された。また、古くは布製であったことから布衫《ふさん》あるいは布衣《ほうい》ともいった。

狩衣の仕立ては、動作がしやすいように裑《みごろ》（身頃）が前後とも一幅で、袖《そで》の縫い付けは後身《うしろみ》の肩先《かたさき》までで、裑の左右は縫合せず明け開いたままになっていることから襖《おう》あるいは狩襖《かりおう》ともいった。袖は奥袖《おくそで》（一幅）と鰭袖《はたそで》（半幅）からなり、袖口に袖括《そでくくり》という括緒が付いているのが特色である。袖括は、手首で袖を絞ることができるようにしたものである。

括緒は薄平《うすひら》・厚細《あつぼそ》・左右撚《さゆうより》など、年令・階級によって紐の幅・厚み、色・形状などを異にする。

頭の被りものは烏帽子《えぼし》で、袴は動きやすいよう足首のところで括る括袴《くくりはかま》であったことから、祭祀服となってからも袴は奴袴《さしぬき》を基本とし、差袴《さしこ》を用いることができるとなっているのである。

水干

水干《すいかん》は本来、水張りにして干《ほ》した布を装束に仕立てたもので、これを水干狩衣といった。つまり、狩衣に似た脇あけの装束であるが、裾《すそ》を袴の内に着込《きこ》めるので身丈は前後とも狩衣より短く、首上《くびかみ》（頸上）は狩衣が蜻蛉《とんぼ》と受緒《うけお》でとめる。それに対して、水干は前身の首上の前端に付いている前緒《まえお》（紐）と、後身（背）の首上の中央に付いている後緒《うしろお》（紐）とで結ぶのである。結ぶには、盤領《あげくび》のように前首上の先で結ぶのと、前身の首上を内側に折って紐を左脇から出し、後緒を右肩から前に出して胸前で結んで垂領《たりくび》とする着け方とがある。

水干は前身の中央上部と後身の左右の袖付、および奥袖《おくそで》と鰭袖《はたそで》との間、それぞれの上下二ヵ所に菊綴《きくとじ》という装飾化した綴紐《とじひも》を付けるのが特色である。この菊綴とは、縫い合せ目のほころびを留めるためのものである。平安時代には下級官人の服であったが、のちには公卿《くぎょう》※8の私服にも着用され、また、童水干《わらわすいかん》と称して少年の晴衣ともされた。裂地《きれじ》は布だけでなく平絹《へいけん》※9・綾《あや》※10・紗《しゃ》※11などがあり、色は定められていなかった。戦後、水干が女子神職の礼装あるいは常装となってからは、袴に着籠めず狩衣のように長くなって当帯を用い、菊綴はなくなった。

※8　公卿　27頁註34参照。

※9　平絹　平織の絹布。綾（次項参照）のない絹布。羽二重など。ひらぎぬとも言う。

※10　綾　経糸（たていと）に緯糸（よこいと）を斜めにかけて模様を織り出した絹。

※11　紗　綟（もじり）織物の一種。一本の経糸に一ないし二本の綟経が搦み、そこに緯糸が織り込まれることで、経糸が密着せずに間隙ができる。この透き間のある、薄地で軽い優美な趣が紗の特色とされる。

浄衣

浄衣《じょうえ》とは古くは清浄な衣服という意で、神道の祭祀服だけでなく、仏教の法会《ほうえ》にも着用された。浄衣ははやく正倉院文書に見え、正倉院伝存の浄衣もある。平安末期の史書である※12藤原通憲《ふじわらのみちのり》編※13『本朝世紀《ほんちょうせいき》』康治二年（一一四三）閏二月五日の条に、鳥羽法皇・崇徳上皇の熊野参詣に際して「法皇は白布の御浄衣、上皇は白の生絹《すずし》の御浄衣」とある。江戸中期に著わされた※14伊勢貞丈《いせさだたけ》の※15『貞丈雑記《ていじょうざっき》』には、「浄衣といふは白き狩衣なり、布衣なり、或は生絹《すずし》なり」とある。

近世における祭祀服としての浄衣は白色無文の一重の布狩衣で、上皇の浄衣は白の生絹とされた。明治以降になると白の平絹とされ、狩衣と同じ仕立てで袖括は白の左右撚《さゆうより》となるのである。

明治以降の祭祀服制

明治維新以降の祭服に関する制度は、明治五年（一八七三）十一月十二日に太政官布告第三三九号「衣冠ヲ以テ祭服ト定ムルノ件」、翌六年二月七日に太政官布告第四一号「狩衣、浄衣ヲ祭服代用ニ関スル件」が公布されて、祭服は衣冠とすることと、狩衣・浄衣を代用とすることが認められた。その後、明治二十七年（一八九四）一月三十一日になると、勅令第六号「神官神職服制制定ノ件」が公布されて、神官神職と明記した服制が制定されたのである。

これによると、神官神職の服制は正服《せいふく》・略服《りゃくふく》・斎服《さいふく》の三種とし、正服が衣冠、略服が狩衣（袴は差袴）、それに斎服（現行のものと同じ）と定められたのである。これらを著用するのは、正服が大礼、略服が小礼、斎服が公式の祭祀とされた。ここにいう大礼とは天皇・三后（太皇太后・皇太后・皇后）・皇太子・皇太孫の御参拝、勅使奉幣・大祭・朝拝・参賀および謁見《えっけん》をいう。大祭と公式の祭祀については、同年五月九日の内務省訓令第三二七号により、官国幣社以下神社の祭

※12　藤原通憲　嘉承元年―平治元年（一一〇六―一一六〇）平安後期の貴族。学者。博学として著名であるが少納言に上った後、出家。剃髪して信西（しんぜい）と称し、後白河天皇の近臣として活躍した。鳥羽上皇、後白河天皇に近侍し、保元の乱に勝利。政治的手腕を振るったが、のちに藤原信頼と対立して、平治の乱（平治元年）で信頼方に捕らえられ殺された。

※13　『本朝世紀』　藤原通憲編。史書。平安末期、六国史に継ぐ国史として編纂されたが、未完に終わっている。承平五年から仁平三年（九三五―一一五三）のものが断続して現存している。

※14　伊勢貞丈　享保二年―天明四年（一七一八―一七八四）。江戸中期の有職故実家。家学を継ぎ、武家の故実を大成した。『貞丈雑記』『安斎随筆』をはじめ、膨大な著作がある。

※15　『貞丈雑記』　伊勢貞丈が記した有職故実研究書。十六巻

祀大祭と公式の祭祀に分けられ、大祭は祈年祭・新嘗祭・例祭・臨時奉幣式・本殿遷座、公式の祭祀は元始祭・紀元節・大祓・遙拝式・仮殿遷座・神社に特別の由緒ある祭祀と定められた。そして、略服を著用する小礼とは、毎月恒例の小祭および日拝などとされていた。

のち大正元年（一九一二）十二月六日になると、勅令第五三号「神官神職服制改正ノ件」が公布され、その別表には衣冠・斎服・狩衣もしくは浄衣とあるから、現行の祭祀服制の装束が定まったのである。ただし、色目・紋様《もんよう》などの身分による区分は、皇族・※16勅任官待遇《ちょくにんかんたいぐう》・奏任官《そうにんかん》待遇・判任官《はんにんかん》待遇の四階級が定められた。翌二年三月二十五日には、内務省訓令第四号「神官神職服装規則制定ノ件」で神職の祭祀服制は正装・礼装・常装の三種とし、正装は衣冠、礼装は斎服、常装は狩衣または浄衣と明記され、現行の基本形ができた。これを著用するのは、正装は天皇・三后・皇太子・皇太孫御参拝と大祭のとき、礼装は公式の祭祀のとき、常装は恒例小祭日拝等のときと定められた。

さらに翌大正三年一月二十四日には、祭祀の基本法である「神宮祭祀令」と「官国幣社以下神社祭祀令」が勅令第九号・第一〇号をもって公布され、同年三月二十七日には神社祭祀令の施行細則ともいうべき「官国幣社以下神社祭式」を内務省令第四号、同日内務省訓令第二号で「神宮並官国幣社以下神社ニ於テ行フ恒例式」が制定されたのである。ここにおいて、神宮並びに神社の祭祀は大祭・中祭・小祭に区分し、それぞれの祭祀名および神社祭式を定めるとともに、遙拝と大祓は恒例式として祭祀とは分けて定められたのである。なお、神宮の祭式については、前述した通り明治八年（一八七五）に神宮明治祭式が制定されているから、これが継承された。

そこで、内務省は大正三年（一九一四）三月二十七日に内務省訓令第五号「神官神職服装規則改正ノ件」を公布して、前年の大正二年三月二十五日に定めた内務省訓令第四号「神官神職服装規則」中の「公式ノ祭祀」を「中祭」に、「恒例小祭日拝等」を「小祭日拝並恒例トシテ行フ式等」

十六冊。天明四年（一七八四）頃に成る。貞武が子孫の為に書き続けた武家有職に関する雑記を編集したもので、三十六部門二千三百五十項に及ぶ。天保十四年（一八四三）刊行。

※16　勅任官・奏任官・判任官　近代において官吏の身分を区別した三つの等級。勅任官と奏任官は高等官を称し、任免、叙等は内閣総理大臣の奏薦により天皇の勅裁を経て行われる。このうち、一、二等を勅任官、三～九等を奏任官とした。判任官は各大臣・各地方長官など行政官長により任命され、高等官の下に位した。昭和二十一年（一九四六）廃止。

に改正した。こうして部分的改正を重ねてきた神官神職の服制は、大正九年一月四日の勅令第四号「神官神職服制改正ノ件」をもって整理完成をみるのである。

なお、本勅令の服制表において、色目・紋様等を異にする階級は、皇族・勅任官及同待遇・奏任官及同待遇・判任官及同待遇の四階級であり、これらのうちで皇族を除いたものが、現行の男子神職祭祀服制の基本となっている。また、服制の夏・冬服着用の期間について、明治四十年に宮崎県からの照会に対し、同年十月八日に神社局長の電報回答は、「暦面中立夏立冬ニ依リテ区別セラルヘシ」とある。すなわち、立夏から立冬前日までが夏服、立冬から立夏前日までが冬服としたのである。今日も宮内庁や神社本庁はこれを一応の基準としている。

戦後の祭祀服制

終戦前に勅令で制定された「神官神職服制」は、終戦に伴って昭和二十一年（一九四六）二月二日の勅令第七十一号により廃止となった。同年二月三日には神社本庁が設立され、同年六月二十六日には本庁規程第十三号をもって「神職ノ祭祀服制ニ関スル規程」が制定された。

この服制表は、大正九年（一九二〇）一月四日に勅令第四号で公布された「神官神職服制表」を継承したものである。また、昭和二十一年六月二十六日には、神職身分に関する規程が指示されて、神職の身分を特級、一級、二級、三級および四級の五等級としたが、同日定めた神職の祭祀服制表では特級が記されず、一級、二級、三・四級の三区分であった。ただし、戦前は階級表の上欄に皇族の欄があったのを、戦後はこれを削除し、色目・紋様等は、およそ戦前の勅任官待遇が神職身分一級に、奏任官待遇が同二級に、判任官待遇が同三級四級に適用されたのである。

戦後は新たに女子神職が任用されたことから、女子神職の服制をも新たに制定した。その装束は下表の通りである。これらを著用するのは、正装は大祭および天皇・三后・皇太子・皇太孫御参拝のとき、礼装は中祭のとき、常装は「小祭、恒例式及委託ニヨル神事礼典」のときと定めた。

昭和二十五年（一九五〇）五月二十八日には、本庁規程第四号で女子の服制を改正し、正装の袿襷単および礼装の袿を削除、「女子の祭祀服装は、当分の間便宜に従ふ」とした。

それから二年後の同二十七年二月二日には、本庁規程第五号で「神職の祭祀服制に関する規程」を改正した。それはまず題名を「神職の祭祀服装に関する規程」とし、その内容は正装・礼装を用いるのは、大祭・中祭とあったのを大祭式・中祭式に、常装は「小祭式および諸式」とし、さらに「神事又は礼典の場合には、斎服・狩衣・浄衣その他の祭祀に適する服装を用ふることができる」とした。第五条にも「当分のうち、礼装をもって正装に代へることができる」との条文を加えた。また、女子の服装は正装を袿袴、礼装を袿袴または水干、常装を水干とした。

昭和三十六年六月二十日には本庁規程第二十号をもって同規程の一部を改正し、第五条の第二項に左の一文を加えた。

　神社において由緒ある式年大祭その他これに類する厳儀奉仕上、特に必要あるときは、その神社の宮司に限り、統理の承認を受けて、その当日一等級上位の正装を用ふることができる。

これは式年の大祭その他、助勤神職の奉仕がある場合に配慮したもので、斎主をつとめる当該神社の宮司のみに適用されるのである。また同日、本庁規程第一号で神職の身分に関する規程を改正し、新たに二級上を設けた。これに伴って同三十九年六月十日に、本庁規程第二号で祭祀服装に関する規程を改正し、二級上の袴は紫固織《むらさきのかたおり》で文は藤の丸共緯《ともぬき》、裏は同色の平絹《へいけん》とした。

昭和五十一年六月十二日には、本庁規程第四号で祭祀服装に関する規程を改正し、正装・礼装・常装を用いるのは大祭式・中祭式・小祭式としていたのを、大祭・中祭・小祭と旧に復し、神事

表3　男女神職の服制

	男子	女子
正装	衣冠	袿袴
礼装	斎服	袿袴・水干
常装	狩衣 浄衣	水干

または礼典の場合の装束は、男子の装束に続いて女子の袿袴・水干を加えたのである。また、男子の常装である狩衣は、「単《ひとえ》を省略することができる」という文言を加えた。

男子神職の祭祀服制については既述のように何度も改正を重ねてきたが、本庁設立から三十年を経た昭和五十一年（一九七六）六月の改正で、ようやく確立したのである。したがってその後は改正することなく、今日に至っている。このことは平安朝以来の衣冠・狩衣などの装束が、わが国固有の伝統的なものとして受け入れられているということである。

一方、戦後任用されるようになった女子神職の祭祀服装については、その後、新たな装束を作成して昭和六十二年七月一日に全面的に改正した。それは正装を正服、礼装を斎服、常装を常服もしくは浄衣といい、その皆具は次の通りである。なお、斎服、浄衣は男子神職の服装にも同名のものがあるが、形状や仕立てなどまったく異なるので混同しないよう注意を要する。

正服《せいふく》―釵子《さいし》・唐衣《からぎぬ》・表着《うわぎ》・単《ひとえ》・袴《はかま》・扇《おうぎ》・帖紙《たとうかみ》・履《くつ》
斎服《さいふく》―釵子・表着・単・袴・扇・帖紙・履
常服《じょうふく》―額当《ぬかあて》・表着・単・袴・扇・履
浄衣《じょうえ》―額当・表着・袴・扇・履

このような新しい女子神職の装束が作られたのには、従前の袿《うちき》では丈が長く作法が困難なことや、屋外ではおからげ[※17]という丈を短く上げることが煩わしいなどの理由からであった。そこで新たな女子装束は、宮中の新嘗祭で采女が着用する丈の短い采女装束《うねめしょうぞく》をもとに新たに作製したもので、作法はやりやすくなったが、男子装束に比較すると華やかになった。そのため、著名な神社の中には男子装束との調和のため、常装には従前の水干や男子神職の浄衣を用うる神社もある。

（沼部春友）

※17　おからげ　裾をからげること。あるいはからげた裾。着物の裾を端折りあげ、落ちないようにすること。

二、服忌・喪を忌む慣習

服忌《ぶっき》は忌服《きぶく》ともいい、古くは服紀とも表記した。親族の死去に際して一定の期間、謹慎の意を表することをいう。服は喪服《もふく》のことで、忌は穢《けがれ》に触れることを忌み慎む義である。したがって「神社祭祀規程」には、「喪にある者は祭祀に奉仕し、又は参列することができない」と定めている。服忌の期間は時代により、また血縁の親疎《しんそ》（親しい人と疎遠な人）によって異なり、その期間は神社に参拝することを控えてきた。古く律令時代は服のみが定められ、その期間は父母の喪が最も重く、これを重服《じゅうぶく》、その他を軽服《きょうぶく》といった。

喪葬令《そうそうりょう》によると、服喪の期間は天皇・父母・夫・本主《ほんしゅ》（仕えている主人）は一年（十三月）で最も長く、祖父母・養父母は五月、曽祖父母・外祖父母・伯叔父姑《おじのしゅうとめ》・妻・兄弟姉妹・夫の父母・嫡子《ちゃくし》（嫡妻の子で家督を相続する者）は三月、高祖父母・舅《しゅうと》（夫の父）・姨《おば》（母の姉妹）・嫡母《ちゃくぼ》（庶子からの称で、父の正妻）・継母《けいぼ》（ままはは）・継父《けいふ》（ままちち）・同居・異父兄弟姉妹・衆子《しゅうし》（嫡子以外の子）・嫡孫（嫡子の嫡子）は一月、衆孫（衆子の子）・従父兄弟姉妹・兄弟の子は七日と、血縁が遠くなるにつれて短縮されていく。

官人の休暇を定めた假寧令《けにょうりょう》によると、「職事官《しきじかん》は父母の喪に遭《あ》はばみな解官《げかん》せよ」とある。解官は服解ということで、高官は重服である父母の死にあったら辞して一年間は謹慎しなければならないと定められていた。一方、儀制令には、重服といえども奪情従職《だつじょうじゅうしょく》ということが定められている。これは哀情を奪って職に従わせるということで、重服に遭ってもその官人が欠けたら国政に支障をきたすような場合には、解任されることなく職にとどまらなければならなかったのである。これを起服《きふく》といった。ただし、公職にある時間は平常服を着用し、自宅にいるときは喪服になるのである。

江戸時代になると、徳川幕府は貞享《じょうきょう》元年（一六八四）二月に服忌令を定め、さらに元禄六年（一七三六）九月に追加し、公家以外の者はこれによることとした。忌中の者は門戸を閉ざし、魚肉を食せず、音楽をなさず、結婚をせず、兄弟で財を分かたずとした。なお、伊勢の神宮の『文《ぶん》保記《ぽうき》』[※18]『永正記《えいしょうき》』[※19]をはじめ、吉田家・白川家・賀茂社などそれぞれに服忌規定を定めたところもあった。その後、明治七年十月十七日には太政官布告第一〇八号で「服忌令武家ノ制ヲ用ヒ京家ノ制及産穢混穢廃止ノ件」が公布された。これによって基本的には徳川幕府の制を継承することとなり、その要綱は表4の通りである。

これより先、明治六年二月七日には太政官布告第四十二号をもって、「除服出仕《じょぶくしゅっし》宣下並忌明ノ輩祭典ノ節参拝憚ルニ及バザルノ件」を公布している。これは祭祀を重んずることから、わが国には神事を先とするという伝統がある。そこで、先に述べた奪情従職と同様、祭事に支障をきたさないために、服喪中であっても祓いを行って出仕する除服出仕《じょぶくしゅっし》の制がある。

皇室の服喪については、明治四十二年六月十一日に皇室令第十二号で「皇室服喪令《こうしつふくもれい》」が公布された。その内容は、喪の期間は、父・母・夫が一年とされ、以下親疎によって百五十日・九十日・三十日・七日・五日の六段階となる。なお、服喪の日数は崩御《ほうぎょ》・薨去《こうきょ》、または死亡の日から起算するとし、大喪には皇族および臣民（国民）が喪に服すとされている。

戦後は国民の服忌に関する定めはなく、それぞれ地方の慣例が尊重されている。しかし、喪に服したものが、神社に参拝することや神棚をまつるのは、死後、何日経過すればよいのかということについて、神社本庁では神葬祭であれば五十日祭、仏葬式であれば四十九日の法事が終わったら祓えをして忌明けとし、神事に携わってよいと指導している。

※18　『文保記』　度会章尚著。文保二年（一三一八）に成った忌服令に註釈を加えたもの。「太神宮参詣精進法事」「文保記愚註」などの名がある。

※19　『永正記』　伊勢の内宮の忌服、触穢、禁忌などについての制規を記した書。内宮禰宜、荒木田守晨（あらきだもりとき）撰。永正十年（一五一三）成立。

忌明けの祓えというのは大事で、どのように行うのかというと、死者を出した家に神職を招いて遺族や家の内外を祓い清めてもらうのである。親族でも遠方にいるなどの事情から、一同に会することができない者は、その土地の氏神様に行って事情を話して祓えを受けるのがよい。また、忌明け前であっても、祭りなどでその人が必要な場合には除服出仕《じょぶくしゅっし》といって、祓えを受けて出仕できるという方法がある。これは神事優先という、日本古来の伝統を重んずることからなされているのである。

服忌については国で定めた規定はないが、宮中や伊勢の神宮には、それぞれに定めがある。神職に対しては、神社本庁で「神職服忌心得に関する件」を通達しているから、神職はこれによることになっている。その内容は、忌の期間について定め、服の期間についてはその人の心得に任すとしている。忌の期間は従前のものと比較すると短くなっており、それは神職は神事奉仕が第一の任務であるためで、さらに血族や関係が親しいか疎《うと》いかといった姻族（戚）の親疎によって、期間の長短を設けている。

神社本庁の「神職服忌心得に関する件」は、左の通りである。

神職服忌心得

一　忌の期間は、次の四種に分ち所定の期間これに服する。

（イ）父母、夫、妻、子については　十日

但し、七歳未満の子については　五日

（ロ）祖父母、孫、兄弟姉妹については　五日

表4　服忌令（太政官布告第一〇八号）

死亡者	忌（日数）	服（月・日数）
父母	五十日	十三月（閏月をかぞえず）
養父母	三十日	百五十日
嫡母	十日	三十日
継父母	十日	三十日
離別の母	五十日	十三月（閏月をかぞえず）
夫	三十日	十三月（閏月をかぞえず）
妻	二十日	九十日
嫡子	二十日	九十日
末子	十日	三十日
養子	十日	三十日
夫の父母	三十日	百五十日
祖父母	三十日	百五十日
母方	二十日	九十日
曽祖父母	二十日	九十日
高祖父母	十日	三十日
伯叔父姑	二十日	九十日
母方	十日	三十日
兄弟姉妹	二十日	九十日
異父兄弟姉妹	十日	三十日
嫡孫	十日	三十日
末孫	三日	七日
曽孫玄孫	三日	七日
従父兄弟姉妹	三日	七日
甥姪	三日	七日

（ハ）曽祖父母、曽孫、甥姪、伯叔父母については　二日
（ニ）高祖父母、玄孫、兄弟姉妹の孫、従兄弟姉妹、従曽祖父母については　一日

二　配偶者の親族の忌の期間については、総べて所定の期間を一項づつ繰下げた日数による。但し、七歳未満の子については二日　前項（ニ）については忌に服さない。

三　遠方にあって訃報を受けたときは、受けた日からその残りの日数の忌に服し、忌の期間を過ぎた場合は、その当日だけ服する。但し、父母及び夫、妻、子にあっては、受けた日から所定の忌に服する。

四　忌の期間を過ぎて葬儀を行ふ場合は、当日だけ忌に服する。

五　忌中は専ら喪事に従ふものとする。

六　忌の期間が終つたときは祓を行ふ。

七　服はその人の心得に任す。

八　服忌に関し一社伝来の慣例がある場合には、これに依るも差支へない。

九　忌の期間は、特殊の事情あって已《や》むを得ない場合は適宜縮減するも差支えない。

（沼部春友）

三、斎戒——ものいみの伝統

斎戒とは何か

神道の特徴として、ほかの宗教にみられるような戒律がないということが挙げられるが、古来、

祭祀を執り行う前後の一定期間については奉仕員や参列者、場合によっては氏子に至るまで、厳格な禁忌を守ることが求められてきた。それは神聖清浄なものに対して、それを冒涜するような行為や事象を及ぼすことで、危険や災厄が降りかかるという態度に基づく。このように神聖なものと関わるうえで、身体の清浄性を保ち、さまざまな禁忌を守ることを斎戒という。

斎戒は、一般的に「さいかい」と読み、もともとの和語は「ものいみ」であり、『日本書紀』神武天皇即位前紀に「躬自ら斎戒して諸神を祭りたまひ」とあるのが初見である。「もの」とは、「精霊」や「神」の意味、「いみ」も「神聖な」という意味とされ、神事に際して、「イミ」「忌身」、すなわち神聖な身体にするという解釈がなされる。同じく崇神天皇紀七年条には、大物主神による祟りを鎮めるために「天皇、乃ち沐浴《ゆかわあみ》斎戒《ものいみ》して、殿内を潔浄《きよ》めて、祈《の》みて曰はく」と見えるように、天皇が神々に祈った際に「沐浴」、すなわち身体を水で浄め斎戒を行ったことが記されている。

斎戒とは、祭祀に奉仕するものが神々に近づき奉仕するそのときまで、身体を神聖な状態を保つことであり、具体的には潔斎などの方法で身を浄め、清浄な状態を保つためにさまざまな戒めを守ることである。

沐浴

「沐浴斎戒」の語にみられるように、斎戒では身体を清浄な状態に保つことが前提であり、その積極的な手段として、「沐浴」が行われる。

「沐浴」は「由加波安美《ゆかわあみ》」と訓じ、「ゆ」は「神聖」、「かわ」は「河」、「あみ」は身に「浴びる」という意味であり、神聖な川に身を浴することであった。また、『日本書紀』天武天皇二年四月条には、「夏四月《うづき》、丙辰朔。己巳に、大来皇女《おおくのひめみこ》を天照大神宮に侍らしめむと欲ほして、泊瀬《はつせの》斎宮に居らしめたまふ。是は先づ身を潔めて、稍《やや》に神の所《みもと》に近づくなり」とある。これは御代替りにあたり、皇女が斎王《さいおう》※20に卜定《ぼくじょう》され伊勢に赴いたときの記事であるが、天照大神に近づくために身を浄めることが行われたのである。このように、神事に奉仕する際、奉仕者が川の水で身体を浄めることは古代の宮中祭祀や神宮祭祀の制度として実施されるようになった。

斎王の制度では、斎王が卜定で選定されると、まず宮域内の初斎院《しょさいいん》※21、続いて郊外の野宮《ののみや》※22で斎戒生活を送った後に神宮に入る。そしてそれぞれ斎戒の生活の場に入る前に沐浴が行われた。天皇や皇太子・皇后・皇女などが行うことを「御禊《ごけい》」と称し、上述の斎王の斎戒開始におけるもののほか、神宮神嘗祭や践祚大嘗祭に先だって十月下旬に行われる天皇の御禊など、国家の重儀の際に実施された。ただし、御禊は川に臨んでこそ行われるが、実際には身体に水をかけることはせず、祓の行事を行うことに特徴がある。

実際に水を用いて行う潔斎としては、天皇が毎朝の御日拝や神事のために行う「おかかり湯」がある。天皇は湯の張っていない浴槽のなかに入り、奉仕の女官によってお湯がかけられるものである。同様に大嘗祭でも「小忌《おみ》のお湯」があり、天皇が大嘗宮《だいじょうきゅう》※23に渡御するのに先立ち、廻立殿《かいりゅうでん》※24において行われる。

神宮では、斎館にあって清い火で沸かされたお湯を用いるなど潔斎が厳格に義務付けられている。また、神嘗祭に際して、外宮では海に出て禊をする行事が近代に入るまで行われていた。今日でも例祭のまえに浜降祭《はまおりさい》※25などが行われ、祭祀奉仕者による禊が行われている神社も数多くある。

古代における斎戒の制度

斎王代の御禊

※20　斎王　116頁註14参照。

※21　初斎院　斎王が一年間斎戒生活を送る場所。宮域内便宜の建物があてられた。

※22　野宮　宮域外の浄地を卜定して建てられた。簡素な黒木造で、斎王一代で取り壊された。平安時代以降は、主に嵯峨野に造営。

古代国家の事業として、大陸から律令を受容することで法整備が進められ、やがてわが国独自の律令が施行されるに至った。※26神祇令《じんぎりょう》で明文化される内容には、次のような記載がある。

> 凡散斎《さんさい》の内は、諸司事を理《おさ》むること旧の如くせよ。喪を弔《とぶら》ひ、病を問ひ、宍《しし》を食らふことを得ざれ。亦刑殺を判《ことわ》らざれ。罪人を決罸《けつばつ》せざれ。音楽を作《おこ》さざれ。穢悪《えお》の事に預らざれ。致斎《ちさい》には、唯祭祀の事をのみ行ふことを得。自余は悉に断《や》めよ。其の致斎の前後を兼ねて散斎と為よ。
>
> 凡一月斎するを大祀と為よ。三日斎するを中祀と為よ。一日斎するを小祀と為よ。

斎戒の期間を中国の制度に倣い、散斎（荒忌《あらいみ》）と致斎（真忌《まいみ》）とし、散斎の期間に応じて祭祀を大祀・中祀・小祀と定めている。

散斎は、諸司（朝廷の官吏）が通常の業務を行いながらも、①喪弔（弔問すること）、②病問（病人を見舞うこと）、③食宍（四足の獣の肉を食すること）、④判刑殺（死刑の判決を下すこと）、⑤決罰（罪人を処罰すること）、⑥作音楽（歌舞を演奏すること）、⑦穢悪の事を預からないよう戒めている。

これらの内容は、後世「六色《ろくじき》の禁忌」と呼ばれるようになった。これら禁忌は、③食宍を除けば、唐の※27祠令《しりょう》に依拠している。致斎はほかのことを一切行わず、祭祀にのみ専念する期間をいう。大祀となる大嘗祭では散斎を一月、致斎が三日（下の卯・辰・巳日）とされ、一月の朔日から晦日までの間、致斎を挟んで前（前斎）と後（後斎）が散斎とされた。

散斎・致斎は厳格に守らなければならず、延暦二十年（八〇一）の太政官符には、違反に対する罰則として科祓《かばらい》の規程がある。これは、祭典の懈怠や六色の禁忌に違反したものに大・上・中・下の四等級の祓を科すもので、馬や太刀などの財産のほか、酒や魚、薦《こも》や坏《つき》などにわたる祓の料を等級に応じて差し出させる。なかでも六色の禁忌を違反した場合、大嘗祭の場合には大祓、そ

※23　大嘗宮　皇位継承に伴い行われる大嘗祭に使用される建物。悠紀殿・主基殿を中心に構成され、黒木造り、掘立柱、切妻造妻入りの建物で屋根は萱葺で祭後ただちに取り壊される。

※24　廻立殿　大嘗宮を構成する建物の一つ。天皇が沐浴・更衣するために使用。

※25　浜降祭　海浜に神輿渡御し、海中にて禊を行う。寒川神社（神奈川県）や日吉神社（福島県）が有名であるが、同様の神事は全国各地にみられる。

※26　神祇令　神祇制度に関する令の一編目。全二十条から成る。現在知られるのは、『大宝令』の後継である『養老令』のもの。

※27　祠令　中国の唐代に定められた祭祀に関する令。全四十六条から成る。神祇令制定の際に参考にしたとされる。

れ以外の祭祀では上祓と重い祓が課された。

神祇令に記される散斎の内容は具体的な禁止事項が示されているなかで、穢悪の事については具体性を欠く内容となっている。※28『令義解《りょうのぎげ》』によれば「謂ふ、穢悪とは、不浄の物をいふ。鬼神の悪《にく》む所なり」と記され、その後の神祇令の注釈書によって穢悪に対する解釈は相違がみられる。

平安時代に入ると穢悪に対する忌避意識が強まり、その内容は具体的に条文化される。『西宮記』に引く『弘仁式』逸文には「死限卅日、産七日、其喫完（宍）、及弔喪、問疾三日」とあり、穢悪に触れて忌むべき事柄と日数が定められた。

また、※29貞観儀式《じょうがんぎしき》には践祚大嘗祭に際して、（一）弔喪問病判刑殺決罰罪人作音楽事、（二）言語ノ事、（三）預喪産並触雑畜死産、（四）預穢悪事、（五）行仏法事、（六）挙哀《こあい》改葬ノ事の六項目を禁忌事項として諸国に通達している。

（二）の言語については斎戒期間中使用してはならない詞を「忌詞《いみことば》」といい、仏教関係の言葉や悲哀・不浄に関わる内容の言葉を、別な言葉で言い換えた。『延喜式』（巻五　斎宮）に内の七言として、仏を中子《なかご》、経を染紙《そめがみ》、塔を阿良良岐《あららぎ》、寺を瓦葺《かわらぶき》、僧を髪長《かみなが》、尼を女髪長《めかみなが》、斎を片膳《かたじき》といい、外の七言として死を奈保留《なおる》、病を夜須美《やすみ》、哭を塩垂《しおたり》、血を阿世《あせ》、打を撫《なず》、宍を菌《くさびら》、墓を壌《つちくれ》といい、さらに堂を香燃《こりたき》、優婆塞《うばそく》を角筈《つのはず》と言い換える、としている。このことは、（五）の仏法事を憚るとされていることからもわかるように、神宮ではもっぱら敬神の念を持つことを求められ、仏教など御祭神以外の信仰に関わることが禁じられている。斎戒中は、それらの用語を直接言葉にすることも禁じられるほどであり、いかに厳格に神々に奉仕することが求められていたかを理解することができよう。

※28　『令義解』　12頁註4参照。

※29　貞観儀式　29頁註41参照。

斎戒における衣食住

上述したように、古代では散斎の間における禁忌事項が制度化されていたが、これらは国家祭祀に奉仕する諸司（官吏）が守る内容であり、神事を専らとする神職などはいっそうの清浄性を保つことが求められたため、神社ごとに衣食住にわたるさまざまな禁忌が設けられた。

まず、衣服を清浄なものに改めることが斎戒の条件とされた。[※30]九条兼実《くじょうかねざね》が著した『摂政神斎法』には「神今食ノ斎、今日ヨリ清衣《きよぎぬ》、清帯《きよおび》ヲ用ル」とある。清衣は白衣、清帯は白帯のことであり、神職ではないものでも神事に際してはそれらを着用しなければならなかった。

斎戒中の食事については、[※31]『論語《ろんご》』郷党編に「斎スレバ必食ヲ変ス」とあって、朱子の注にも飲酒や葷菜（臭菜）を食さないこととされている。わが国では、六色の禁忌の一つに挙げられているように、とくに肉食を禁じることが一つの特徴となっている。たとえば、諸社禁忌によれば、蒜のような臭菜や酒については、これを忌まない神社も数多く存在する。また、動物を食することは鹿や猪など四足のほか、鶏肉を禁じる神社もあり、神社によってまちまちである。ただ、およそ食事の内容は古代食に戻り乾物類を食し、食器には古代の土器を用いる。

調理の手段となる火は、古事記の国生みの段に、伊邪那美命が[※32]「よもつへぐい」をした結果、その身が穢れたことが記されており、穢れ火で調理したものを食するとその身も穢れるという思想が古くからあり、厳格な禁忌が定められた。たとえば、古くは神宮や賀茂社においては、特定の家で起こした火を用いて煮炊きしたものしか食することができなかった。これは、火に穢れが移ることをとりわけ忌避する別火に基づくものであり、食事のためにおこす火も一切穢れに触れ

※30　九条兼実　久安五年―元久三年（一一四九―一二〇六）。平安末期から鎌倉前期に活躍した貴族。従一位、摂政・関白、太政大臣。後法性寺関白とも。

※31　『論語』　孔子とその弟子たちの言行・問答等を収録した書。『大学』『中庸』『孟子』と並ぶ「四書」の一つ。わが国には応神天皇の御代に百済より伝来したとされる。

※32　よもつへぐい　黄泉の国の竈（かまど）で煮炊きしたものを食べること。記紀にイザナミノミコトによりなされたことが記されている。

てはならず、神に捧げる神饌とともに、神に近づこうとする者が食するものについても、穢れた火を用いてはならないのである。

また、斎戒期間中の居室は別に設ける必要があった。仲哀天皇紀には、神功皇后が七日七夜、斎屋に参籠されたこと、天武天皇紀には、※33大来皇女《おおくのひめみこ》が泊瀬の斎宮に入って、斎戒をしたことや、天神地祇を敬祭するために倉梯《くらはし》に斎宮を建てたとある。神宮の禰宜や物忌、宮中内侍所の刀自（女官）などは、補任と同時に神域内を生活の場とし、終生宮籠りとなる。なお、一般の祭祀官についても、祭祀奉仕にあたって神域内を斎屋《ゆや》とすることが通則とされていた。

近現代の斎戒

明治時代に入ると、長期の斎戒が時勢に合わないことから散斎・致斎の名称はなくなり、大嘗祭でも当日と前二日が斎戒の期間とされた。

神社については、明治五年（一八七二）二月四日に制定された「官国幣社祈年祭式」に「（府県）長官以下祭ニ関ル官員及宮司以下神官共ニ前日ヨリ斎戒ス」と見える。明治八年四月十三日に制定された式部寮達「神社祭式」でも、祈年祭のほか地方官の使が発遣される新嘗祭・官幣社例祭・国幣社例祭においては、式次第冒頭に「地方ノ長官以下祭ニ関ル官員及ヒ神官共ニ前日ヨリ斎戒シ地方正庁ニ望ミ御幣物ヲ点検シ属ニ附ス」と斎戒のことが記されている。一方で、官国幣社通式に定められる元始祭には見られず、その実施には区別が設けられている。

その後、斎戒に関して実施内容に変更が生じるのは、斎戒に関する単行法令が初めて出された大正三年（一九一四）三月二十七日（内務省令第五号）の「官国幣社以下神社神職斎戒ニ関スル件」である。その第一条には、「祭祀ニ奉仕シ又ハ参向スル者ハ大祭、中祭ニハ其当日及前日小祭ニ

※33　大来皇女　斉明天皇七年—大宝元年（六六一—七〇一）大伯皇女とも。天武天皇の皇女。大津皇子の同母姉。天武二年（六七三）に神宮奉仕のため斎宮に定められ、翌年伊勢に下向。朱鳥元年（六八六）、大津皇子の刑死後に帰京。『万葉集』に大津皇子を想う歌が六首ある。

ハ其ノ当日斎戒スヘシ」とあり、大祭・中祭には当日および前日、小祭には当日と、いずれの祭祀でも斎戒を実施することとされ、第二条には「斎戒中ニ在ル者ハ喪ニ与ル等其ノ他凡テ汚穢ニ触ルルコトヲ得ス」とあり、喪に与るなど汚穢に触れることのないようにすることが明文化された。

終戦後、上記の法令は廃止され、神社祭祀に関しては神社本庁で規程を定めることとなったが、斎戒に関しては昭和二十三年（一九四八）に「斎戒に関する件」という通牒で「斎戒心得」が示された。その内容は、①祭祀にあづかる者は斎戒を重んじなければならない。②凡そ浄明正直を旨とし、恭敬の誠を致すことを常道とし、祭祀を行うに当っては、特に斎戒を重んじ、その精神の徹底をはかり、禁忌を慎み過失遺漏のないようにつとめなければならない。③祭祀に奉仕する者は、大祭、中祭にはその当日及び前日、小祭にはその当日斎戒するものとする。④斎戒中にある者は沐浴して身体を潔め、衣服を改め、居室を別にし、飲食を慎み、思念、言語、動作を正しく、汚穢、不浄に触れてはならない。⑤忌中にある者は、祭祀に奉仕し、又は参向或は参列することを慎まなければならない。⑥斎戒に関し一社伝来の慣例がある場合には、これに依ることができる。という六ヶ条からなる。

その後、昭和四十六年六月十五日には、「斎戒心得」の内容に基づき「斎戒に関する規程」が示される。「斎戒心得」の第一条・第六条はこれを省き、第二条「凡そ神明に仕へる者は、浄明正直を旨とし、恭敬の誠を致すことを常道とし、祭祀を行ふに当つては、特に斎戒を重んじ、その精神の徹底をはかり、禁忌を慎み過失遺漏のないやうにつとめなければならない」を冒頭に掲げ、以下の三条を定めた。

第一条　祭祀に奉仕する者は、大祭、中祭にはその当日及び前日、小祭にはその当日斎戒するものとする。祭祀に参向する者も、亦これに準ずる。

斎宮跡（斎王が神宮に奉仕するための斎戒生活を送るための居館・三重県）

第二条　斎戒中は、潔斎して身体を清め、衣服を改め、居室を別にし、飲食を慎み、思念、言語、動作を正しくし、汚穢、不浄に触れてはならない。

第三条　斎戒に関し一社伝来の慣例等がある場合は、これによる。

条文のうち、第二条以降が戦後の規程で斎戒の内容を具体的に示しているが、これらは、これまでの斎戒の伝統を踏襲した内容となっていることは理解できよう。従来の伝統的な死や産など生命の終焉や安危に関する事象のほか、精神を高揚させたり、あるいは沈滞させるような行為や事象は、祭祀の厳修に支障をきたすため厳に憚るべきであろう。

今日の情報化社会のなかで、われわれはさまざまなメディアから情報と接することが容易となっている。新聞やテレビ、インターネットへの接続は、犯罪や悲痛な事件であふれている。それらを見聞きし、精神を高揚させ、あるいは沈滞させる原因となるので、これらの行為は厳しく慎まなければならない。

また、六色の禁忌では判決に関わることが禁忌とされているが、平成二十一年より※34裁判員制度《さいばんいんせいど》が施行されることとなり、裁判の際には神職も招集されかねないのが現状である。裁判員は格段の理由がない限り出頭は拒否できないとされているが、その精神上の負担を考えた際、祭祀の奉仕を実施するうえでは神社界においても検討を要する問題といえよう。

従前、心得として示されていたものが、いっそう厳しく規程として遵守することになったことを、今日の神職は重く受け止めなければならない。

（星野光樹）

※34　裁判員制度　特定の刑事裁判で、有権者から無作為に選ばれた者が裁判員として裁判官とともに裁判を行う制度。

四、作法——立居振る舞いの基本

作法の基本について

神社の建物の中で神をまつる本殿《ほんでん》は、神社建築様式（第三編第二章参照）に則って造られるものである。上古の様式とされる神明造《しんめいづくり》・大社造《たいしゃづくり》・住吉造《すみよしづくり》などは直線的で、奈良・平安時代になると、流造《ながれづくり》・春日造《かすがづくり》・八幡造《はちまんづくり》などが曲線的となり、さらに安土・桃山時代には、本殿・石ノ間《ま》・拝殿などが連絡された権現造ができたのである。また、伊勢の神宮のように本殿のみの神社、あるいは奈良県の※35大神《おおみわ》神社のように三輪山を御神体山《ごしんたいざん》として、拝殿はあるが本殿のない神社などがある。

祭式の執行にあたっては、祭場の上位下位をきちんと弁《わきま》え（弁別）ておかなければならない。神社の建物内を祭場とする場合は、いずれの神社建築様式でも多くは本殿奥の中央に神の座が設けられており、ここが最も尊ぶべきところである。作法を行うにあたっては、その前方に延長するおよそ三尺（九十センチ）幅ほどを正中《せいちゅう》と称して、神座に準ずる尊いところとされ、さらにその左（向って右）を正中の次とし、右（向って左）をその次としている。

祭場で進んだり退いたりするのを進下退上《しんげたいじょう》といって、進むには下位の足から、退くには上位の足からと定められている。立ったり坐ったりするのを起下坐上《きげざじょう》といって、起《た》つときは下位の足から、坐るときは上位の足からと定められている。ただし、正中にいるときは、進左退右《しんさたいゆう》・起《き》右坐左《ゆうざさ》といって、進むには左足から、退くには右足から、起つには右足から、坐るには左足からと定められている。

※35 大神神社 16頁註16「大神」参照。

大神神社の神体山・三輪山（奈良県）

　こうした作法を定めた基本は、まず最初に、はじめる足の動作によって上位にお尻を向けないようにするということである。このことは、日常の生活の中でも応用するとよいであろう。たとえば、自分のすぐ左側に尊ぶべき人が坐っている（上位）ときは、自分は左足（上位）から起って、左から進むより、右足（下位）から起って右足から進みはじめるほうが、左側にいる尊ぶべき人を敬う作法となるのである。

　作法中に曲ったり（曲折）、回ったり（回転）するときの定めもある。それは前方が上位のときは、回るにはいったん上位の足を少し引いてから、下位の足を進めながら上位のほうへ顔を向けて回り、後方が上位のときは、いったん足を引くことなく下位の足を進めて、上位のほうへ顔を向けながら回るのである。こうした作法は上位を敬うことから、まずはじめの動作によって上位を蹴るような動作をしないということである。

　これらのほか、進んだり退いたりするときの速度や、お辞儀をするときの角度と伏している時間など、神前における祭式の作法は事細かに定められているのである（『新神社祭式行事作法教本』参照）。

左右尊卑

　では、なぜ左と右では左を上位とするのであろうか。神道は、まず記紀神話にその手がかりを求めるのである。そこで『古事記』を見ると、伊邪那岐命《いざなぎのみこと》が禊《みそ》ぎ祓いをされたとき、住吉の三神が成りましたのち、

　左の御目《みめ》を洗ひたまひし時に成《な》りませる神の名《みな》は、天照大御神《あまてらすおおみかみ》。次に右の御目を洗ひたまひし時に成りませる神の名は、月読命《つきよみのみこと》。次に御鼻《みはな》を洗ひたまひし時に成りませる神の名は、

建速須佐之男命《たけはやすさのおのみこと》。（記上巻）

とある。この時、伊邪那岐命はたいそう喜ばれ、この三柱《みはしら》の神を三貴子《みはしらのうずのみこ》を得たと述べられている。神道の神々の中で、最も尊貴な神と仰がれる天照大御神が、左の御目を洗われたときにお生れになったということから、神道では左を右より上位とするのである。

さらに、左を右よりも上位とする理由について述べよう。人間の生死を判断するためには、本来、心臓の停止をもってなされている。近年は臓器移植法ができて、脳の機能の停止（「脳死」）をもって死亡とする新たな基準が設けられた。しかし、本来の基準とされてきた心臓は、身体の左方にあることから、左を大切に尊ぶということになったと考えられる。

次に、天子南面《てんしなんめん》ということについて述べよう。これは天子（日本では天皇）は南に向いて着席されるということである。今日でも天覧相撲といって、天皇が国技館で大相撲を観戦されるときにお着きになられるお席は、国技館内の北方に設けられ、天皇は力士の取組みを南に向かれて観戦されることである。だから、はじめには力士が東西にわかれ、行司が北方に向くのである。これは、天皇から御覧になると左、すなわち東のほうが左（東）で右（西）よりも上位となる。このことは、日本の国旗日の丸に象徴されるように、太陽の差し昇るほうが、陽《ひ》が沈む西よりも上位とするのが自然なのである。そのため、わが国の上代の律令制にあっては太政官の長官を左大臣といい、その次が右大臣と定められていたのである。（沼部春友）

神社祭式行事作法

神職が祭儀を奉仕する上で、さまざまな事柄が必要となることは既述の通りである。その実践にあたっては、起ち方・坐り方・歩き方・御辞儀など種々の作法に通じている必要がある。

と言うのも、奉仕する神職が各人各様ばらばらの作法を行っていたら、統一感ある祭祀は望めず、一定の取り決めが必要となるからである。その取り決めは「神社祭式行事作法」と呼ばれるもので、神社本庁が定めた規程の一部である。ちなみに、神社本庁設立以前は法令により定められていたが、これら法令や規程は国や本庁の独断で定まったものではなく、長い伝統の上に成り立つものである。

ここで一例をあげよう。男子神職は[※36]笏《しゃく》という執り物を持って作法を行なう。その部分の現行規程は「右手にて笏の下方を、拇指と小指とを内にし（中略）正しく持つ」である。

笏は右手で持つ事が明記されているが、このことは保元三年（一一五八）頃成立したと言われる[※37]『新任弁官抄《しんにんべんかんしょう》』に、「右手把之　大指與小指在笏之内」とある記述とほぼ同じ内容である。まさに、平安朝と同様の作法を今もなお行っているということである。

さらにもう一例、[※38]拍手《はくしゅ》について挙げる。神社参拝の折、その作法は再拝二拍手一拝であることはよく知られている。神社神道では拍手を宗教儀礼における敬礼作法として位置づけているが、他宗教ではあまり見られないとされる。古く三世紀頃の倭人の風俗を伝える『魏志倭人伝』に、長老に出会うと手を打ってあたかも中国の[※39]跪拝《きはい》のようであったと記される。現在も神拝の作法に拍手を伴うことから、相当に古い歴史を有しているといえよう。

こうした長い歴史と伝統を持つ作法は、「神社祭式行事作法」という規程に集約され現在に至っている。以下、ここでは神職の作法について、現行の規程に則して解説したい。

通　則

「神社祭式行事作法」における第一に通則が定められ、㈠祭場の位次・㈡所役の順位が定めら

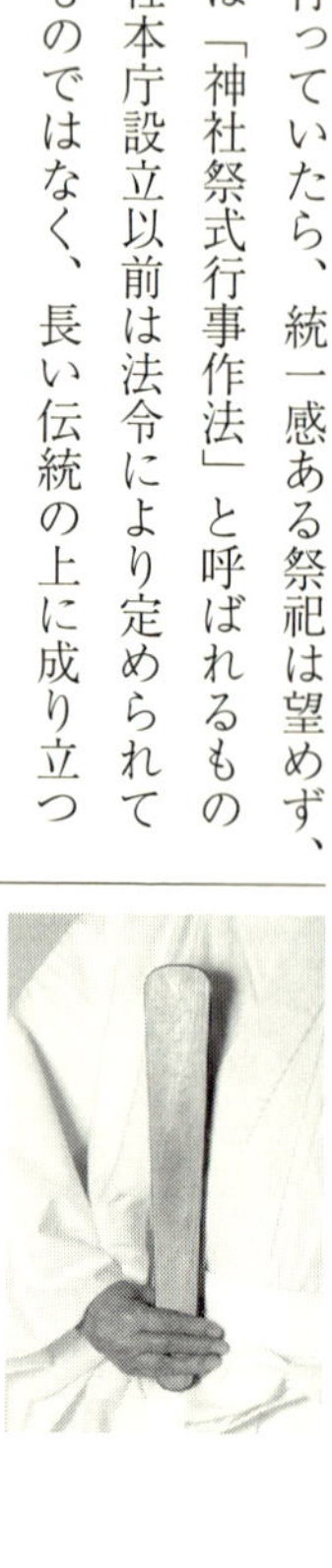
笏

※36　笏　朝務・神拝の際に手に把る官人用の長方形の薄板。板の内面に必要事項を記載して忽忘に備えることを本義として、手板ともいう。音は「こつ」であるが、骸骨の骨と同音であることを不吉として、「しゃく」あるいは「さく」という。

※37　『新任弁官抄』　公事の書。藤原俊憲の著。保元四年（一一五九）頃に成立。新たに弁官になったものの作法を著者自身の経験を踏まえて記す。一巻。

※38　拍手　河野省三博士の解説によれば、「上代には、尊貴の人に対しても、敬意を表し、歓喜の情を示す場合に、拍手する礼儀が行はれた。（略）ただ一般には神祭や神前参拝に之が行はれるのは日本独特の敬礼作

れている。以下は、「第三　作法」に規定されるものをまとめて記しておく。

◆姿勢　基本の姿勢について。

①正坐（上体を正しくして坐す）②直立（体を正しくして立つ）③跪居《ききょ》（爪先を立て、両膝を床につけて、踵の上に体を置く。殿上において物品の授受、舗設のとき等にこれを行う）④蹲踞《そんきょ》（両足を平行にして少し開き、膝を追って蹲《うずくま》る。庭上において、舗設のとき等にこれを行う）⑤叉手《さしゅ》（左手を上にして両手を交叉し、下腹の正面に置く）⑥祇候《しこう》（斜めに神前に向かい正笏して候す）

　このうち①②⑥については男女の別があり、女子の場合が定められている。

◆起居及び進退　立ち居振る舞いについて。

①起座（座を立つ作法。進む起座と退く起座がある）②著座《ちゃくざ》（座に著《つ》く作法。進む著座、退く著座。座前著座と座後著座がある）③起床（胡床《こしょう》〈椅子〉から立つ作法）④著床《ちゃくしょう》（同じく胡床に著く作法）⑤著列（列に著く作法。列前著列と列後著列がある）⑥歩行（進行と逆行《げきこう》〈退く〉とがある。逆行は神前より退くときにこれを行う）⑦屈行《くっこう》（神前を横切るとき、腰を浅く折って歩行する作法）⑧膝行《しっこう》（膝進と膝退とがあり、跪居の姿勢で行う進退の作法。神前における進退、神饌および本庁幣献撤のとき等にこれを行う）⑨曲折（体の向きを九〇度変えること。進行逆行の左右折と膝進膝退の左右折がある）⑩回転（体の向きを一八〇度変えること。進行逆行の左右回転と膝進膝退の左右回転がある）⑪階の昇降（階段の昇降の作法）⑫前行・前導・供奉《ぐぶ》（神祇・神職を導く作法および、神祇のお供をする作法）

　このうち、②⑨⑩については女子の場合が定められている。⑨⑩については、作法を行った後にただちに進む場合は、曲折・回転どちらの場合も両足・両膝を整えることなく、そのまま進む。

◆敬礼及び警蹕

①拝（最も敬意を表す敬礼作法で、居拝・起拝・立拝がある）②揖（敬礼作法で、深揖・小揖がある）

法として重視されている」と述べている（神道文化会編『神道要語集 祭祀編』）。

※39　跪拝　ひざまづき、身をかがめて拝をすること。

③平伏（坐礼の敬礼作法で、御扉開閉・祝詞奏上の時などに行う）④磬折《けいせつ》（立礼の敬礼作法で、平伏を行う場合に同じ）⑤拍手（敬礼作法で、二拍手が基本である）⑥警蹕《けいひつ》（開閉扉などのとき。先払いのため声を発して、あたりを戒める作法）

◆笏法および扇法

①持笏《じしゃく》・持扇《じせん》（笏・扇の正しい持ち方）②懐笏《かいしゃく》・懐扇《かいせん》（笏・扇の懐中の仕方）③置笏《ちしゃく》・置扇《ちせん》（笏・扇の置き方）④把笏《はしゃく》・把扇《はせん》（懐中もしくは置笏置扇した場合、そのとり方）⑤正笏《しょうしゃく》・正扇《しょうせん》（笏・扇を腹部の正面に正しく持つ作法）女子が笏を持つ場合は、男子の作法に準ずる。

◆執り方・持ち方・扱い方

①御匙《みひ》・御鑰《みかぎ》・御錠《みじょう》②祝詞《のりと》③大麻《おおぬさ》・塩湯《えんとう》・玉串《たまぐし》④三方《さんぽう》・折敷《おしき》・高坏《たかつき》・大角《だいかく》⑤案⑥薦《こも》・軾《ひざつき》⑦威《い》儀物《ぎもの》⑧蓋《きぬがさ》・翳《さしは》・行障《こうじょう》・絹垣《きぬがき》⑨松明《たいまつ》

ここまで説明した通り、作法は最も貴い神々を敬い尊ぶためのものであり、その敬意の表現でもある。つまり、その対象である神祇や目上を尊ぶ心をいかに形にあらわすか。その形こそが作法であり、これまで先人たちが長い時間をかけて作り上げてきたものである。それゆえに、神職を志すものは、まずその作法の習得が必修であり、現任の神職においても諸作法の研鑽に努めていかなければならない。

（高原光啓）

第三編　神社祭式の展開

第一章　手水・禊・修祓

祭祀に奉仕するものは、「沐浴斎戒」を行って心身の不浄を清め、かつ清い状態を維持することに努めなければならない。とりわけ、祭祀の直前にはいっそうの浄化に徹しなければならない。『日本書紀』天武天皇二年四月条の「大来皇女《おおくのひめみこ》を天照大神宮に侍《はべ》らしめむと欲《おも》ほして、泊瀬斎宮《はっせのいつきのみや》に居らしめたまふ。是は先づ身を潔めて、稍《ややや》に神の所《みもと》に近づくなり」とあるように、神さまに近づくにあたって、「身を潔め」るため、禊を始めとする種々の行事が行われてきた。これらの行事は、同條の記述に基づき「近神行事」とも呼ばれている。

今日の神社祭祀でも、斎戒を行う建物（斎館）から祭場へと赴くまでに、手水や修祓の行事を行うこととなっている。本章では、祭典の前儀として行われるこれらの行事について述べていこう。

一、手水

手水は、手を清める水、または手を清めることをいう。『日本書紀』允恭天皇《いんぎょうてんのう》元年十二月条に、「妃忍坂大中姫命《みめおしさかのおおなかつひめ》（中略）親《みずか》ら洗手水《おおてみず》をとりて、皇子《みこ》の前に進み」とあるのが初見である。一般に、手を洗う手水に対して、とくに神事で行うことを「清手水《きよてみず》」と称する。

手水
拭紙の折り方は186頁の掻敷の折り方に同じ

手水は元来、社頭をながれる御手流川《みたらしがわ》で行うもので、祭祀の場合もこれを用いることがなされた。古代には朝儀における天皇の御手水のほか、朝使（勅使）の神社祭祀に参向した時の手水の例があり、また、摂関以下の神社参拝でも行われている。宸儀《しんぎ》（天皇）の例を除けば、通常、お手水は祭祀奉仕や参拝の前に行うものであり、盥漱《かんそう》、すなわち手を洗い、口を漱ぐことである。前者は身体の外部を清める行為（外清浄《げしょうじょう》）、後者は身体の内部を清める行為（内清浄《ないしょうじょう》）と考えられている。

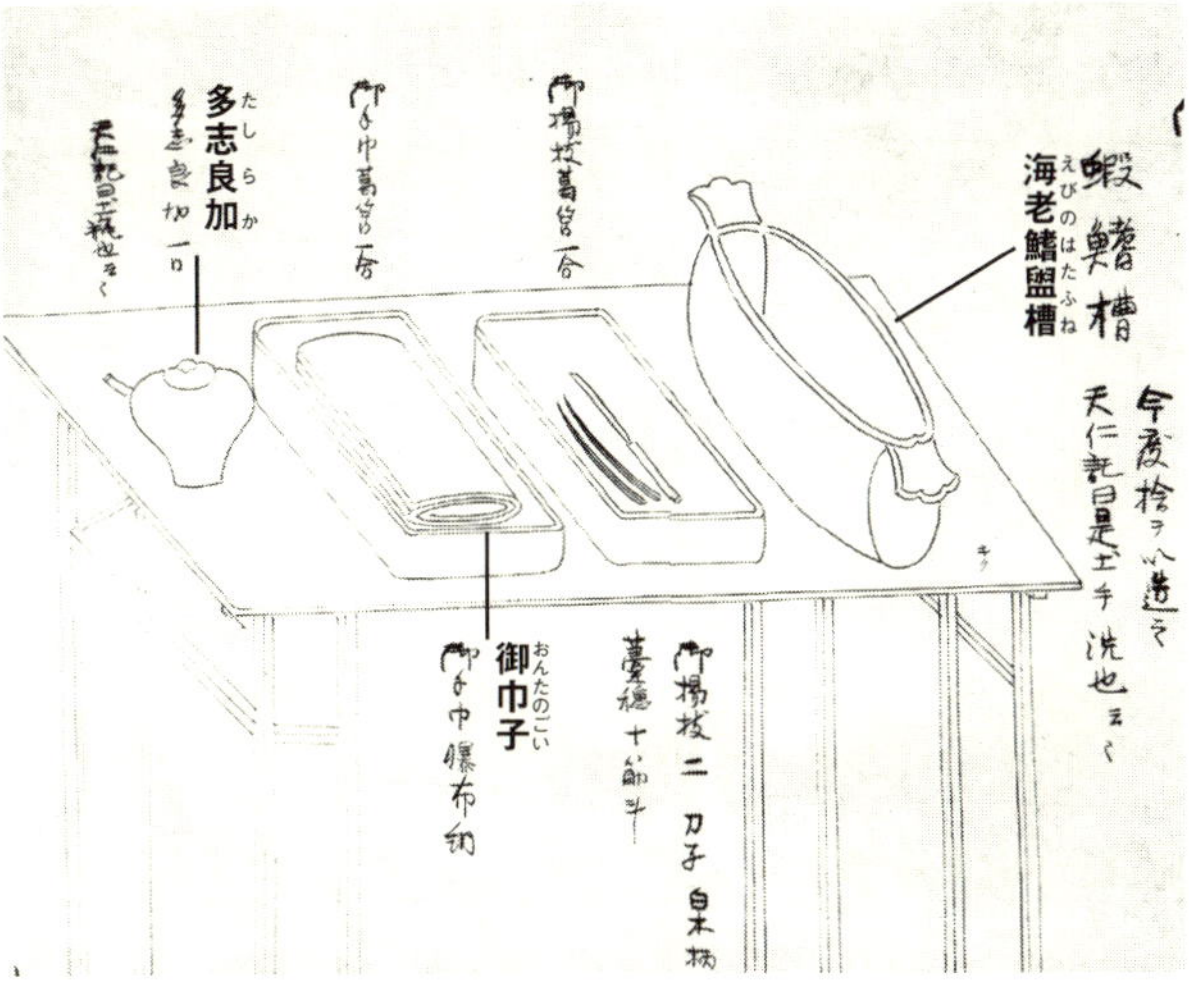

御手水用具

宸儀の御手水には陪膳《はいぜん》の采女《うねめ》が奉仕し、「※1多志良加《たしらか》」と呼ばれる水器、「※2海老鰭盥槽《えびのはたふね》」と呼ばれる水受、白布の※3御巾子《おんたのごい》を用いた。神宮では、水を土鍋にいれ、柄杓《ひしゃく》を副え、手拭は紙を木または竹に挟んで設けておき、神職がこれを奉仕した。諸社においては、多くは曲桶《まげおけ》に水をいれて柄杓を添え、手拭は拭紙《ぬぐいがみ》を用いている。

このように、古来、祭祀の奉仕者や参拝者は神前に参進する際に斎戒沐浴を行い、さらに手を洗い口を漱いで、心身に少しも穢れのないように努めたのであり、ここに手水の意義がある。手水は、祭式の行事として神前に奉仕する際の禊の一形態であり、また、今日のあらゆる祭祀で奉仕者全員が行うところに近神行事として位

※1　多志良加　水を入れ天皇の御手に注ぐための土器。高さ五寸程度。

※2　海老鰭盥槽　多志良加からの水を受ける盥。木をくりぬいて作られる。両側に柄のようなものがついている。長さ一尺二寸。

※3　御巾子　御手水の後にお使いになる白布の手拭。御巾筥（おんたなごいばこ）に納められる。

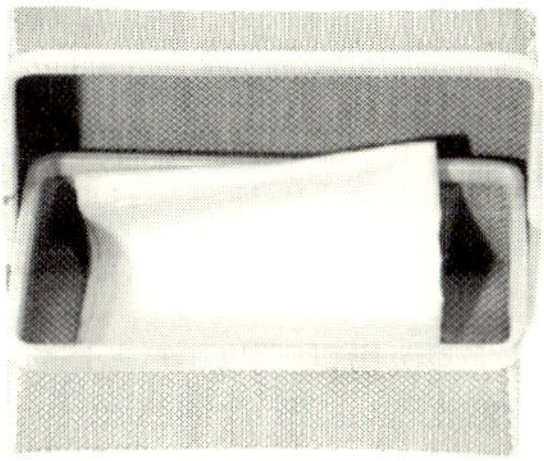
御巾子（國學院大學博物館所蔵）

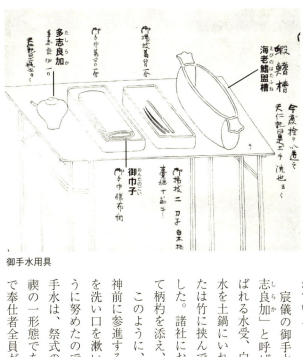

置づけることができよう。

二、宮中祭祀における御禊

平安時代には、仏教や陰陽道によって「祓」が貴顕社会で私的に実践されるようになるが、平安時代後期に入り、天皇が社寺に参詣する際や大嘗祭に際して「御禊《ごけい》」が行われるようになった。これは河原で行われたため、「河原の祓」とも呼ばれる。実際に河の水を用いて禊をするものではない。大嘗祭に際して行われる御禊の次第は、①御手水、②御麻一撫一吻《みぬさいちぶいっぷん》※4、③御贖物《みあがもの》供《きょう》進《しん》（解縄《ときなわ》※5・散米と人形《ひとがた》※6）、④宮主《みやじ》祓詞奉仕、⑤五穀を散じるとなっている（『江家次第』）。

御禊では大祓と同様、自身の罪穢を祓い贖うために「御麻《みぬさ》」が差し出される。天皇は御麻を一度撫でることで身体の外にある罪穢、息を吹きかけることで身体の内にある罪穢を御麻に移す。散米や人形も同様に、それらに身体の罪穢れを移すものとして用いられる。そして祓詞（大祓詞）を読み上げることで、祓の呪力が言葉によって発揮されることが願われる。贖いの物とされる御麻は、河原に流されて罪が清められる。

また、大嘗祭に際しては供奉する祭員も河原で祓（「荒見河祓《あらみがわのはらえ》」）が行われる。次第はおおよそ御禊と同様で、祭員が大麻に「一撫一吻」をし、贖いに差し出される物（「贖物」）を用いて祓いが行われる。

※4　御麻　祓に用いる小形の串に紙垂や麻等を付けたもの。六月・十二月晦日に行われる宮中の節折（よおり）では紅白絹の付いた榊二本を御麻として用いる。

※5　解縄　菅・藁・麻・紙等で左縒り・右縒りの二本の縄を作り、これを解くことにより罪穢を解き除く。

※6　人形　人の形をしており、形代（かたしろ）、ひな形等の称がある。人形で身体を撫で、災厄を托して河海に流し棄てる。撫物（なでもの）ともいう。

神宮川原大祓

三、神宮の川原祓、諸社の祓

宮中の御禊にみられるような近神行事は、神宮や朝廷とゆかりの深い神社でも行われていた。神宮では古来、神事に際して川原で祓が行われている。『皇太神宮儀式帳《※7こうたいじんぐうぎしきちょう》』の御巫内人《※8みかんなぎうちんど》の職掌の条によれば、次のような記載がなされている。

①川合淵《かわいぶち》の河原に一同を集め、いったん東のほう、正宮のほうに向かわしめて、各々に麻《ぬさ》を分かち持たしめる。

②各人の斎館、里邸の罪穢《つみけがれ》を口に出して述べ、その持つ麻のうち一筋を割いて、御巫内人《みかんなぎのうちんど》が順次、集めていく。

③集めた麻を持ちながら、御巫内人がその穢事・罪事を復唱する。

④全員が河の淵にならんで、さらに麻に対して穢事をのべて、これを水に捨てる。現在では息を吹きかけている。

神宮の川原祓では罪穢事を復唱して、それを麻に移し遣ることで祓を行っていたのである。時代が降り、『中右記《※9ちゅうゆうき》』には「至㆓鳥居外㆒内人出来、先一人取㆓大麻㆒懸㆓息気㆒了、次一人灑㆓塩湯㆒」とあり、鳥居の外で大麻をとり息を吹きかける、また、塩湯を灑ぐことがなされている。

このように、罪穢事を述べる言葉や息を麻に吹きかけるこ

※7　『皇太神宮儀式帳』　103頁註2参照。

※8　御巫内人　祓の行事に奉仕する小内人（こうちんど）の一つ。内人職には大小の区別があり、大内人（おおうちんど）は禰宜を補佐する職掌であり、小内人は神供に用いられる器物の奉製もしくは特殊な神事に供奉する職掌人の総称。

※9　『中右記』　平安後期の公卿である藤原宗忠（ふじわらのむねただ）が書いた日記。彼が「中御門（なかみかど）右大臣」と呼ばれたので、この名がある。院政期の社会情勢や有職故実を知る上で重要である。

春日大社祓戸社前の修祓（第六十次式年造替奉幣祭）

とが、神宮や宮中で伝統的に行われてきた。また、神宮では塩湯を用いて、祓い清めることもなされる。

春日祭では、勅使が参向した際に祓戸社の前庭で祓が行われている。その次第は、おおよそ次のとおりである。

①上卿[※10] 弁[※11] 著座　祓戸社前庭

②贖物　解縄（麻）人形　洗米

③祓詞

④手麻《てぬさ》　串長八寸、寒竹《かんちく》と梅のズワエ（若く細い小枝）を合わせて串とし、この間に紙垂と麻緒を垂れる。

⑤贖物を撤する。

それぞれ使者がついたら、まず、祓詞（中臣祓《なかとみのはらえ》[※12]）が読み上げられる。その間に、解縄といって結縄を解く。これは縄を解くことで罪を解くことを意味する。また、人形は人を象った紙を執り、次に左手で人形を取って身を撫で、息をかける。大祓詞奏上の終わりころ、「散米《さんまい》」にうつり、洗米を左、右、中と振りかける。その後、神職が手麻を上卿にすすめ、上卿はこれを用いてみずから左、右、中と身体を祓うのである。

古代の朝儀における祓ではさまざまな祓具（祓の道具）があるが、「麻」が共通して用いられている。麻は息を吹きかけ、あるいは直接手に触れることで、罪や穢を移すもので、春日祭では、梅の木の枝に麻や紙垂をつけた「串」が用いられている。同祭の祓は、近世期に串を左、右、左と振って祓う作法も見受けられる。

※10　上卿　26頁註30参照。

※11　弁　29頁註38参照。

※12　中臣祓　六月・十二月の大祓で参集者に読み聞かせる大祓詞を、神々に申し上げる形式にしたもの。平安時代中期以降、神祇官の宮主（みやじ）が祓の儀式に用いた。また、陰陽師や僧侶の私祈禱にも取り入れられ、やがて神宮祠官をはじめ諸神道家にも広まっていった。

四、禊の祓詞

大祓詞のように、祓に臨む際に、言葉の呪力に期待して祓の言葉（祓詞）を神々に奏上することがなされてきた。中世以降には※13吉田兼倶《よしだかねとも》が出て、中臣祓《なかとみのはらえ》・最要祓《さいようのはらえ》・最上祓《さいじょうのはらえ》・三種大祓《さんしゅのおおはらえ》・六根清浄祓《ろっこんしょうじょうのはらえ》・身曽貴《みそぎ》ノ大祓《おおはらえ》・一切成就祓《いっさいじょうじゅ》・十種《とくさ》ノ神宝《かんだから》という「八部の祓」と呼ばれる祓が、天児屋根命《あめのこやのみこと》相伝のものとして主張されるようになった。

また、ほかの神道家の間でも、神事に際して祓詞が読まれることがなされた。むしろ、近世以降の諸流派における神事は、祓詞を読むことにこそ重点が置かれたものであったと言っても良いほどである。それら祓詞のなかに、禊の浄化力を期待して行われる「禊の祓詞」がある。

そして、これらの禊の祓詞のなかから祓の神々に奏上する詞を選定し、編集して大祓の際に奏上することを主張したのが、国学者の※14平田篤胤《ひらたあつたね》である。

篤胤は、大祓詞にみえる「天津祝詞」が本来、大祓詞が読まれている間に祓の神々に奏上する祝詞であり、時代を経て失われたものであるとした。さらにその祝詞は祓の神々に奏上するものとしてふさわしい言葉であるとして前述の禊の祓詞を検討し、なかでも※15垂加神道《すいかしんとう》の禊祓詞がもっともふさわしく、さらに自己の見識に基づき加筆・修正をしたものを「天津祝詞」とした（表5参照）。

篤胤の「天津祝詞」は、後述するように近代以降の「修祓」で奏上される祓詞《はらえことば》に集約がなされていくようになる。

※13　吉田兼倶　40頁註11参照。

※14　平田篤胤　47頁註35参照。

※15　垂加神道　近世前期、山崎闇斎が提唱した神道説。朱子学や吉田神道、伊勢神道などを集大成したもの。『日本書紀』神代巻と中臣祓を重視し、神道の核心を皇統守護にあることを説いた。第一編第三章三節参照。

表5「禊の祓詞」および「修祓」の祓詞

第一ノ文［吉田家］	第二ノ文［白川家］	第三ノ文［藤波家］	第四ノ文［垂加流］
高天原に神留坐。皇親神魯岐神魯美の命を以て。日向橘の檍原の九柱の神。粟門及速吸名門の六柱の神達。諸汚穢を祓賜。清賜へと申事の由を。左男鹿の八の耳を振立て聞食と申す。	高天原に神留坐す。皇御祖神伊弉諾尊。日向の橘の小戸の檍が原に。御禊の大御時。成出る神は。八十枉津日神。神直日神。大直日神。底津海童神。底筒男命。中津海童神。中筒男命。表津海童神。表筒男命。祓戸の諸神等。諸障穢を祓賜清賜へと白事の由を平く聞食と。恐み恐み申す。	高天原に神留坐す。神漏企神漏美の命を以て。日向の橘の小戸の檍原に　。御禊祓ひ給ふ時に。生坐る祓戸の神等。諸の障穢を。祓賜へ清め賜へと白す事の由を。天の斑馬の耳振立て聞食と。恐み恐み白す。	高天原に神留坐す。神魯岐神魯美の命を以て。日向の橘の檍が原に。御禊の時成坐る神等。諸の枉事罪穢を。祓賜へ清めて賜ふ。と申事の由を。天神地祇。八百萬の神等共に。左男鹿の八箇の御耳を振立て。聞食と白す。
平田篤胤撰「天津祝詞」	**解除祓詞（松尾祭　明治五年）**	**祓詞（「神社祭式」明治八年）**	**祓詞（『祝詞例文集』）**
高天原に神留坐す。神魯岐神魯美の命以て。皇御祖。神伊邪那岐命。筑紫日向の橘の小戸の阿波岐原に。御禊祓ひ給ふ時に生坐る祓戸の大神等。諸の枉事罪穢を。祓賜へ清め賜へと申す事の由を。天津神国津神。八百万の神等共に。天の斑馬の耳振立て。聞食せと。恐み恐み白す。	高天原に神留坐す神呂岐神呂美の命以て皇御祖神伊弉諾命筑紫の日向の橘の小戸の阿波岐原に身曽岐祓ひ賜ふ時に生座る祓戸の大神等諸の枉事罪穢を祓賜ひ清め賜へと白す事の由を天津神国津神八百万の神等共に天乃斑馬の耳振立て聞食せと恐み恐みも白す。	掛巻も恐き伊佐奈伎大神筑紫の日向の橘の小門の阿波岐原に御禊祓給ひし時に生坐せる祓戸の大神等今日仕奉る官人等が過犯せる罪穢有らむをば祓給ひ清め給へと申す事を聞食せと恐み恐みも白す。	掛けまくも畏き伊邪那岐大神筑紫の日向の橘小戸の阿波岐原に御禊祓へ給ひし時に生り坐せる祓戸の大神等諸の禍事罪穢有らむをば祓へ給ひ清め給へと白す事を聞食せと恐み恐みも白す。

五、修祓

近世期に入り、神宮の例幣をはじめ朝儀となる奉幣祭祀が再興されていく。再興された賀茂祭では、春日祭に準じて使を対象とする祓が行われた。

明治期になって神祇官が復興すると二十九社奉幣[※16]が実現し、それぞれの例祭に宣命使（太政官）、

※16　二十九社奉幣　55頁註16参照。

奉幣使（神祇官）が参向した。それらの勅祭では、使が手水に続き祓の行事が実施された。これは中臣祓を奏上して榊の枝を取り使を祓うもので、従前の人形や散米などの贖物は使用されなくなった。なお、明治四年（一八七一）十月には国家祭祀の大綱となる四時祭典定則《しじさいてんていそく》が定められて以降、祓詞も中臣祓ではなく、「解除祓詞」（表5、松尾祭の「解除祓詞」参照）のような短い祓詞が用いられた。

　さらに明治六年二月、勅祭社を神宮のみとする法令が出され、それまで勅使が差遣されていた官幣社の例祭では国幣社と同様、府県の長官（知事）が遣わされることとなった。同年三月、官幣の諸社を対象とした祭式（「官幣諸社官祭式《かんぺいしょしゃかんさいしき》」）が作成され、例祭を中心とする官祭式の次第が式部寮から達せられている。その次第は、「早旦神殿ノ御装束」「午前八時知事以下社頭ニ参向シ神門外ニ於テ手水ノ儀アリ」とあるのに続き、「次知事以下同所祓ノ幄ニ着ク神官祓ノ詞ヲ読ミ榊ノ枝ヲ執テ祓フ」と記されている。

修祓

　明治八年四月、式部寮により「神社祭式」が制定され、官幣社・国幣社で行うすべての公的祭祀の祭式が示された。「神社祭式」では、地方官が参向する官国幣社の例祭・祈年祭・新嘗祭には使の手水の儀があり、地方官の祝詞の奏上が行われる官幣社の例祭に、「次官（※地方官の長官）以下祓の幄ニ着ク　神官祓ノ詞ヲ読ミ榊ノ枝ヲ執テ祓フ」として、祓の行事が定められた。従前、祓の行事は太政官の使が宣命使として参向し、宣命を奏上した官幣社の例祭で行われていたが、こうした先例を踏まえて、[※17]式部寮《しきぶりょう》では地方官の使が祝詞を奏上する官幣社の例祭で祓の行事を定めることとなったのである。

明治四十年（一九〇七）六月、内務省告示「神社祭式行事作法」が制定されると祓の行事を「修祓《しゅばつ》」とし、「大麻《おおぬさ》」（榊の枝）を左、右、左と振る作法が定められた。

大正三年（一九一四）一月の勅令「官国幣社以下神社祭祀令」の公布に基づき、同年三月に内務省令「官国幣社以下神社祭式」が制定され、官国幣社の大・中・小の祭式を定めた。このうち大祭式に掲げる祭典すべての式次第に「修祓」として御幣物と幣帛供進使、随員を祓うことを定めている。また、その一方で「四　修祓」の項目においては、禰宜が祓詞を読み、大麻（主典一名）のほか、塩湯（主典もしくは雇員一名）により、神饌および宮司以下を祓うことが明文化されており、祭典の実情に即した改正がなされている。

このように、修祓は法制上は依然として使の参向に伴う行事であったといえる。ただし、明治八年の「神社祭式」制定後に刊行された私祭などの祭式書には、修祓を実践することが記されており、神社界では修祓が祭祀の条件となる行事と認識されていたことが窺える。

戦後、神社本庁の規程により昭和二十三年（一九四八）「神社祭式」が制定されると、すべての神社祭祀で修祓が行われることとなり、今日に至っている。

（星野光樹）

※17　式部寮　56頁註19参照。

第二章　社殿御扉の開閉

神社祭式では、大祭・中祭に本殿の外陣に神饌や幣帛を供えるため、宮司によって御扉を開く行事が行われる。小祭では大床に神饌を供えるため、開扉は行わない。全国一律に本殿の御扉を開けて、神饌や幣帛を供えて祭典を行うようになるのは、明治八年に式部寮達「神社祭式」が制定され、官国幣社の祈年祭・新嘗祭・例祭等の祭式が定められたことに始まる。そこで、神社祭式における開扉・閉扉行事の意義や根拠を明らかにすべく、実際の祭祀における開扉の有無、開閉扉の作法等の古例（『神社祭式行事作法典故考究』参照）を見ていくことにしよう。

一、社殿形式と開扉・閉扉

一般に神社建築は仏教伝来以降、寺院建築の著しい影響を受けて日本古来の住宅建築の延長線上に成立してきたと考えられている。最も古い形式は切妻形式の屋根を持ち、高床で丸柱が用いられ、横板壁などの特徴があって屋根に※1千木《ちぎ》・※2鰹木《かつおぎ》をのせている。神宮の※3唯一神明造《ゆいいつしんめいづくり》、出雲大社の※4大社造《たいしゃづくり》、住吉大社の※5住吉造《すみよしづくり》などがその典型である。

※1　千木　105頁註7参照。

※2　鰹木　105頁註6参照。

※3　唯一神明造　萱葺屋根には反りがなく直線的な高床式倉庫の特徴。掘立柱で両側に棟持柱がある。屋根の棟に平行の面を入口とする平入りの代表例。床下には神聖な心御柱（しんのみはしら）がある。神宮の尊厳を冒さないよう、一般の神社の神明造と区別して、「唯一」と冠する。

※4　大社造　正面右側を入口とする妻入（つまいり）の代表例。入口は正面右側にあり、殿

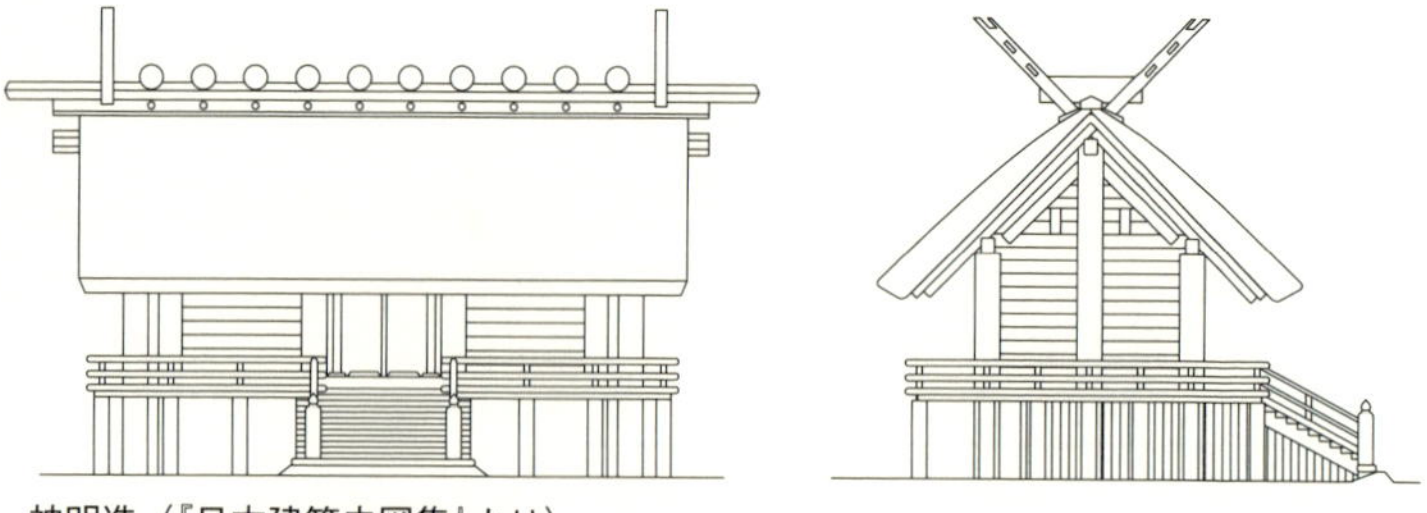

神明造（『日本建築史図集』より）

　こうした形式に庇《ひさし》をつけて一つの屋根で覆ったのが、春日大社の春日造《かすがづくり》※6である。春日造は妻入《つまいり》の部分に庇を設け、流造は平入《ひらいり》部分に庇を設けている。さらに切妻造の二棟の建物を前後に並べた宇佐神宮や石清水八幡宮の八幡造《はちまんづくり》※7、切妻造の前後に庇を付けた両流造《りょうながれづくり》の厳島神社、入母屋の屋根をのせた日吉大社の日吉造《ひよしづくり》※8など、社殿形式は多様性のあるのが大きな特徴である。社殿の形式・構造、大小広狭によって、御扉を開くことの意義や作法にも自ずから異動が生じてくる。そこで、具体的に古社の例を見ていこう。

神宮（唯一神明造）

　神宮の唯一神明造の正殿は、間口三間奥行二間の構造で、切妻屋根をのせ平入の正面の木階を上がったところに御扉がつく。内部はひと間で区切りはない。正殿の御扉が開かれるのは、神嘗祭に際して天皇（内蔵寮）から幣帛が奉られ、これを正殿に納めるために御扉が開かれる。

　もとより、神宮の祭祀でもっとも重要なのは三節祭（神嘗祭と六月・十二月両度の月次祭）である。三節祭には夕と朝の二度、由貴大御饌《ゆきのおおみけ》※9が奉られる。中でも旧暦九月に行なわれた神嘗祭には、新穀で御飯・御餅・御酒が調製される。神田下種祭《しんでんげしゅさい》・御田植初式《おたうえはじめしき》・抜穂祭《ぬいぼさい》などの神事を経た上で、新穀収穫の喜びに満ちた神嘗祭では、天皇のお手許（内蔵寮）から幣帛が奉られた。

　なお、両度の月次祭には神祇官からの幣帛が奉られた。新穀で調製された由貴大御饌は正殿の

内は畳敷きで中央に心御柱（岩根御柱）と呼ぶ太柱がある。神座は正面ではなく横向き（西面）。出雲地方に多くみられる形式で、松江市の神魂（かもす）神社本殿が現存最古。

※5　住吉造　出雲大社と同様に切妻造の妻入りで上代の宮殿の間取りに倣ったもの。奥行きが長く殿内は前後に二室ある。住吉大社には四棟の住吉造本殿があり、廻縁がなく丹塗。大阪府堺市の大鳥神社本殿は大鳥造と呼ばれ構造が類似。

※6　春日造　住吉造のような切妻造妻入りに、向拝という庇をつけた形式。従来の直線的な屋根に対して曲線的な反り屋根を採る。小規模で土台は井桁に組み、漆喰で固める。正面一間社で奈良を中心に近畿地方に分布。

※7　八幡造　切妻造平入りの建物を前後に並べ、その中間を相（あい）の間とした様式。後を内殿、前を外殿と称し全て本殿。

階下に供えられ、正殿の御扉が開かれることはない。天皇からの幣帛を正殿に納める奉幣の時に限って、正殿の御扉が開かれる。また、神祇官からの幣帛は※10東宝殿《とうほうでん》に納められる例である。

その開扉の作法は、一禰宜・※11大物忌子良《おおものいみのこら》と相並んで昇階し、一禰宜が御鑰《みかぎ》を御戸の鑰目《かぎめ》に差し入れる時、大物忌子良は鑰に手をかけ帰り下る。次に、一禰宜、御戸を開き、傍官の禰宜が殿内の楊筥《やないばこ》を取り出し官幣の錦綾《にしきあや》などを盛り、御衣の服を納めて御扉を閉じる。

神饌は三節祭には正殿階下に供えられ、祈年祭には瑞垣御門に供えられる。また、日別朝夕大御饌祭《ひごとあさゆうおおみけさい》には、外宮の御饌殿にて天照大神、豊受大神をはじめとする神々に神饌は供される。したがって、正殿の御扉は神饌を供えるために開くことはない。

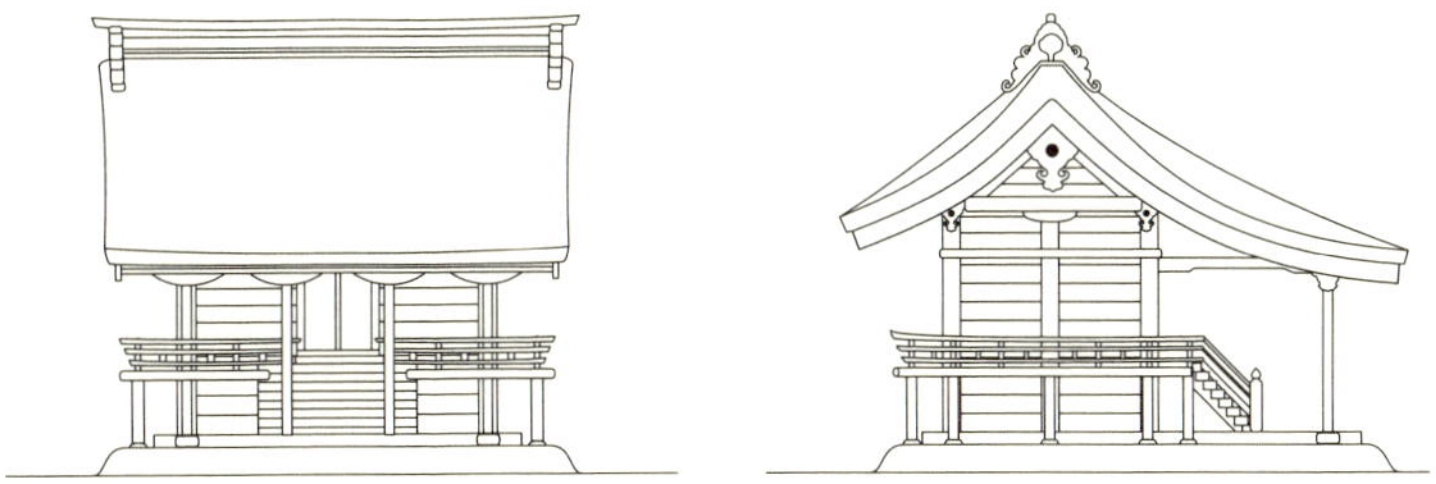

流造（『日本建築史図集』より）

賀茂御祖神社（流造）

賀茂御祖神社（下鴨）・賀茂別雷神社（上賀茂）は、神明造平入りの部分に庇をつけ、屋根を一体化した※12流造《ながれづくり》の社殿である。間口三間奥行二間で、三間社流造という。下鴨神社では、正月十五日の解斎御粥《げさいおかゆ》神事《しんじ》、四月の御蔭祭《みかげさい》、葵祭《あおいまつり》、十月の更衣神事《こういしんじ》、十一月の臨時祭等で御扉を開き、神事が行われる。

その次第は、時刻、禰宜、祝《はふり》等、まず参籠所を出て中門を入り、手水、幣殿で修祓を行なう。次に御前に参進して正官《しょうかん》階下にて二拝、次に神殿守《こうどのもり》が御鑰を持ち来て権官《ごんかん》に伝え、権官これを正官に進める。

※8　日吉造　聖帝（しょうたい）造、山王造とも。建物本体である身舎（もや）の四方に庇がつく入母屋造だが、日吉造は側面からみると春日造の前面が延びたような独特の様式。日吉大社に三棟現存するのみ。

※9　由貴大御饌　106頁註8参照。

※10　東宝殿　神宮瑞垣（みずがき）内の正殿後方北東に南面して建つ。神明造、萱葺の建物。西側に西宝殿（さいほうでん）がある。

※11　大物忌子良　117頁註15「大物忌」参照。

※12　流造　切妻造平入りで、正面屋根を前方に流れるように延ばし向拝とする構造。春日造同様、屋根に曲線を採り入れている。簡素にして堂々たる構えで、全国の神社本殿に最も多くみられる。京都の宇治上神社本殿は現存する最古の流造。

正官は御鑰を捧持して大床に上り、御戸を開き奉る。諸員は平伏し、この間、楽人は※13乱声《らんじょう》を奏す。開扉の後、正官降階し、御鑰を権官に授け、権官は神殿守に返す。次に神饌を供し、祝詞を奏上する。撤饌の後、正官以下が大床に上り二拝、あるいは階下にて二拝する。次に、正官御戸を閉じ奉る。この時、諸員平伏し楽人乱声を奏す。

賀茂別雷神社（流造）

上賀茂神社では、年間十数回にわたり御扉を開いて神事が行われている。その次第は、時刻、社司、土屋《つちのや》の座に著き、次に神饌進発して御供屋に入る。次に社司、土屋を起ち神前に参進、片岡《かたおか》の岩の辺にて祓を行なう。次に禰宜・祝《はふり》左右に分かれて参進、諸員所定の座に著く。次に預太夫《あずかりだいゆう》、御鑰を祝に進め、祝起座して階下に進み昇階、神前に至り御戸を開く。この時、祠官氏人は動座して平伏し、楽人は御戸を開く音に応じて発声する。次に祝、階を降り東方に立ち、次に神主起座階下西方に進み、神主、祝相並びて御簾前に昇りて内陣に入り、次に正・権禰宜左右相並びて昇階、大床に候し、次に権祝以下起座所定の座に著く。

次に祝御簾《みす》を巻き、次に神饌を供え、祝詞奏上す。次に撤饌、次に祝は御扉を閉じ、社司氏人平伏する。楽人の声は、御戸を閉じる音に応じて発し、閉じ終るとやめる。御鎖《みくさり》を合する時、預太夫御鎖包紙を杖に挿み、祝に伝え、祝これを包み終わりて退下する。

松尾神社（両流造）

松尾神社では年間五回、本殿御扉を開く神事がある。松尾神社の社殿は、身舎《もや》の前後に庇を付けた※14両流造《りょうながれづくり》で、内部は外陣・内陣・内々陣の三間である。間口三間・奥行四間の大型社殿である。

※13　乱声　舞楽の前奏曲の一種。龍笛（りゅうてき）または高麗笛（こまぶえ）をはじめ、太鼓・鉦鼓（しょうこ）で演奏。数人が同旋律を少しずつずらして演奏し、賑やかにはやしたてる。

※14　両流造　厳島神社本殿は九間四面の大型。屋根は瀬戸内の気候から勾配がきわめて緩い。京都府の松尾（まつのお）大社や福岡県の宗像（むなかた）大社辺津宮（へつみや）等にみられる。

開閉扉の次第は、公文まず左右の浜縁に著座し、宮仕の捧げる御鍵を受け取り、階下で一拝、大床に上って一拝する。外陣御扉を開き、御鍵を袋に入れ、御錠を除き、北柱の下に置き、御扉を左右に開く。この時、社家・神方一同平伏す。

公文、一拝して御鍵を持ち階を降り、復座する。次に神主・正禰宜、昇階し、社家階に進む。公文一拝して外陣に入り長押《なげし》の上にある御鍵を取り、一拝して内陣の御錠を解き、御鍵を元のところに戻し、御錠を除き、北柱の下に置き、押柱《おしばしら》を抜き取り、北柱の方にもたせ、御扉を開き一拝する。神主・正禰宜参入の後、公文外陣を退き一拝して、大床でさらに一拝し階を下り、御鍵を宮仕に付して著座。

次に献饌、祝詞奏上。次に撤饌。次に公文進みて外陣で一拝、内陣の御扉を閉じ、押柱を入れ御錠を下し、一拝して大床を下りて、復座し、神主大床を下るの後、公文再び大床に上りて外陣の御扉を閉じ、御錠を下して復座す。

稲荷神社（流造）

京都伏見の稲荷神社では、年間二十数回御扉を開く神事がある。五柱の祭神をまつるため、間口五間・奥行き三間の流造で、稲荷造とも呼ばれている。

開閉扉の次第は、まず社司一同修祓。次に社務より順次昇殿し南唐戸《からと》の東方に、正禰宜以下は階上の左右に、神人は階下の南に著く。

次に御殿預《ごてんあずかり》、唐戸を開いて、御戸の鍵を正官四人に授ける。次に正禰宜以下、内殿に参入し、御格子を揚げて本座に復すれば、正官内陣に参進、中社禰宜の警蹕あり、訖りて御戸を開きて、再拝拍手。次に正禰宜以下立ちて外陣の御簾を掲げ、正官五人著座。次に下社神主始め正官四人

伏見稲荷大社（京都市）

順次供饌し、祝詞奏上の後、撤饌。

次に中社神主の警蹕にて御簾を垂れ、閉扉して、正官御鍵を御殿預に返し、次に正禰宜以下御格子を下し復座。次に御殿預唐戸を閉じ、諸員下殿。

以上によって、社殿構造や形式の違いから、それぞれ作法が異なっていたことがわかる。神社ごとにまちまちの作法が存在したようである。また、御扉を開閉する奉仕者が存在した。神宮では大物忌子良で、禰宜が介添え奉仕する。御霊代に最も近く奉仕するため、神聖な童女の役割となったのであろう。下鴨社では正官、上賀茂社では祝（社司に次ぐ職掌）、松尾社では公文（神主・正禰宜に次ぐ職掌）、稲荷社では正官となっていて、いずれも神社の主たる神職である。

また、それぞれ御鑰を管理する職掌があったことが伺える。鑰取内人《かぎとりのうちんど》（神宮）・神殿守《こうどのもり》（下鴨社）・預《あずかり》太夫《だいゆう》（上賀茂社）・宮仕《みやじ》（松尾社）・御殿預《ごてんあずかり》（稲荷社）等である。

開閉扉の際は、乱声、発声、警蹕などの例がみられる。

開閉扉の後の拝礼については、拝礼のある場合と無い場合とがある。

二、明治以降、開扉及閉扉行事の変遷

明治八年（一八七五）に制定された式部寮達「神社祭式」により、官国幣社の祈年祭・新嘗祭・例祭の祭式が示された。いずれの場合も神官の長官が御扉を開き、その後、神饌を供し、地方の長官が差遣され供進する御幣物を神前に供し、神宮の長官（官幣社の例祭は地方の長官）により祝詞が奏され、地方の長官による玉串拝礼、神官の長官の玉串拝礼を行うようになる。

開閉扉の行事作法は、明治四十年（一九〇七）に内務省告示「神社祭式行事作法」に制定された。

開扉　先ツ所役御鑰ヲ捧持シテ斎主ノ座側《ザソク》ニ就キ之ヲ進メテ復座、斎主之ヲ受ケテ昇殿警蹕所役随行シテ階下侯ス　進ミテ御錠ヲ解キ御鑰ヲ案上案ハ予メ御扉ノ側便宜ノ所ニ設クニ置キ再ヒ進ミテ御錠ヲ除キ同案上ニ置キ更ニ進ミテ御扉ヲ開ク此間奏楽警蹕一同平伏次ニ神前ニテ再拝拍手二畢リテ側ニ候ス警蹕所役ハ斎主祇候ノ時復座

この具体的な開扉の作法について見ると、左記のように指導されていた。

開扉ハ左手ニテ雄扉ノ端ノ上部ヲ持チ、右手ニテ其ノ下部ヲ持チテ開キ、雌扉ノ方ニ移リ、右手ヲ上ニシ左手ヲ下ニシテ開ク

閉扉ハ雌扉ニハ左手ヲ上ニシ、雄扉ニハ右手ヲ上ニス

（金光慥爾『神社祭式服制調度教授要項』昭和五年）

すなわち、まず左手を雄扉の端上部、右手はその下部を持ち、扉を開きその扉を押すようにして開き終える。次に雌扉のほうに移り、右手を上、左手を下に持ち同様に開扉するとなる。

その後、昭和十七年（一九四二）になり「神社祭式行事作法」が改正され、御扉開閉は次のように改正された。

開扉　宮司御匙御鑰ヲ後取ヨリ受ケテ昇階シ御鑰ヲ便宜ノ所ニ置キ御匙ニテ御錠ヲ解キ先ツ御匙次ニ御錠ヲ便宜ノ所ニ置ク次ニ御鑰ヲ取リテ枢ヲ解キ御鑰ヲ便宜ノ所ニ置ク次ニ右手ヲ上左手ヲ下ニ雄扉ノ端ニ配シテ之ヲ開キ次ニ左手ヲ上右手ヲ下ニ雌扉ノ端ニ配シテ之ヲ開キ此ノ間諸員平伏又ハ磬折ス　畢《オワ》リテ側《ソク》ニ候ス

ここでは、左右の手の位置が逆になっている。扉を引きながら開けて、押しながら閉じる作法に改正された。明治四十年来の作法であると、開扉の時、手を掛ける位置の関係から神前（正中）

に背を向けるような形になるため、このような改正となった。また、開扉の後、閉扉の前に再拝拍手二が行われていたが、この時の改正で拝揖をすることと改められた。

拝揖とは、「先ツ正笏シ次ニ背ヲ平ニ俛伏《ふふく》スル」作法であり、開扉・閉扉の後に神拝作法である再拝拍手二を行なうことがふさわしくないという理由での改正であった。戦後の神社本庁「神社祭式行事作法」（昭和二十三年）ではこの開閉扉の作法が踏襲され、拝揖については紛らわしい作法であるため廃されて、「一拝」することに改められた。

三、警　蹕

現行の神社祭式では、開閉扉の際に警蹕《けいひつ》を称《とな》えることになっているが、明治四十年「神社祭式行事作法」に規定されて以来のこととされている。警蹕とは、警は警戒する意、蹕は行く人の足を止める意で、帝王が道行《みちゆき》の折、道路を往来する人の歩行を止めて之を警戒し、不敬がないようにすることである。わが国では警蹕を「ミサキオフ」といい、天皇が行幸の折、不敬のないよう行列の御前を追い払ったのである。

神社の古例を見ると、先述の下鴨社では開閉扉に際し楽人が乱声を奏する。これに対して上賀茂社では、楽人は御扉の開く音に応じて発声するが、どのような発声なのか不明である。稲荷社では、御扉の開閉にあたり警蹕がある。神宮や松尾社では、特段の作法を行っておらず、開閉扉に際して必ず警蹕をかけたのかどうかは不明である。乱声が一般的であったようである。

ただ古来、神祇に対しても天皇に準じて降神・昇神の際や、遷宮・神幸に際して警蹕を称えてきた。また、こうした事から神饌神物等にも警蹕を称えるようになった。

明治四十年「神社祭式行事作法」の「警蹕」の項は次のよう規定された。

をトイフ音ヲ長ク引キテ唱フルヲイフ開閉扉及渡御等ノ時ニ行フ所作ナリ

「ヲ」の音を長く引いて称え、開閉扉及び渡御の時に行なうものとされたのである。ところが、昭和十七年の改正で次のように改められた。

平伏又ハ磬折シテ「オ」ノ音ヲ長ク引キテ唱フ　付記　警蹕ハ渡御ノトキ及降神ニ先チテ行フ

すなわち、警蹕を称えるのは渡御と降神の際で、開閉扉には警蹕は称えられなくなった。その理由は、開扉を行なうのは神饌や幣帛を外陣に供えるためで、神々が御動座するわけではない。警蹕の本義は「み先を追う」ことにあるので、警蹕を称えないことにしたのである。また、警蹕の音は、明治四十年には「ヲ」とされた。過去に「ヲ」であるか、「オ」であるか、長いこと論争があったが、言語学上の研究成果に基づき「オ」に改められた。

戦後になり、警蹕を称えないために開閉扉が参列者の不用意の間に行われたり、厳粛性を欠いたりしたために警蹕復活の声が高まり、昭和二十三年の「神社祭式行事作法」制定の際に、再び警蹕を称えることとした。以後、現在に至っている。

（茂木貞純）

第三章　神饌・神々をもてなす御供

神さまがお召しあがりになるお飲物やお食事を神饌という。祭りには神饌が欠かせない。神さまに毎日、神饌をお供えすることは、神社のみならず家庭の神棚でも行なわれていることで、これをお日供《にっく》という。平素、神職が奉仕している神社では、毎朝あるいは毎朝夕、お日供を行なう（日供祭）。一日に二回というのは、古代人の食生活が一日二食だったことに由来する。

お日供とは別に、神祭りでは最高の賓客である神さまをおもてなしするため、神社祭式では神饌献撤が定められており、奏楽のなか副斎主以下祭員が所役を奉仕し、大祭では本殿の外陣《げじん》に、小祭では大床にお供えされる。

神饌は、鄭重に清浄を旨として、よく吟味した食材を心をこめて調理してお供えする。本章では、神饌の内容や奉献の様式について述べることとする。

一、熟饌と生饌

神饌は、調理上から熟饌《じゅくせん》と生饌《せいせん》とに大別する。

熟饌は調理神饌ともいう。米や芋などのように、火を通していただく食材には火を通し、生《なま》で

神饌

いただくものは、切身にしたり干物にするなどおいしく頂戴できるように調理する神饌をいう。本来の神饌調理は、熟饌が主流であった。最近、和食がユネスコの世界文化遺産となり、日本食が世界的に注目されるようになったが、和食の原点は神饌の熟饌にあるといわれている。

　これに対して生饌は丸物《まるもの》神饌ともいい、火を一切使用しない調理法で、米・鮮魚・野菜など食材を洗浄するだけで、品目ごとに三方《さんぼう》や高坏《たかつき》など奉献用器具の大きさに合せて、適量を形よく盛りつけてお供えするのである。

二、動物の献供

　動物や魚鳥を贄《にえ》（供物・進物）として、生きたまま神に供えることを生《い》け贄という。これは、神社ではごく少ない。むしろ例外であり、動物は基本的に供えない。

　平安時代の四時祭式によると、祈年祭の条に「大神宮、度会宮には各馬一疋を加へ、※1御歳社《みとししゃ》には白馬、白猪、白鶏各一つを加へ」とあり、臨時祭式には、霹靂神祭《かんときのかみのまつり》の条に鶏二翼が見え、祈雨祭には丹生川上社と貴布祢社に黒毛の馬一疋を、止雨祭には白毛の馬を奉ることが記されている。馬は乗り物として、また、農耕に大事な役割を果たしていたことによるもので、神饌とは別のものであろう。

　今日、動物を供する祭りとしては伊勢神宮の式年遷宮にともなう諸祭のうち、※2山口祭《やまぐちさい》・※3木《この》本祭《もとさい》・※4鎮地祭《ちんちさい》などに白色レグホンの雌雄二羽の鶏を、「生調」として竹籠で覆って奉っている。また、日光二荒山神社では、四月十七日の例祭※5弥生祭《やよいさい》に、毎年祭りの前に鹿を捕獲し、頭部を

※1　御歳社　奈良県御所市鎮座。葛木御歳（かつらぎみとし）神社。主祭神は御歳神（みとしのかみ）。延喜式内社（名神大社）。御歳社を別の神社とする説もある。

※2　山口祭　用材を伐採する御杣山（みそまやま）の山口に坐す神をまつり、伐採と搬出の安全を祈念する祭祀。

※3　木本祭　ご正殿床下の心御柱（しんのみはしら）の用材を伐採する重要な祭祀。山口祭当夜に行われ、その木の本に坐す神をまつる。

※4　鎮地祭　新殿を建てる御敷地（みしきち）に坐す神を鎮祭する神事。一般の地鎮祭（じちんさい）にあたる。心御柱覆屋（おおいや）前で執り行われる。

※5　弥生祭　二荒山神社（栃木県日光市山内に鎮座）の例祭。古くは三月に行われていたことからこの名がある。現在は四月十三日の神輿飾祭から祭りの期

剥製にして鹿の皮の上にのせて奉っているが（写真右下）、古くは生きたものを奉ったという。また、信州の諏訪大社では、上社前宮で四月十五日の御頭祭《おんとうさい》※6に鹿の頭と肉を奉っている。

こうした動物の奉献は生け贄の名残りといえようが、現在では特殊な事例であり、お召しあがりいただくための神饌とは区別されてしかるべきであろう。明治八年（一八七五）四月の式部寮達「神社祭式」以降、神饌の品目を定めたものに四足の動物はなくなったのである。

賀茂祭（賀茂御祖神社）

春日祭（春日大社）

弥生祭（日光二荒山神社）

間に入り、五日間行われる。色とりどりに飾られた花屋台（はなやたい）がお囃子とともに日光市街を練り歩く。

※6　御頭祭　諏訪大社上社本宮（長野県諏訪市大字中洲に鎮座）の例祭。かつては三月酉の日に行われていたため酉の祭、大御立座神事（おおみたてましんじ）とも。当地域の狩猟や五穀豊穣への願いと感謝が込められる。

三、神饌奉献の形式

◆案供《あんく》　神饌を三方・高坏・折敷《おしき》などに盛り、これを案上《あんじょう》に載せて奉献する方式で、現在、最も多くの神社で行われている。

◆薦供《せんく》　古式を伝えるもので、宮中新嘗祭において行われている方式である。柏葉で拵えた枚手《ひらて》（葉盤）や土器に神饌神酒を盛り、これを薦の上に奉奠する。

◆懸供《けんく》　供物を懸《か》けて奉る方式で、伊勢神宮の神嘗祭には、天皇陛下が耕作なされた初穂を元を束ね穂を下に向けて内玉垣御門に懸けて奉献される。これを懸税《かけぢから》という。また、これに類する供え方として、供物を吊るして奉献する方式がある。春日祭では御戸開《みとびらき》八種《やくさの》神饌のうち、御魚の塩鯛一尾を高坏に麻苧《あさお》で吊るし、島根県美保神社の※7青柴垣神事《あおふしがきしんじ》では、干柿を五個ずつ竹串に刺し、これを荒籠の外に吊るして奉献する。

◆散供《さんく》　地鎮祭において、四隅と中央で土地の霊に対して米・塩・切麻・酒などを散らして奉献するほか、定礎祭や新殿祭などの建築関係祭典や井神祭《いのかみまつり》その他で行なわれる。

◆投供《とうく》　海・川・湖などの水中に投げて奉献する方式で、水上の祭典で見ることができる。

散供（切麻散米）

懸税（神宮）

※7　青柴垣神事　美保神社で四月七日に行われる例祭。毎年十二月三日の諸手船（もろたぶね）神事と対をなす神事。氏子から一年神主の頭屋を決め、頭屋夫婦を青柴を飾った二隻の船に乗せ、賑やかな演奏の中、港内を一周し、美保神社に参拝する。事代主神が国譲りを決断し青柴垣に隠れたとする神話に基づく神事である。

四、神饌の品目と献撤の順序

神饌を奉献する品目と順序は、神社祭式では和稲《にぎしね》・荒稲《あらしね》・酒・餅・海魚《うみうお》・川魚《かわうお》・野鳥《やちょう》・水鳥《すいちょう》・海菜《かいさい》・野菜・菓・塩・水と定められている。撤する順序は、これと逆になる。

なお、宮中や伊勢神宮をはじめ熟饌を奉献する祭祀は、必ずしも右の神社祭式の定め通りではない。ここでは右の定めにしたがって、品目ごとに説明する。

最初は、米である。まずはじめは和稲で、その次が荒稲である。和稲とは籾《もみ》を取り去った米で、荒稲とは籾を取り去らない米である。以下に述べる神饌の多くは、同種で二品目を奉献しているから、米の場合は和稲荒稲としたのであろう。現在は荒稲は入手困難なことから多くの神社で和稲だけを奉献しているが、古例に倣えば、せめて大祭のときには白米を和稲とし、玄米を荒稲として奉献することが考慮されてもいいのではないだろうか。

伊勢神宮では御料米を甑《※8こしき》で蒸し上げ、飯として土器に盛るのである。こうした調理法は、現在では特殊神饌と称する三勅祭その他で行われている。

次は、酒である。酒は多くの神社では清酒のみ用いられているが、酒は神話にも記されている祭りには欠かせない大事なものである。そこで、宮中の新嘗祭には白酒《しろき》と黒酒《くろき》が、伊勢神宮では三節祭《さんせつさい》といわれる大祭の神嘗祭《かんなめさい》と六・十二月の月次祭《つきなみさい》には、白酒と黒酒に醴酒《れいしゅ》と清酒の四種が、祈年祭《きねんさい》・新嘗祭《しんじょうさい》をはじめとする年中の祭典には醴酒と清酒、そして毎日の日別朝夕大御饌《ひごとあさゆうおおみけ》祭や大麻修祓式《たいましゅばつしき》などには、清酒のみが奉献されている。

なお、白酒とは濾過《ろか》しない濁酒をいい、黒酒とは濁酒に常山《くさき》という木を焼いた灰を入れたもの

投供

※8 甑　穀物を蒸すための土器。木製品は蒸籠（せいろう）。鉢や甕（かめ）の形状で、底に穴があり、簀（す）の子をはめて米等をのせ、水を入れた別の器を置き沸騰させ、その蒸気で蒸す。

である。神社祭祀にあっても、濁酒か醴酒（一夜酒）が入手できるときであれば、大祭には濁酒もしくは醴酒と清酒を奉献することが望ましいということになろう。

次は餅であるが、これは鏡餅と称される、円形の餅を二つ重ねにしたものが多いが、伊勢神宮では一定の型に入れて型取りして、これを十枚盛または五枚盛にする。また、賀茂別雷神社の賀茂祭内陣神饌の中の船御餅や、美保神社の青柴垣神事における車餅などは、特殊な用器を用いる。その名称や形はいろいろである。

次は、魚である。魚は海の魚、川の魚の順である。海魚は鯛《たい》・鮭《さけ》・魳《かます》・鯵《あじ》・鰆《さわら》のほか、川魚は鯉《こい》・鮎《あゆ》（香魚）・鮒《ふな》（鯽）、その他の中から選ばれるのが多い。熟饌にあっては切身や乾物《ひもの》にするが、生饌では姿のままで忌緒といって麻苧《あさお》を掛けるのも良い。また、魚介類として海老《えび》（蝦）・鮑《あわび》（鰒）・栄螺《さざえ》・蛤《はまぐり》・蠣《かき》・熬海鼠《いりこ》などの中からも奉献される。

次は、鳥である。これは野鳥が先で、水鳥があとである。野鳥は雉子《きじ》・山鳥《やまどり》・鶏などで、水鳥は雁《かり》・鴨などの中から選ばれるのが多い。しかし、現在は狩猟が禁じられているものが多く、捕獲することがむずかしいことから、鳥に代えて鶏卵を奉献するところもある。

次は海菜、すなわち海藻である。式祝詞には奥《おき》つ藻《も》葉《は》、辺《へ》つ藻葉とあり、沖に生える海藻としては昆布・和布・海松《みる》などで、海辺の海藻としては、鹿尾菜《ひじき》・荒布《あらめ》・海苔《のり》などの中から選ばれるのが多い。

次は野菜で、これも種類が豊富である。式祝詞には甘菜辛菜《あまなからな》とある。甘菜としては人参・牛蒡・菁《かぶ》（蕪）・白菜・胡瓜・茄子その他、辛菜としては大根・芹・生薑《しょうが》などがあり、これらの中から数品を選ぶ場合が多い。

次は、菓である。菓には水菓子、すなわち果物と菓子とがあり、果物が先である。果物も収穫される品数は豊富であるが、これも旬のものを数品選ぶのがよい。

　次は、塩である。これは調味料として奉献するが、食塩は健康管理上欠くことのできない大事な要素を含む。現在は化学調味料による精製塩が流通しているが、海水から採取した自然塩には塩化ナトリウムのほか、カリウム・カルシウム・マグネシウム・鉄などの成分が入っていて、精製塩よりも健康に良いとされている。伊勢神宮をはじめ、神社で御塩を調製しているところはよいが、購入する場合は精製塩ではなく自然塩がのぞましい。

　最後は、水である。水は生物の生存に欠くことのできない物質で、日本は天然の水資源に恵まれた国とされてきた。伊勢神宮では、※9上御井神社《かみのみいじんじゃ》・※10下御井神社《しものみいじんじゃ》から御料水を汲み採り、皇居の賢所、春日大社をはじめ、御殿近くに御料水用の井戸を有する神社は多い。また、神話に因んだ天の真名井《まない》と称する湧き水を御料水とするところもあるが、近年はいろいろな原因で水の汚染が問題になっているので、くれぐれも清浄水を奉献することに心がけねばならない。

五、神饌所と調理用具

神饌を調理して弁備するところを多くの神社では神饌所というが、宮中では御饌殿《みけでん》・膳舎《かしわしゃ》、伊勢神宮では忌火屋殿《いみびやでん》と称し、その他、御炊殿《みかしぎどの》・竈殿《かまどの》・御供所《ごくうしょ》・酒殿《さかどの》・贄殿《にえどの》などと称する神社もある。

　神饌は清浄を重んずるところから、その食材の調達にも意を注がなければならない。伊勢神宮では自給自足を基本としている。身を清めて白衣を着用した神宮職員の手で、※11神田《しんでん》で稲米を

※9　上御井神社　外宮所管社（しょかんしゃ）。祭神は御料水の守護神。宮域内鎮座。この御井の水を神饌として供える。神職はこの井戸から水を汲む際に、自分の姿を映さないよう長い柄杓を用いる。高天原からこの御井に水が移されたと伝えられる。

※10　下御井神社　外宮所管社の一つ。宮域内鎮座。御料水の守護神が祭神。上御井神社に不都合があったときに、この御井の水を汲んで供える。

※11　神田　伊勢市楠部（くすべ）町所在。神田の起源は古く、倭姫命が定めたと伝える。大御刀代（おおみとしろ）、御常供田（みじょうくでん）と呼ばれた。ここで収穫された新米は神嘗祭においてまず供えられる。

※12　御園　度会郡二見町溝口所在。神宮の諸祭典に供える季節に応じた野菜、果物を栽培。内宮近くに御園分場があり、栗の木を栽培している。

※13　御塩殿　神社度会郡二見

耕作し、※12御園《みその》で野菜・果物類を堆肥《たいひ》で栽培し、御塩は※13御塩殿《みしおでん》神社で伊勢湾の海水を引いて焼き、これを固塩につくり、奉献用器は※14土器《どき》調製所《ちょうせいじょ》で神饌用土器を奉製し、魚類・貝類は古来、伊勢・志摩あるいは尾張（愛知県）など決められたところから捕採した、清浄なものを調達しているのである。神社で神田《しんでん》を有し稲米を耕作している神社はあるが、伊勢神宮のように神饌品目のすべてと奉献用土器までお作りしている神社は、神宮をおいて他にはない。

さらに神宮では、調理用の水は毎朝、上御井神社から御料水を汲み、火は※15火鑽杵《ひきりぎね》と※16火鑽臼《ひきりうす》で忌《いみ》火《び》を鑽《き》り出して調理にあてている。神饌所には、こうした設備や備品を常備することが望ましい。

神饌所はこれにふさわしい清浄な場所を選び、設備・備品をととのえなければならない。特に、神饌調理に必要な備品・食材はもちろん、調理奉仕員も清浄を旨とし、一社伝来の調理神饌には、その継承にも意を注いでほしいものである。神饌所の広さは、奉献する神饌の品目や数量によって異なり、水・火については特に配慮が必要で、水は衛生面をも注意しなければならない。

神饌調理用具としては、真魚板《まないた》・庖丁《ほうちょう》・真魚箸《まなばし》・覆面《ふくめん》・襷《たすき》など、奉献用具には、三方《さんぼう》・折《お》敷《しき》・高坏《たかつき》・案《あん》・薦《こも》などの祭器具、神饌用器としては、甕《みか》・土器・瓶子《へいし》・水器・箸・耳土器《みみどき》（箸台）・神社によっては枚手《ひらで》（葉盤）・窪手《くぼて》（葉椀）などを用いるところもある。さらに調理した神饌を保管する折櫃《おりびつ》・饌櫃《せんびつ》・神饌棚・控案なども必要である。

そこで、左に主なる神饌調理用具と奉献用備品について解説する。

◆真魚板《まないた》（真名板《まないた》、俎板、俎）　調理する食材を刃物で切るときにのせる板。今日では一般に俎板、俎と書くが、もとは魚を料理する板の台であったことから、真魚板と書く。銀杏《いちょう》・柳《やなぎ》・桧《ひのき》・桂《かつら》などの木材でつくる。近年、保健所では衛生面から一般の食品調理に対して、プラスチック製をすすめており、木材の場合は塩素系の洗剤で洗うか、塩で洗って干すことをすすめているが、

町荘（しょう）鎮座。内宮所管社。祭神は御塩殿鎮守の神。毎年十月五日御塩殿祭が行われる。域内に御塩汲入（くみいれ）所・御塩焼所・御塩殿がある。

※14　土器調製所　神宮の祭典に用いる素焼きの土器を調製する施設。土器類は祭典に一度限り使用して、土中に埋納される。多気郡明和（めいわ）町蓑村に所在。毎年五月十四日の風日祈祭（かざひのみさい）にたてまつる御笠（みかさ）と御蓑（みみの）も調進されている。

※15　火鑽杵　発火具の一つ。回転摩擦することにより火を鑽（き）り出す。神宮のものは舞鑽（まいきり）法で、棒の回転にはずみ車を利用したもの。静岡県の登呂遺跡からも同型のものが出土。

※16　火鑽臼　発火具。火鑽杵とともに使用する木の台。木の台に小穴をうがち、ここに火鑽杵を入れて摩擦する。発火したら、火口（ほくち）に受け、付木（つけぎ）に移して火を得る。

熱湯、太陽熱乾燥などの方法を用い、化学薬品の使用は避けたいものである。

◆**庖丁**《ほうちょう》　食物の調理に使用する刃物。庖丁の種類は多いが、生饌の調理には菜切り庖丁が最も多く使われる。熟饌の調理には柳刃庖丁・薄刃庖丁・出刃庖丁などを備えておくとよい。

◆**真魚箸**《まなばし》　魚を調理するときに用いるところから、真魚箸と書く。木製・鉄製などがある。後述する「箸」参照。

◆**覆面**《ふくめん》　神饌物に息がかからないよう、神饌調理に際して顔面を覆《おお》い包《つつ》む。布製・紙製などがある。

◆**襷**《たすき》　神饌調理がしやすいよう、衣服（白衣）の袖をかかげあげるもの。白布・麻苧《あさお》などを用いる。

六、神饌の首尾本末と盛り方

神饌を供するにあたって、首尾本末のあるものは、およそ次の要領で正中または上位に向ける。

①首尾あるものは、頭部を上位に向ける。

②魚類は首部を上位とし、腹部を神前に向ける。ただし、戦前は海腹川背といって、海魚は腹部、川魚は背部を神前に向けて奉献していたので、これを現在も継承しているところがある。おいしい部位を神前に向けるということからであるという。

③鳥は頭部を上位に向け、腹部を下にする。一説に、野鳥は頭部を羽根の下に入れて腹部を下にし、水鳥は頭部を出したまま腹部を上に向けるという。

④野菜類は、葉を奉るもの（白菜・京菜・三島菜など）、および根を奉るもの（大根・人参・牛蒡など）は、葉本（株）を上位とし、葉と根とを奉るもの（蕪《かぶ》など）は、葉を上位とし根を下

海腹川背　上：海魚　下：川魚

上：野鳥　下：水鳥

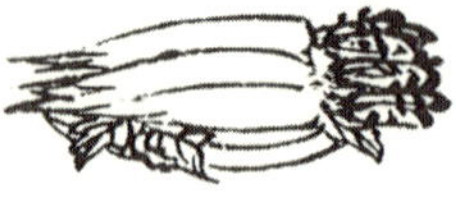
野菜（葉本が上位）

位とする。

⑤果は、およそ花落を上位に向けることを本義とする。これは花落のほうが甘味があっておいしいということからであろう。しかし、林檎・梨・柿などの果実は、切り取ったほうを上に向けざるをえないだろう。栗は尖ったほうを上に向ける。

⑥昆布、干瓢《かんぴょう》などの長いものは、両端から中央に向けて内へ内へと折りたたみ、麻苧《あさお》や藁稭《わらしべ》などの斎緒《いみお》で括り、折り目のほうを上位に向ける。

⑦海苔《のり》は二重に折り、折り目のほうを神前に向ける。

神饌の盛り方には、あまり高くしないで平たく盛りつける平盛《ひらもり》と、うずたかく盛りあげる高盛《たかもり》とがある。本来の神饌調理が熟饌であったことを思うと、平盛が基本ということになる。

高盛とは、仏教が渡来して仏供をうずたかく盛ることから、神仏習合時代に神饌にも行われるようになったのである。

明治以降は、神饌調理が熟饌から生饌を主流とするようになったことから、大根や人参などの野菜までも、束ねて立てる盛りつけ方が行われるようになった。しかし、野菜は横にして盛りつける平盛が本来の形式である。

盛りつけにあたっては、三方や高坏に一台一品とは限らず、数品を盛り合せることが多い。とりわけ野菜は一品一台ずつ、何台にもわけて盛るところもあるが、野菜や果物は一台に数品を盛り合わせることが多く、この場合は色彩・形・葉の物・根の物などを考慮することが肝要である。

神饌は御祭神を中心に、その土地の産物で旬のものを選ぶことが基本である。このことは、後述する伊勢神宮の神饌を見ても推察することができる。

七、神饌の奉献用具

神饌を奉献するには左に記す用器具が用いられるので、これらの正しい用途・用法を解説する。

◆**三方《さんぼう》（写真）**　桧や杉の薄板を折り曲げ、合わせ目を樺桜《かばざくら》の皮で綴じ、これに底板を取り付けた容器を曲物《まげもの》または綰物《わげもの》という。

三方は四角の曲物で、上部が折敷《おしき》、下部を胴《どう》という二つで構成されている。折敷・胴ともに四隅は角切《すみきり》といって角《かど》を取ってある。折敷は低い縁《へり》で、底板のある角盆《かくぼん》のような曲物で、その下に折敷よりも小さい胴という曲物を取り付ける。胴の三面には繰形《くりがた》または眼象《げんじょう》という福袋形《ふくぶくろがた》の穴が刳《ほ》ってある。繰形が胴の三面にあることから三方といい、これが四面にあるものを四方《しほう》という。

古くは食盤用として使用したが、後世に神事用となってからは、主として神饌を奉献するのに用いるようになった。綴目は折敷と胴が反対の面になっており、神前に供えるときは折敷の綴目を手前にし、胴の綴目を神前に向ける。桧の素木《しらき》づくりと、黒または朱色に塗った塗《ぬり》三方とがある。

◆**折敷《おしき》（写真）**　折敷は右に述べた三方の上部だけのものである。古くは食盤用として使われ、神事では主として神饌を神前に奉献するときや直会《なおらい》における饗膳用とし、また、神札・お守類を授与するときなどに用いる。神前に供えるには綴目のあるほうが手前（下位）、その反対側を神前（上位）に向ける。素木《しらき》づくりを通例とするが、塗《ぬり》折敷や絵を描いた絵折敷などもある。

◆**高坏《たかつき》（写真）**　高須伎《たかすき》、腰高《こしだか》ともいう。食物を載せる脚《あし》付きの台で、もとは土製であったが、のち木製がつくられ漆塗りとなった。伊勢神宮では、今日も土製の高坏に土器を載せ、神饌を盛って奉献している。

角高坏

折敷

三方

食物を載せる上部が四角いものを角《かく》高坏、円形のものを丸《まる》高坏という。角高坏を公式とし、丸高坏を略式とする。脚部はいずれも丸である。

◆案《あん》　一般には物を置く机のこと。神事用ではアンと音読する。神饌・幣帛・玉串などを奉るときや、これらのものを仮に弁備して置くのに用いる。

素木《しらき》製が多いが、皮付きの丸木でつくった黒木案または楉案《しもとあん》、漆を塗った塗案《ぬりあん》、螺鈿《らでん》や蒔絵《まきえ》を施したもの、胡粉《ごふん》地に彩色《さいしき》を施したもの、飾金具《かざりかなぐ》を付けたものなどがある。大きさ、高さなどは、奉献する場所と用途にあわせて準備する。脚《あし》は直線のものが多いが、折れ曲った榻脚《しじあし》や鷺脚《さぎあし》もある。脚の数は四、八、十二、十六などで、左右四脚ずつ計八脚のものを八足案《はっそくあん》といい、八足案がもっとも多く使われている。

また、上部の板を天板《てんいた》、脚を固定する横木の上部を桟《さん》、下部を土居《つちい》といい、天板の下（裏）に差し込む桟は蟻差《ありさし》とする（下図）。案の表裏（前後）は、天板の下部に蟻差の切り込みがあるほうを裏とし、切り込みのないほうを表とする。祭場に鋪設するときは、表を手前にする。

次に、神饌案の鋪設のしかたを図示すると、左の通りである（次頁図）。ご神前のすぐ前に鋪設する一案は正中とし、二案の場合は、案と案のつき合わせを正中にしないようにする。三案の場合は奥の一案を正中とし、その手前にくる案は正中でつき合せてもやむをえないこととする。なお、神饌案の高さは同じものが好ましい。手前にくるにしたがって低くなる雛壇形式は、神さまがお召し上りにくくなるのだから、好ましくないということになる。

◆薦《こも》　薦は、菰とも書く。神座をはじめ神籬《ひもろぎ》・神饌・神饌案・幣帛案・神饌辛櫃・幣帛唐櫃・玉串案などの下、および遷御《せんぎょ》の通路などに敷く。また、神饌その他の品物を包む料としても用いる。

薦は沼沢に自生する真薦（菰）を、白または青糸で十封《ふ》（編糸の数）に編む。薦の幅はおよそ

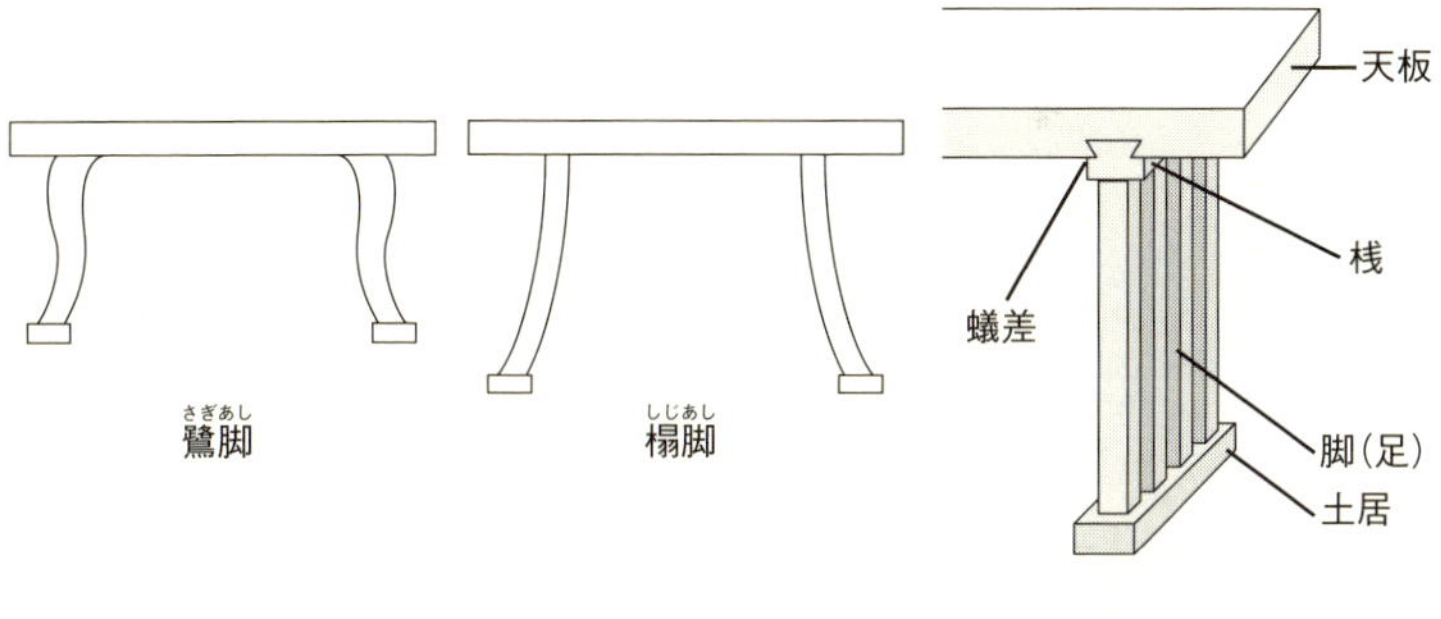

案の各部名称と脚の形状例

三尺（九〇センチ）、長さはおよそ六尺（一八〇センチ）に仕上げてある。また、祭場の鋪設には簀《す》薦も用いられる。簀薦は米藁を白糸で、六封または七封に編む。表裏はすべすべしたほうが表で、編みはじめが本《もと》である。手編みならば本末がわかるが、機械編みでは長く編んだものを一定の長さに切って、本末ともに編糸で結ぶため本末の判別がしにくい。使用するときは表を上にし、本を上位にする。

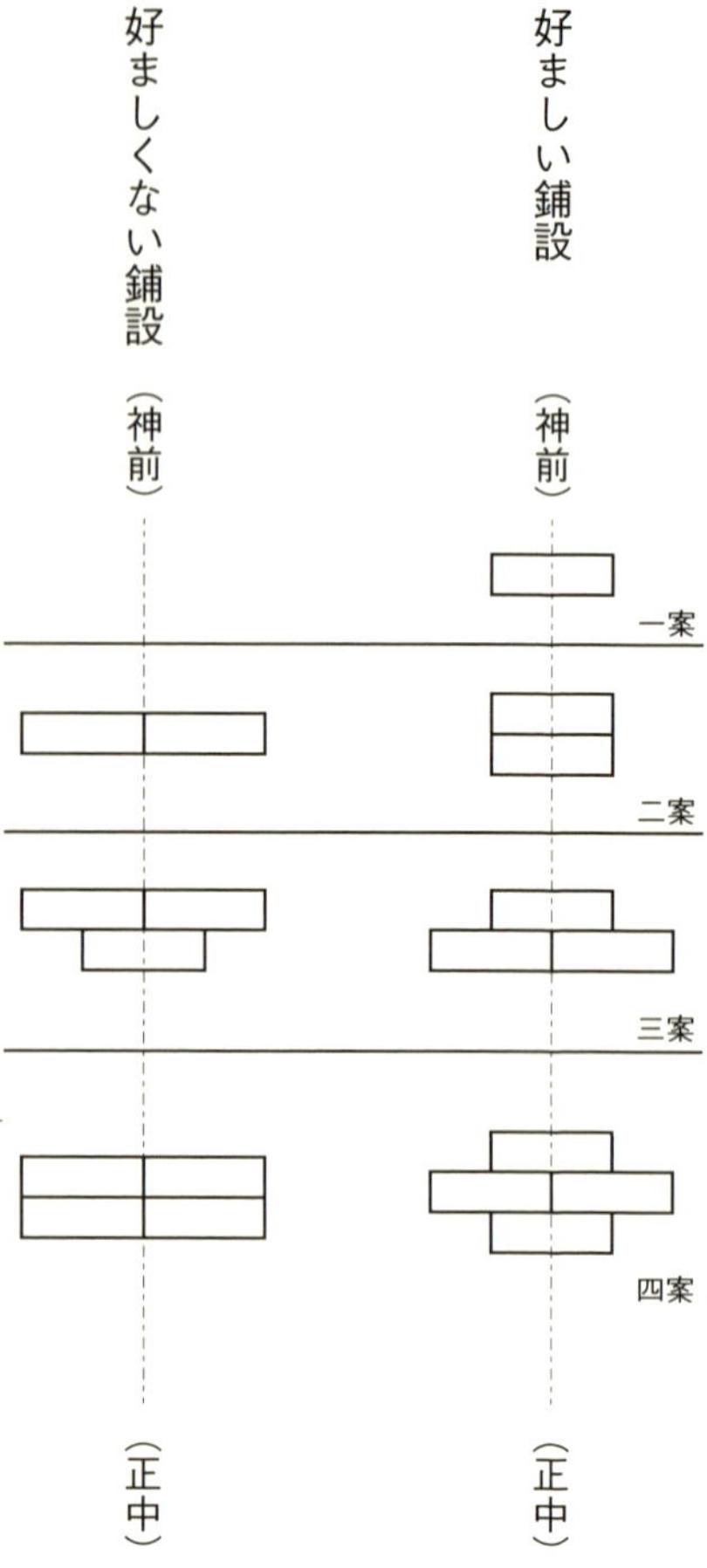

神饌案の鋪設の例

◆**土器**（**写真**）　釉薬《うわぐすり》を用いない素焼の器物をいう。神事にはカワラケともいって、糸尻（糸底）のない小皿のことをいう。神饌・御酒を供えるのに用いる。

◆**甕**《みか(かめ)》（**瓮・写真**）　酒や水を入れる大きなかめ。式祝詞には「御酒《みき》は甕《みか》の閉高知《へたかし》り、甕《みか》の腹満《はらみ》て雙《なら》べて」とある。すなわち、神酒を甕の口いっぱいに入れ、これをたくさん並べて供えるということである。

◆**瓶子**《へいし(じ)》（**写真**）　御酒を入れて神前に供える容器。古典には、御酒を供えるのに斎瓮《いわいべ》や甕《みか》を用いたことが見えるが、後世は主として瓶子を用いるようになった。土器もしくは陶器製が多く、漆器・銀・錫《すず》・白銅《はくどう》製などもある。神前には、一対を三方や高坏などに載せて供える。

◆**水器**《すいき》（**写真**）　水を盛る用器。古くは盌《もい》または椀《まり》と称した。現在では素焼土器または白陶器で、

古代祭祀の甕（中央）

その形は糸尻のない湯呑み茶碗形式で、直径より深さのほうが浅い。近年は水玉《みずたま》といって、蓋付《ふたつ》きのものもある（写真参照）。神前には、三方・高坏・折敷などに載せて供える。

◆**箸**《はし》　『古事記』に、須佐之男命《すさのおのみこと》は出雲の国の肥《ひ》の河上にて「箸其の河より流れ下りき」により、命《みこと》がその河上を訪ねると老夫婦が住んでいたという記載がある。古くから食事に用いたことから、神饌も熟饌には箸を添えて置くのである。生饌では省略している。

箸は五・六世紀頃までは一筋の竹の皮のついたものを中央で撓《たわ》め、ピンセットのように両端先で挟み取るものだったが（九十九頁写真参照）、のちに現在、食事で用いているような二筋を一揃とするようになった。宮中の新嘗祭では、現在も一筋の竹製箸を用いているが、伊勢神宮をはじめ神社の熟饌には二筋の箸を箸台の耳土器《みみどき》に載せて置く。その材質は竹・杉・桧・柳・櫨《はぜ》などである。

◆**耳土器**《みみどき》**（写真）**　耳土器は箸台である。土器を焼く前に土をこねて平らな円形をつくり、左右両側を上方へ丸みをつけて折り曲げてから焼く高坏のような脚付《あしつ》きのものと、脚のないものとがある。

◆**掻敷**《かいしき》　神饌の下、神饌用器の上に敷くもの。木の葉または白紙を用いる。木の葉では槲《かしわ》・譲葉《ゆずりは》・檜・榊・蚯蚓灰《とくらべ》（神宮）・枇杷《びわ》・南天《なんてん》などのほか、笹の葉も用いられる。白紙は折らない場合もあるが、多くは二つ折とし、その折り方には吉凶があるので注意を要する。吉の折り方は次頁図の三通りとし、いずれでもよい。なお、折ったほうを神前または上位に向ける。手水における拭紙《ぬぐいがみ》の折り方も同様である。

◆**斎緒**《いみお》　神饌を括るもので、紙・麻苧《あさお》・藁稭《わらしべ》などを用いる。紙は細長く折

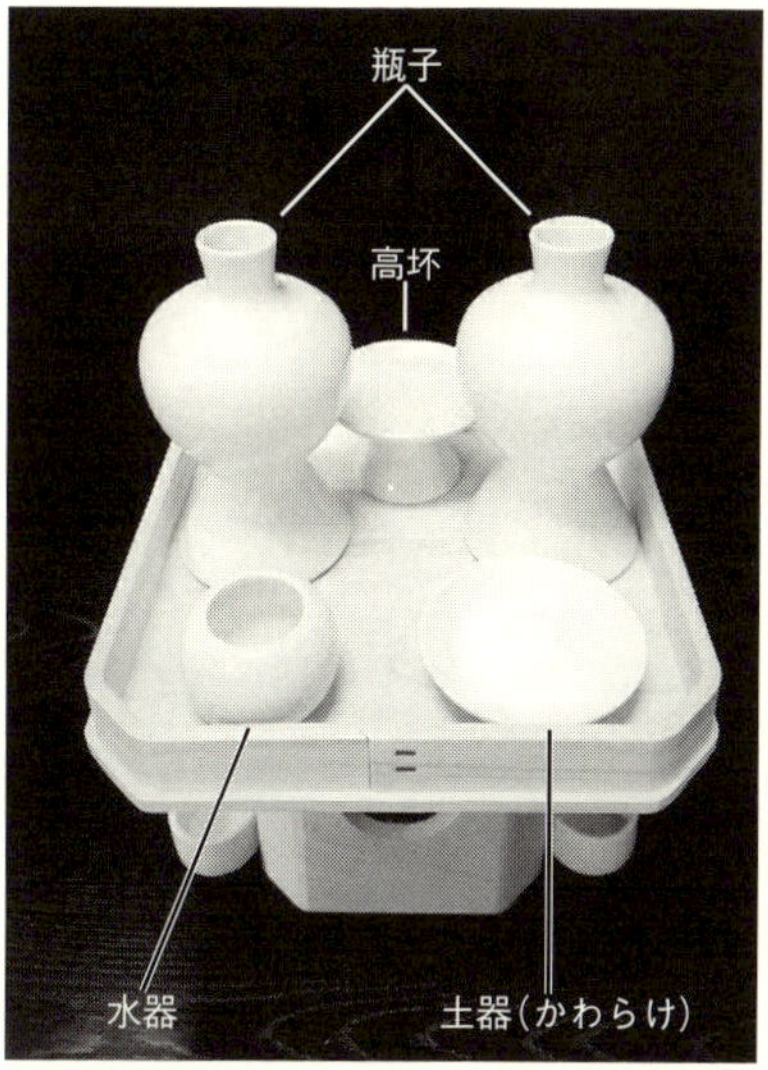

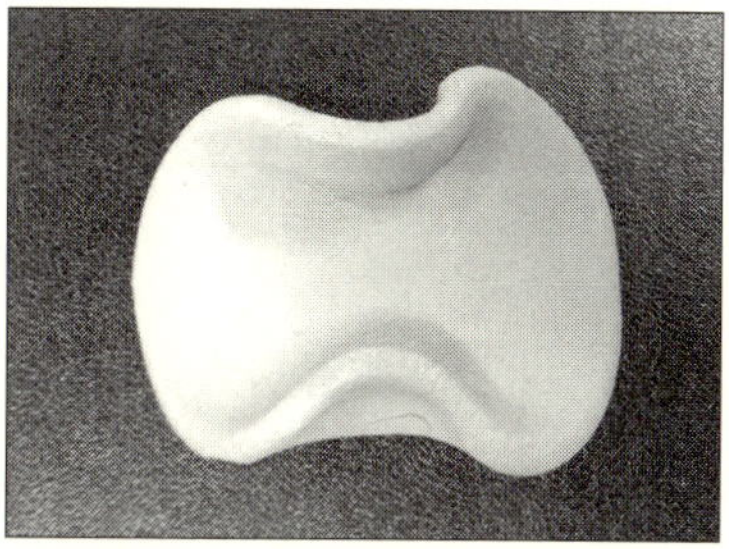
耳土器

りたたむか、紙捻《こひねり》（紙縒《こより》）にして括る。放端紙《ほうたんし》といって、紙捻の両端は捻《よ》らず結んだときに飾りとすることもある。湿ったものには麻苧や藁心を用いるのがよい。

まとめ

以上、神饌について述べてきたが、ここで神饌の調理と奉献に関する心得を記しておこう。

まず、毎日、奉献する日供祭と、年中の大・中・小祭の神饌とは、その品目・数量を区別しなければならない。日供祭の神饌は米・酒・塩・水を基本とし、これらに野菜・果物などを添える。

ちなみに、大正三年三月二十七日に内務省令第四号をもって制定された「官国幣社以下神社祭式」によると、大祭には大社十一台以上、中社十台以上、小社・別格官幣社九台以上、中祭には七台以上、小祭には五台以上とし、その品目と奉献順序は現行の神社本庁規程「神社祭式」と同様である。

現行の規程「神社祭式」には、神饌の台数についての定めはないが、小祭よりも中祭、中祭よりも大祭と、大きな祭典となるにしたがって神饌の品目・数量を多くしている。とりわけ大祭には、伊勢神宮では鰒のように比較的カロリー値の高いものを生物と乾物とで奉献していることに鑑みて、奉献品目を選定したいものである。要はバランスのよい品目を選ぶことで、特に大祭には最高の御馳走でおもてなしをする。それには生物と乾物といったことも考慮するとよいであろう。

また、奉献する神饌品は、稲米をはじめとして神社自体で栽培することが望ましいが、購入する場合でも新鮮で清浄なものを選定したい。

搔敷の折り方

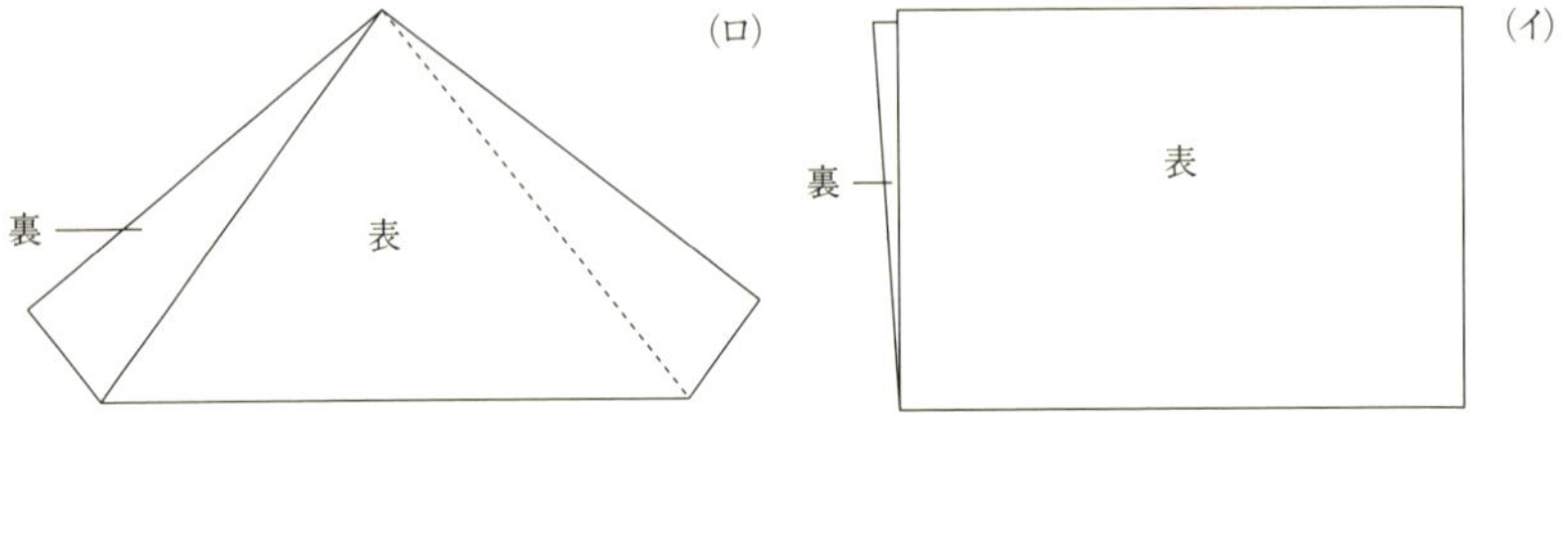

まず、神饌の品目選定にあたっては、次のことに意を用いてほしい。

①ご祭神とその祭祀に縁りあるものをよく調べて、それを優先させること。とりわけ、その祭祀に一社伝来のものがあれば、その伝統を継承することにつとめる。

②季節の旬のものを選ぶこと。近年は野菜や果物などの温室栽培が盛んになったため、いつが旬なのかわからなくなったものもあるが、あくまでも自然栽培の旬のものを選ぶようにしたい。また、野菜・果物については数品目を選び、根のもの、葉のものに加えて色彩感覚をも考慮するとよい。

③土地の産物を優先的に選ぶこと。野菜・果物はもちろん、海産物なども近海で獲れたものを優先的に選ぶ。もちろん、近隣では採れないものもあるから、その場合は現代の流通機構を利用して、新鮮で旬のものを選ぶようにするのがよい。

次に、神饌所は常に衛生面に注意し、神饌調理に際しては調理用品・用具ならびに奉献用祭器具等を周到に準備する。調理にあたる神職も、清浄を旨として整理整頓を心掛ける。調理盛りつけに際しては、奉献した神饌を神さまから御覧になっても、参列者から見ても、形美わしくなるように心掛けたい。かりそめにも、参列者にばかり気づかって神さまを軽視するようなことがあってはならない。

終りに、神饌を奉献することは神道祭祀における最も大事な行事の一つであるから、神明奉仕にあたる神職は、これを規範とした食生活を心がけるようにしたいものである。

（ハ）

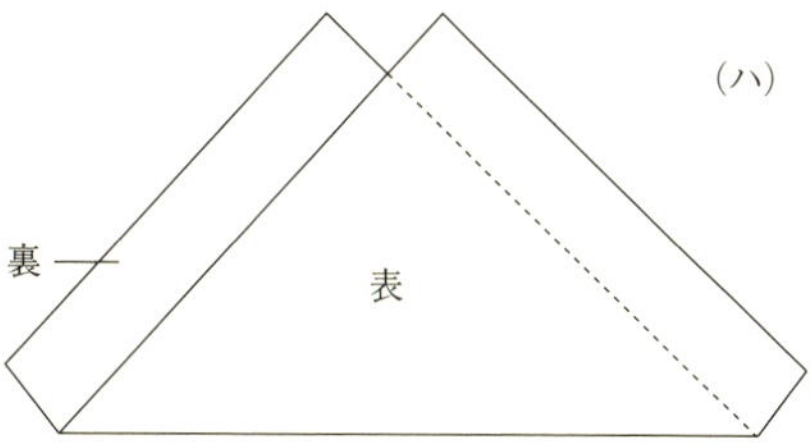

付記　伊勢神宮の神饌

ここで、古儀を継承しているといわれる伊勢神宮で、年中の祭典に奉献する神饌の種類と品目をあげると、左の通りである（『神宮祭祀概説』参照）。

○神酒―白酒《しろき》・黒酒《くろき》・醴酒《れいしゅ》・清酒
○塩―固形の塩
○水―御料水
○飯―甑《こしき》にて蒸上げる
○餅
○魚類
丸身―鯛・乾《ひ》鯛・鯉・鯽《ふな》（鮒《ふな》）・乾伎須《きす》・乾香魚《こうぎょ》（鮎の美称）・乾鯥《むつ》・乾梭魚《さぎょ》（魳《かます》）・鰕《えび》（海老）
切身―鯛・乾鯛・乾鮭・鱒《ます》・鯔《ぼら》・鱸《すずき》・乾鮫《さめ》・乾鰹《かつお》・烏賊《いか》・乾烏賊
貝類―鰒《あわび》・乾鰒・身取鰒《みとり》・玉貫鰒《たまぬき》・栄螺《さざえ》・乾栄螺・蛤《はまぐり》・牡蠣《かき》・海参《いりこ》（熬海鼠《いりこ》）
○鳥類―野鳥・水鳥
○海藻類―昆布・荒海布《あらめ》・若海布《わかめ》・鹿尾菜《ひじき》・海松《みる》・紫海苔・青海苔
○野菜類―大根・胡蘿蔔《こらふく》（人参）・牛蒡・山芋・独活《うど》・山葵《わさび》・蕪《かぶ》・菜・蔓菜《つるな》・春菊・三ツ葉・菠薐草《ほうれんそう》・
里芋・露芋・蓮芋・薑《はじかみ》・百合根・莢菜豆《さやまめ》・大角豆《ささげ》・枝豆・蓮根・慈姑《くわい》・芹・筍・胡瓜・松茸
○果実―香橙・蜜柑・桃・柿・林檎・梨・金柑《きんかん》・桜桃《おうとう》（さくらんぼ）・苺・乾柿・枇杷・葡萄・栗・乾栗

右に記した神饌の種類と品目は、神宮での年中の祭典に奉献するすべての品目を列記したもので、それぞれの祭典にはこれらの中から数種・数品目を奉献するのである。それにしてもその数が豊富なことには驚くほどである。魚類だけをみても丸身と切身があり、その品目は鯛・鯉・鯽（鮒《ふな》）・伎須・香魚《こうぎょ》（鮎）・鯥《むつ》・梭魚《さぎょ》（魳《かます》）・鰕《えび》（海老）・鮭《しゃけ》・鱒《ます》・鯔《ぼら》・鱸《すずき》・鮫《さめ》・鰹《かつお》・烏賊《いか》などまことに豊富で、しかも生物だけでなく、保存食である干物もあることに着目したい。

このようにたくさんの品目があるのは、祭典の季節と規模によって異なり、それはその地方の産物で旬のものを奉献することが基本だからである。このことは、貝類・海藻類・野菜類・果実などについても同様である。

そこで、年中祭典の中で最も

由貴大御饌の奉献図

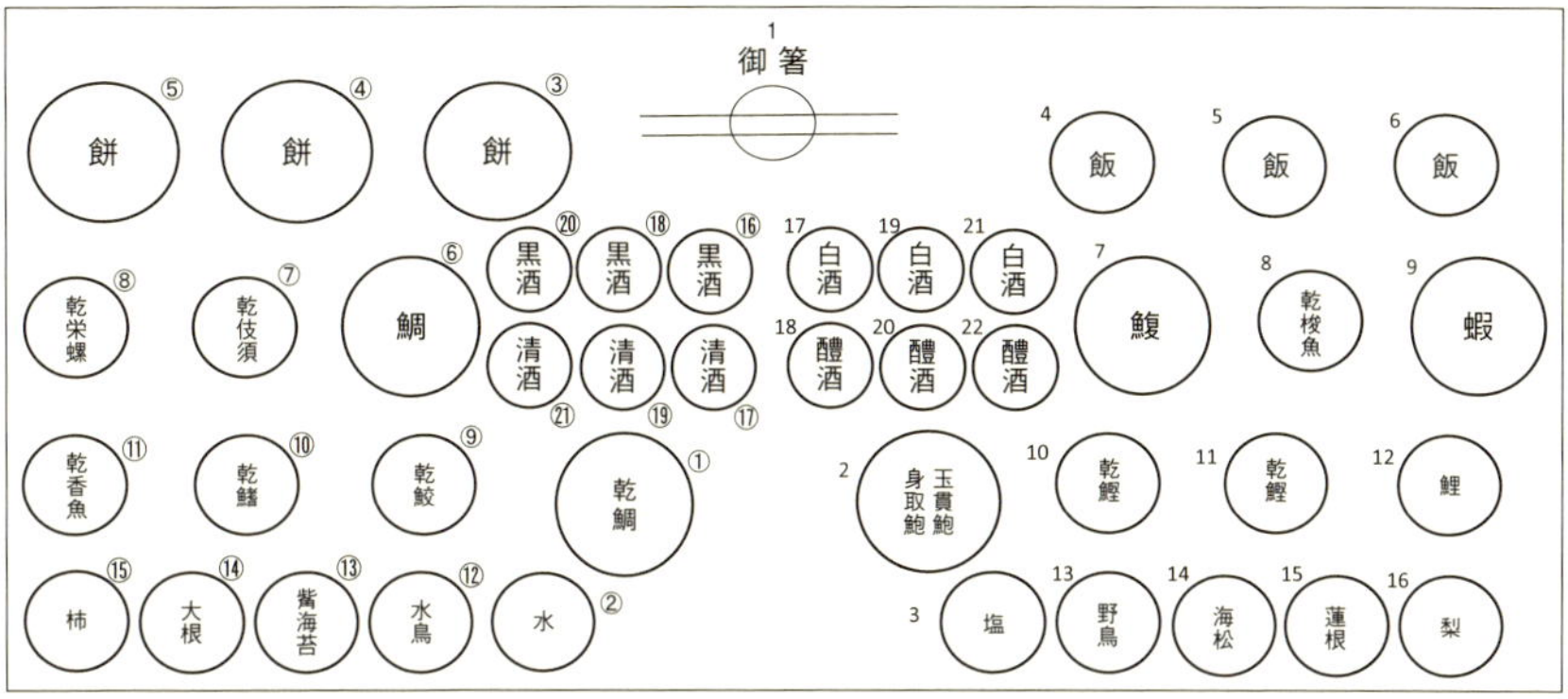

※神宮神嘗祭で奉献される神饌を由貴大御饌という。
※禰宜がそれぞれ左右並んで神饌を奉献する。1～22、①～㉑は奉献の順番。

日毎朝夕大御饌祭の神饌奉献図

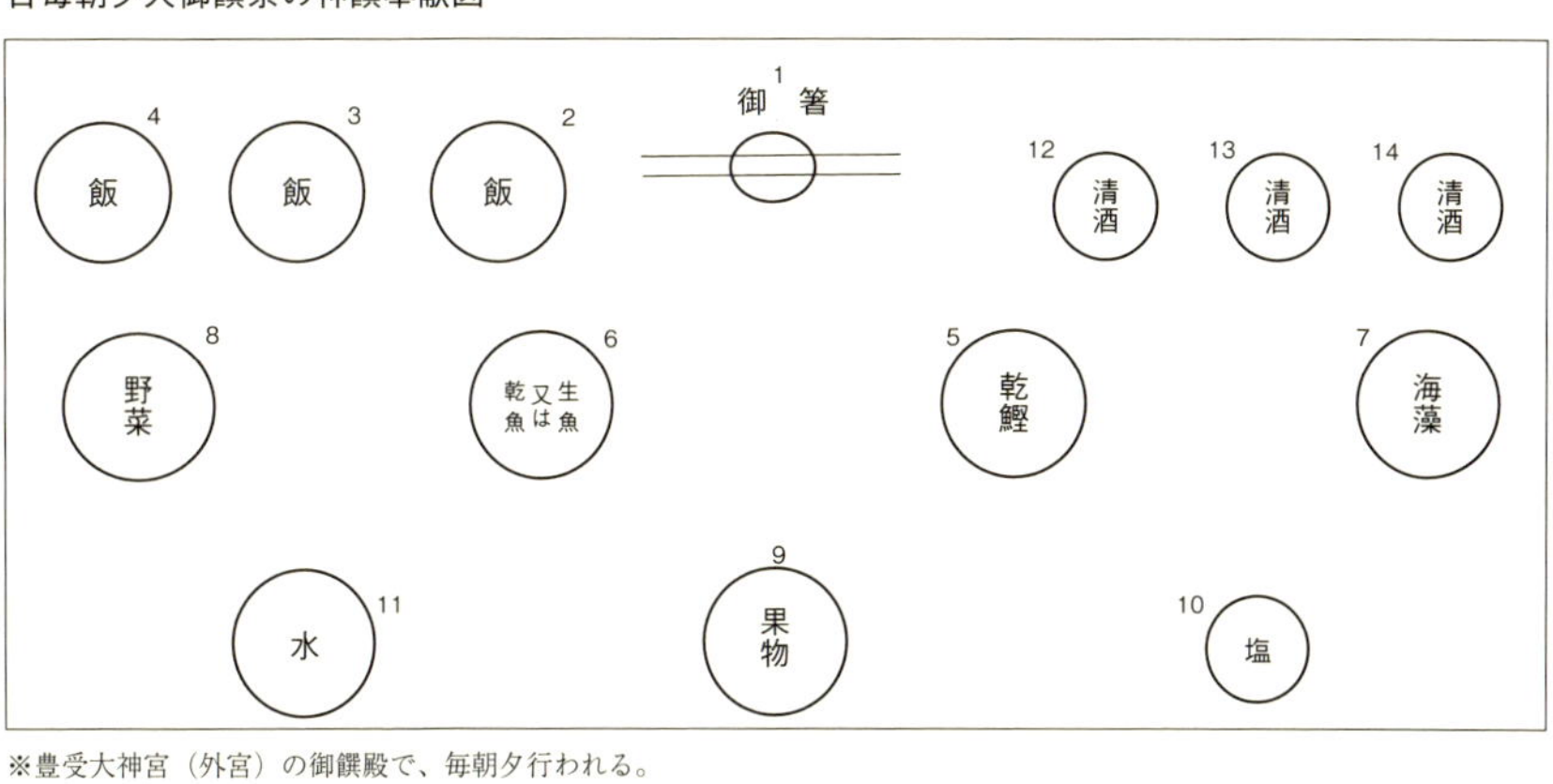

※豊受大神宮（外宮）の御饌殿で、毎朝夕行われる。
※神饌の奉献は禰宜・権禰宜・宮掌により行われる。1～14は奉献の順番。

干鮑	二三三二貝	
大身取	三三〇連	
小身取	六九九連	由貴祭御饌料
玉貫	三三〇連	

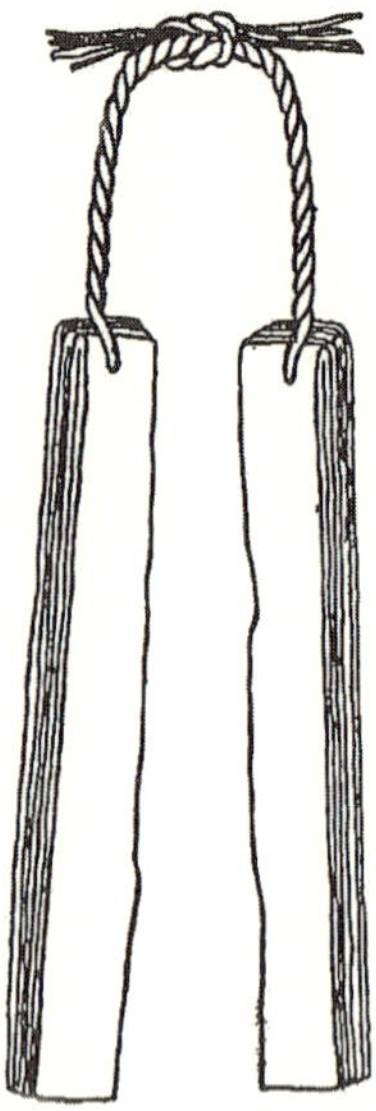

身取鮑
長さ四寸五分、巾凡そ四分、十枚を綴合せ、それを二個合せて一連とす。小身取は綴の枚数一方を二、一方を三、合せて五枚なり。

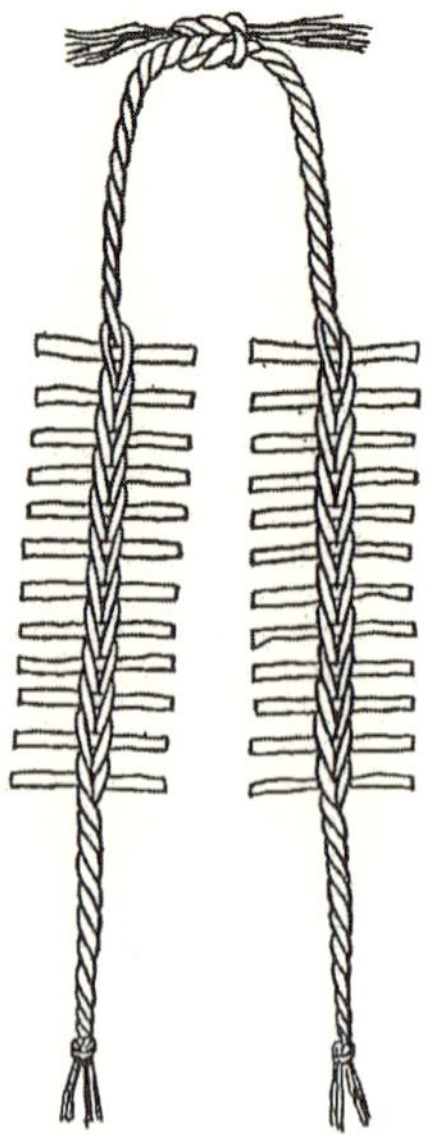

玉貫鮑
長さ二寸二分、巾三分、二枚重ねて十二列に編む。それを二個合せて一連とする。

代表的な神嘗祭《かんなめさい》の皇大神宮の神饌と、毎日斎行される日別朝夕大御饌祭《ひごとあさゆうおおみけさい》の神饌品目を図示すると、前頁の通りである。

　この両祭の神饌をみると、日常のお食事である日別朝夕大御饌は、大祭である神嘗祭の神饌に比較すると質素である。それでも飯・酒・塩・水に加えて、乾鰹・生魚（または乾魚）・野菜・果物なども供されるのだから、バランスのとれた食品といえる。

　これに対して、神嘗祭の神饌は、実に豊富な種類と品目で大相な御馳走である。とりわけ、貝類の中に鰒や栄螺など、同類の中で比較的カロリー値の高いものがあることに着目したい。特に、鰒は生と干物（身取鰒《みとりあわび》・玉貫鰒《たまぬきあわび》）とが供えられるが、生（一〇〇グラムあたり七三キロカロリー）よりも干物（一〇〇グラムあたり二七三キロカロリー）にすると、エネルギーの数値が特段に高くなるのである。

生の鰒の奉献では特別な調理儀礼が行なわれる。それは神嘗祭参進の途次、皇大神宮正面の石階段下手前（南）にある御贄《みにえ》の調舎《ちょうしゃ》[※17]において、生の鰒を辛櫃からとり出し、これに包丁を加え塩を和する御贄調理ということを行なってから、大前に奉献するのである。

（沼部春友）

※17　御贄の調舎　御贄（神饌）を調理する儀式が行われる建物。調舎南の石神をまつる石畳（いしだたみ）は、食物を司る豊受大御神（とようけのおおみかみ）の神座で、この前で儀式が行われる。

第四章　幣帛・天皇の奉り物の伝統

神社の大祭となる例祭のほか、神さまにお鎮まり願う鎮座祭《ちんざさい》、神さまが仮殿から本殿へお遷《うつ》りになる本殿遷座祭《ほんでんせんざさい》、そして十年ごと、あるいは百年ごとの式年祭《しきねんさい》などには神社本庁の使である献《けん》幣使《へいし》が参向し、神社本庁の幣帛（本庁幣）を捧げ祭詞を奏上することとなっている。これらの行事は、神社において朝廷や国家から公の祭祀を行う奉幣の伝統を継承するものである（第一編参照）。戦後、幣帛は国家から供進されることはなくなったが、とりわけ重要な祭祀を行う際には、「全国神社の総意」によって本庁幣が奉献されるのである。

ここでは、幣帛が神社に奉献される伝統を辿り、その伝統と意義について確認することにする。

一、幣帛の語義

幣帛は訓読みして、ミテグラ、ヌサとよむ。ミテグラという場合、その品目の内容から本来神々に奉献するものの総称と考えられた。後には神饌幣帛と称するように、神饌が神様のお召し上がりになる飲食物であるのに対して、幣帛は五色絁《いついろのあしぎぬ》（絹織物）や麻など布帛の類を称するようになる。ちなみに『大漢和辞典』によると、幣は、「きぬ」「ぬさ」「おくりもの」、帛は「きぬ」とあるから、幣も帛もともに絹織物を意味し、幣には「おくりもの」の意もあることがわかる。

神社本庁幣

一方で、ヌサの訓みもあり、この場合どんな事を意味したのだろうか。『万葉集』には「ヌサ」の用例が十四首見える。そのいくつかを紹介してみよう。

ありねよし対馬《つしま》の渡り海中《わたなか》に幣《ぬさ》取り向けて早帰り来ね（一巻六二）

ちはやぶる神の社にわが掛けし幣《ぬさ》は賜らむ妹に逢はなくに（四巻五五八）

御幣帛《みぬさ》取り神の祝が鎮斎く杉原薪伐りほとほとしくに手斧取らえぬ（七巻一四〇三）

国国の社の神に幣帛《ぬさ》奉り贖祈すなむ妹がかなしさ（二十巻四三九一）

ちはやぶる神の御坂に幣《ぬさ》奉り斎ふ命は母父がため（二十巻四四〇二）

これらの用例から「ヌサ」に幣、幣帛に二通りの漢字が当てられているが、どちらも意味は同じであり、当時の常識からどちらを宛てても良かったのだろう。十四首の全体を見てみると、幣の用例が最も多く八首を数え、幣帛は三首、そのほか絲、倭文幣の字を宛ててヌサと訓ませた例もある。絲をヌサと訓む根拠は、手向草の語が直前にあり、ヌサと訓む以外考えられないのだ。倭文幣は二首あり、倭文布《しずりぬの》がよく幣に用いられたためこのような複合語になったのだろう。

いずれにしても、ヌサを奉るのは旅の無事を祈ったり何らかの祈願をする場合で、その対象は海神・坂の神・社の神などさまざまである。絲や倭文幣という宛字は、ヌサの実態がどんなものか示していて興味深い。幣帛を宛てた場合は、すべて社、神社にヌサを奉っていることも興味深いことである。しかしこの場合、幣帛を「ミテグラ」と読むことは決してない。

さて、このヌサの実態だが「木綿《ゆう》畳《だたみ》手向の山を今日超えていずれの野辺に盧《いおり》せむわれ」（六巻一〇一七）などの歌から、木綿畳は手向けのヌサに木綿《ゆう》がもっぱら用いられたと推察できる。ヌサは木綿・倭文・麻・絲等が浮かび上がり、いずれも庶民が祈願のために奉献するものであり高価なものではない。そのような実態が浮かんでくる。そして、旅の安全など明確な目的をもって祈願するためにヌサを奉る、古代人の信仰習俗があったことが確認できる。

峠で行われた祭祀については、信濃の神坂峠※1《みさかとうげ》・碓氷峠※2《うすいとうげ》などの祭祀遺跡から勾玉・菅玉・剣型模造品・有孔円板などが発掘されている。ただし、麻や木綿などの布や絲の類は腐食して出土することはなく、それらとともに奉献されたであろう玉石製品のみが出土したのである。

古代からの信仰習俗の基盤の上に、唐令を受けて七世紀後半に神祇祭祀制度が成立する。大宝元年（七〇一）の大宝律令の制定施行をもって完成とみられるが、その先行形態はかなり早くから見られる。宗像神社の沖ノ島祭祀遺跡※3《おきのしまさいしいせき》（世界文化遺産）は、四世紀後半から九世紀に到るあいだ、島内の磐座《いわくら》の上や岩陰、また磐座に向かって国家祭祀が行われたと考えられているが、六世紀末頃から律令祭祀の先駆的形態が確認できるという。七世紀後半から八世紀に成立する神祇祭祀制度の中で奉献される神宝・幣帛類は、すでにその百年前から始まっているという。

律令国家の神祇祭祀制度の中で、最大の祭祀は祈年祭である。全国三、一三二座の神々に二月の祈年祭に幣帛を奉り、国家安泰・五穀豊穣を祈る。祈年祭祝詞によれば、天社国社と称えられる皇神等の御前に「皇御孫命《すめみまのみこと》の宇豆《うず》の幣帛《みてぐら》」を「忌部弱肩《いんべのよわかた》に太多須支《ふとたすき》取り掛け、持由麻波利《もちゆまわり》仕へ奉れる幣帛を、神主・祝部等受け賜りて、事過たず捧げ持ちて奉れと宣る」とある。すなわち天皇の立派な幣帛、忌部の人等が精進潔斎して調整した幣帛を、神主・祝部等は受けたまわって、誤りのないように奉りなさいと宣る、としている。

幣帛の内容は案上の官幣とされる最上の幣帛で、次のようなものである。

座別に絁《あしぎぬ》五尺、五色薄絁各一尺、倭文《しどり》一尺、木綿《ゆう》二両、麻《あさ》五両、庸布《ちからしろのぬの》一丈四尺、倭文《しどりの》纏刀形《まきのたちがた》〔倭文三寸〕・絁《あしぎぬ》纏刀形〔絁三寸〕・布纏刀形〔布三寸〕各一口、四座置《よくらおき》・八座置《やくらおき》各一束、楯《たて》一枚、槍鋒《ほこのさき》一竿、弓《ゆみ》一張、靫《ゆぎ》一口、鹿角《しかのつの》一隻、鍬《すき》一口、酒四升、鰒《あわび》・堅魚《かつお》各五両、

※1　神坂峠　木曽山脈南部の岐阜県中津川市と長野県下伊那郡阿智村の間にある標高一、五六九メートルの峠。かつて信濃国伊那郡と美濃国恵那郡との境であった。東山道第一の難所。

※2　碓氷峠　群馬県安中市松井田町と長野県北佐久郡軽井沢町との間にある標高約九六〇メートルの峠。古来、坂東（碓氷峠から東側）と信濃国とをつなぐ交通の要所であった。

腊《きたい》二升、海藻《め》・滑海藻《あらめ》・雑海菜《くさぐさのもは》各六両、鹽《しお》一升、酒坩《さかつぼ》一口、裹葉薦《つつむはごも》五尺。（『延喜式』巻一四時祭上）

この内容を検討すると、幣を献る伝統を引き継いで、絹布・倭文・木綿・麻・神宝・神饌・祭具までを含み、その内容が格段と充実していることが確認できる。こうした実態から、ミテグラは神々への献り物の総称という解釈が成り立つ。また、神饌を含むたくさんの物を奉る実態から、従来、語源説の一つとしてミテグラは満座（充座）であるという解釈も成り立つ。しかし、峠の祭祀の実態から、ヌサの中には木綿・倭文・麻などの布帛だけでなく、鏡や勾玉なども含まれていた。単にたくさんの品の意とすれば、ヌサをミテグラと言い換える必然性はどこにあったのだろうか。もっと、別な理由が存在したはずである。

その理由として、ミテグラを奉る主体は天皇（もしくはそれに準ずる司祭者）であるので、ミテグラのミテは天皇手ずから奉るものの意、クラは千座《ちくら》の置座《おきくら》の座（ものをのせる台）と理解する説が近年は有力になっている。すなわち、ミテグラは天皇御手ずからが奉る神々への奉り物と理解するのである。天皇、すなわち公からの幣帛供進の伝統の始まりである。神祇令祭祀の整備過程で、法制用語としてミテグラの語が成立したと考えるのである（本澤雅史著『祝詞の研究』、西宮秀紀著『律令国家と神祇令祭祀制度の研究』）。ミテグラは、国家祭祀の司祭者としての天皇の奉り物で、こうした制度は人々がヌサを奉る伝統の上に始まり、布帛の類から、神饌・神宝の類までを含むものとして成立したと考えられるのである。

（茂木貞純）

※3　沖ノ島祭祀遺跡　福岡県宗像市の玄界灘（げんかいなだ）に浮かぶ沖ノ島の遺跡。同島には宗像大社の沖津宮（おきつぐう）が鎮座している。ここから出土した祭祀遺物は約八万点に及び、すべて国宝に指定されている。

沖ノ島（福岡県）

二、律令祭祀と幣帛

神祇令に掲げる恒例の国家祭祀（常祀《じょうし》）のなかで、諸社に幣帛を奉献する祭祀については、多くの場合、神祇官や諸国の国衙《こくが》において、参集した諸社の祝部にこれを頒《わか》つ班幣が行われた。「四時祭式」祈年祭条は、祈年祭に頒たれる幣帛を神祇官からの幣帛（官幣）と、国司からの幣帛（国幣）に分け、さらにそれぞれを大と小に区分する。神座数は官幣の大が三〇四座、小が四三三座、国幣の大が一八八座、小が二二〇七座、合計三、一三二座であり、神社数は神名式に社二、八六一処、相殿の神は前二七一座とある。官幣の大社には、祈年祭のみでなく月次祭と新嘗祭にも幣帛が奉献され、更にこの中の七十一座には相嘗祭《あいなめのまつり》にも奉献された。祈年祭や新嘗祭、月次祭の班幣では、神祇官の西院で班幣式が行われた。

ここで、祈年祭を例に幣帛の品目について、少しく説明を加えることにしよう。

絁《あしぎぬ》は粗製の絹布ということだが、今日の絁には立派な絹織物が用いられている。五色は青・黄・赤・白・黒（または紫）の五つの色をいう。倭文《しどり》は奈良時代には清音でシトリとよんだ。シヅオリ（倭文織）の約で、倭文織というのは麻や穀木《かじ》などが原料の織物で、緯《よこいと》を青や赤色に染め、これを乱れ模様に織ったものをいう。

木綿《ゆう》は楮《こうぞ》の樹皮をはぎ、その繊維でつくったもの。『日本書紀通釈』に「木綿は穀《かぢ》木の事にて、今もかぢの木、また、かうぞと云ひ、和名抄に楮、穀木也」とある。穀木《かじ》は梶、溝、楮とも書くクワ科のコウゾ屬で、南太平洋の島々でも樹皮の繊維を紡いで布をつくっていたという（日本文芸社『樹木図鑑』）。

四座置《よくらおき》・八座置《やくらおき》は祓えの料である。木工寮式《もくりょうしき》（延喜式巻三十四）によると、供神の料の中に四座置・八座置があり、その割注に「木を以て為《つく》れ。長きは二尺四寸、短きは一尺二寸。各八枝を以て束《たば》と為すを名《な》づけて八座置と称し、長短各四枚を以て束と為すを名づけて四座置と称《し》す」とあるから、その太さは不明だが長さが二尺四寸（約七十三センチ）のもの八本と、その半分の一尺二寸（約三十六センチ）のもの八本を束ねたものを八座置といい、同じく長短四本づつを束ねたものを四座置というとある。このことについては、本居宣長の『古事記伝』や『釈日本紀』巻七にも述べられているが、祓えつものである千座置戸《ちくらおきど》が形式化したものと考えることができる。

楯《たて》、槍鋒《ほこのさき》、弓、靫《ゆぎ》（矢を入れて携帯する容器）などは武具として用いるものだが、ここでは儀式の装飾と見るのが妥当であろう。鹿の角《つの》は神さまの装飾の材料としてであろうか。鍬《すき》は農耕具の一つとしてであろう。酒以下は神饌用品とみることができるが、海産物であることに着目したい。終りに記されている裹《つつ》む葉薦《はごも》は、真菰《まこも》を編んでつくった筵で、右の品々を包むのに用いた。

官幣の大社には祈年祭のみでなく月次祭と新嘗祭にも幣帛が奉献され、さらに大社の中の七十一座には相嘗祭《あいなめのまつり》にも奉献された。（沼部春友）

三、神社の奉幣

次に、朝廷から神社に使を遣わして、幣帛を捧げる奉幣について述べてみよう。

養老の「神祇令」に掲げる常祀のうち、奉幣の対象とされたのは、神宮および広瀬社※4・龍田社※5に過ぎなかったが、平安時代に入ると血縁や宮都、皇統の守護などを理由として、それぞれの天

※4　広瀬社　19頁註19参照。

※5　龍田社　19頁註20参照。

皇の信仰を反映したかたちで神社祭祀が公祭化し、それら祭祀に奉幣がなされた。とりわけ、石清水社や上賀茂社・下鴨社などの神社は歴代の天皇から格別な崇敬を受け、臨時祭や神社行幸がなされ、[※6]幣帛や東游・[※7]走馬の奉献がなされた。

　また、畿内・諸国の諸社のうち、霊験あらたかな神社は「名神」の社格に列せられ、国家の大事の際には臨時奉幣の対象となった。九世紀末頃からは、畿内の名神を中心とする神社に対して年穀を祈る祈年穀奉幣《きねんこくほうべい》が行われた。永保元年（一〇八一）の奉幣以降、二十二の神社を対象とした奉幣[※8]（二十二社奉幣）が恒例化した。これらの奉幣は、中世の戦乱で中絶を余儀なくされ、近世に入ると歴代天皇の意向により、徳川幕府が支援する形で神宮や賀茂社・石清水社などを対象とした奉幣が略儀ながら再興されていった。

　律令祭祀で奉献された幣帛は、布帛・神饌・農耕具・装飾品・武具などで、それぞれ管轄する寮が調達し、使の進発の前に神祇官に送付した。

　平安時代に入り内廷的機関が整備・強化され、政務・儀式を司るようになると、国家財政から独立して財政力を持った内蔵寮が、五色薄絁や木綿・糸・曝布・麻などの布帛類の幣帛を供出し、天皇の御願による奉幣を支えていった。それら奉幣では、律令制の国家的な機構との関わりが薄れ、神饌や祭具などは在地で供出されることとなった。

四、明治維新と神社奉幣

明治時代に入ると「神武創業」の理念に基づき、祭政一致の制度に復することが布告され、明

※6　東游　30頁註44参照。
※7　走馬　32頁註52参照。
※8　二十二社　37頁註68参照。

治新政府による神祇行政が開始された。

明治二年（一八六九）八月に再興された神祇官（明治神祇官）は、伝統的な畿内の二十二社のほか、鹿島・香取・氷川・熱田・出雲・宇佐・香椎といった畿外の由緒ある神社を対象とした奉幣が開始された（二十九社奉幣）。太政官から宣命使、神祇官から奉幣使が勅祭に参向した。明治四年（一八七一）四月十五日には社格制度が定められ、官幣社と国幣社を大・中・小に区分し、その他の神社を府県社・郷社（のちに村社が加わる）とした。

神祇省は国家祭祀の大綱となる四時祭典《しじさいてん》・地方祭典定則を定め、勅祭となる官幣社の例祭に宣命使・奉幣使を遣わし、国幣社以下の神社では、例祭・祈年祭・新嘗祭に地方官の使が祭典に参向した。明治六年二月、神宮を除いて勅使が差遣されなくなり、それまで勅祭とされた官幣社の例祭も、地方官から使を差遣して奉幣を行うこととなった。

明治神祇官の設立以降に行われた勅祭の奉幣（二十九社、官幣社の例祭）の幣帛についてみてみると、伝統的な畿内の神社については年によって異同があるものもあるが、およそ五色薄絁・糸・晒布（瀑布）・木綿・麻などの布帛類と、それらを包む柳筥や商布《たに》※9が「御幣物」として奉献された。氷川や鹿島・香取なども同様である。しかし、明治五年（一八七二）七月以降、幣帛はこうした伝統的な現物ではなく、社格に応じて金圓が「幣帛料」として奉献されることとなった。これは、社格に応じて神饌・布帛類・調度などを現金に換算したものである（表6参照）。

地方官から差遣される奉幣の使は、官国幣社には地方長官または次官、府県社以下の神社には市町村長あるいはその代理の者が任じられ、これに随員（官国幣社二名、府県社以下一名）が随行した。奉幣の使は、明治四十四年（一九一一）に幣帛供進使と正式に命名されることとなった。

大正八年（一九一九）には、官幣社例祭および官国幣社の祈年祭と新嘗祭の額の改訂（式部長

※9　商布　令制下で調・庸にあてず、自家用または交易用に用いた麻布。「タヌ」（手布）の転語といわれる。

表6　幣帛料の内訳（明治五年七月）

大社

御幣物	五色絁	各一丈
	絲	二絇
	曝布	一端
	木綿	大二斤
	麻	大二斤
御幣物入	桐筥	一合
	裹料商布	一
	葉薦	一枚
	御幣物案	一脚
	大直シ紙（御幣物仕立用）	二十五枚
	仙花紙（同右）	十枚
	麻苧（同右）	一
神　饌	洗米	二合
	酒	一升
	海魚（鯛、蛸、鱒、鯖之類）	一尾
	川魚（鯉、鮒之類）	一尾
	鳥（鴨、鴈、雉子ノ類）	一羽
	鳥（小鳥）	十羽
	海菜（昆布、若布、海苔、海松之類）	
	野菜（百合根、牛蒡、大根、人参　菜、筍、落瓜、大角豆、枝豆ノ類）	
	菓（柿、葡萄、枇杷、梨子、蜜柑、橘、九年母、桃）	
	塩	十二合
	水	
神饌案	檜八足	三脚
	葉薦	一枚
	三方	十一台
	瓶子	対
	間土器	九枚
	水器	一口
合計　26円30銭余		

中社

御幣物	五色絁	各一丈
	絲	二絇
		一端
	木綿	大二斤
	麻	大二斤
御幣物入	桐筥	一合
	裹料商布	一
	葉薦	一枚
	御幣物案	一脚
	大直シ紙（御幣物仕立用）	二十五枚
	仙花紙（同右）	十枚
	麻苧（同右）	一
神　饌	洗米	二合
	酒	一升
	海魚（鯛、蛸、鱒、鯖之類）	一尾
	川魚（鯉、鮒之類）	一尾
	鳥（鴨、鴈、雉子ノ類）	一羽
	海菜（昆布、若布、海苔、海松之類）	
	野菜（百合根、牛蒡、大根、人参　菜、筍、落瓜、大角豆、枝豆ノ類）	
	菓（柿、葡萄、枇杷、梨子、蜜柑、橘、九年母、桃）	
	塩	十二合
	水	
神饌案	檜八足	二脚
	葉薦	一枚
	三方	十台
	瓶子	対
	間土器	八枚
	水器	一口
合計　23円35銭余		

小社

御幣物	五色絁	各一丈
		二絇
		一端
	木綿	大二斤
	麻	大二斤
御幣物入	桐筥	一合
	裹料商布	一
	葉薦	一枚
	御幣物案	一脚
	大直シ紙（御幣物仕立用）	二十五枚
	仙花紙（同右）	十枚
	麻苧（同右）	一
神　饌	洗米	二合
	酒	一升
	海魚（鯛、蛸、鱒、鯖之類）	一尾
	川魚（鯉、鮒之類）	一尾
		一羽
		十羽
	海菜（昆布、若布、海苔、海松之類）	
	野菜（百合根、牛蒡、大根、人参　菜、筍、落瓜、大角豆、枝豆ノ類）	
	菓（柿、葡萄、枇杷、梨子、蜜柑、橘、九年母、桃）	
	塩	十二合
	水	
神饌案	檜八足	三脚
	葉薦	一枚
	三方	九台
	瓶子	対
	間土器	七枚
	水器	一口
合計　17円4銭余		

官通牒）がなされ、合わせて現品による奉納も認められることとなった。その品目は次のとおりである。（国幣社例祭・府県社以下諸社の祈年祭・新嘗祭・例祭の幣帛料については翌九年に改定）。

○官幣社例祭品目
官幣大社：五色絁（各壱丈弐尺）・絲（壱絇）・曝布（壱端）・木綿（弐斤）・麻（弐斤）
官幣中社：五色絁（各壱丈）・曝布（壱端）・木綿（弐斤）・麻（弐斤）
官幣小社、別格官幣社：五色絁（各八尺）・曝布（壱端）・木綿（壱斤）・麻（弐斤）
○官国幣社・祈年新嘗・両祭幣帛品目
官幣大社、国幣大社：五色絁（各壱丈弐尺）・木綿（参両）・麻（参両）
官幣中社、国幣中社：五色絁（各壱丈）・木綿（参両）・麻（参両）
官幣小社、別格官幣社・国幣小社：五色絁（各八尺）・木綿（参両）・麻（参両）

（星野光樹）

五、戦後の奉幣

昭和二十年八月の終戦後、わが国は占領軍によって神社の国家管理が廃止となり、翌二十一年二月三日に全国の神社を統轄する神社本庁が設立した。ここにおいて神社祭祀に関する制度は、神社本庁により引き継がれ、再整備されるのである。幣帛の供進に関しては「本庁幣供進に関する規程」を制定し、その第一条に次のように定めている。

本庁は、全国神社の総意に基いて神社の神徳を顕揚し、斯道の興隆を祈願し、奉賛の誠を捧げる趣旨で、神社の例祭、鎮座祭、本殿遷座祭及び式年祭に、本庁幣を供進する。

大角

雲脚台

すなわち、大祭である例祭のほか、神さまにお鎮り願う鎮座祭、神さまが仮殿から本殿へお遷《うつ》りになる本殿遷座祭、そして、十年ごとあるいは百年ごとの式年祭《しきねんさい》などに、本庁幣を供進することになっている。

供進にあたっては、その使を献幣使といい、伊勢の神宮および勅使参向の社には、本庁の統理が、別表に揚げる神社には各都道府県の神社庁長が、その他の神社には神社庁長ほか神社庁役員が、献幣使として参向することになっている。

（星野光樹）

六、奉献の方式

勅祭に供進される幣帛は、五色絁・麻などの現品で、これらは柳筥《やないばこ》に納めて白布で包み、さらに上下二ヵ所を麻苧《あさお》で結び切りに括って神前に奉献する。幣帛を御社殿まで移動（参進）するときなどは、辛櫃《からひつ》に入れて覆布《おおいぬの》をかけ、朸《おうご》という担ぎ棒を前後二人で奉舁《ほうよ》（かつぐこと）する。

宮中からの神饌幣帛料や神社本庁からの本庁幣は、現品ではなく金員である。金員のときは、戦前は雲脚台《うんきゃくだい》に載せて奉献することになっていたが、戦後、本庁幣は大角《だいかく》に載せて奉献すること

柳筥に納められた幣帛

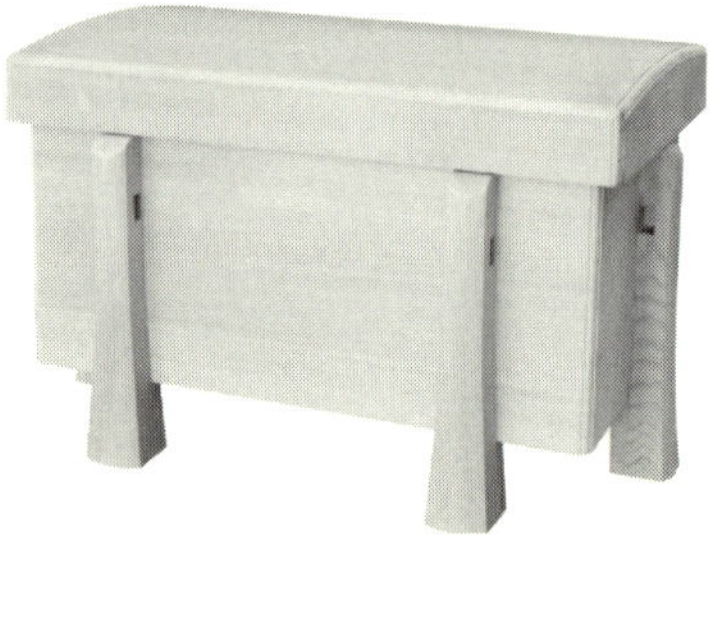
辛櫃

になった。宮中からの幣帛料や幣饌料は、現在でも雲脚台を用いる。

神社に玉串料や初穂料を奉献する場合には、本庁幣の調え方と同じく奉書で調えて奉献するのが望ましい。すなわち、金員は新しい紙幣を用い、これを美濃紙または半紙で中包をし、表包は奉書紙で折掛《おりかけ》に包み、これを麻苧または紅白の水引で結び切りに結ぶ。

（沼部春友）

第五章　祝詞奏上

祝詞は、祭りに際して神々の神威を称えて神恩に感謝し、加護を祈るために奏上する麗しい詞である。今日の神社祭祀では、神饌の奉献がなされたのちに宮司が奏上する。献幣使が参向する際には、献幣ののち献幣使による祭詞の奏上がある。祝詞は祭祀の内容や立場によって名称を異にする。宮中では天皇が奏上するものを御《お》告文《つげぶみ》といい、勅使が奏上するものを御祭文といい、掌典長が奏上するものを祝詞と呼ぶ。神社では神職が祝詞を奏上するほか、総代が奏上するものは祈願詞という。祓の行事には祓詞をもうし、葬祭や霊祭には故人に対して祭詞が奏される。

これらの祝詞を奏上することにより言霊信仰《ことだましんこう》のもとで祭祀が成立し、祈願が成就するものと考えられている。したがって、祝詞奏上は最も重要な行事と言うことができる。

現在の祭式指導の上においても「祝詞・祭詞・祈願詞等は、これによって祭祀の意義を明らかにし、神意を承け、神威を仰ぎ、神徳を称え、加護を祈り、努力を誓はんとするものである。其の奏上に当っては、敬神の至誠を表はし、神徳の発揚と相俟って、崇敬心の向上を期し得るやう努めることが肝要である」（神社本庁編『神社祭式同行事作法解説』）と説かれている通りである。『延喜式』巻第八に収録された二十七編の祝詞は、古代律令国家の神祇祭祀で用いられたものだが、現代の神社祭祀に用いる祝詞の源流でもある。したがって、その講読が神職にとって必要不可欠な教養であり、神威を称える麗しい言葉を覚える機会でもある。

例祭祝詞奏上

ここでは、祝詞・祭詞奏上に関わる諸事について、その概要を記すことにしたい。

一、「のりと」（祝詞・告刀）の語義

祝詞の語義は、従来、諸説あって確定されていなかった。その代表的な説を『祝詞新講』（次田潤）の整理にしたがって紹介してみよう。

①賜言《のりたべこと》の約——※1賀茂真淵《かものまぶち》説

神祖高木神《たかぎのかみ》が詔り賜うた御言《みこと》をうけて、天児屋命が天岩戸の前で申したのを起源とする。「のり」は神祖の「みことのり」義で、「と」は「賜《たべ》」の約の「て」の音便変化とする。

②宣説言《のりときごと》の約——※2本居宣長説

「のる」は必ずしも貴人の命だけでなく、人に物を言い聞かせることをいう。「とく」は「太諄辞《ふとのりとごと》」（日本書紀）とあるように「諄」の字の「くどく」の意に近いという。「のりときごと」（のりとごと）は神に申す詞なり、「こと」（事）を省《はぶ》きて「のりと」というとする。

③天神の「みことのり」で「のりごと」の約——※3鈴木重胤《すずきしげたね》説

祝詞とは、天皇が祖神等の詔り賜いし御詔命《みこと》を受け賜わり、それを規則《のり》として祭りや政治を行われているので、その詞《ことば》をさして「のりとごと」という。すなわち、「のりと」とは天神の「みことのり」で、「法《のり》こと」（国柄をさだめた法則・規則）である。

④占兆解言《ふとのりときごと》の約——※4敷田年治《しきだとしはる》説等である。

「のり」は、神の御心を問う「御卜言」のことで、神慮を伺い定める御卜の神事は最も大事

※1　賀茂真淵　元禄十年—明和六年（一六九七—一七六九）江戸時代中期の国学者。歌人。真淵の国学は歌学びの尊重に特色を見せており、和歌においては古代の力強い歌風を「いにしえぶり」として尊び、特に万葉調の意義を高唱した。

※2　本居宣長　46頁註34参照。

※3　鈴木重胤　文化九年—文久三年（一八一二—一八六三）幕末の国学者。嘉永元年（一八四八）、『延喜式祝詞講義』を執筆。その後『日本書紀伝』を起稿するも未完に終わる。「日本書紀辱くも朝廷の正史也、祝詞は朝廷の式文也」と述べ、『日本書紀』と祝詞を重視した。

※4　敷田年治　文化十四年—明治三十五年（一八一七—一九〇二）幕末・明治時代の国学者。和学講談所の教官となり尊攘論を唱えた。明治十四年（一八八一）伊勢の神宮教院の学頭となり神宮皇學館の創設に尽力。のち同校の学頭となった。

なことなので、そうした信仰基盤の上に「のりときごと」という詞が成立した。

以上の語義説のように、祝詞の発生もしくは原点は神授の言葉（天神、神祖のみことのり）であるという解釈が根強くある。延喜式所載の祝詞に宣読体《せんどくたい》の祝詞があることも、この解釈の正統性を支える根拠になっている。また、古代祝詞の中に「神授の詞章」が多く含まれていることも事実であった。それは「高天原に神留り坐す皇睦神漏伎《すめむつかむろぎ》・神漏弥《かむろみ》の命以《みこともち》て」という詞章である。こうした状況から、本居宣長の「祝詞は神に申す詞」という常識的な解釈が薄れてしまうほどである。

祝詞は「神授の言葉」という説をさらに進めて展開したのが折口信夫《おりぐちしのぶ》※5である。「のりと」とは「のる」場所、命令を発する場所で、そこにおける言葉が「のりとごと」である。「天つ祝詞の太祝詞言」とは、天上の神秘な「のり」場所において発せられる荘重な言葉の意である。そして「のりとごと」の「ごと」をはずして、「のりと」という語が独立してくる。

神授の言葉を宣る「御言持ち」は、発言者である神と同格の神人となって、単なる伝達者ではなくなる。「天神のみことのり」により皇位につかれた天皇は、国を知《し》ろし食《め》すなかで詔勅《みことのり》を発せられ、宣命《せんみょう》使《し》が伝達する。天皇の命令を奉じて政治を行う国司も「御言持《みことも》ち」と称されて職務に従事する。祝詞は上から下への言葉となり、これを受け実行するのが「御言持ち」という理解である。

このような国柄への理解から祝詞の解釈を進めると、祝詞は神祭りに際して神威を称え、神恩に感謝し、加護を祈って神に申す言葉という解釈を越えて、祝詞は神の言葉となり、まったく正反対の解釈になる。賀茂真淵説、鈴木重胤説、敷田年治説も何らかの形で「天神のみことのり」を祝詞の源流とみなす説であったが、これをさらに一歩進めたのが折口信夫説であったといえよう。

※5　折口信夫　明治二十年—昭和二十八年（一八八七—一九五三）。国文学者。歌人。柳田国男に師事し、民俗学を国文学に導入して新境地を開いた。歌人としても著名で、釈迢空（しゃくちょうくう）の名で知られた。

しかし、現在の通説では次のように理解されている。「のりと」は「のり・と」の語構成で、「のる」は天皇が臣下に対して命令する時に用いられることが多く、上から下への語として理解されることが多いが、本来は身分の上下関係なしに使われた言葉であった。有名な『万葉集』巻頭の雄略天皇の御製に「（略）この丘に　菜摘《なつ》ます児　家告《いえの》らせ　名告《なの》らさね」の例が示すように、身分の上下に関係なく使われていた。「と」は、くそど（糞戸）・とごいど（詛戸）・おきど（置戸）・ことと（事戸）などの「と」と共通して、いずれも「と」に戸の字を当てていて、呪的な意味合いを添える接尾語的な語である。

「のりと」の「のり」は、それだけでも普通ではない力のある言葉だが、それを神に申す場合には神聖な言葉として、「と」という呪的な意味合いを添える言葉を付けることで、それが神聖な呪詞であることを強調する語となった。ところが、この「と」の意義が早くから不明になり、後になって「のりと・こと」（祝詞事）という、さらに「こと」（言葉であるぞ）を付して、特別な言葉であることを強調するようになっていった、としている。

『延喜式』の祝詞には奏上体《そうじょうたい》と宣読体《せんどくたい》の双方があるが、古代律令国家の最も重要な祭祀である祈年祭祝詞にそって、この解説をしよう。

祈年祭は古代神祇官の官衙《かんが》に朝廷の百官が参列をし、諸国の神主祝部等の参集のもと中臣が祝詞を宣読し、その後、忌部により神主・祝部等に班幣《はんぺい》が行われた。したがって祈年祭祝詞は、百官や神主祝部等に宣り聞かせる宣読体の祝詞である。しかし、神々に奏上する奏上体の祝詞が原点にあり、神に奏上する祝詞を百官に宣り聞かせるために、このような形式になったのである。

当時の法令である神祇令の解説には「其の祈年・月次の祭は、百官神祇官に集れ。中臣祝詞を宣《のたま》へ。【謂ふ、宣《せん》は布《ふ》なり。祝《しゅく》は賛辞《たたえごと》なり。言ふは、神《かみ》に告《もう》す祝詞を以て百官に宣聞《のりきか》しむ。故に祝詞を宣へと曰ふ】忌部幣帛を班て。【謂ふ。班は頒のごとし。其の中臣、忌部は當司及び諸司の中に取り用ゐよ。】」（『令義解』）とある。ここで祝詞を宣読するのは、神に奏上する祝詞を百官に宣り聞かせることに意義があったことがわかる（粕谷興紀著『延喜式祝詞』）。

祝詞はあくまで神に奏上する詞である。この場合は、律令国家最大の祭祀である祈年祭・月次祭の目的や理念を徹底するために、百官にも宣り聞かせる必要があり、このような形式が成立したのであるという。神祭りでの祝詞の実態から見れば、このような解釈が常識的な理解と言える。

二、祝詞の原則

『延喜式』巻第八の冒頭に、次のごとくある。

凡祭祀の祝詞は、御殿《おおとの》・御門《みかど》等の祭には、斎部氏祝詞まをし、以外の諸祭には、中臣氏祝詞まをせ。

凡四時の諸祭に祝詞を云はざるは、神部《かんべ》皆常の例に依りて宣れ。其の臨時の祭の祝詞は、所《しょ》司《し》事に随ひて、脩撰《しゅうせん》し、祭に前ち官に進りて處分を徑、然る後行へ。

最初の条文は、古代律令国家の国家祭祀における祝詞奏上を行う者の規定であるが、この規定は当時の実態に必ずしも即していない。中臣氏や斎部氏だけでなく、鎮火祭《ほしずめのまつり》や道饗祭《みちあえのまつり》には卜《うら》部《べ》氏が祝詞を奏上し、出雲国造神賀詞《いずものくにのみやつこかむほぎのことば》は出雲国造が天皇に奏上するものであった。伊勢神宮の祝詞九編のうち六編は勅使が奏上、大神宮司が奏上するものが三編ある。諸社では、神主たちが祝詞を奏上していたに違いない。こうした規定の背景には、祝詞を奏上する者が厳格に決まっていたことがあるのだろう。

二条目は、恒例祭祀は例年奏上している祝詞を奏上しなさいと規定する。『延喜式』（巻第一・二）の四時祭を見るとたくさんの祭祀が行われていて、巻第八に所載する祝詞以外にも恒例祭の祝詞があったことがわかる。臨時の祭には、神祇官に属する役人が祝詞を作文し、あらかじめ太政官に上申して決済を経てから実施しなさい、との規定である。臨時の祭りには、そのつど祝詞を作文していて、現代の神職とも通じる。また、祝詞作文には、「あらかじめ處分を経て」との点にも注目すべきところがある。

明治以降、戦前までは恒例祭祝詞は法令で定められていたので、これを奏上することが義務付けられていた。その他の個人祈願祭や諸祭の祝詞は基本的に神職が作文し、浄書して奏上された。戦後は、恒例祭典については神社本庁より例文が示され、献幣使祭詞については神社本庁より制定文が示されている。

三、祝詞の料紙・書き方

祝詞の用紙については、現在は定めがない。明治六年の式部寮達番外「官幣諸社官祭式制定ノ件」によれば、「祝詞ハ各庁ニテ可相認事　但料紙ハ白ノ鳥ノ子ノ事」と定められ、白の鳥《とり》の子《こ》※6と決まっていた。しかし、現在はこれが廃されており、白の鳥の子、大奉書《おおぼうしょ》※7・奉書《ほうしょ》※8などの使用が望ましい。

天皇の宣命《せんみょう》※9は「凡宣命文は、皆黄《き》紙を以て之を書け。但し伊勢大神宮に奉る文は、縹《はなだ》紙を以て

※6　鳥の子　鳥の子紙。雁皮を主原料として漉いた和紙の一種。

※7　大奉書　大判の奉書紙。

※8　奉書　奉書紙の略。楮紙（こうぞがみ）の一種。純白で、きめの美しい和紙。大・中・小の別がある。室町時代から各地で漉（す）かれ、主に儀式用に用いられる。

※9　宣命　26頁註29参照。

書け、賀茂社は紅《くれない》紙を以て書け。」（『延喜式』中務省・内記）という規定があり、現在も踏襲されている。ちなみに明治六年の太政官布告第百二十三号「宣命ヲ御祭文ト改称ノ件」で「従前ノ宣命ヲ御祭文ト改称セラレ候事」とされ、勅使をして神前に奏上させる宣命は御祭文と改められた。

祝詞の書き方は、いわゆる「宣命書き」で、宣命と同じく一字一句読み違えがないように、すべて漢字で書くが、名詞・代名詞や動詞・形容詞の語幹などの正訓字を大字で書き、助詞・助動詞や用言の活用語尾などは、万葉仮名で右に寄せ小字で書く。句読点は付けない。延喜式祝詞の表記形式もこの通りである。祝詞に用いる万葉仮名は標準が示されている（『神社本庁例文』参照）。

祝詞は、まず下書きをして字数を考慮して行数を考える。祝詞を墨書で浄書するには、大奉書の天地（天をやや広く）を少し空けて全体の字配りを考え、左右は均等にあけ、楷書にて書く。その上で大奉書を七折半に折る。最初の一折と、最後の半折には文字を書かない。七折半にするのは、笏に持ち添える際に便利であるとともに、奏上後の巻きやすさを考えての事である。

神名や天皇の御名などは、行の末や二行に分けて書いてはいけない。また、送り仮名が行の頭に来てもいけない。書き終えたら、表紙の上部に祭典名、祝詞の末尾に年月日を書いておくとよい。

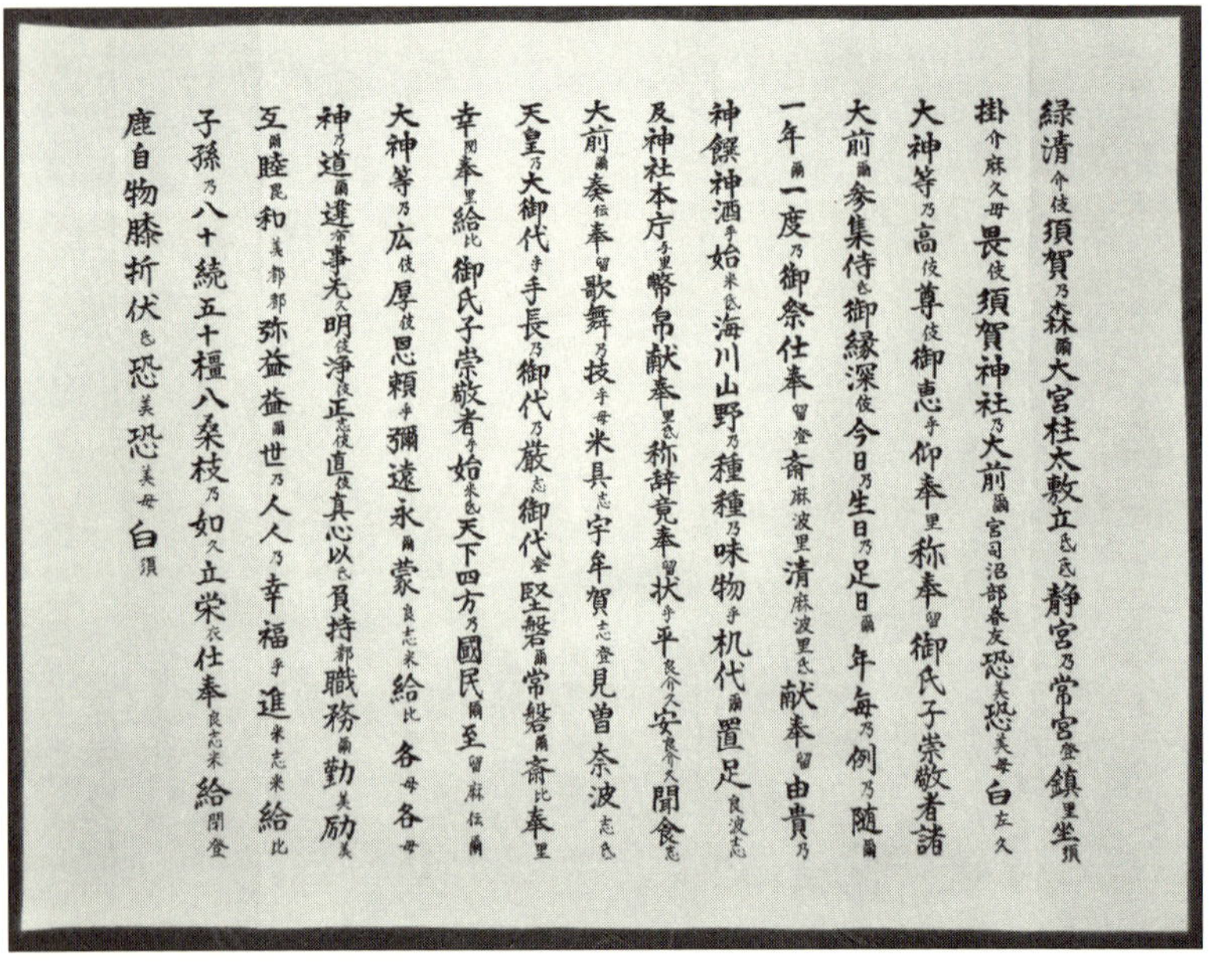
緑清介伎須賀乃森爾大宮柱太敷立氐静宮乃常宮登鎮里坐須
掛介麻久母畏伎須賀神社乃大前爾宮司沼部春友恐美恐美母白左久
大神等乃高伎尊伎御恵乎仰奉里称奉留御氏子崇敬者諸
大前爾参集侍氐御縁深伎今日乃生日乃足日爾年毎乃例乃随爾
一年爾一度乃御祭仕奉留登斎麻波里清麻波里氐献奉留由貴乃
神饌神酒乎始米氐海川山野乃種種乃味物乎机代爾置足良波志
及神社本庁与里幣帛献奉里氐称辞竟奉留状乎平良介久安良介久聞食志
大前爾奏伝奉留歌舞乃技乎母米具志宇牟賀志登見曽奈波志氐
天皇乃大御代乎手長乃御代乃厳志御代登堅磐爾常磐爾斎比奉里
幸閉奉里給比御氏子崇敬者乎始米氐天下四方乃國民爾至留麻伝爾
大神等乃広伎厚伎恩頼乎彌遠永爾蒙良志米給比各母各母
神乃道爾違布事无久明伎浄伎正志伎直伎真心以氐負持都職務爾勤美励美
互爾睦毘和美都都弥益益爾世乃人人乃幸福乎進米志米給比
子孫乃八十続五十橿八桑枝乃如久立栄衣仕奉良志米給閉登
鹿自物膝折伏氐恐美恐美母白須

祝詞

四、祝詞奏上の作法

祝詞舎の構えがある神社もあり、祝詞奏上をする位置は特別な場所という意識がある。一般には神前近くの正中に軾を敷いて、祝詞座とする。祝詞座の古例がある神社は、それによる。軾は、膝突・膝着・膝付なども書き、古くは庭上の拝座などに膝を着く際に用いられたが、次第に殿上の座席用具として用いられるようになった。現在、軾は藺草の莚を二つ折りにして縫い、前後の二方に縁をつけている。これを敷く時には、折り目のほうを上位とする。神事一般には、縁に高麗縁《こうらいべり》を用いる。

祝詞奏上する際の心得として、

①誠心誠意敬虔の至念を発露すべきこと。
②全文の趣旨を会得理解し、主要点に意を注ぐこと。
③句読を正し、仮字の発音に注意すること。
④呼吸を整え、音声の高低を計ること。
⑤読み方に遅速緩急を考えること。

の五点が示されている。言霊信仰を念頭に、ていねいに正確に奏上しなければならない。

奏上の作法は、明治四十年の神社祭式行事作法においては、

再拝　拍手二　押合　祝詞奏上　押合　拍手二　再拝

であった。押合《おしあわせ》とは、祝詞を押し合わせて一揖する作法である。

軾

これが昭和十七年に改正され、

　再拝　祝詞奏上　再拝

となった。その理由として、再拝拍手二は拝礼作法で、独立して行なうべきとされた。また、奏上前の拍手は、祝詞を手から離して作法を中断させるという考えから削除された。故実に照らすと、祝詞奏上に拍手を伴わないことが多く、これを採用することとなった。祝詞奏上前の「押し合わせて一揖」は、作法が中断するため奏上直前にこのような作法を行ったが、中断することがなければ、この作法を行う必要もないとして削除された。以上の理由から、昭和十七年の改正で祝詞奏上に拍手がなくなった（長谷晴男『新訂増補神社祭式同行事作法教本』）。

　戦後になり、昭和二十三年の改正で、

　再拝　祝詞奏上　再拝　二拍手　一拝

となった。祝詞奏上に際し拍手復活の声が大きく、祝詞奏上後の拍手は故実にも若干見えることからこのような改正となった。現在もこの通りである。

五、祝詞の言葉

祝詞は、できるだけ麗しい大和言葉で綴ることが望ましい。外来語や漢語でしか表現できないことについては、外来語や漢語を音読して用い、無理やりに大和言葉に置き換える必要はない。※10『古今和歌集《こきんわかしゅう》』の仮名序に「力をも入れずして天地《あめつち》を動かし、目に見えぬ鬼神《きしん》をもあはれと思はせ、男女のなかをやわらげ、猛《たけ》き武士《もののふ》の心をもなぐさむるは、歌なり」と和歌の効用を説いて

※10『古今和歌集』　勅撰和歌集の始まり。醍醐天皇の下命により、紀貫之・紀友則・凡河内躬恒（おおしこうちのみつね）・壬生忠岑（みぶのただみね）によって撰される。延喜五年（九〇五）あるいは延喜十四年（九一四）ごろ成立。八代集・二十一代集の第一。

いる。大和言葉の麗しい調べは、力を入れずに天地の神々を感動させ、男女の中も和らげ、猛々しい武士の心をも慰めるという。

祝詞も同じことで、麗しい大和言葉で綴られることで言霊が幸わうことにつながる。本居宣長は、次のように言っている。「凡て祝詞のたぐひは、神に申す詞なれば、つとめてその言をうるはしくすべきわざ也、故ふるき祝詞ども、いづれも皆言にいみしく文をなして、めでたくうるはしくつゞりたり、そはいかなる故ぞといふに、大かた人も神も、同じく申す事も、其詞の美麗《うるわし》きに感《めで》ては、受給ふ御心こよなければ也、よき歌に神のめで給ふも、言葉のうるはしきによりてぞかし、されば情《こころ》はいかに深きも、わろき歌には、めで給ふことなし、然るを後世人は、から心さかりにして、たゞ理《ことわり》のみ思ふから、神に申すことも、詞をえらばむものと思ひたらず、なほざりにのみぞすめる」（※11『大祓詞《おおばらいのことば》後釈《ごしゃく》』）

当時は漢意の影響で、理屈を優先して言葉を選ばない風潮があり、それではいけないと批判している。情のみいくら深くても、悪い歌では神が感応してくれない。それと同じで、祝詞は言葉を選び、めでたく麗しく綴らなければならないと警鐘を鳴らす。ちなみに御生涯に約十万首の和歌を詠まれた明治天皇は、次のような和歌を詠まれている。

天地もうごかすばかり言の葉のまことの道をきはめてしがな
鬼神も哭かするものは世の中の人のこころのまことなりけり
天地もうごかすといふ言の葉のまことの道はたれかしるらむ

（茂木貞純）

※11『大祓詞後釈』『延喜式』巻八「祝詞」所収「大祓詞」の注釈書。本居宣長の著。寛政七年の序。賀茂真淵の著書『祝詞考』の「大祓詞」の条に対する「後釈」であり、真淵の説を「考云」と掲げ、修正、批判を加えている。

第六章　雅楽の継承と神楽の世界

『神社祭式同行事作法解説』によれば、祭祀執行にあたっての注意事項の大要を十項目にまとめている。その五番目に「楽を奏すること」を挙げていて、その解説は以下の通りである。

祭典は終始厳粛を期すべきはいふまでもないが、其の厳粛のうちにも神慮を慰め奉ると共に、信仰的情操を深め、全体に神聖な潤いと和やかさとを生ぜしめねばならぬ。これが神事に於て音楽歌舞を奉奏する所以であって、これにより神人和合の境地が醸成せられるのであるから、其の奏に当たっては、此の主旨に添ふものを選び、此の目的を達するやう努めねばならぬ。

以上のような解説とともに「神社奏楽表」を掲げて、各行事のふさわしい曲名や楽器、大祭式（例祭）で「楽を奏する」際には、※1朝日舞《あさひまい》・※2豊栄舞《とよさかまい》・※3倭舞《やまとまい》・※4浦安《うらやす》の舞・※5陵王《りょうおう》・※6納曽利《なそり》がふさわしい、としている。「神社祭式」の中に「楽を奏す」ことが定められたのは、戦後の昭和二十三年からである。その理由を「祭典には特に宗教的情操を深める必要上、祭式中、祭詞若しくは祝詞奏上の後、及び直会の式中に、『楽を奏す』の一項を加へた」と説明している。

さて本項では、神社祭式の中で雅楽・神楽舞・舞楽などが行われる源流、変遷、さらにはその理由について考えていこう。

※1　朝日楽　昭和二十五年に神社本庁で制定した祭祀舞。宮司舞とも称する。神楽歌は明治天皇の御製。

※2　豊栄舞　昭和二十五年、設立間もない神社本庁が制定した祭祀舞。越天楽今様の旋律に、本庁芸能委員であった臼田甚五郎氏が詞を付した。乙女の舞ともいわれる。一人、二人あるいは四人で舞う。

※3　倭舞　30頁註45参照。

※4　浦安の舞　神事舞の一つ。昭和十五年（一九四〇）の皇紀二千六百年祝典の際に作られたもの。当時の宮内省楽部の楽長である多忠朝が作曲作舞した。歌詞は昭和天皇の御製。上代の手振りを偲ぶ荘重典雅な女舞。一人・二人・四人で舞う。

※5　陵王　唐楽に属する壱越調（いちこつちょう）の曲。管

一、雅楽の成立

古代律令国家の成立とともに、宮廷音楽を司る役所として雅楽寮《うたまいのつかさ》が置かれた。その構成員は、頭《かみ》（一人）助《すけ》（一人）大允《だいいん》（一人）小允《しょういん》（一人）大属《だいぞく》（一人）小属《しょうぞく》（一人）の四等官及び、歌師《うたのし》（四人）歌人《うたびと》（四十人）歌女《うため》（百人）舞師《まいのし》（四人）舞生《まいのしょう》（百人）笛師《ふえのし》（二人）笛生《ふえのしょう》（六人）笛工《ふえふき》（八人）唐楽師《とうがくし》（十二人）楽生《がくしょう》（六十人）高麗楽師《こまがくし》（四人）楽生（二十人）百済楽師《くだらがくし》（四人）楽生（二十人）新羅楽師《しらぎがくし》（四人）楽生（二十人）伎楽師《ぎがくし》（一人）腰鼓師《くれつづみし》（二人）使部《つかいべ》（二十人）直丁《じきちょう》（二人）楽戸《がくこ》となっていた。定員を記さない役があるので、合計すると五百人にも及ぶ大所帯であった。

構成は、古来から伝来の音楽歌舞を担当する者が二百六十四人で最も多く、外来の音楽歌舞である※7唐楽《とうがく》七十二人、※8高麗楽《こまがく》二十四人、※9百済楽《くだらがく》二十四人、※10新羅楽《しらぎがく》二十四人、※11伎楽《ぎがく》一人、※12腰《よう》鼓《こ》二人となっていた。雅楽寮では、固有の音楽歌舞と共に外来の音楽歌舞を伝習し、伝来の神祇祭祀、国家儀礼、寺院の法会等で盛んに演奏されることになる。当然かもしれないが、このうち、古来からの歌舞を担当したものが最も多かったということは注目してよいだろう。

こうして、固有の音楽と共に外来の音楽が盛んに演奏され、定着する基盤ができた。平安時代初期には外来音楽の直輸入だけではなく、日本人による改作、新作の曲も作られるようになる。※13仁《にん》明天皇《みょうてんのう》は自ら作曲もし、承和年間（八三四—四七）の雅楽の隆盛を支えた。平安中期になると、宮廷の年中行事なども整い、雅楽は四季折々に演奏され、貴族層を中心に詩歌管絃《しいかかんげん》は必須の教養になる。遣唐使の廃止後はさらに和風化が進み、日本独自の発展を遂げていった。

絃・舞楽ともに用いる。面を付けて舞う。北斉の羅陵王長恭が美貌の持ち主であったため、獰猛な仮面をつけ敵と戦ったという話にもとづく。

※6　納曽利　高麗楽に属する高麗壱越調の曲。二人舞。裲襠（うちかけ）を著し、紺青色の竜の面をつけ、桴を持つ。一人舞は「落蹲」といい、緑青色の面をつける。「陵王」と番舞（つがいまい）。

※7　唐楽　雅楽の外来楽舞の二様式の一つ。中国唐代の音楽と林邑楽とを併せて平安時代に様式が統一された曲種で、日本で新作された曲目も含む。管絃と舞楽がある。左方唐楽。左方の楽。

※8　高麗楽　雅楽の外来楽舞の二様式の一つ。三韓楽（さんかんがく）と渤海楽（ぼっかいがく）とを併せて平安時代に様式統一されたもので、日本で新作された曲目も含む。演奏は舞楽形式のみ。右方高麗楽。右方の楽。

陵王

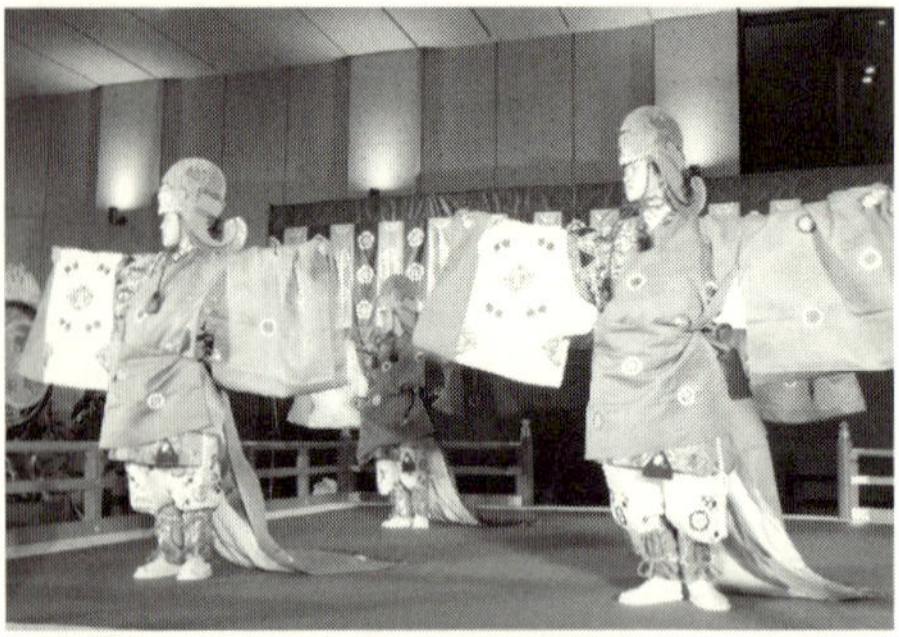
延喜楽

振鉾

大陸から伝来した楽舞は中国系楽舞（唐楽）を左方、朝鮮半島系（三韓楽）を右方とした左右両部制が成立する。皇居の警衛や天皇行幸に供奉する近衛府《このえふ》の官人が舞楽に携わり、左右の近衛府が競って舞楽をするなかで、独自の発展をしたものと思われる。左右に二分化された舞楽は陰陽思想により説明され、左方は陽、右方は陰とされ、装束の色目（左方は赤系統・右方は緑系統）、舞人の進退（左は左足から、右は右足から）、大太鼓《だだいこ》の模様（左は三巴、昇竜の木彫、日輪・右は二巴、鳳凰の木彫、月輪）などなど、さまざまな面に表現された。

このような中で「番舞《つがいまい》」の考え方が生まれる。番舞とは、左右の舞楽で舞姿の似たものを一組にするもので、「陵王」と「納曽利」、※14「太平楽《たいへいらく》」と※15「狛桙《こまぼこ》」、※16「万歳楽《まんざいらく》」と※17「延喜楽《えんぎらく》」などである。正式に舞楽が行われるときには※18「振鉾《えんぶ》」に始まり、左右の番舞を数番重ねて、最後に

※9　百済楽　三韓楽の一つ。百済起源の楽舞。百済琴（箜篌《くご》）を使用することに特徴がある。

※10　新羅楽　三韓楽の一つ。新羅琴（伽耶琴《かやきん》）の使用に特徴がある。

※11　伎楽　古代日本の寺院屋外で供養として上演された無言仮面劇。推古十二年（六一二）に百済から帰化した味摩之（みまし）が呉の国の楽舞を伝来したとされる。法会の供養楽として八世紀後半頃栄えたが、雅楽などが入ってくるにつれ、次第に衰微した。

※12　腰鼓　伎楽に用いた鼓の一種。調べの緒で革を締め、長い紐をつけて腰のあたりに下げ、両手で打ち鳴らすもの。

※13　仁明天皇　弘仁元年―嘉祥三年（八一〇―八五〇）【在位八三三〜八五〇】。嵯峨天皇第二皇子。仁明天皇の承和年間（八三四―八四八）に唐風儀礼、漢詩文の文化は最盛期を迎える。

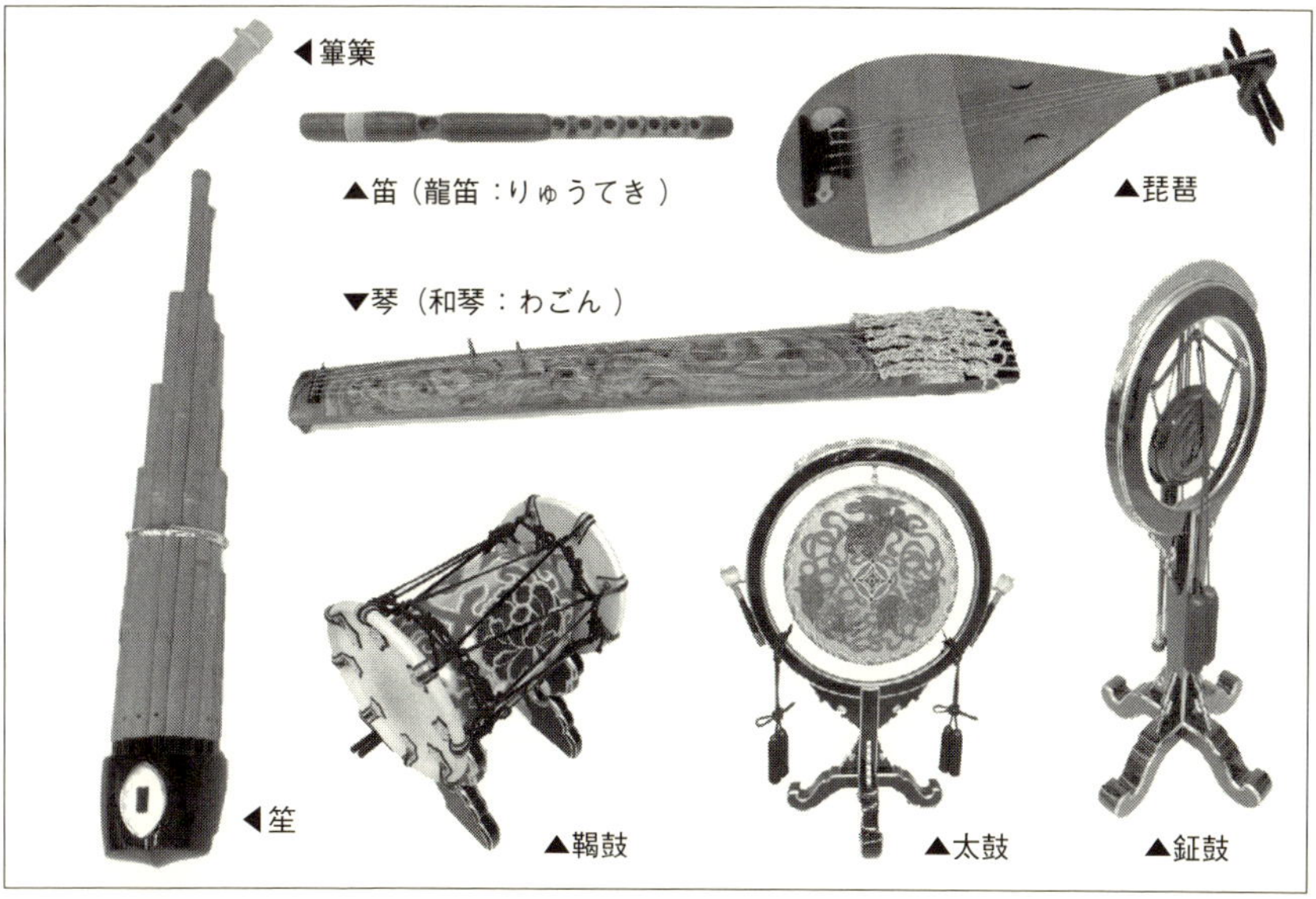

各種雅楽器

[※19]「長慶子《ちょうけいし》」で締めくくる形が整う。

器楽演奏の分野では、日本人好みの楽器が定着して管絃が成立する。笙《しょう》・篳《ひち》篥《りき》・横笛《よこぶえ》は特に好まれ、この三管による吹奏演奏が独特の世界を作ることになる。これに太鼓《たいこ》・鞨鼓《かっこ》・鉦鼓《しょうこ》・琵琶《びわ》・箏《そう》を加えて演奏し、音楽を楽しむ。管絃で遊ぶ事を「御遊《ぎょゆう》」といい、宮中、院の御所などで天皇・上皇や公卿が集まって盛んに行われた。

御遊は、清暑堂御神楽・内宴・御元服・御着袴・御会始・立后・桜花・菊花・中秋の名月などの折に行われた。清和天皇の第四皇子の貞保親王《さだやすしんのう》[※20]は管絃の名手とされ、「管絃長者」「管絃仙」と呼ばれ、[※21]『新撰横笛譜《しんせんおうてきふ》』を編纂した。また、醍醐天皇の孫に当たる源博雅《みなもとのひろまさ》[※22]も管絃に秀でて、[※23]『新撰楽譜《しんせんがくふ》』を編纂している。

十世紀頃になると、雅楽の相承の中心は内裏に設けられた楽所に移る。楽人に

※14　太平楽　唐楽に属する太食調（たいしきちょう）の舞楽曲。甲冑姿で鉾、太刀を手にして舞う。四人舞。太平を祝うもので、即位礼の祝賀には必ず演じる。

※15　狛鉾　高麗壱越調。長さ三・六メートルほどの五色の船棹（ふなざお）を持ち、二人または四人で舞う。

※16　万歳楽　36頁註64参照。

※17　延喜楽　36頁註65参照。

※18　振鉾　舞楽の初めに奏する楽。乱声（らんじょう）を奏し、左右一人ずつの舞人が常（つね）装束で鉾（ほこ）を取って舞う。災いを消す姿と言われる（舞台を祓い清めているとも云われる）。

※19　長慶子　唐楽に属する太食調（たいしきちょう）の小曲。舞はない。舞楽の終わりや、儀式終了後の諸員退出の時に奏する。源博雅作と言われる。

は近衛府・衛門府・兵衛府の府生を以って任じた。当初は臨時に設置されたが、後に常設になり大内楽所と呼ばれるようになる。同時期に神事、法会に雅楽が必要とされたことから南都（春日大社・興福寺など）や難波の四天王寺にも楽所が成立する。この楽所に補任された楽人はやがて世襲化が進み、楽家が生まれる。ここに三方楽所が成立して、以後雅楽相承の中心となる。楽家には、左舞・管の狛氏《こまうじ》（南都方）、右舞・神楽歌・人長の多氏《おおのし》（京都方）、笙の豊原氏《とよはらし》（京都方。後に豊《ぶんの》と称す）、篳篥・右舞（近世以降）の安倍氏（京都方）、龍笛の大神氏《おおがし》（京都方。南都方は右舞・管を主業とした）等があり、その末裔が今日も宮内庁式部職楽部で活躍している。

二、固有歌舞の展開

外来の音楽歌舞の影響から、伝来の歌舞も再編整備された。一条天皇の長保四年（一〇〇二）に始められたという内侍所御神楽《ないしどころみかぐら》が成立する。平安中期に再構成された御神楽は幾多の変遷を重ね、現在も十二月中旬に賢所御神楽《かしこどころみかぐら》として、今日も宮内庁楽部の楽師によって行われている。

ここで、日本固有の伝来の歌舞音楽とはどんなものであったのか考えてみたい。天武天皇四年に畿内及び周辺の諸国十三ヶ国に「所部《くにのうち》の百姓《おおみたから》の能《よ》く歌ふ男女、及び侏儒《ひきと》・伎人《わざと》を選びて貢上れ」と勅している。おそらく、後の雅楽寮設置に繋がっていく措置であろう。地方に伝承されていた歌舞を積極的に取り入れ、保存伝承されたと推測できる。

今日でも即位大嘗祭に悠紀《ゆき》・主基《すき》地方の国風《くにぶり》歌舞が奏されるが、当時も地方の歌舞を大切にしていた事が理解できる。今日、宮中を中心に伝承されている国栖奏《くずのそう》※24・久米舞《くめまい》※25・倭舞などがこれと

※20　貞保親王　清和天皇の第四皇子。貞観十二年―延長二年（八七〇―九二四）。琵琶、和琴、尺八などに優れ、「管絃の長者」などと呼ばれた。管絃「王昭君」や「延喜楽」の舞も作った。勅命で横笛や琵琶の伝授をおこなう。

※21　『新撰横笛譜』　貞保親王撰。延喜二十一年（九二一）編纂。最初の勅撰楽譜。本文は失われているが序文が他の文献に引用され伝えられている。

※22　源博雅　延喜十八年―天元三年（九一八―九八〇）。醍醐天皇孫。管絃の名手で、古今の名手ともうたわれた。笛譜『新撰楽譜』『博雅笛譜』は村上天皇の命で撰上された。

※23　『新撰楽譜』　源博雅撰。康保三年（九六六）村上天皇の勅命により、貞保親王の『新撰横笛譜』などの古譜を参照しつつ撰進された。横笛の楽譜集成であり、当時わが国で知られていた曲目をほとんど網羅したと

考えられるが、いずれも中世に中絶し、近世になってから復活したものである。
平安中期以降、東国の風俗歌舞が宮廷に取り入れられたのが東游[※26]である。「舞は、駿河舞《するがまい》。求子《もとめご》、いとをかし」（『枕草子』）と記されるほど、人気があった舞である。延喜二十年に勅定の楽譜が選定され、一歌・二歌・駿河舞・求子舞で構成される東游が整えられた。賀茂臨時祭・石清水臨時祭などに奉納され、今日も宮中や神社で行われている。

神話伝承によれば、須佐男命が所持していた天詔琴《あめののりごと》の存在、仲哀天皇が筑紫の香椎宮《かしいのみや》で御琴を弾き神の命を乞うと神功皇后に神懸りして託宣されることなどから、琴が神祭りに密接に関係していたようだ。神宮の神宝に鵄尾琴《とびのおごと》[※27]があり、宗像大社の沖ノ島祭祀遺跡からも五絃《ごげん》[※28]の琴《こと》の雛形が出土している。弥生時代の遺跡からも琴が数多く発見されていて、いずれも五絃、六絃の琴である。祭祀や祝宴の折に琴が弾かれて、歌や舞が舞われたのであろう。ちなみに現在、固有の楽器として和琴（六絃）が伝わり、降神・昇神の折、神楽舞などの演奏に使用されている。

上・下ともに東游

平安中期には宮廷歌謡が盛んになるが、このうち、催馬楽《さいばら》は諸国の民謡が宮廷に取り入れられ、大陸伝来の音楽様式に準じて編曲されたものである。朗詠《ろうえい》は、漢文歌

思われる大部の楽譜集であった。書写されたものが一部伝わっている。

※24　国栖奏　国栖は、古く大和国吉野郡吉野町の国栖に住む人々のことで古代、大嘗会やその他の節会のときに参列して歌笛を奏した。

※25　久米舞　久米部は大和朝廷の親衛軍の一つ。笏拍子・和琴・竜笛・篳篥を用いて久米歌を歌い、舞を舞った。歴代天皇の遊宴に用いたが、室町時代に廃絶。明治以後は大嘗会と紀元節に用いられてきた。

※26　東游　30頁註44参照。

※27　鵄尾琴　古代の和琴の一つ。琴の頭部を鵄の尾に象ったもの。大嘗祭に使われ、伊勢神宮の御神宝としても制作されたほか、和学の教習・管理をしていた大歌所にもあった。現在でも伊勢神宮の遷宮のときに御神宝として作られているが、御神宝のため奏されることはない。

謡を音楽に合わせて朗詠するものである。

雅楽寮から独立して大歌所《おうたどころ》ができる。その成立の時期は不明だが、嵯峨天皇の頃には確実に存在した事が確認できる。この大歌所で、※29五節舞《ごせちのまい》・神楽《かぐら》・催馬楽《さいばら》・風俗歌《ふぞくうた》が伝習される。天平八年（七三六）に、歌舞所の諸王臣子等が葛井連廣成の家に集いて宴を催した折の歌二首が『万葉集』（巻六・一〇一一・一二）にみえる。その詞書に「此頃古舞盛に興りて、古歳ややに晩れぬ。理宜しく共に古情を盡して、同に古歌を唱ふべし」とあり、この歌舞所が大歌所の源流とみられる。

三、雅楽の伝播と神社

宮廷を中心に発展隆盛を迎えた雅楽は、武家の人々にも大きな影響を与える。※30平清盛は安芸守として厳島神社の海上社殿を造営し、平家納経を奉納する。安元元年（一一七六）に参拝して臨時祭を行うが、この折に東游・御神楽を奉納し、続いて千僧供養会・一切経会には万歳楽・延喜楽・陵王・納曽利などの舞楽が行われた。以来、旧暦六月十七日に行われる※31管絃祭《かんげんさい》では、都と同じく管絃及び舞楽が奉納されている。
※32源頼朝が鎌倉に幕府を開くと鶴岡八幡宮を造営し、社頭で幕府の儀式等を行った。また、鶴岡八幡宮に楽所を開いて、京都から※33多好方《おおのよしかた》を招き、神楽を相伝させて舞楽も祭礼に奉納した。雅楽の裾野は次第に広くなり、賀茂社・石清水八幡宮・杵築大社・住吉神社・鶴岡八幡宮・箱根神社・厳島神社・宇佐神宮などにも楽所が設けられ、祭礼法会に神楽や舞楽などが奉納された（※34安《あ》倍季尚《べのすえひさ》『楽家録』）。

※28　五絃の琴　金銅製琴雛形。七世紀末から八世紀初。全長27・1センチメートル。宗像大社蔵。奈良時代に中国から箏が伝来する以前より、日本には別種の「琴」があった。木製で、少なくとも紀元前二〜後三世紀の弥生時代には出現している。絃の数は一定していない。

※29　五節舞　古代から朝廷において、新嘗祭・大嘗祭に行われた行事で、大歌所の大歌に合わせて五節の舞が舞われた。舞うのは王臣諸氏の家から選ばれた少女たちで、新嘗祭では四人、大嘗祭では五人であった。中世には中絶するが、江戸時代に再興された。

※30　平清盛　38頁註1参照。

※31　管絃祭　鳳輦（神輿）を船中に奉安し、管絃を奏して神霊を慰める神事。厳島神社では旧暦の六月十七日に行われている。

※32　源頼朝　38頁註2参照。

しかし、応仁の乱以後の諸事荒廃で雅楽も多く廃絶してしまい、かろうじて継続されたのは三方楽所のみであった。楽家の中には地方へ退避して、地方に雅楽を伝えた。「それ朝廷勤仕楽人京都をもって本となす。しかれども多くは中世の逆乱に分散す」（安倍季尚『楽家録』）と記されるように、楽人の移動に伴って、舞楽面や装束・楽器などが地方にもたらされ、その存在により伝播が確認できる。これらは民俗芸能として根付き、ほかの芸能とともに舞楽系芸能として現在も神社などに伝えられている。山形県谷地《やち》八幡宮《はちまんぐう》の※35林家舞楽《はやしけぶがく》、新潟県糸魚川市の※36天津神社舞楽《あまつじんじゃぶがく》、静岡県森町の小国神社の※37小国神社舞楽《おぐにじんじゃぶがく》などである。

四、雅楽の復興と明治の改革

戦国末期に到って、朝儀復興の兆しがあらわれ、正親町天皇《おおぎまちてんのう》は天王寺の楽人五名、後陽成天皇《ごようぜいてんのう》は南都の楽人三人を召して京都大内山の楽人を補強した。ここに、京都・南都・天王寺の三方楽所《さんぽうがくそ》の楽人が、宮中の神事や行事に際して協力して奉奏する体制が整った。

さらに江戸時代になり世情が安定すると、雅楽は隆盛期を迎える。徳川家康の五十回忌に際して、三方楽所の楽人五十人が江戸に下向して奏楽を務め、その際に、三方楽所の楽人に対して二千石の楽所領が与えられ庇護されるようになる。その中の二百石は、三方及第《さんぽうきゅうだい》と呼ばれる試験料で、楽人は日々研鑽して稽古に励み上達を期したという。

大名の中にも雅楽を愛好する者が現れる。その代表が第十二代彦根藩主の※38井伊直亮《いいなおあき》、及び第十代紀州藩主※39徳川治宝《とくがわはるとみ》である。どちらも古楽器の収集家として知られ、自らも演奏を楽しんだ。また、

※33　多好方　大治五年—建暦四年（一一三〇—一二一二）。建久二年（一一九一）十一月、幕府の召しにより、鶴岡八幡宮の遷宮において、神楽秘曲「宮人（みやびと）」をうたった。「すこぶる神感の瑞相あり」と『吾妻鏡』に記されている。

※34　安倍季尚　元和八年—宝永五年（一六二二—一七〇八）。江戸時代前期の雅楽家。宮廷楽人として篳篥《ひちりき》を専門に演奏するかたわら、元禄三年（一六九〇）、全五十巻からなる大著『楽家録』を完成させた。

※35　林家舞楽　山形県西村山郡河北町にある谷地八幡宮の宮司家、林家に伝わる民俗芸能。天王寺方舞楽の流れをくむ貴重な舞楽であり、地方化したものとして顕著な特色を有するもの。重要無形民俗文化財。

※36　天津神社舞楽　新潟県糸魚川市にある天津神社に伝わる民俗芸能の舞楽。稚児舞といわれる舞楽を伝える。古い形式を残し、天王寺方の舞楽の流れを

弘前藩稽古館《げいこかん》・会津藩日新館《にっしんかん》・水戸藩弘道館《こうどうかん》・佐倉藩成徳書院《じょうとくしょいん》・山口藩明倫館《めいりんかん》・高松藩講道館《こうどうかん》などの藩校でも雅楽の教習が行われた。さらに楽家の門人として、公家・武家・神官・僧侶だけでなく、町人や百姓までにも雅楽が広がっていた事実が確認できる（西山松之助『家元制の研究』）。

　このような機運の中で、廃絶した曲目の復興も行われた。南都方に伝えられていた東游が宝永三年（一七〇六）に日光に伝えられ、京都では元禄七年（一六九四）の賀茂祭の再興とともに復興がはじまる。文化十年（一八一三）に、石清水臨時祭の再興に際し、古譜を元に京都方の東游一具が完成を見る。今日の東游は、このとき再興されたものである。久米舞は、文化元年（一八〇四）に仁孝天皇《にんこうてんのう》即位大礼に際して復興し、現在にいたる。また、明治二十三年（一八九〇）に創建された橿原神宮でも神武天皇ゆかりの舞として相承されている。

　明治維新後は、新政府太政官の中に雅楽局《ががくきょく》※40が設けられ、三方楽所と江戸城の紅葉山楽所《もみじやまがくそ》の楽人が集められた。そのため、楽家の秘伝として相承されてきた曲目や奏法など統一の必要が生じて、曲目の選定が行われ、明治九年（一八七六）と二十年に楽譜集が編纂された。これを※41『明治撰定譜』と呼び、現在これに基づいて演奏されている。また、神楽・催馬楽・朗詠などは堂上公家の所伝であったが、これも雅楽局の所管とした。ただ、和歌の披講のみ旧公家の人たちの所伝となった。さらに、楽家以外の一般人でも楽人になれるよう門戸が開放された。

　また、雅楽局の重要な任務として西洋音楽の伝習が課せられた。古代律令国家の雅楽寮が、唐楽などの外来音楽の伝習を担ったのと同じ構造である。雅楽局はその後も変遷を重ねて、現在は※42宮内庁式部職楽部（定員二十六名）として活動し、楽部は昭和三十一年には国の重要無形文化財として指定されている。現在は民間の愛好者も増えて雅楽会も多く結成されている。社寺の神事や仏事のみの演奏だけでなく、演奏会などが盛んに行われるようになっている。

汲むとされる。「能抜頭（のうばとう）」や「華籠（けこ）」などの舞は天津神社だけに伝わる演目。重要無形民俗文化財。

※37　小国神社舞楽　静岡県周智郡森町一宮にある小国神社の例祭で舞われる舞楽。奈良春日神社系の舞楽が地方に伝播し民俗化した一例。重要無形民俗文化財。

※38　井伊直亮　寛政六年―嘉永三年（一七九四―一八五〇）。彦根藩十二代藩主。古今東西の文化に幅広い関心をもったが、雅楽を伝える家や楽家から楽器の奏法の伝授を受け、家臣にも学ばせた。直亮によって収集されたコレクションは、現在、彦根城博物館で保管、展示されている。

※39　徳川治宝　明和八年―嘉永五年（一七七一―一八五二）。紀州藩第十代藩主。学問の奨励や文化の交流に熱心であり、藩士の教育を義務化した。熱心な雅楽愛好家でもあった治宝により、収集された雅楽器のコレ

五、固有の歌舞、神楽の世界

神楽は、全国の各地域に伝承されている神事芸能である。しかも、地域ごとの特色が色濃く残る。神楽の語源は、神座《かみくら》の約まったものと考えられている。神座とは神の鎮まる御座のことで、神々の御座としての敷物の莫蓙であったり、柱・御幣・榊などさまざまなものが神座になった。神楽は必ず神座を設け、ここに神々を迎えて執り行う歌舞である。

宮中の御神楽は、宮中三殿賢所の前の神楽舎にて執り行われるが、正面に篝火を焚き、三方を鯨幕《くじらまく》で囲む。その中に、東西に莫蓙《ござ》を敷いて楽人の座を設ける。西側を本方《もとかた》の座、東を末方《すえかた》の座とし、本方の南端に人長《にんちょう》の座を設ける。この中で神楽歌が歌われ、舞が舞われる。午後五時

人長舞

社伝神楽（春日若宮おん祭）

里神楽

クションは現在、国立歴史民俗博物館に所蔵されている。

※40　雅楽局　88頁註14参照。

※41　『明治撰定譜』　89頁註15参照。

※42　宮内庁式部職楽部　88頁註12参照。

に天皇皇后両陛下、皇太子同妃両殿下が御拝礼になる。

その後、午後六時から翌朝の午前零時過ぎまで御神楽が行われる。その様子は「人長と呼ばれる進行役のもと、十五曲の神楽歌が粛々と連なっていくのです。それらは大きく本役・中役・後役の三部分に分けられ、それぞれは、神迎え・神遊・神送りといった内容に対応しています。神様をお招きし、お遊びいただき、お帰り願うという構成です。本役の中の[※43]『早韓神《はやからのかみ》』、後役の[※44]『其駒《そのこま》』には舞がつき、人長がひとりで舞います。ほかの部分は、歌と楽器の演奏によります。用いられる楽器は笏拍子・和琴・神楽笛・篳篥の四種です。この御神楽の儀には、江戸時代までは天皇自らが演奏に参加して神霊をお慰めしたと伝えられており、今日でもこの儀が行われる晩は、掌典長から無事終了の連絡があるまで、皇族方はお休みにならないということです」（『宮内庁楽部雅楽の正統』）。

朝日舞

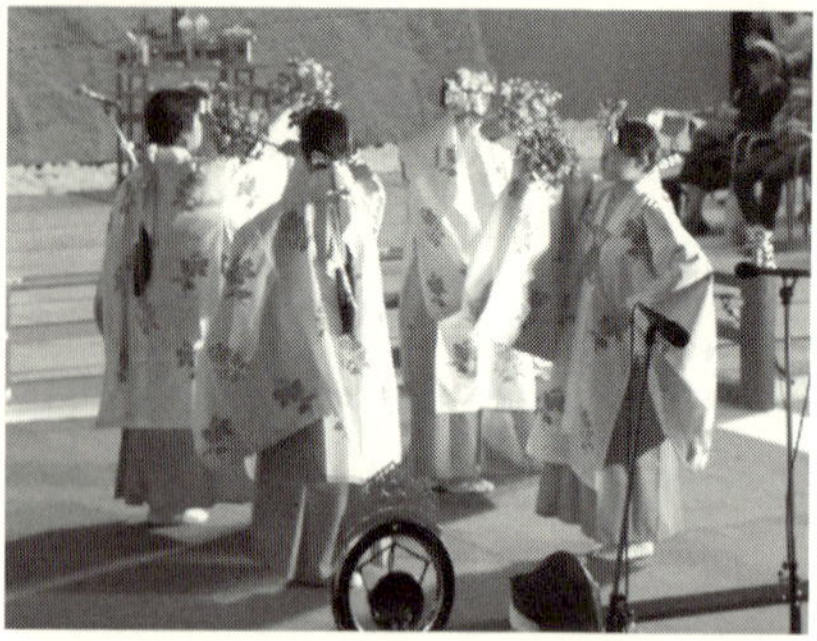
豊栄舞

浦安舞

※43　早韓神　97頁註32参照。

※44　其駒　97頁註33参照。

神楽歌が本末《もとすえ》に分かれて対面して行われ、歌を掛け合う古来の伝統を踏まえて、楽器には外来の楽器である篳篥を取り入れ再構成された様子がうかがえる。しかし、午後六時から翌朝の零時過ぎまで延々と神楽歌が歌われ人長舞が舞われる姿には、固有伝来の神楽の世界が引き継がれているといってよいだろう。

一般に神楽は、巫女神楽・出雲神楽・高千穂夜神楽・江戸里神楽・霜月神楽・伊勢神楽・湯立神楽等の呼称で呼ばれ、全国津々浦々に伝承されている固有の芸能であるが、外来の歌舞の影響や時代による変遷を経て、今日の姿となっているものである。

巫女神楽は各地の神社に伝わる巫女舞で、その起源は天岩戸神話で天宇受売命が岩戸の前で宇《う》気槽《けふね》を伏せて、その上に乗り笹葉を手草《たぐさ》として舞ったことに由来する。春日大社では延喜二十年（九二〇）の神楽歌「めつらしき　けふのかすかの　やをとめを　神もうれしと　しのはさらめや」（拾遺和歌集・藤原忠房）が示すように、古くから神前に奉納されていた事が解る。その後、変遷があったが、現在も一日・十一日・二十一日の各旬祭等で舞われている。このような伝統の上に全国の神社では、昭和十五年紀元二千六百年を記念して昭和天皇の御製「天地の神にぞ祈る朝なぎの海のごとくに波たたぬ世を」に、宮内庁楽部楽長※45多忠朝《おおのただとも》の作曲作舞した浦安舞や、戦後、神社本庁が作舞した豊栄舞（乙女舞）・朝日舞が盛んに行われている。

出雲神楽は、※46佐太神社《さだじんじゃ》で毎年九月二十四日に行われる御座替《ござがえ》・七座神事《しちざのしんじ》、翌二十五日の例祭とその晩に行われる式三番・神能の奉納が原型と言われている。御座替は毎年、神座の茣蓙を新しく敷き替えるもので、これに連動して舞殿で神楽舞を行う。これを七座神事という。剣舞・散供・清目・御座・勧請・八乙女・手草といい、それぞれが直面《ひためん》（面をつけないこと）で採物を持って舞うもので、場所や御座を清め、神降しをして神遊の舞を行う。御座替がすべて済むと神職は

※45　多忠朝　明治十六年—昭和三十一年（一八八三—一九五六）。明治末から昭和初期の楽師。昭和十一年、宮内省雅楽部楽長に就任する。昭和七年（一九三二）に神社音楽協会を設立し、祭祀楽・神前神楽舞の普及に尽力した。「悠久」「昭和楽」、「浦安の舞」など、数多くの舞楽を創作した。

※46　佐太神社　島根県八束郡鹿島町にある式内社。祭神の佐太大神は佐太地方の祖神といわれる。九月二十四日の御座替神事は神座の茣蓙筵を新しく敷き替える神事で、養老年間（七一七—七二四）から続くという。二十五日には例祭が執り行われ、佐陀神能とよばれる神楽が舞われる。

神酒と御供（オケヒョウ）を頂き、巫女舞「真の神楽」を舞って行事を滞り無く終える。

翌二十五日午後二時から例祭が行われ、夕刻七時から式三番・神能が奉納される。佐太神社には猿楽太夫がいたとの伝承があり、近世初頭に神話や神社縁起を脚色して、能から多く影響を受け、神能と呼ばれる独特の神楽が成立する。演目は十二番あり、大社・真切女・恵比寿・八幡・日本武・磐戸・三韓・住吉・荒神・厳島・武甕槌・八重垣となっている。能風の構成に整備され、神話劇として神々に奉納し、観衆も楽しむものとなっている。これらの神事は、佐太神社に属する周辺の社家の神職によって行われた。社家の人々は、自分の奉仕する神社の祭にもこれらの神事・神能を行ったため、周辺の神社から出雲全郡で行われるようになり、山陰・山陽地方にまで伝えられていった。

※47高千穂夜神楽《たかちほのよかぐら》は、宮崎県西臼杵郡高千穂町を中心に行われている出雲神楽である。およそ二十の集落で、十一月下旬から翌二月までの間に行われる。氏子の家を神楽宿《かぐらやど》として、その一室を神庭として注連縄をかけ神籬を設ける。そこに神を迎えて、夕刻から翌日の昼過ぎまで三十三番の神楽が舞われる。舞人は氏子の人々で、直面《ひためん》の七座神事風の舞と面をつける神能風の舞から構成されており、出雲神楽の影響が見て取れる。

土師流催馬楽神楽は埼玉県南埼玉郡鷲宮町の※48鷲宮神社《わしのみやじんじゃ》に伝わる神楽で、やはり出雲神楽の流れを汲む。出雲の土師《はじ》氏がこの地に居住し、元は土師の宮と呼ばれたが、これが鷲宮に転じたという。神社に属する社人により伝承されていて、現在十二座の神楽が行われている。四月十日の春季崇敬者大祭を中心に、年間の祭典で奉納される。舞の構成は、「出端」「舞掛り」「引込み」となっていて、各曲目の特徴は、「舞掛り」で表現され、「出端」と「舞掛り」の間に神楽歌・催馬楽が歌われる。江戸里神楽の源流とされる。

※47　高千穂夜神楽　高千穂神楽の成立については、岩戸地区の寺尾にまつってある尾迫荒神の神面が室町時代の作とされ、鎌倉時代の熊野修験の影響も指摘されており、古くから行われていたと考えられるものの、確かな定説はない。

※48　鷲宮神社　もともとこの神社のある一帯が土師氏の居住地であったため、神社は土師の宮と呼ばれており、そこから現在行われている神楽の正式名称は土師一流催馬楽神楽といわれる。演目の大半が『古事記』や『日本書紀』の神話をテーマにした一種の舞踊劇。

伊勢神楽は外宮の神楽役人により幕末まで続けられてきたが、明治維新に際して神宮制度が改められたことで廃絶した。しかし「伊勢神楽歌」は、宮中の御神楽歌や[※49]『梁塵《りょうじん》秘《ひ》抄《しょう》』に記録された歌に続いて、古風を伝えるものという。年に一度、霜月十三日に楽人たちが集まって行い、寄合神楽と称して宝祚無窮・五穀豊穣を祈って行われてきた。その系譜は、春日社や住吉社の巫女舞の神楽歌と同じものという。

伊勢神楽の特徴は、湯立神楽の巫女舞である点である。もともとこの湯立は、寄合神楽に際してその前の晩などに神楽の行われる家の竈場で、周囲に注連縄を引きめぐらして、竈神や諸神を迎えて湯立神楽を行い、竈を清め家内安全などを祈った。これが伊勢神楽の大きな特徴となり、湯立神楽を伊勢流神楽と呼ぶようになる。釜に湯をたぎらせて、神子（神楽男・巫女）が笹束で神楽歌を歌いながら、湯を振りかけながら舞い祓い清める。この伊勢流の神楽は、近畿・東海地方や関東方面に多く伝播している。今日、神宮の神楽殿では雅楽が演奏され、舞楽や神楽舞が奏奏されているが、これは明治改正以降に始められたものである。

現在、神楽は全国各地に伝承されているが、その形は千差万別で、古い神事の形を遺すもの、神に祈願するために舞われるもの、神に奉納する芸能として舞われるもの、もっぱら人々が鑑賞し楽しむために舞われるものなどがある。

神社の境内に神楽殿がある光景はごくあたり前である。この場合、神楽舞は神に奉納する芸能で、神慮を慰めるために例祭当日に神楽師により舞われたり、氏子組織の中に神楽を伝承している人々がいて、祭が近づくと練習をして奉納する。しかし、神楽伝承地でも神楽殿がないところもたくさんある。実は、そうしたところこそ古風を伝えている。神楽を行うのに民家の座敷を舞所にするところ、境内の庭上に竹や榊を四隅に立てて注連縄を引きめぐらして、神楽を舞うとこ

※49　『梁塵秘抄』　平安時代後期の歌謡集。後白河法皇撰。一条天皇頃から約百五十年におよぶ広義の今様（いまよう）の歌詞とその伝承についての口伝を集めたもの。

ろもある。

西日本の諸神楽の研究を続けられた石塚尊俊氏は、「神楽は本来祭儀であって、鑑賞のための芸ではなかった。ましてや単なる娯楽ではなかった。」「古い時代の神楽を推察することはきわめて難しいが、ただいい得ることは、部分的にどうあれ、その狙いとするところは、とにかく神を迎え、これを犒い、その意図を察し、そして慎んで送るということであって、それに伴う振りとしては、ただ神を迎える神主あるいは巫女の舞と、それに応えて出現したまう神自身の舞とがあれば充分であったということである。」と結論づけている。

「神の意図を察し」とは見えない神の声を察することで神々の恵みを実感することだが、実際に神懸りして神の声を聞くところもある。出雲の大元神楽《おおもとかぐら》※50では、あらかじめ託宣《たくせん》を受ける託太夫《たくだいゆう》を決めておく。厳格な選定の方法が決められていて、三名を候補者として選び、七日間の潔斎が課せられ、毎朝、禊をして大元さんにお参りをし汚れに近づかないようにする。こうして清浄なところに神殿を舗設して潔斎する。神々を勧請して最上の神饌を供し、夜もすがら歌舞音曲を奏し、夜のしらじら明けに至る頃、託太夫が神懸り状態となり神の声を聞く。これが、その後の生活の指針となる。こうした古風を残した神楽もある。

いずれにしても、神楽は永い変遷を経て今日まで伝承されてきたもので、固有の神祭りを原点にしながら発展し、変遷を重ねて伝えられてきた。言い方を変えれば、伝統芸能と呼ばれる能や狂言こそ、原点は神祭りにあって、発展してきた芸術と言える。そのため、相互に影響を与えてきたのである。ただ、神楽を支えたのは神職や氏子の神楽師であり、祭りの心を伝えることはあっても、能や狂言のように芸術として洗練専門化することはなかった、ということであろう。

神楽　黒戸奈神社（山梨県）

※50　大元神楽　島根県の邑智郡東部の先祖神である大元さまをまつる集落に伝わる神楽。大本さまは、ふだんは藪や森の中の小さな祠に祀られていて、その式年祭が数年に一度行われ、神楽が舞われる。

まとめ

以上、雅楽と神楽を中心にその経緯をたどってみたが、日本の祭りにあって歌舞音曲を大切にする伝統は、雅楽や神楽が今日も盛んに演奏される中に息づいている。雅楽の源流が外来の音楽舞踏にあり、これを学び愉しむなかで日本人好みの取捨選択と改変はあったが、今日では外来音楽という認識さえ薄れ、すでに日本に定着した楽舞になっている。

しかし、神社祭式の中では、これを明確に区分して演奏する傾向がある。すなわち、降神には和琴での菅掻《すががき》。献饌・撤饌の際には越天楽《えてんらく》・五常楽《ごしょうらく》・陪臚《ばいろ》・鶏徳《けいとく》といった唐楽が用いられるが、これは節会祝宴に管絃を楽しんだ貴顕の伝統に由来するものであろう。しかし、祝詞祭詞奏上後の奏楽では、朝日舞・豊栄舞・倭舞・浦安舞などの神楽舞が主であり、陵王《りょうおう》・納曽利《なそり》といった舞楽も行われるが、一般的ではない。伝統の神楽舞のなかでこそ神人和楽が成立し、奏楽は単に神慮を慰めるものでなかったことを示している。

一方、全国津々浦々で行われている民間芸能としての神楽は、今日では神社祭式とは離れて独自に演奏されるものとなっている。しかし、その大半が神社の祭礼に合わせて行われており、源流は同じであることを伝えている。長い年月の間に変遷があり、変貌を遂げてさまざまな姿の神楽舞となったのだ。神社祭式が成立する以前の古式祭儀の姿を伝えるもの、神慮を慰める芸能としての神楽舞、参詣者がみて楽しむための神楽舞とさまざまな姿で伝承されているが、毎年、神を迎えて豊作を祈願し、感謝する中から生まれた事は確かである。神社祭式の中で舞われる神楽舞は、こうした伝統の上に新たにうまれてきたのである。

（茂木貞純）

第七章　玉串拝礼

神社祭式では、宮司の祝詞奏上（あるいは献幣使の祭詞奏上）・奏楽に続いて「拝礼」の行事が行われる。祭典の節目となる行事であり、代表者である宮司が榊の小枝に麻・紙垂《しで》をつけた玉串を案の前に捧げたのち、宮司とともに奉仕の祭員が列拝《れっぱい》（複数のものが同時に拝礼）を行う。献幣使がいる場合は献幣使が玉串を捧げ、随員とともに列拝がある。その後、氏子・崇敬者により同様のことが行われる。

今日、祭祀に奉仕することを示すうえで欠かせない「玉串拝礼」について、ここでは神社祭式の行事として位置づけられた経緯を踏まえ、祭典上の意義について述べることとする。

一、玉串の語義

玉串とは、神道の諸祭祀で、神前や霊前に捧げられる榊の小枝のことである。通常は紙垂《しで》と麻《あさ》緒《お》を付け、枝の元を神前に向け、葉表を上にして案上に奉られる（皇族の参拝の際には、二尺五寸ほど〈約76センチ〉の榊の枝の上枝に紅絹、下枝に白絹を左右均斉に垂らしたものが用いられる）。語義についても諸説あり、手向串とする説（本居宣長）、木枝に玉などを取り付けたものとする説

玉串拝礼

玉串

※1(飯田武郷)、神霊のやどる料の意である霊串とする説※2(六人部是香)が挙げられる。

玉串は、古典のなかで「玉籤」「玉櫛」などと表記されており、その初見は『日本書紀』で窺うことができる。神代巻上「天の岩戸の段」第二の一書に次のように記してある。

時に諸神憂へて、乃ち鏡作部の遠祖天糠戸《あめのぬかと》といふ者をして鏡を造らしめ、忌部の遠祖太玉《ふとだま》といふ者には幣を造らしめ、玉作部の遠祖豊玉《とよたま》といふ者には玉を造らしめ、又山雷《やまつち》をして五百箇真坂樹の八十玉籤《たまくし》を採らしめ、野槌《のつち》には五百箇野薦《すすき》の八十玉籤を採らしむ。凡べて此の物皆来聚ひし時に、中臣の遠祖天児屋命、則ち神祝《かむほぎ》き祝きき。

『日本書紀』の一書には、天の岩戸の祭祀で神々が製造した玉や布とともに、「五百箇真坂樹」(沢山の枝が生い茂った榊)、「五百箇野薦」(沢山の枝が生い茂った小竹)などの「八十玉籤」が持ち寄られたことが記されている。

神を迎えて祝詞を奏上する際に玉串が重視されたことは、中臣寿詞に「神漏岐《かむろぎ》神漏美命《かむろみのみこと》の前に申せば、天の玉櫛を事依し奉りて、此の玉櫛を刺立て、夕日より朝日照るに至るまで、天都詔《あまつのり》戸《と》の太詔刀言《ふとのりとごと》を以て告れ」とあり、神々に対して何かを申し上げる際に、玉櫛(玉串)を差し立てることが天津神の教えとされているのである。

『古事記』上巻の天の岩戸の段に、次のような記載がある。

天香山の五百津真賢木を根こじにこじて、上枝に八尺勾璁之五百津之御須麻流之珠《やさかのまがたまのいおつのみすまるのたま》を取り著《つ》け、中枝に八咫鏡《やたのかがみ》を取り繋《か》け、下枝に白丹寸手《しろにきて》、青丹寸手《あおにきて》を取り垂《し》でて、此の種種の物は、布刀玉命、布刀御幣と取り持たして、天児屋命、布刀詔刀言祷ぎ白して…

ここでは、枝の生い茂る榊を引き抜いて神々が製造した勾玉や鏡、そして白丹寸手(梶の樹皮で作った布)と青丹寸手(麻)を取りかけたものを、布刀玉命が御幣《みてぐら》、すなわち供え物として捧

※1　飯田武郷(いいだたけさと)　文政十年(一八二七)―明治三十三年(一九〇〇)　幕末・明治の国学者。信州高島藩士。平田篤胤没後の門人。勤王運動にも加わる。嘉永五年(一八五二)二十六歳のときに大著『日本書紀通釈』全七十巻を起稿する。

※2　六人部是香　47頁註36参照。

げ持ち、天児屋命が布刀詔刀（祝詞）を読んだとされている。

二、神宮祭祀と太玉串

これらの遺制と思える祭儀が、神宮の古儀にある。

古代の神宮では、奉幣と神嘗祭に太玉串《ふとたまぐし》行事《ぎょうじ》が行われた。神職たちが玉串を捧持して祭場に入り、宮司の祝詞奏上の間、これを捧げ持つ。斎内親王は太玉串を持ちながら拝礼を行い、それが済むと内玉垣御門に差したてられた。また、神宮の神職も祝詞奏上に際して玉串を捧げ持ち、のちにそれらを御門の両わきに差し立てる。

また、神宮では御門に差し立てる玉串のほかに、常設の天八重《あめのやえ》榊《さかき》がある。これは内玉垣御門の東西の掖に石畳（八重畳と称する）があり、そこに左右各六十四本（一列八本が八重になる）の木綿をつけた榊が立てられた。近世中期以降に中重鳥居ができて、その両脇に付設されることとなった。これら天八重榊は、『日本書紀』の八《や》十《そ》玉籤《たまぐし》の遺制とされている。

上古においては神々を迎えるために榊を巡らし、神の室を構成して祭祀に臨んだことが考えられるが、ことに神宮では、神職は斎王・宮司は一本、禰宜は二本、権禰宜は四本と複数持って祭祀に奉仕したのも、神の鎮まる場所を榊で覆うためであっただろう。『古語拾遺』[※3]には、天照大御神を倭笠縫邑《やまとのかさぬいのむら》に奉遷する際に磯堅城《しき》神籬《ひもろぎ》が立てられたことが記されている。今日ではみられないが、神宮では遷宮祭に人垣を奉仕する男女の祠官はそれぞれ太玉串を捧持していたとあり、このときの太玉串も、神の御途中の御室に相当するものと考えられる。

太玉串を両手に捧持して参進する勅使と随員

※3　『古語拾遺』　6頁註4参照。

※4賀茂《かも》別雷《わけいかずち》神社《じんじゃ》（上賀茂社）では、葵祭に先だって※5御阿礼神事が行われる。この神事は、神霊を神籬に遷して社殿に迎えるもので、今日でも秘儀とされているものであるが、その内容について記録によれば、神霊の遷った一本の榊（阿礼木）を、榊に麻を付けた複数の神職が囲んで移動するという。

神籬の祭祀は、神霊の宿る木のほか、多くの木立を巡らせて御室を構成する。これが神社の原型とされている。榊は神の御室を構成するのに欠かせないもので、神宮ではその榊を玉串と呼んだ。そして社殿が創建されたのちも、祝詞の奏上といった祭神と接する場面では、とりわけ神聖な空間を用意するうえで、神職たちが玉串を捧げ持って御室を構成していたと考えられる。

三、神武復古と玉串奉奠

慶応四年（一八六八）三月十三日、神武創業《じんむそうぎょう》に基づいて神祇官《じんぎかん》を再興し、祭政一致の制度に復することが布告された。翌十四日、明治天皇は天神地祇御誓祭を斎行された。これは、明治天皇が公卿や諸侯を率いてみずから祭祀を執り行う親祭の形式で行われ、そのなかで施政の基本方針となる五箇条の御誓文を読み上げられた（第一編第四章一節を参照）。

その次第では、総裁※6三条実美によって御祭文が読み上げられ、天皇が神拝を行い、総裁が御誓書（御誓文）を読み上げ、公卿諸侯が就約するというものであった。この誓祭は、政治の中心が天皇にあることを祭祀で示そうとするものであった。天皇の神拝の際に「親しく幣帛《みてぐら》の玉串を奉献す」とあって、みずから幣帛を奉るのはそうした親祭を示すための行事であった。この誓祭は、

※4　賀茂別雷神社　式内社。二十二社の一つで、通称上賀茂神社。祭神賀茂別雷大神。古くより朝廷の崇敬を受けるが、平安遷都以後、皇城鎮護の社とされ、大同二年（八〇七）には正一位に叙せられる。賀茂祭は公祭となった。伊勢の斎宮にならう斎院がいたことでも知られる。『延喜式』名神大社。

※5　御阿礼神事　32頁注50参照。

※6　三条実美　52頁注5参照。

祝詞奏上後に斎主みずからが幣帛を神前に奉るという新儀の端緒となるものであった。

その後の国家祭祀では、伝統的な畿内の諸社の祭祀が復興される一方、国家に功績のあった楠公祭や白峰宮祭・豊国社・東京招魂社などの祭典や、皇室の祖霊祭、山陵での諸祭典では新儀が執行され、玉串が幣帛として奉ることがなされた。このように明治初年の祭祀では、天皇の親祭や皇室の祖先祭祀、諸祭典が新儀によって実施されていく過程で、玉串は国家祭祀の幣帛として扱われるようになった。

明治四年（一八七一）十月、国家祭祀の大綱を定めた四時祭典定則・地方祭典定則が制定された。四時祭典定則では、伝統的な新嘗祭のほかに元始祭や神武天皇祭、皇大神宮遙拝などが大祭とされ、天皇親祭として執行された。そして、それら親祭では神饌や国家の幣帛とは別に、祝詞の奏上後、斎主である天皇が親から玉串を奉り拝礼をすることとなった。

また、地方祭典定則では国幣社以下の神社祭祀が定められ、例祭や祈年祭・新嘗祭のほか、元始祭や山陵の遙拝を執行することとなった。これをうけて明治五年二月には「官国幣社祈年祭式」、明治五年十一月には「元始祭式」が制定され、それらでは地方の長官や神官の長官によって、「玉串ヲ執リ拝礼」をする行事が定められた。

明治八年四月には、式部寮達「神社祭式」が制定され、地方の長官が参向する官国幣社の例祭や祈年祭・新嘗祭では地方の長官が玉串を奉り拝礼（次に官員が拝礼）し、続いて神官の長官が玉串を奉り拝礼（次に次官以下が拝礼）する行事が実施されることになった。また、それ以外の神社祭祀においても、神社の神官によって実施された。

明治期の国家祭祀の展開により、国家の行政および祭祀の主体となる天皇が幣帛となる玉串を奉奠する祭祀が成立する。神社においても、行政の長と祭祀の長が玉串を奉奠することとなり、その意味で玉串は近代の祭政一致を象徴する捧げものとなったといえよう。

四、玉串奉奠から拝礼へ

「神社祭式」の制定以降、神社の祭祀では拝礼に際して玉串を奉奠することとなった。それは、拝礼のあとに玉垣御門に差し立てる神宮の玉串行事とは異なるものである。

明治四十年（一九〇七）六月制定の「神社祭式行事作法」で、「神社祭式」の定める行事の名称を付することとなり、「玉串ヲ奉リテ拝礼」とされた行事は「玉串奉奠」とされた。奉奠とはつつしんで供えるという意であり、玉串がお供え物、つまり使や斎主が奉る幣帛の一種として、斎主や使がこれを奉ることに行事の主眼がおかれていたようだ。

しかし、昭和十七年（一九四二）には「神社祭式行事作法」の改正がなされ、「玉串奉奠」の名称は「拝礼」とされた。拝礼（再拝二拍手）の作法は、古来、さまざまな行事に付随して行われており、明治四十年の神社祭式行事作法によれば、玉串奉奠だけでなく、御扉の開閉や御幣物の奉奠（献幣）、祝詞奏上などでも行われていた。これが昭和十七年の改正では、拝礼の作法は祭祀に奉仕する者すべてが拝礼を行う玉串を奉る行事に限ることとなり、行事名も「拝礼」に改められた。

戦後、神社本庁でも「拝礼」が踏襲され、斎主や献幣使のほか氏子総代によってもなされることとなった。

このように上代、神籬の料とされた玉串は、近代以降に祝詞の奏上者が拝礼の際に捧げるものとして、神社の祭式に取り入れられることとなった。「拝礼」の行事は、祝詞の奏上内容を神々に納受いただくため、祭祀に奉仕するひとりひとりが誠意を捧げる行事であるが、玉串はその目的をより確かなものにするため、ご神霊のご来臨を仰ぐ気持ちで捧げられるものといえよう。それゆえ、今日では、「玉串は神に敬意を表し、かつ神威を受けるために祈念をこめて捧げるものである」との解釈がなされている。

（星野光樹）

第八章　直　会

神社の祭典に参列すると、神祭りが行われたあとに社務所や参集殿へ移り、おさがりのお神酒《みき》やお祝のお膳が出て祝宴が催される。こうした行為を、神道では直会《なおらい》という。

今日の直会は、神前にお供えした神饌・神酒のおさがりをいただくことで、御神威《みいつ》をかがふるのだとか、神祭りの緊張から解放され、ゆったりと寛ぐ慰労の宴などと説かれている。いずれにしても、神人和楽を旨とする神祭りで行われる直会について、述べることとする。

一、直会とは

ナオライという語は漢字では直会（※1『皇太神宮儀式帳』、『延喜式』巻四）と書かれるが、これまでの用字は猶良比（『続日本紀』称徳天皇宣命）を初見とし、直相（『続日本紀』仁明天皇大嘗）、奈保良比（『皇太神宮儀式帳』）、直礼（※2『下《か》学集《がくしゅう》』）などとも書かれた。その意義については、江戸時代の国学者本居宣長※3が※4『続《しょっ》紀《き》歴《れき》朝《ちょう》詔《しょう》詞《し》解《かい》』に、次のように述べている。

○猶良比、猶は借字にて、直會《ナホラヒ》にて、奈保理阿比《ナホリアヒ》の切《ツヾマ》れる也、直《ナホ》るとは、齋をゆるべて、平常《ツネ》に復《カヘ》る意也、そもそも大嘗の齋、神祇令に散齋一月、到齋三日と有て、義解に、散齋、謂仲

※1　『皇太神宮儀式帳』　103頁註2参照。

※2　『下学集』　国語辞書。文安元年（一四四四）成立。2巻。序に東麓破衲（とうろくはのう）の著とある。日常に用いられる三千の語を天地、時節など18の部門に分けて簡単な説明を付したもの。

※3　本居宣長　46頁註34参照。

※4　『続紀歴朝詔詞解』『続日本紀』の宣命六十二編に訓と註釈を施したもの。六巻。本居宣長著。寛政十一年（一七九九）初稿成立。享和三年（一八〇三）刊行。宣命研究書の最初のもの。

冬之月、自レ朔至ルレ晦ニ、致齋ハ、謂自レ丑至ルレ卯、其ノ辰ノ日以後ハ、即為ニ散齋一ト見え、大嘗祭式にもかく見ゆ、儀式にも、致齋三日ハ、従レ丑至ルレ卯ニと見えたり、卯ノ日に、大嘗宮に御て、神にも祭リ給ひ、天皇御みづからも聞シ食シて、大嘗の事畢るに依て、辰ノ日よりは、豊樂院に御て、致齋をゆらべうちとけて、歓ひ集會《アフ》意の名也、解齋の舞、又脱ニテ齋服一ヲ復ルレ常ニ、などいふことは、午ノ日の儀式畢リてあることなれども、卯日の儀式の終るも、致齋の解るなれば、同じ心ばへ也、江次第には、辰ノ日ノ朝、主水司、供ニル解齋御粥一ヲとも見えたり、さて

諸社の神事にいふ直會も、神ノ祭畢リて後に行ふわざにて、同じ意也（〇傍線筆者）

すなわち、ナホラヒはナホリアヒがつずまった語で、祭りに仕える者が平常な状態（俗）から斎戒して身心を清めた状態（聖）で奉仕し、祭りが終って再び平常（俗）に復する解斎のことである、というのが宣長の説である。ナホラヒはナホリアヒの約というのはわかるが、その意味について大事なことを見落しているようである。それは文中に「天皇御みづからも聞し食して」とあることが、実は直会であるということだ。このことについては、後述する。そこで、文中の『江次《ごうし》第《だい》』※5で辰の日に行われる「解《げ》齋《さい》の粥」とは、卯の日の直会の翌日に行われた「解齋」と見ることができる。

伊勢大神宮式の中にも「凡そ三節の祭の直会の日」とか、「凡そ三節の祭并に解斎の直会の日」とあるから、直会には解斎の意味もあっただろう。しかし、本来の直会とは神と人との共食儀礼を言ったのだと思う。このことは、古くから行われてきている著名な祭祀をみれば明らかである。そこで、直会がいつ行われるかについて整理してみると、およそ次の三通りとなる。

①祭りのはじめに行われる直会
②祭りの最中に行われる直会

※5　『江次第』29頁註42『江家次第』参照。

③祭りの終りに行われる直会

二、祭典はじめの直会

①については、京都の賀茂別雷神社（上賀茂神社）で、毎年五月十二日の夜に斎行される御阿《みあ》礼《れ》神事《しんじ》という神迎えの祭りがある。これは三勅祭の一つである五月十五日の賀茂祭に先だち神霊をお迎えする厳儀《げんぎ》であり、奉仕の神職以外の者は参列することはもちろん、拝見することも許されない秘儀である。ちなみに賀茂御祖神社（下鴨神社）では、五月十三日に御蔭祭《みかげまつり》という名称で神迎えの神事が行われている。

御阿礼神事を概略すると、上賀茂神社の後（北）方五百メートルほどのところに御阿礼祭場（御生所）が設けられ、そこには特殊な神籬《ひもろぎ》が鋪設《ほせつ》されていて、その前庭で神事が斎行される。神籬は高さが一間（一・八メートル）ほどで、一辺が四間（七・二メートル）ほどの正方形に杭を打って丸太で組み、四面は松・檜・榊などの常緑で囲む。その中央には榊に紙垂をつけた阿礼木《あれぎ》を立て、そこから四間ほどの松丸太二本を正面斜上に向け、先方を開いて扇状に出して先端に榊の枝を結ぶ。これを休間木《やすまぎ》という。このように特殊な神籬が設置され、その前に円錐形の立砂が二つ並んで設けられる。

この御阿礼祭場の式次第は、※6『官国幣社特殊神事調《かんこくへいしゃとくしゅしんじしらべ》』三（神祇院刊）によると次の通りである。

次　宮司以下御阿礼所《みあれしょ》ニ参向御圍《おかこい》ニ向ヒ一拝　幄舎《あくしゃ》ニ着ク

次　葵桂《あおいかつら》ヲ挿頭《そうとう》ニス

※6　『官国幣社特殊神事調』昭和十六年に刊行された、主な神社の特殊神事を全国的に調査収集した文献。神祇院発行。全五冊。

立砂（上賀茂神社）

次　献《こん》ノ儀
次　手　水
次　庭燎ヲ消ス
次　奉　幣
次　裂幣ヲ榊ニ附ク
次　神人榊ヲ持チ御薗正面ノ立砂ヲ三匝《みめぐり》シテ佇立《ちょりつ》ス
次　宮司以下神館《こうだて》ノ座ニ北上西面ニ着ク
次　神人榊ヲ持チ進行ス（此間雅楽頭代笏拍子ヲ打チテ秘歌ヲ奏ス）
（〇以下、略）

宮司以下祭員が御阿礼所に参着すると、御薗（神籬）に向って深々と一礼する。葵桂を頭に挿し、献の儀を行ってから手水をつかい、神迎えとなるのである。この中の「献の儀」とは、江戸時代の寛保三年（一七四三）に記された※7『諸神事註秘抄《しょしんじちゅうひしょう》』によると、「神人に掬《すくい》の御料を通す」（原漢文）とあって、その割註に、

其の品例の如し、矢刀祢《やとね》これを調進す、これより先御薗の前、立砂の間に矢刀祢がこれを供し、祝詞を申す。これを撤し、後の座にこれを通して、おのおの少し直会に充て了んぬ。

とある。右の掬《すくい》の御料は、今日は摑《つかみ》の御料と記す。上賀茂神社の祢宜で神饌調理をされた故藤木保治氏によると、「御飯にわかめと干だらをまぜます。（中略）おさがりをとりわけるのに奉書紙でつかみとるところからこの名前になっています。まぜごはんの古式なものです。」（『定本日本料理』様式篇）という。つまり、摑の御料は和布と干鱈のまぜ御飯をいい、これを奉書にてつかみ取ることから、摑みの御料というのである。

※7　『諸神事註秘抄』　賀茂別雷神社および貴船神社の諸神事についての記録書。三巻。賀茂清足の著。寛保三年（一七四三）に成る。のちに清足の養子となった経堅（つねかた）が浄書し、文化二年（一八〇五）に天地人の三巻本にまとめた。

『諸神事註秘抄』によると、この擱の御料をいただいて、次に濁酒（御神酒）を頂戴するとある。この擱の御料がすすめられることを『嘉元年中行事記《かげんねんちゅうぎょうじき》』[※8]には「のうらひまゐる」とあるから、擱みの御料とお神酒をいただくことが直会であって、このあとに神迎えの神事と続くのである。すなわち、神迎えの直前に直会をいただくのであるから、御阿礼神事では祭典のはじめに直会を行うということになるのである。

三、祭典中の直会

次に、②祭りの最中に行われる直会について述べよう。これは天皇陛下が御祭服[※9]をお召しになられて、親しく御斎行になられる新嘗祭に見ることができる。

新嘗祭は新穀で調理した米の御飯・粟の御飯・新米で醸造した白酒や黒酒をはじめ、海川山野の産物を調理して神さまに親しくお供えされ、陛下も神さまと御対座で、お供えされた神饌と同じものをお召し上りになられる。現在、このお祭りは皇居内の宮中三殿のすぐ西の神嘉殿《しんかでん》で斎行される。神嘉殿は平素は神さまが祭られていないが、新嘗祭のときには、殿内に御神座が舗設され神さまが祀られる。

毎年十一月二十三日の午後六時から夕《よい》の儀、同十一時から暁《あかつき》の儀と二度繰り返して行われる大祭で、宮内庁の掌典長《しょうてんちょう》以下、掌典職員と采女《うねめ》（女官）等が古式のままに装束を着け、特殊な祭器具を用いて斎行される。また、お祭りが行われている間はずっと、祭庭に庭燎《ていりょう》（庭火）が焚かれ、楽師により和琴が掻き鳴らされて神楽歌《かぐらうた》が奏でられる。静かな秋の深まった夜の斎庭

※8　『嘉元年中行事記』上賀茂神社所蔵の最古の年中行事記（『日本祭礼行事集成』第三巻・平凡社に所収）。嘉元は、一三〇三～六年。

※9　御祭服　95頁註28参照。

は、まことに厳粛な雰囲気につつまれる。

こうした中で行われる祭りの式次第を戦前の「皇室祭祀令」[※10]附式によってみると、左の通りである。

（〇前略）

次ニ神饌ヲ行立《ぎょうりゅう》ス

（其ノ儀略）

次ニ削木《けずりぎ》ヲ執レル掌典補警蹕《けいひつ》ヲ称フ

此ノ時神楽歌ヲ奏ス

次ニ天皇本殿ノ神座ニ進御《しんぎょ》

次ニ御手水ヲ供ス

次ニ神饌御親供

次ニ御拝礼御告文《おつげぶみ》ヲ奏ス

次ニ御直会《おなおらい》

次ニ神饌撤下

次ニ御手水ヲ供ス

次ニ神饌退下

其ノ儀行立ノ時ノ如シ

次ニ皇太子拝礼

次ニ親王王拝礼

次ニ諸員拝礼

※10　皇室祭祀令　66頁註28参照。

次ニ入御《じゅぎょ》
（〇後略）

次第のはじめにある「神饌を行立《ぎょうりゅう》す」とは、陛下のお手水《てみず》の具をはじめ御神饌と、これをお供えするのに用いる祭器具類を掌典職員と采女が捧げ持ち、行列をなして神饌所である膳舎《かしわや》から祭場の神嘉殿入口まで、静々と進んでお届けするのである。これを神饌行立と称し、殿内は采女によって陛下のところまで届けられる。お供えする神饌は煮炊して調理したもので、これを供する用器は枚手《※11ひらて》（葉盤）・窪手《※12くぼて》（窪盤）といって柏の葉でつくろい、お箸は竹でピンセットのように折り曲げて拵えたものなど、古来の特殊な祭器具が用いられる。

神饌行立の品々が陛下のところまで届けられると、陛下はお手水をおつかいになられてから、御神饌を一つ一つ御鄭重にお供えになられる。これを御親供《ごしんく》と称し、これに要する時間はおよそ一時間半といわれる。

御親供が終ると、陛下は御拝礼をなさって御告文《おつげぶみ》を奏せられる。御告文とは、神職がお祭りで奏上する祝詞にあたるものである。御告文を奏せられた陛下には、御親供になられた御神饌と同様の御饌《みけ》・御酒《みき》が供せられ、陛下は神さまと御対座されてこれをお召し上りになられる。これを右の次第によると、御直会《おなおらい》と称しているのである。前述の宣長の詔詞解に、卯の日に陛下が大嘗宮において神々をおまつりされ、「御みづからも聞し食して」と述べていることが、実は「直会」なのである。

お直会がお済みになると、陛下はお手水をつかわれ、次に采女らによって御神饌が撤下されるのであるが、撤下の要領は先の行立と同様に行われる。

次に、御殿内では皇太子殿下が拝礼され、続いて御殿前庭で皇族方や参列者が順次拝礼された

※11　枚手　96頁註31参照。
※12　窪手　99頁註35参照。

のち、陛下が御殿から入御《じゅぎょ》（御退下）になられるのである。以上が夕の儀で、しばらくして再び暁の儀が、夕の儀と同様に繰り返し行われる。このように、宮中の新嘗祭は陛下がお祭りの最中にお直会をされることから、お直会の祭りとも言えるのではないかと思う。

祭りの最中に行われる直会として、宮中の新嘗祭を紹介した。余談であるが今日、神前結婚式の中で行われる三三九度の盃の儀も、祭りの中の直会とみることができよう。こうしてみると、三三九度の盃の儀では、御神酒のみでなく饗膳にあたる品を新郎新婦にすすめることが望ましいということになろう。

四、祭典締めくくりの直会

次に、③の祭りの終りの直会については、現在、多くの神社で行われている。戦前、内務省が制定した※13「官国幣社以下神社祭式」《かんこくへいしゃいかじんじゃさいしき》（内務省令第四号、大正三年三月二十七日制定）には直会の規定がなかったのに対して、戦後、神社本庁が昭和二十三年五月十五日に制定した「神社祭式」には、いずれの祭祀においても祭式次第の終りに直会を行うことを明記したのである。

そこで、現行の大祭式の中の「祈年祭　新嘗祭の祭式次第」を左に紹介しよう。

祈年祭　新嘗祭

当日早旦社殿を装飾す

時刻宮司以下祭員総代及び氏子崇敬者参進　是より先手水の儀あり

次に宮司以下祭員総代及び氏子崇敬者祓所に著く

※13　「官国幣社以下神社祭式」内務省令（第四号）を以て公布された神社祭祀の施行細則を定めた法令。大正三年一月の「官国幣社以下神社祭祀令」の制定をうけ、同年三月二十七日に公布された。大祭式、中祭式、小祭式、修祓、祝詞、雑則を定める。第一編第四章四節を参照。

次に修祓
次に宮司以下祭員総代及び氏子崇敬者所定の座に著く
次に宮司一拝　諸員之に傚ふ
次に宮司御扉を開き畢りて側に候す　此の間奏楽警蹕諸員平伏
次に権宮司若しくは禰宜以下祭員神饌を供す　此の間奏楽
次に宮司祝詞を奏す　此の間諸員平伏
次に楽を奏す
次に宮司玉串を奉りて拝礼　権宮司若しくは禰宜以下祭員列拝
次に総代玉串を奉りて拝礼　氏子崇敬者列拝
次に権宮司若しくは禰宜以下祭員神饌を撤す　此の間奏楽
次に宮司御扉を閉ぢ畢りて本座に復す　此の間奏楽警蹕諸員平伏
次に宮司一拝　諸員之に倣ふ
次に宮司以下祭員総代及び氏子崇敬者直会所に著く
次に直会
次に各退出

右の祭式次第によると、本儀である祭典終了の宮司一拝ののち、直会所に移動して直会を執行することになっている。そのため現行の規定では、直会は右に述べた③祭典の終りに行うこととなっているのである。

神社で祭りのあとに行われる多くの直会は、代表者の挨拶があってのちお神酒で乾杯をし、料理をいただきながらお酒を酌み交わして、和やかに祝宴を行う形式が多い。しかし、直会は「神社祭式行事作法」の規程にも定められているから、その儀礼要領を述べることにしよう。

まず、直会会場の着席位次は、下図の通りである。

直会の次第は、はじめに配膳所役が饗膳《きょうぜん》（饗応の膳）を参列している諸員に据え、次に、神酒を注ぐ銚子所役が諸員に神酒を注ぎ、諸員がこれを飲む。なお、神酒をいただいたら雅楽や舞楽を演奏することが推奨されている。

饗膳は通常、四角い曲げ物の折敷《おしき》に半紙を二つ折にした掻敷《かいしき》を敷き、その上に神酒をいただくための土器（盃）をはじめ、洗米・切鯣《するめ》・切昆布・箸などを載せる。その品目には定めがないから、神饌の撤下品その他、適宜に選ぶのがよい。折敷に土器を載せず、別に勧盃役《けんぱいやく》という土器（盃）をすすめる役を設けてもよい。

神酒を入れる用器は、徳利ではなく神前結婚式で用いる長柄《ながえ》がよいが、神前に供える瓶子《へいし》を用いてもよい。神酒の注ぎ方は、一つの土器に三度にわけて注ぐ。一・二度目はほんのわずかで、三度目に適量を注ぐ（鼠尾《そび》・鼠尾・馬尾《ばび》）のと、一・三度目はほんのわずかで、二度目に適量を注ぐ（鼠尾・馬尾・鼠尾）二通りの方法があり、いずれでもよい。そして、結婚式の三三九度ではないのだから、一度で静かに飲むのである。神酒は三献いただき、この間に適宜、饗膳の品を頂戴してよい。

以上が、現行の規程にもとづく直会儀礼のやり方だが、次に古儀が継承されている直会儀礼を

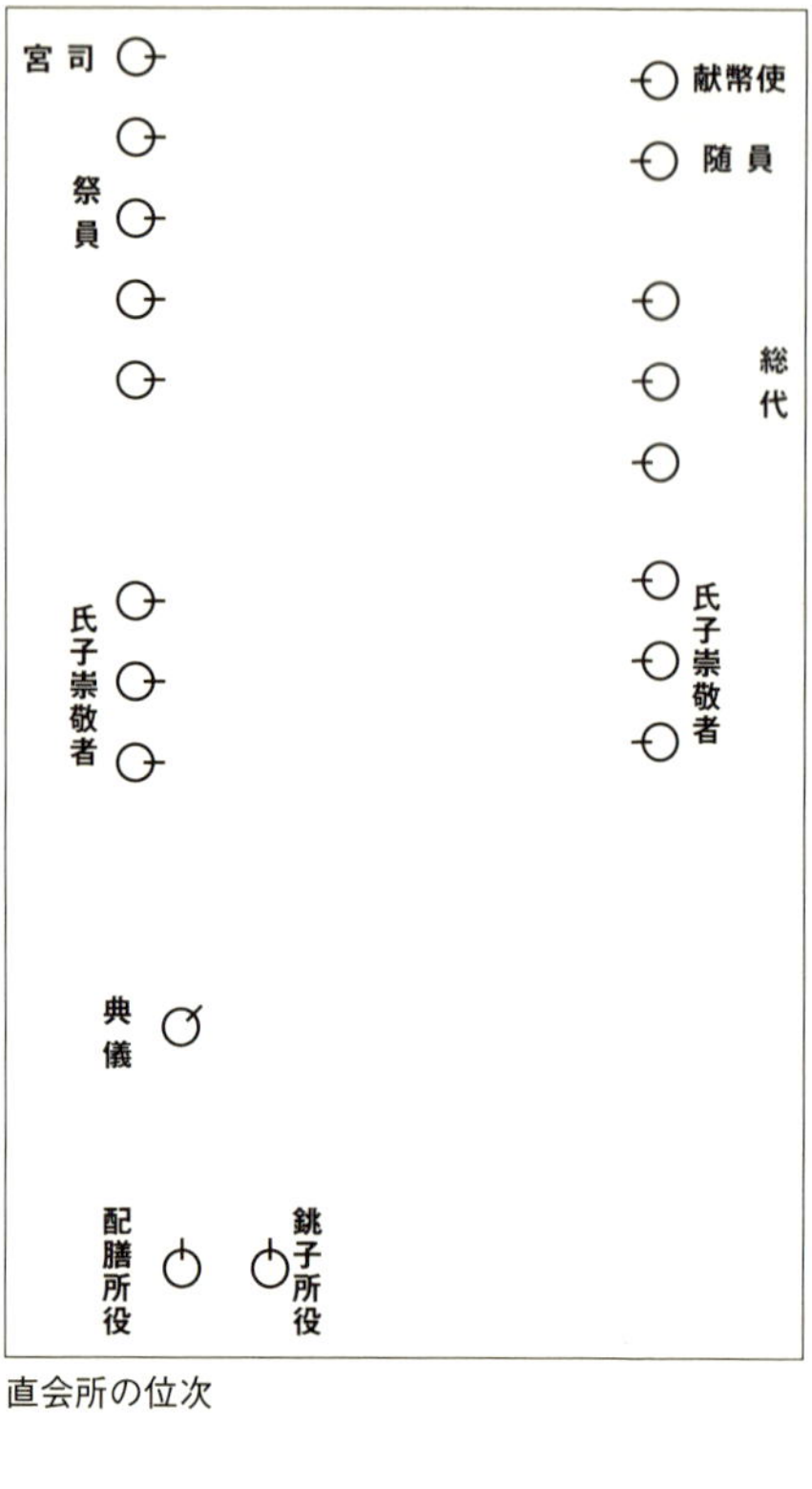

直会所の位次

二例ほど紹介する。

五、古儀による直会儀礼

ここで賀茂祭・石清水祭とともに、古式による三勅祭の一つとして著名な春日祭における直会儀礼をみてみたい。

春日祭は毎年三月十三日に斎行され、当日、勅使《ちょくし》（天皇のお使い）が参進する前の午前九時から、宮司以下神職が奉仕して御戸開神事《みとびらきしんじ》が行われる。これは、御戸開の神饌を供して祝詞を奏し、撤饌してから神宝を奉奠し、御扉を開くのである。

御戸開神事が終ると、勅使・弁代[※14]・外記代[※15]・史代[※16]・内蔵寮官人代[※17]・左右《さう》馬寮[※18]官人代・舞人《まいびと》・陪従《べいじゅう》等の参進となるが、勅使・弁代は参進の途次、祓戸神社前で祓、着到殿で「式（祭典次第）を覧す」などが行われる。勅使以下、社頭祭場に参着すると、春日祭固有の御棚《みたな》神饌の供進、御《ご》幣物《へいもつ》の奉奠、勅使の御祭文《ごさいもん》奏上、参列員代表の拝礼と祭典が進み、次に直会殿で「饗饌《きょうせん》」「見参《げざん》の披見」という行事が行われる。ここに古式による直会儀礼を見ることができる。

まず、勅使・弁代・外記代・史代、それに宮司・権宮司・禰宜が社頭の本座を起って直会殿の所定の座に着く。一同着座すると社頭林檎の庭では御馬が牽廻《ひきめぐ》らされ、次に「饗饌」となる。林檎の庭では、御馬の牽廻が終ると倭舞[※19]が演じられ、直会殿ではまず勅使には権宮司が、弁代には禰宜が進んで饗膳を据える。次に、宮司が盃を持ち、権宮司が濁酒の入った柄杓《ひしゃく》を持って勅使の前に進む。宮司が勅使に盃をすすめ、権宮司がこれに濁酒をそそぐと勅使がこれを飲み、盃を宮

※14　弁　29頁註38参照。
※15　外記　29頁註39参照。
※16　史　21頁註23参照。
※17　内蔵寮　27頁註35参照。
※18　馬寮　28頁註37参照。
※19　倭舞　30頁註45参照。

司が受け取る。続いて、宮司・権宮司は弁代の前に進んで同様に勧盃《けんぱい》を行い、宮司・権宮司はいったん本座に戻る。以上が第一献である。

次に第二献となるが、饗膳は据えたまま宮司・権宮司が第一献と同様の作法で勅使、次に弁代に勧盃を行う。注ぐ御酒は濁酒ではなく清酒となり、勅使・弁代は第二献の御酒をいただいたあと、饗膳の箸を両手で盛飯（円筒形の御飯）に斜めに立て懸ける。このことを古文献には「箸を立てる」とある。

次に第三献となるが、御酒は再び濁酒となる。三献がおわり、林檎の庭で倭舞を奏する中、権宮司と祢宜が饗膳を撤する。

次に勅使・弁代が「見参《げざん》（春日祭に参向した者の氏名を書き記したもの）の披見」を行う。その次第は、まず外記代が、先の方に見参を挟んだ文杖《ぶんじょう》（長さ五尺ほどの棒状の杖。先端に鳥口という嘴状の金具がとりつけてあり、これに見参を挟む）を両手で持って勅使の前に進み、文杖の先端を勅使に向けて捧げる。勅使は見参を受けてこれを披見する。文杖を持つ外記代は復座する。

次に弁代が勅使の斜め前に進み出て着座すると、勅使が見参を弁代に付す。弁代はこれを受けて復座し、披見する。披見終わると、史代が退く起座をして弁代の斜め右後方に跪く。弁代は見参を左手に持ち、右袖の下から史代に渡す（袖の下の作法）。史代はこれを受け、懐中して復座する。

以上で直会殿における直会の行事が終わり、次に禄《ろく》（神からの褒美）を頂戴する「賜禄」となる。勅使以下諸員は直会殿を降りて、作合《さくごう》（舞殿と直会殿との間）の本座に復床する。史代が斎庭西南隅（舞殿の前）に舗設した禄所に進み、続いて勅使が禄所に進むと、史代が禄（真綿）を勅使の左肩にかける。勅使は立ったまま左手を横にあげ、首を左に向けるとともに左方を見て、左腕を折り曲げる、拝舞《はいぶ》という優雅な作法をして、禄《ろく》を賜わる。勅使が本座に復床すると弁代が禄所

春日祭饗膳式

に進み、蹲踞《そんきょ》（膝を折って腰をおろす）して拝舞を行い禄を賜わるのである。

以上で、勅使・弁代等が奉仕する社頭の儀が終わり、勅使以下は退下する。一方、宮司以下神職は中門御廊の座に着き、権宮司以下の神職が幣物・神饌を撤し、宮司が閉扉を行い、権宮司以下の神職が神宝を撤して神庫に納める。終わって宮司以下神職は、再拝拍手をして退下する。

六、神宮山口祭の饗膳

伊勢の神宮式年遷宮に際しては、遷御の儀の八年前に斎行される山口祭をはじめ、主な祭事がおよそ二十度におよび、その中でも山口祭・木造始祭・上棟祭・杵築祭の四祭には古来、饗膳の儀が行われ、これを遷宮四大饗とか四度の饗膳と称した。近例では上棟祭には行われないため、現在は三大饗あるいは三度の饗膳ということになる。

山口祭は心御柱奉建の御用材を伐り出す山の入口で行う祭りで、その祭場は内宮では神路山の入口、すなわち神宮司庁に比較的近いところである。祭儀は、最初から山口祭場で行われるのではなく、はじめに御正宮《ごしょうぐう》大前奉拝の儀、次に五丈殿における饗膳の儀があり、それから山口祭場の儀となる。

式年遷宮にあたり、戦前は[※20]「造神宮使庁《ぞうじんぐうしちょう》」が国の機関として設置されたが、戦後は神宮司庁に「神宮式年遷宮造営庁」が設置され、総裁に大宮司、総長に少宮司が就任し、職員は大部分が神宮司庁の職員が兼務する。山口祭には造営庁側として総裁（大宮司）・参事一員・技監二員・主事一員・技師四員・忌鍛冶二員・小工一二員、神宮側として少宮司・祢宜八員・権祢宜全員・宮掌全員・

※20　「造神宮使庁」　造神宮使庁とは内務大臣の監督下、殿舎造替や御装束神宝調進など、遷宮事業のすべてを掌るため内務省構内に設置された常設機関。明治二十年十二月二十五日、勅令六十八号をもって造神宮使庁官制公布。造神宮使は神宮祭主が兼任し、新宮造営と神宝装束調進を主掌するとされた。

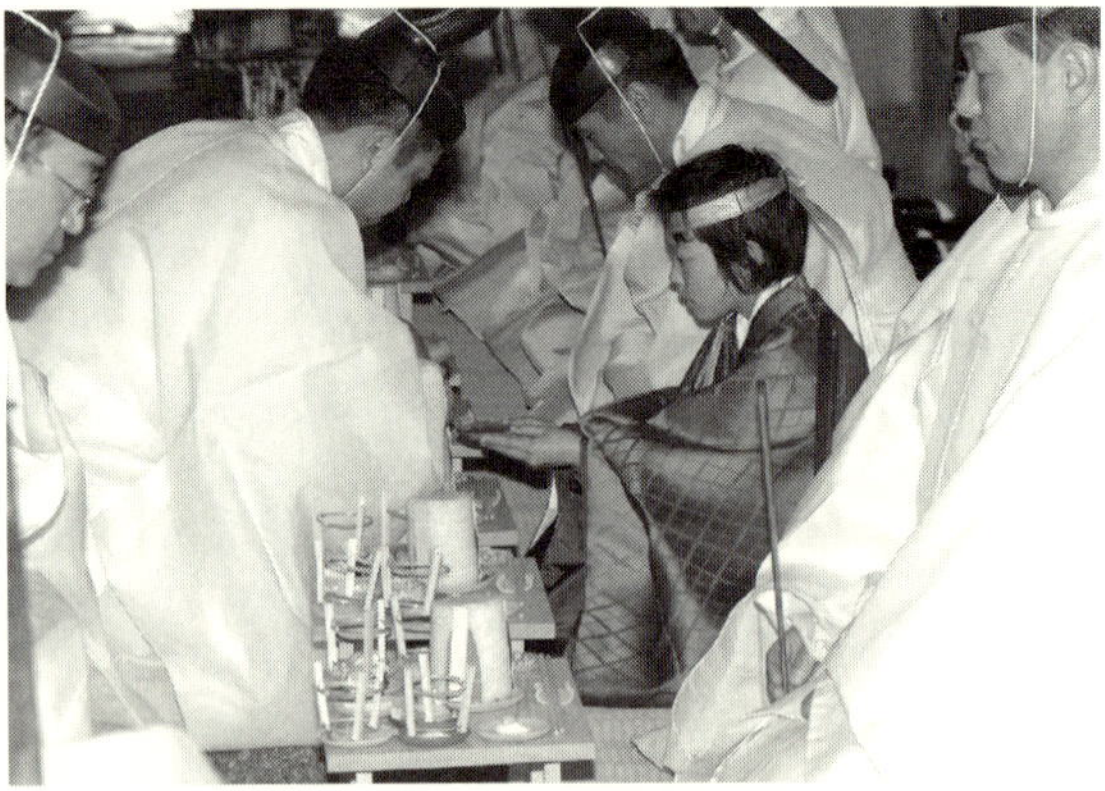
山口祭饗膳

物忌二員が奉仕する。このうち、総裁・参事・主事・少宮司・祢宜は、山口祭場の儀には奉仕しないのである。

神宮当局は、この饗膳の儀を、造神宮使と神宮神職とが事始めの祝儀の饗膳を共にすることと説いている（「瑞垣」六八、一三六号参照）。祝儀の膳には違いないが、神道の祭祀儀礼としてみると、この饗膳は山口祭に先立つ直会とみることができる。ちなみに、春日祭の祭典次第に「饗饌」とあるのが直会である。

そこで饗膳の儀礼をみると、造営庁総裁を主賓に造営庁側の参事・技監・主事・技師等が客であり、神宮側の少宮司・祢宜・所役の権祢宜五員・同宮掌三員・物忌二員が接伴役として預る。総裁以下一同所定の座に著座すると、あらかじめ饗膳が据えられている。饗膳は飯・鯛汁をはじめ、十三種の調理した料理に箸が添えてある。

まず、総裁から初献の勧盃《けんぱい》にはじまる。祢宜が盃をのせた折敷を持つ権祢宜と、瓶子《へいし》を持つ権祢宜を両側に従えて総裁の前に進む。祢宜が権祢宜の持つ盃を右手で取って左手に持ち替え、右手で懐中している檜扇を取り出して盃を三度掃ってから檜扇を懐扇し、両手で盃を持って御酒を注がせ、これを総裁に勧める。総裁は一拍手して盃を受け、御酒を飲む。終わって盃を権祢宜に返し、把笏する。続いて列席者に順次勧盃し、二・三献の作法はやや簡略化するが、三献まで勧める。この間、二献が終わったとき、権祢宜一人が中央に進み出て「御箸《みはし》」と唱えると、諸員一同は両手で箸先を飯にのせて斜めに立て懸ける。これを「御箸申し」という。三献が終ると箸は元に戻すのである。

饗膳の儀が終わると、総裁以下、山口祭場の儀に奉仕しない者は退下して斎館に向い、山口祭場の儀に奉仕する者は、忌火屋殿前庭での修祓に臨むのである。

まとめ

以上、古式が継承されている御阿礼神事・宮中新嘗祭・春日祭・神宮山口祭などの直会、および饗膳の儀礼を中心に述べてきた。

御阿礼神事の中では、神迎えの直前に御酒と摑みの御供をいただく直会があり、宮中新嘗祭では、祭典中に陛下が神々と御対座でお直会をなされ、春日祭にあっては、社頭祭場における神饌の供進、御祭文奏上、拝礼ののち勅使・弁代等は直会殿に移って饗饌・見参の披見という直会行事を行い、再度社頭祭場に移動して賜禄の儀が行われることを述べた。

これらから直会とは、宣長が述べたように解斎というだけで説明することができないのは明白である。前述のごとく、本来の直会は神々との共食儀礼が基本であり、神々に供する神饌同様の饗膳と御酒をいただくことであったのが、のちにはお供えした神饌・神酒を撤して頂戴するようになったのではないだろうか。直会は、神人和楽を旨とする神道祭祀における大事な行事であるから、直会の本義を知っておいてほしいのである。

ついでに、右に述べてきた祭祀儀礼には、それぞれ特殊儀礼があることも指摘しておこう。御阿礼神事の摑みの御料、宮中新嘗祭の神饌と同様の御饌御酒を、陛下が神々と対座されてお直会をなさること、春日祭直会では文杖を用いて見参を捧げることや、見参を渡すのに袖の下の作法を行うこと、さらに賜禄という行事があって拝舞が行われること。また、神宮山口祭では勧盃《けんぱい》のおり、檜扇で盃を掃ってから御酒を注ぐこと、御箸申しのあることなどである。そして饗膳の内容はいずれも調理料理で、摑みの御料を除いては品数も多く、神饌同様に調理がされるのである。また、春日祭や山口祭の勧盃は三献で、第二献で箸を立て、第三献が終わって山口祭饗膳では箸を下すという作法が行われる。このことは、洋食マナーにも共通している。つまり、洋食ではナイフ・フォークを食器に斜めに添えておけば、料理をいただいていることであり、直会で箸を立てる（箸先を飯にのせ、箸を斜めにおく）ことも同じ意味の作法である。

直会の儀礼をみると、お酒を飲むときは料理をいただきながら飲むことを教えているのである。料理をまったくいただかずにお酒だけを飲むことは、健康上よろしくないということを、現代人は医学によって理解しているが、先人たちは生活体験にもとづく智慧であったのだろう。

（沼部春友）

第四編　諸祭

序章　諸祭の歴史

今日の神社祭祀規程では、大・中・小の神社祭祀を定めるとともに、社会慣行となっている諸祭を行うことが認められている。神社祭祀以外に神職が執り行う祭祀は、すべて諸祭とされる。前者は宮司が主宰し、皇室・国家の繁栄が祈られるが、諸祭は、およそ氏子・崇敬者の依頼によって神職が行うものである。

本章では、神社と社会との関わりに触れつつ、現代に至る「諸祭」の歴史的経緯と全体像をみていこう。

◆近世期の吉田家と神社祭祀　今日、神社で実施されている多種多様な諸祭について、その淵源を一概に述べることは難しい。「社会慣行」と呼びうる祭祀が広く神職に奨励されたのは近世期以降、吉田家が神職に対して祭式の伝授を行ったことが契機といえよう。室町時代後期、吉田兼倶[※1]は将軍や公家などに対し、祓など神道の祭祀・行法の伝授を行う。

近世期に入ると、吉田家[※2]では神職の組織化を進めるとともに、神社が地域社会の要請に応えるため、兼倶以来の祭祀・行法の秘伝を整備・拡張して許状を与えていった（第一編第三章二節参照）。岡山県都窪郡《つくぼぐん》早島町《はやしまちょう》の鶴崎神社に伝来した「唯一神道行事《ゆいいつしんとうぎょうじ》」（國學院大學図書館所蔵『続日本古典全集　唯一神道行事次第』現代思潮社から複製刊行）には、以下に掲げる四十二種の祭祀・行法と、その祭式を掲げている。

※1　吉田兼倶　40頁註11参照。
※2　吉田家　40頁註14参照。

〈第一巻　神前部十条〉身曾貴・神拝式・御戸開・御燈明・御神酒・御神膳・奉幣・神拝式略次第・御神鬮・御神楽〈第二巻　神前部六条〉湯神楽・御神幸・地鎮祭・上棟・遷宮・鳥居〈第三巻　諸神祭部九条〉朝拝・夕拝・日神拝・月神拝・日待・月待・星祭・庚申祭・甲子祭〈第四巻　諸神祭部十条〉龍神祭・船中祭・新造船玉祭・地鎮祭・上棟祭・屋堅祭・竈神祭・金神祭・鎮火祭・火焼祭〈第五巻　諸神部十二条〉宇気魂・昆虫解除・水田祭・水神祭・井水神・風神祭・六月祓・祈雨・止雨・疫神祭十二所加持・疫神祭・金工役刀〈第六巻　人倫部四条〉御神符・病者加持・安産加持・鳴弦蟇目

このうち、祭祀関係についてみると、祭神の動座を願うもの（遷宮、御神幸）、海運に関わるもの（船中祭・新造船玉祭）、地鎮祭や上棟祭など建築儀礼（地鎮祭・上棟祭・屋堅祭）、住居に関わるもの（竈神祭・井水祭）、農耕の除災に関するもの（祈雨・止雨・昆虫祓）、身体の守護に関わる祭祀・加持《かじ》[※3]（疫神祭・病者加持・安産加持）などが確認できる。

近世後期に入ると、吉田家とともに神社の執奏家[※4]となった白川家[※5]でも神社の裁許状とともに、祭祀・神事の伝授が行われるようになるが、一方で、文献考証の立場から、国学者によって吉田神道など従来の習合的な神道説や祭式に対する批判がなされていった。国学者はわが国の古典に基づき、神々の働きを説明するとともに、祭祀の実践を主張し、幕末維新期には、平田篤胤[※6]の門人たちにより、神社の祭祀を奨励するうえで祭式書も著されるようになった。

早期成立のものには、六人部是香[※7]の『神祭式』（上・下巻）が挙げられる。武神祭・医神祭・酒神祭・取魚祭には、医師・醸造家・漁師が参列し、それらの職業の祖神をまつることで、家職の繁栄によって社会が繁栄することが祈願されている。なお、同書に掲げられた恒例・臨時の祭祀の多くは吉田家でも実施されていたものだが、その行事や祝詞については、朝廷の祭祀・儀式などの考

※3　加持　神仏の加護を祈ること。また、その儀式。初め、密教の修法をいったが、吉田神道の祭式にも取り入れられた。

※4　執奏　52頁註4参照。

※5　白川家　49頁註46参照。

※6　平田篤胤　47頁註35参照。

※7　六人部是香　47頁註36参照。

証に基づいて定めており、中世以降に作成された祓の行事や、神仏習合的な性格を廃する復古的な内容になっている。

◆近代における諸祭の展開　明治期には新政府によって神祇行政が開始された。「神武創業」に基づく祭政一致が国是とされ、すべての神社は神祇官の管轄となり吉田家・白川家の執奏の廃止が決まる。それまで吉田家などが神社に対して行っていた祭式の伝授もなされなくなる。祭祀の執行にあたっては、国学者による復古的な祭式が刊行され、祭祀を実践するうえで参考とされた。

神社を「国家ノ宗祀《そうし》」と定めた明治四年五月十四日の太政官布告では、神社の祭祀を「官祭」と「私祭」とに区別した。公的祭祀以外の私祭に関して、明治六年七月、教部省が「[※8]神官奉務規《しんかんほうむき》則《そく》」を制定し、神職の職掌となる祭祀について次のように定めた。

第一

一　祭祀ノ典則ハ之ヲ遵守《じゅんしゅ》シテ違乱スヘカラス其一社ノ例祭民俗因襲ノ神賑等ハ地方ノ適宜ニ循《したが》ヒ行フヲ得ヘシ

第二

一　例祭常祀ノ外旱潦疾疫等臨時祭事ヲ行ハ其地方官ノ許可ヲ受クヘシ

第三

一　人民ノ請求ニ応シ祈禱ヲ行ヒ神符ヲ授クルハ妨ケナシト雖モ貪婪《たんらん》の所業ハ之アルヘカラス

…

第六

一　卜筮方位ヲ以テ漫ニ吉凶禍福ヲ説キ無稽ノ祈禳等決テ行フヘカラス

※8　神官奉務規則　明治六年七月七日、教部省達を以て布達された官国幣社以下神官の服務に関する規定。全十一条。祭祀・祈祷に関する事項のほか、神社の境内や宝物等の管理、葬祭に関することなどを定める。

一社の例祭における民俗的な神賑などは適宜行うことや、祈雨止雨、疫病などの臨時祭は地方官の許可を得ることとした。第三条では「貪婪《たんらん》の所業」、すなわち非常に欲が深いやり方を禁じる条件のもと、人民の依頼があれば祈禱や神符の授与を認める一方、第六条で「無稽ノ祈禳」（根拠のない祈祷）などを禁止している。こうして、神社の臨時祭や「人民ノ請求」による祈禱などの私祭が一定の制約のもとに実施されていく。それら私祭について、国学者や教派神道の立場から作成された祝詞集から、その種類および傾向についてみていくことにしたい。

次頁の表7は、明治期に刊行された祝詞集の一部について、祈願主の依頼で行われる私祭を抜き出し、一覧にしたものである。

祈雨など農耕に関わるもの、生命の安危に関わる病気平癒や安産（平産）の祈願は近代以降のほとんどの祝詞集に見えている。厄除けは平安期以降、陰陽道の思想により公家や武家の間で慣習になったものである。災禍を蒙りやすい年（厄年）に対処するため、社寺への参詣や陰陽師や僧侶などの祈祷が行われ、近世には庶民にも広まった。厄年が俗信的なものであるため、明治期には批判的な立場もみられたが、次第に神社の一般的な祈願祭祀として実施されるようになり、今日、女性を中心として祈願者数は増加傾向にある。

明治維新以降、新政府の主導により※9殖産興業《しょくさんこうぎょう》政策が進められ、生糸をはじめさまざまな分野の製造業が国内の主要な産業へと変わっていった。神社もこれに呼応するかたちで、従来の農耕や漁猟・狩猟に関する祈願のほか、養蚕・製紙など製造業に関する安全祈願も行われるようになった。また、道路や架橋・水道・開墾などの公共事業に関わる工事や、教育・医療機関などの開業・開校に関わる祭祀がみられる。これらの祈願に関わり、『諄辞集《のりとしゅう》』を著した※10本居豊頴《もとおりとよかい》は、「わが国の神は（中略）厚生の道を教へ倫常の徳を導きたる存在であること」（本居豊頴『本居雑考』）を述

※9　殖産興業政策　明治初期に明治新政府によって推進された資本主義育成政策。欧米諸国から生産技術・経済制度を導入し、急速な資本主義化が促進された。

※10　本居豊頴　天保五年—大正二年（一八三四—一九一三）国学者。本居内遠の長男。本居宣長の玄孫にあたる。紀伊和歌山藩古学館教授。維新後、神祇官、教部省などに出仕。東京神田神社の祠官となり、東京大学、國學院などで古典を講義した。

表7　明治期の祝詞例文集に見られる私祭の内容

		六人部是香『私祭要集』(明治9年)	岡直盧『諸祭祝詞文例』(明治13年7月)	三宅古城『祭之墨縄』(上・下)(明治19年7月)
宅神祭以下諸小祭及び文武商工諸神祭の祝詞	宅神、竈神、井神、日待、月待等の諸祭	宅神祭、竈神祭、井神祭	家内安全、町村内安全	宅神祭(臨時一、第二、第三)、竈神祭、井戸堀祭(例祭、埋祭)、日待祭、月待祭、庚申待祭
	学神、武神、薬神其他諸祖神祭	武神祭、医神祭、酒神祭、取魚祭	武運長久	木工之祖神祭、鍛冶之祖神祭、薬神祭
	初午、甲子、庚申、恵美須講等の諸祭			事代主神例祭、天満神社私祭、等
官公私の建築及び土木に関する諸祭の祝詞	基礎祭、上棟祭、室寿等	地鎮祭、新殿祭、宮門祭		地鎮祭、人家上棟祭
	道路、鉄道、橋梁、水道等の起工竣工の諸祭			海浜埋築祭
公私の会合、結社等の諸祭の祝詞	勅語奉読、議会始、卒業式、講習会等の奉告祭			大教宣布
	学校、郵便電信局開始および諸会社結成の奉告祭			公立小学開校、区町郡村役所開設
	著作、実業、演芸等の開始奉告祭			
農工商の諸業祈願祭の祝詞	農事に関する諸祭	祈年祭、風神祭、新嘗祭、祈雨祭、止雨祭、除蝗祭	祈雨、祈晴、同報賽	御田植祭、祈雨祭、祈晴祭、除風祭、除風報賽、雷神祭
	漁猟、獣猟、商業等祈請祭		魚猟、商売繁昌	漁猟祭、職業繁栄など
	各種製造業の祈請祭		造酒	
	門出、旅行、航海等の祈請祭	出船祭	旅程、同報賽、祈船	祈旅行安全
出生、成年、婚姻等の祝詞	出生、成年等の祈請及び奉告祭		平産、同報賽、初参	祈安産、嬰児初拝参、嬰児誕辰祭、嬰児紐解祭、年祝同上
	結婚式の祭事			
入門、入営、就任、位、勲拝受等の祝詞	入門、入社、入営、帰休等に関する諸祭			
	奉職及び位勲拝受奉告祭			
疾患、厄年、方違、年賀等の祝詞	病気平癒祈請の諸祭事	疫神祭	病癒、同報賽	流行病鎮遏祭、流行病報賽、祈病気全快、鎮花祭
	厄年、方違、年賀等の諸願祭	道饗祭	除災、同報賽、厄除、同報賽	
墓所地鎮祭、移霊祭、棺前祭、誄詞埋葬祭、春秋祭、霊祭など			遷霊、出棺、葬地、霊祭、毎十日、春秋霊祭	
その他	その他	五節句(一月七日、三月三日、五月五日、七月七日、九月九日)、地震祭		

		岡吉胤『祝詞手引草』（岡吉胤、明治25年6月）	本居豊頴『諄辞集』（会通社、明治28年12月）	高階高造『祭文私稿』（大阪国文社、明治34年）
宅神祭以下諸小祭及び文武商工諸神祭の祝詞	宅神、竈神、井神、日待、月待等の諸祭	祈家内安全、竈神祭、井神祭		日神祭、月神祭、井神祭、家祓、宅神祭、祈家内平安、星神祭、竈神祭
	学神、武神、薬神其他諸祖神祭	学神祭、祭和歌神、酒神祭、武神祭	愛生館設置医薬祖神祭詞	武神祭、薬神祭
	初午、甲子、庚申、恵美須講等の諸祭	恵美須神祭、猿田彦神祭、天満宮祭など		初午祭
官公私の建築及び土木に関する諸祭の祝詞	基礎祭、上棟祭、室寿等	地鎮祭、人家上棟、新宅祭、柱立祭、釿始祭、新宅祭、山神祭	久松座劇場開業屋船祭、日本銀行建築基礎祭など	銀行建築基礎祭、官衙建築基礎祭、官衙上棟式、私宅地鎮祭、私宅上棟式、新室寿言、倉庫新築地鎮祭（上棟式）など
	道路、鉄道、橋梁、水道等の起工竣工の諸祭	架橋祭、開道式	東京市水道起工祭	道路開拓起工祭、道路開通式、架橋起工祭、架橋成功式、鉄道敷設起工祭、鉄道落成式、水道起工祭
公私の会合、結社等の諸祭の祝詞	勅語奉読、議会始、卒業式、講習会等の奉告祭	講演奏上	憲法発布祝祭詞	議会開院式
	学校、郵便電信局開始および諸会社結成の奉告祭		青山共葬祠宇開場祭	学校開場式、郵便電信局開業式、新聞発行祝祭、株式会社結成
	著作、実業、演芸等の開始奉告祭		唐紙製造開業祝祭詞、於神田神社出雲大社教会開講祭詞	銀行開業式、演劇興行始、告著書編纂、告著書編纂告成功、実業開始式、商業開始式、医師開業式
農工商の諸業祈願祭の祝詞	農事に関する諸祭	祈雨祭、祈晴祭、除蝗祭		祈雨祭、同奉斎、祈晴祭、除蝗祭、四条畷神社御田植祭
	漁猟、獣猟、商業等祈請祭	漁猟祭		祈商業繁昌、祈漁猟
	各種製造業の祈請祭	養蚕		祈酒造、造船祈祭、造船式、山神祭、伐木
	門出、旅行、航海等の祈請祭	祈旅、出船		祈旅行安全、同報賽、祈船中無難、同報賽
出生、成年、婚姻等の祝詞	出生、成年等の祈請及び奉告祭	初宮産、祈平産		祈安産、誕生祭、初宮詣、成年式、年賀式
	結婚式の祭事			婚姻祭
入門、入営、就任、位、勲拝受等の祝詞	入門、入社、入営、帰休等に関する諸祭			徴兵出発報告
	奉職及び位勲拝受奉告祭		四大人贈位祝祭詞	官吏奉職報告、教員就職奉告、位記拝受奉告、議員当選奉告
疾患、厄年、方違、年賀等の祝詞	病気平癒祈請の諸祭事	疫神祭、除邪気祭、乞命祭	悪疫流行神田神社臨時祭詞、松前修広病癒祈祷詞	除疫祭、流行病予防祭、祈病気全快、同報賽、祈牛馬病気平癒
	厄年、方違、年賀等の諸願祭	避方障、塞神祭		鎮火祭、霊碍除却祭（同報賽）、方除方祟、違方祭
墓所地鎮祭、移霊祭、棺前祭、誄詞埋葬祭、春秋祭、霊祭など		土神祭、死者告神式、遷霊式、出棺式、埋葬祭、帰家祭、五十日・百日祭、年祭【岡本吉胤、明治26年】※1	霊移祭、葬所祭、御霊祭・墓前祭（五十日・百日・一年）、発葬祭、産土神社報告祭、葬儀前日霊祭、霊魂安定祭、春秋祭、霊祭等	葬祭、霊祭、祭遠祖
その他	その他	避雷祭、地震祭		

※1は明治26年刊行の岡本吉胤『葬祭要儀』（岡吉胤、明治26年12月）に掲載の葬祭関連

		神崎一作・中垣孝雄編『祝詞作文集成』（皇学会、明治38年1月）	道友社編集部編『祝詞作文便覧』（皇典講究所出版部、明治42年8月）
宅神祭以下諸小祭及び文武商工諸神祭の祝詞	宅神、竈神、井神、日待、月待等の諸祭	諸祈願、祈家内安全	宅神祭、竈神祭、井神祭、日待講、月待講、祈家内安全、祈家内平安
	学神、武神、薬神其他諸祖神祭		学神祭、祭鈴屋宇斯、祭武神、拝薬神、諸業祖神祭
	初午、甲子、庚申、恵美須講等の諸祭		初午、甲子、庚申、恵美須講等の諸祭
官公私の建築及び土木に関する諸祭の祝詞	基礎祭、上棟祭、室寿等		官衙建築基礎祭、倉庫新築地鎮祭、同上棟式、皇典講究所國學院大學新室祭、邸宅倉庫新築地鎮上棟合併祭、家遷
	道路、鉄道、橋梁、水道等の起工竣工の諸祭		道路開拓起工祭、道路開通式、架橋起工祭、同成工式、新橋祭、新地開墾工事始、同竣工式、鉄道敷設起工祭、同落成式、東京市水道起工祭
公私の会合、結社等の諸祭の祝詞	勅語奉読、議会始、卒業式、講習会等の奉告祭		勅語奉読式、議会開院式祭、皇典講究所始業式学神祭、神職講習会開始式、本教学会発会祭、講演奏上、開社務局、開塾、学問始など
	学校、郵便電信局開始および諸会社結成の奉告祭		尋常小学校開黌式祭典、郵便電信局開業式、新聞発行祝祭、株式会社結成、慈善会開会式など
	著作、実業、演芸等の開始奉告祭		奉告著書編纂、医師開業式、実業開始式、唐紙製造所開業祭、商業開始式、劇場開業屋船祭、運転祭事
農工商の諸業祈願祭の祝詞	農事に関する諸祭	祈雨祭、祈晴祭	年神祭、筒粥祭、祈晴祭、風神祭、除蝗祭、奉祈養蚕幸、祈牛馬病気平癒
	漁猟、獣猟、商業等祈請祭	祈大漁満足	祈海幸、奉祈海苔幸、祈獣猟、奉祈商売繁昌
	各種製造業の祈請祭	祈酒造安全	祈造酒幸、祈醤油造幸、奉祈製茶場安全、奉祈製糸場安全、祈鋳造平安、奉祈造船場安全
出生、成年、婚姻等の祝詞	門出、旅行、航海等の祈請祭	旅行安全、祈海上安全	祈旅程、祈出船、同奉斎、船玉祭、祈外国留学生之安全
	出生、成年等の祈請及び奉告祭	祈安産、平産報賽、初宮詣	奉祈儲子、祈産祭、誕生奉告祭、生児命名奏上、氏子入、奉祈生子育成、初宮祭、誕生日祝祭、紐落祝祭、成年式
	結婚式の祭事	結婚式	結婚式祭、結婚奏上、結婚式、誓詞（婿、嫁）
入門、入営、就任、位、勲拝受等の祝詞	入門、入社、入営、帰休等に関する諸祭		神道大教院生徒入寮誓詞、祈誓成業祝詞、入門式祝詞、信徒入社式、軍人入営奏上祭、奉祈徴兵安泰、徴兵満期報賽、軍人帰休報賽
	奉職及び位勲拝受奉告祭		官吏奉職奉告祭、郡市町村長新任奏上、神職拝命奉告、教員就職奉告、議員当選奉告、勲位拝受奉告、神職忌明奏上
疾患、厄年、方違、年賀等の祝詞	病気平癒祈請の諸祭事	祈病気平癒	祈癒病、病気平癒蟇目祭、悪疫予防鎮魂祭、奉祈眼病平癒、百度参祈願、同報賽
	厄年、方違、年賀等の諸願祭		厄年、防除方祟、違方祭、年賀祝祭
墓所地鎮祭、移霊祭、棺前祭、誄詞埋葬祭、春秋祭、霊祭など		終祭、移霊祭、発葬祭、埋葬祭、葬場祭	墓所地鎮祭、移霊祭、霊魂安定祭、葬儀前日霊祭、棺前祭、葬場祭、埋葬祭、埋葬翌日祭（同墓前祭）、発葬祭、家祭、十日祭、五十日祭、家廟合祭、百日祭、一年祭、三年祭、霊祭
その他	その他		

		青木陳実『祝詞作文自在』（誠之堂、明治45年4月）
宅神祭以下諸小祭及び文武商工諸神祭の祝詞	宅神、竈神、井神、日待、月待等の諸祭	竈神祭、井神祭
	学神、武神、薬神其他諸祖神祭	学神祭
	初午、甲子、庚申、恵美須講等の諸祭	
官公私の建築及び土木に関する諸祭の祝詞	基礎祭、上棟祭、室寿等	地鎮祭、釿始祭、立柱祭、上棟祭、官衙開庁式、新宅祭
	道路、鉄道、橋梁、水道等の起工竣工の諸祭	記念碑建立、銅像除幕、水道竣工、造船竣工
公私の会合、結社等の諸祭の祝詞	勅語奉読、議会始、卒業式、講習会等の奉告祭	講演開始、赤十字社大会、会議開始、愛国婦人会大会、在郷軍人会大会
	学校、郵便電信局開始および諸会社結成の奉告祭	学校開始、郵便局開始、（商船・運送・織物・陶磁・漆器・製紙・染色・冶金・建築）会社開始
	著作、実業、演芸等の開始奉告祭	青年会開始、新聞発行、祈著述成功、医師開業、新地開墾、博覧会開始、物品陳列所開始、演劇開始
農工商の諸業祈願祭の祝詞	農事に関する諸祭	祈念穀、祈雨祭、祈晴祭、祈徐蝗、祈養蚕
	漁猟、獣猟、商業等祈請祭	祈海猟、祈獣猟
	各種製造業の祈請祭	醸酒祈願
	門出、旅行、航海等の祈請祭	海上安全、旅行安全、海外遊学安全
出生、成年、婚姻等の祝詞	出生、成年等の祈請及び奉告祭	成年式、祈平産、初宮詣
	結婚式の祭事	新婚式
入門、入営、就任、位、勲拝受等の祝詞	入門、入社、入営、帰休等に関する諸祭	
	奉職及び位勲拝受奉告祭	
疾患、厄年、方違、年賀等の祝詞	病気平癒祈請の諸祭事	病気平癒、悪疫消滅
	厄年、方違、年賀等の諸願祭	
墓所地鎮祭、移霊祭、棺前祭、誄詞埋葬祭、春秋祭、霊祭など		祖先祭、改葬祭、移霊式、葬祭
その他	その他	祈避震、祈避雷

※祭祀の分類については、『祝詞作文便覧』の項目に基づき、それぞれの文献に記載される祝詞の分類を試みた。ただし、『祝詞作文便覧』の「一　年中恒例官祭の祝詞」「二　年中恒例公私祭の祝詞」「四　祭典中の諸行事祝詞」「五　献進各種の祝詞」「六　神殿造営、遷座、附属建設物及び合祀、分祀等諸祭の祝詞」「十三　戦時の祈請報賽等諸祭の祝詞」の項目については、本論で扱う諸祭の内容と紙面の都合により割愛した。また、十四「墓所地鎮祭、移霊祭、棺前祭、誄詞埋葬詞等」「十五　霊祭の誄辞」は「葬祭・霊祭」とし、個別事例ではなく、祭典の種類のみを掲載するのに留めた。

べており、また、『祝詞作文集成』を著した中垣孝雄は、氏神について「建国の事に従はれて大勲威光ある神、土地の開墾殖産工業等国家社会に大なる益を与へ利用厚生に道を非凡に開かれた神」（『神社協会雑誌』第四年第八号）と述べるなど、神社のご祭神を国土の開発や厚生の発展に功績を残した神々とする。こうした神社祭神に関する主張から、近代産業や社会事業の発展に関わる祈願祭祀の思想的背景が窺える。

また、明治三十年代には、氏神社・産土社を国民の「典礼」の場とする主張がなされるようになる。明治三十三年（一九〇〇）四月二十五日、「皇室婚《こうしつこん》家令《かれい》」が公布され、皇祖神前の婚儀が定められた。これをうけ、神社界では宮中の儀式に倣って、誕生命名、袴着・帯祝の祝儀や、冠礼、婚礼などの儀式を神社で行い、国民の礼儀・道徳を向上させようとする動きがおこる。翌二十六日には神社・神職の事務を管轄していた内務省社寺局が廃止され、同省下で神社局と宗教局が設置された。

神社が一般の宗教と区別され、「非宗教」とする立場から神社における礼典を確立し、神社の振興を図ろうとする主張もなされていく。こうした機運のもとに、誕生奉告祭や誕辰（誕生日）・初参（初宮詣）・紐解祭・成年式・結婚式などの人生儀礼が展開していった。大正期には※11民力涵《みんりょくかん》養運動《ようううんどう》が推進され、道府県の主導で、地方の弊習の廃止が進められるとともに、神社で産育儀礼や成人式・婚礼のほか、学校の修学、徴兵による入営などの奉告祭も奨励されていった。

こうした動向の一方で、神社界では厳格な「神社非宗教論」の立場をとらず、祈願などの宗教的側面も重視する主張もなされた。神社の宗教性をめぐる議論はその後、神社界の内外で展開されていくが、私祭の実践については、終戦に至るまでに厚生面（諸産業に関する祈願）・礼典面（人生儀礼）ともに、さまざまな実施例が祝詞集を通して広く紹介されていった。

昭和九年三月刊行の渡邊亨・武田政一共著『最新祝詞作例文範』（上・中・下）および同補遺（武

※11　民力涵養運動　大正八年（一九一九）三月、内務大臣床次竹次郎から都道府県に発せられた訓令。国家観念や公共精神の涵養、生活改善などを内容とする五大要綱を掲げた。

田政一著、同十年十一月）には、デパート・百貨店などの小売業、生命保険やホテル、金融組合など都市部の産業と関わる開業の祭祀が掲げられている。公共事業では、鉄道の鋪設など交通の整備事業と関わる祭祀も確認できる。昭和十七年刊行の神祇学会編『神祇に関する制度作法事典』の「その他の項目」には、「交通安全」の祈願が掲げられている。本文に「交通機関の発達により、益々此の祭儀を行ふ者が多くなつた」とある。

大正から昭和初期にかけて、自動車産業が誕生し、乗用車の国産化が進められた。戦後、自動車産業がわが国の主要な産業となったことはいうまでもなく、今日では新車の購入など、個人や団体により交通安全の祈願や車祓が多くの神社で実施されている。

戦後、神社は国家から分離され、宗教法人として再出発することとなり、祭祀における公私の別も法制上なくなった。それまで制約が加えられていた神葬祭も盛んに行われるようになった。なお、大正期を前後して私祭を「雑《くさぐさ》（いろいろな）祭」の意味で「雑祭《ざっさい》」の語が使用されたが、神社本庁では「粗雑の意」に理解されないよう諸祭の語を使用している。

昭和二十二年五月、神社本庁は「神社本庁々規」の「神社ニ於テ執り行フ祭祀」を、概ね「祭神由緒ノ祭」「神宮崇敬ノ祭」「公共福祉ノ祭」「氏子安寧ノ祭」「祖霊安鎮ノ祭」「季節順度ノ祭」「殖産興業ノ祭」「教化宣布ノ祭」「清祓ノ祭」と定めた。ここに諸祭の目的も示されている。現代に至るまで神社で奨励・実施されてきた私祭（雑祭）は、これらの祭祀をさらに細分化できるまで展開したが、祈願の内容を概括すれば、社会に資するうえで欠くことができない産業の発展、徳性の向上、家族の安泰に関わるものであり、それゆえに「社会慣行」として尊重されるものといえよう。

（星野光樹）

第一章　人生儀礼

一、初宮詣

◆意義　新生児が産まれて、はじめて神社に参拝し健康無事に成長することを祈願する神事である。氏神・産土神社に詣でることを本義とするが、崇敬する神社で祈願する場合もある。宮参りとも言う。生後三十日目前後に行うことが一般的だが、百日目から百二十日目の食初めと合わせて行うところもある。また、男児は三十一日、女児は三十三日目というように女児を遅くすることが多い。

宮参りの意義には忌明けがあるという。宮参りの別称は、ヒアケ・オヒアケ・ウブアキ・サンアケ・シメアゲなど多様だが、いずれも忌みの明けたことを意味し、初宮詣は忌明け後の初参りという意味がある。「忌」とは、古くは産穢の期間とされたが、根底には母子の健康を第一に考えた上での定めと思われる。

二つ目の意義として、氏神・産土神や地域に氏子入りを認めてもらうことにある。宮参りの際に神前で赤子をつねってわざと泣かせたり、寝ている子を左右に転がして泣かせたりする風習は、そうした意味合いだろう（『日本産育習俗資料集成』）。参拝の当日、赤飯や餅に子の名前を添えて親類や近所に配るのも「氏子入《うじこいり》」の意義で、地域の人々から認めてもらうために行われる。また、宮参りに先立ち、懐妊して五ヶ月の頃に安産の祈願を受けることが多い。その場合、祭神の恵みにより無事出産なった、その感謝報賽という意識で詣でることも多いだろう。

さらに、宮参りの現代的意義として「産婦が出産後日常の生活に戻る区切りのひとつ」「三世代が一堂に会する、新しい家族編成を確認する場」を指摘する研究がある。（田口祐子『現代の産育儀礼と厄年観』）

◆式次第　当日は家族一同が着飾り、赤子には晴れ着を掛けて詣でることが一般的である。手水を済ませ神社の所定の座についてから神事が始まる。修祓、斎主の一拝（参列者は斎主に倣って一拝する）、神饌が供えられ祝詞が奏上される。ここでは某月某日に産まれて氏子になったことの奉告や、今後の成長が祈願される。この後、神社によっては祭員が金幣や御鈴を執って参列者の前に至り、左右左と振る所作を行う。この間、参列者はそれを受け、成長を祈念する。斎主の拝礼に続いて、参列者の代表が玉串を奉って拝礼する。参列者は代表にあわせて拝礼する。次いで神饌が撤され、斎主一拝（参列者は斎主に倣う）をもって閉式となる。その後、神符守札および撤下神饌を受けることが通例である。

◆歴史　平安時代の貴顕社会では五十日祝《いかのいわい》と称し、赤子の口に餅をふくませる祝いの行事があった。（『源氏物語』第三六帖、柏木）また、百日祝《ももかのいわい》として同様の行事が行われた。そうした節目の日に初めて内裏に参内する儀式を御行始《あるきぞめ》といった。百日祝が後に食初《くいぞ》めとして民間で行われるようになったと同様に、こうした生誕に伴う儀礼が初宮詣の起源と言えよう。

武家社会でも室町時代には色直しの祝いと言われる行事があった。これは、白い小袖を着用する産婦が、生後百日を境に通常の色小袖に戻し、その後、神社に参拝する習わしのことである。『貞丈雑記』※1 はこの色直しを紹介すると共に、宮参りの語が天文・永禄時代より使用されていたと記している。

幕末には、産土神社信仰《うぶすなじんじゃしんこう》を重視する思想が体系化されるようになる（六人部是香『産須那古伝抄』など）。人は産土神より生まれ、死後、その霊魂は再び産土神の許へ帰っていく、という思想がその中心であるが、これが宮参りに繋がっていったと思われる。

そうした背景の下、明治四年に氏子調《うじこしらべ》※2 の制度が敷かれ、「臣民一般出生ノ児アラハ其由ヲ戸長ニ届ケ必ス神社ニ参ラシメ其神ノ守札ヲ受ケ所持可致事」とされた。出生後、戸長に届け出た上で戸長の証書を持って神社に参り、守札を所持することになった。この時期に刊行された近衛忠房の『五儀畧式《ごぎりゃくしき》』※3 にも、氏子調を念頭に「子出生セハ先戸長ニ年月日姓名ヲ届出テ預メ社参ノ日限（大抵第廿一日目トス）ヲ定メテ神官ニ申出守札ヲ乞フヘシ」「當日父若クハ親戚生児ヲ抱キテ産土神社ニ参詣ス神官ハ戸長ノ証書ニ照シ其姓名年月日ヲ氏子帳ニ認ムヘシ」と定めている。

この氏子調自体は明治六年に停止されたが、近代の氏子制度の確立により宮参りが定着していったとも言えよう。また『五儀畧式』に見る通り、明治という新しい時代に積極的に祈願祈祷を励行しようとした動き、また、それに応え実践を重ねて来た神職たちの営みも、宮参りの定着に影響していると思われるのである。

二、七五三詣

※1　『貞丈雑記』　130頁註15参照。

※2　氏子調　正式には「大小神社氏子取調規則」。明治四年（一八七一）七月四日に太政官より布告。同六年五月二十九日に停止。同日布告された「郷社定則」と関わりを持つ。この定則には「郷社ハ凡戸籍一区ニ一社ヲ定額トス」と定められ、郷社が氏子調に関与したとされる。氏子調は出産証書の意味を持つと同時に、寺請制度に代わる機能を期待されたと言われるが、程なく停止となった。

※3　『五儀畧式』　明治六年（一八七三）七月、伊勢の神宮祭主兼大教正、近衛忠房の名で刊行された書。誕生祝から葬祭に至る五種の人生儀礼を中心に解説したもの。

◆**意義**　初宮詣を経て、女児が七才・三才になり、男児が五才・三才になった年に産土神社や崇敬神社に参拝し、さらなる成育と御加護を願うと同時に、ここに至る感謝を捧げる。これが七五三祭・七五三詣（参）である。十三才になった子供が参拝する十三参りも、関西を中心に行われている。これらは数え年で行われることが多いが、満年齢の場合もある。時期は十一月十五日であったが、近年は十五日の前後に行われることが多く、また、十一月にこだわらない傾向もみられる。近世以降、とくに江戸を中心に行われ、それが全国に広まったと考えられているが、七才・五才・三才と、それぞれ成長の節目に合わせた祝いの行事があった。

古来、男女は三才になると髪置《かみおき》の祝いが行われた。それまで切っていた髪を、三才を機に伸ばし始める儀式である。黒く長い髪が伸びるために行うという（江馬務「七五三の祝」）。十一月に限らず行われ、クシオキ・カミタテとも呼ばれた。この儀式には、シラガと呼ばれる綿帽子を子供にかぶせる所作があった。白髪になるまで長命であるように、との願いが込められた。

五才の男児には袴着《はかまぎ》の祝があった。文字通り、初めて袴を著ける際に行われた儀式で、幼年から少年になっていく節目の儀式と思われる。袴・扇等を広蓋に載せて差し出し、子供を碁盤上に吉方を向けて立たせ、袴を著ける所作がなされた。女児は、七才になると帯解《おびとき》の祝が行われた。幼児の着物に付けた紐を取り去り、初めて帯を締める儀式である。紐落とし・帯直しとも呼ばれる。袴着と帯解は五才、七才に固定されず、性別も男女それぞれに行われていたものが、近世以降、上記の区分けになったようである。

このように、これらは別個の行事であり、それぞれの歴史を有している。このため、この三つがただちに現代の七五三と結び付くものではないとの指摘もあるが、両者は子供の段階的な成長を象徴的に現す、という点では共通している。こうした意味でこれら三つの祝いは、七五三の原

七五三詣

七五三詣の風景

型と言っても差し支えないだろう。

◆式次第　初宮詣と共通した式次第で執り行われる。祝詞奏上後に、巫女の舞を奏する神社もある。場合によって神饌は事前に献じておく、撤饌は省略する場合がある。玉串を奉らず、自席で列拝する形式もある。祭典後、守札を授与することは初宮詣と同様だが、子供にとって良い思い出となるよう頒布品に工夫をこらす神社も多い。

◆歴史　近世に入ると、七五三の祝いは江戸を中心に行われた。享和三年（一八〇三）版『江戸年中行事』には、「十一月十五日　子供髪置はかま着、帯解の祝ひ、諸所氏神へ参詣有、とりわき赤坂山王社神田明神芝明神、深川八幡等は参詣多し」（三田村玄龍『江戸年中行事』）とある。幕末には子供の装いが華美になり過ぎ、奢侈禁止令が出されるほどであった（『江戸の庶民生活・行事事典』）。以後、質素な形になりつつも、神社への参拝は途絶えず続けられた。こうした行事は明治に入って再び盛んに行われ、『東京年中行事』には着飾った男女の姿を記している。

七五三の名称は、明治期の『江戸府内絵本風俗往来』や『東京年中行事』に出てくるので明治になって定着した言葉であろう。また先述の通り、祝いを行う年は限定されなかったが、七・五・三という数は陰陽で言う陽の数であることから、次第に固定化されていったのではないか。一般に「七つ前は神の子」と言われるが、この時期は子供の発達上の転機であり、成長の大事な期間と言える。それゆえ、神々に健康や成長を祈ってきたのである。我が国の麗しい伝統の一つと言えよう。

（高原光啓）

三、神前結婚式

◆歴史　神前結婚式とは、神前において新郎・新婦が結婚を誓い、その後の一家一門の安泰を祈るものであり、単に神前式ともいう。

人類の四大礼には、冠婚葬祭《かんこんそうさい》が挙げられるが、そのうち結婚の儀式は一家を創立する基礎を成す儀式である。『古事記』には、伊邪那岐・伊邪那美が淤能碁呂島《おのころしま》に天降り、八尋殿《やひろどの》（広い御殿）をみたてて、「妹背《いもせ》の契《ちぎり》」を結んだとあり、わが国の結婚の起源とされている。また、速須佐之男命が出雲の須賀宮で櫛名田比売《くしなだひめ》を迎えられたことなど、古くは婚礼に際して妻とともに籠る建物を建てていたことが窺える。上代には様々な神々の結婚に関する記録が記されている。彦火瓊《ひこほのに》瓊杵尊《ぎのみこと》が木花咲耶姫《このはなさくやひめ》をめとった際、大山祇神《おおやまつみのかみ》から百取机代之物《ももとりのつくえしろのもの》が贈られたことが記されており、これが結婚における「饗膳」の始まりとされている。

婚礼の儀式化は、平安時代に確認される。貴族のあいだでは、夫となる男性が妻となる女性の家に行って、数日留まり、その後に女性を男性の家に迎え入れる「婿取」が行われた。三日目の夜（あるいは一両日を経て後）に「三日の餅」を男女ともに食べる。女性の家では饗膳を設けて婿を歓待し、女性の親たちが面会して酒を酌み交わす「露見《ところあらわし》」の宴が行われる。これが現在の披露式（披露宴）の起源とされている。平安時代の婚儀では、饗膳と酒を進める「三献の儀」（式三献）が行われた。節会をはじめ、加冠・元服・婚礼などの祝賀の際、上席の客から順々に饗膳を進め、次に盃に酒を注ぎ、食事ののち膳が下げられるまでを一献とし、三献までを正式な酒宴と

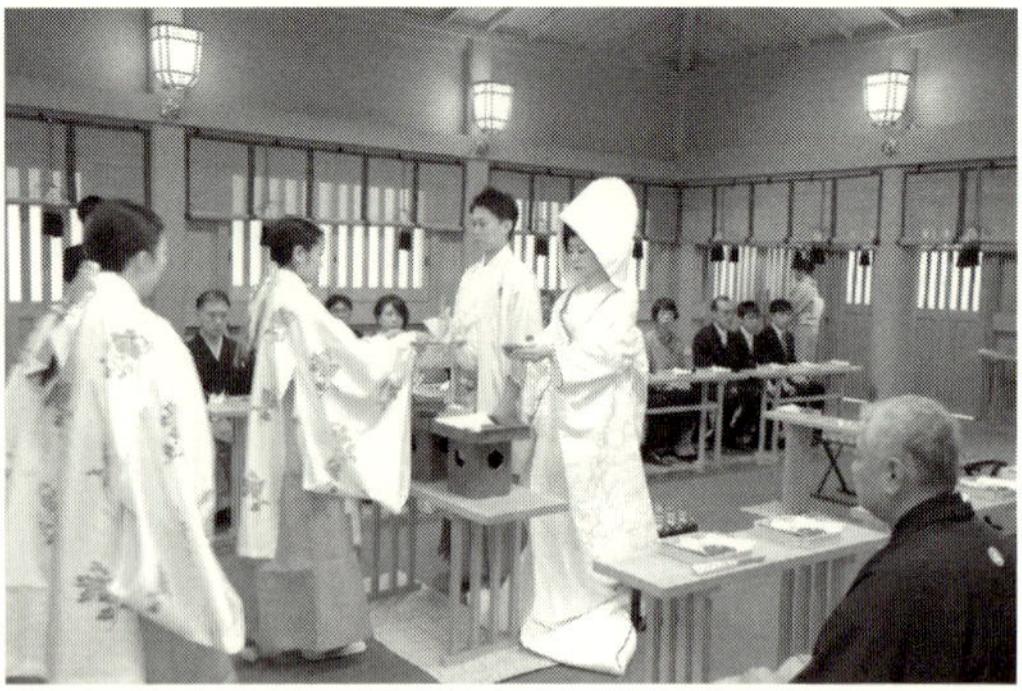
三献の儀

した。一献、二献ののちには管絃、三献ののちに舞などが行われた。

　中世に入ると、婿の地位向上により嫁入り婚が主流となった。室町時代には[※4]小笠原家《おがさわらけ》・[※5]伊勢家《いせけ》が出て、武家の結婚の儀式化が進められた。とくに伊勢流の婚礼式が早い。婚礼では、床の間の前で婿と嫁が対座し、嫁の次座に[※6]待上臈《まちじょうろう》が控え、三つの盃を据えた膳が三人に進められる。床《とこ》の間《ま》の前には「二重台」、「手掛台」と呼ばれる技巧を凝らした種々の食べ物を飾る台が置かれ、その前面に婚礼の固めの盃と盛るための酒を入れた瓶子《へいし》が置かれた。夫婦固めの盃は、婿・嫁は手掛台の品を一つとって食してから、盃事が始められた。

　婚儀の中心となる盃事は、三献《さんこん》の儀といわれる。まず、御酒を瓶子から提子《ひさげ》にうつし、さらに提子から銚子《ちょうし》に移して、嫁・婿・待上臈の順で盃に注いだ。このとき、酒は銚子から小出しに二度、さらに三度目に多く注いで盃を満たす。同じ順序で合計三巡する。各自が三度ずつ、合計九度飲むので、当時はこのことを「三々九度《さんさんくど》」といった。

　江戸中期以降になると、婚礼の席に神が臨在すると明確に意識されるようになる。[※7]伊勢貞丈によれば、婚礼とは床の間で婚礼の神々である伊弉諾尊・伊弉冉尊をまつることで、瓶子なども装飾ではなくお供え物であると述べている（『貞丈雑記』）。また、近世には盃の取り交わしが行われ、一度の盃事に一つの盃を用いた。最初の盃も嫁からではなく婿から始められた。待上臈を含めた

※4　小笠原家　武家故実の一流派である小笠原流を成した家。源頼朝以来の御家人で、騎射・弓術の家として知られる。室町時代に幕府の諸儀式に参加し、武家故実の指導的地位を築く。江戸時代に徳川家の儀礼に室町将軍家の伝承を伝えて功をなした。同家の故実・礼法は、武家に重んじられ、近代以降も小学校や女学校の礼法に取り入れられた。

※5　伊勢家　武家礼法の一流派である伊勢流をなした家。足利譜代の臣で、貞継以来、政所執事を世襲する。将軍義政の政所職となった貞親とその子貞宗の頃に儀礼面の有識者として注目される。室町幕府崩壊後も諸大名に重用され、江戸時代には伊勢貞丈が家学を大成した。

※6　待上臈　婚礼のときに、戸口で花嫁の到着を待ち受けて、家内に導き、付き添って世話をする女性のこと。婚礼の諸事に慣れ、一切のことを弁えた人が選ばれる。待女房、待女臈ともいう。

形で三々九度の盃事が行われたが、のちには婿と嫁のみが行うようになった。

明治期に入り、婚儀は神社の神前で行われるようになる。明治初期にも神前式の祭儀が取り上げられているが、神社界に影響を与えたのは、宮中賢所の大前で執り行われた明治三十三年（一八九〇）五月十日、※8嘉仁親王《よしひとしんのう》（大正天皇）と九条道孝公爵の四女※9節子《さだこ》（貞明皇后）の御成婚である。これは、前月四月に公布された皇族婚嫁令に基づくものであり、近代初の皇室における神前での婚儀となる。

また、ほぼ時を同じくして※10神宮奉斎会《じんぐうほうさいかい》では、神前結婚式の普及に乗り出し、神宮奉斎会東京本院（通称、日比谷大神宮、のちの東京大神宮）が中心となって皇太子の御婚儀に基づき儀式次第を作成し、明治三十四年三月三日、同所で模擬結婚式が行われた。これが新聞や雑誌など当時のメディアで報じられると、その後、全国各地で祭式が工夫され、昭和三十年代から急速に普及していった。

◆内容　まず、新郎・新婦の神酒拝戴の行事である。瓶子が入った神酒が撤せられると、銚子に神酒が移される。盃を載せた三方を持つ役一名と銚子を持つ役一名が新郎・新婦の前に進み、盃に神酒を注いで新郎・新婦に進め、新郎と新婦は交互にこれを拝戴する（「三々九度」）。その一般的な作法の流れは、第一献で一の盃（小）に神酒を三度酌んでこれを新郎に進め、新郎はこれを受けて三度飲む。その後、盃を置くことなく、これを新婦に渡し、新婦は新郎同様に盃を受け、これを飲む。第二献は二の盃（中）を用い、新婦・新郎の順、第三献は、三の盃（大）を用い、第一献と同様、新郎・新婦の順で盃を進める。

なお、三々九度は、第一献で新郎・新婦・新郎と盃を進め、第二献で新婦・新郎・新婦、第三

※7　伊勢貞丈　130頁註14参照。

※8　嘉仁親王　明治十二年―大正十五年（一八七九―一九二六）。嘉仁は大正天皇の諱。明治天皇の第三皇子。明治四十五年（一九一二）践祚。大正十年（一九二一）疾患のため皇太子裕仁親王が摂政に就任。大正十五年（一九二六）崩御。

※9　九条節子　明治十七年―昭和二十六年（一八八四―一九五一）。貞明皇后。公爵九条道

東京大神宮　参進の儀

献で新郎・新婦・新郎の順で行うことが正式とされている。続いて誓詞の奉読である。これは新郎・新婦が夫婦の道を守り、堅実な家庭を築くことを誓うもので、新郎により奏上される。

　祭典ののち（あるいは祭典中に）、親族による神酒拝戴がある。これは両家の父母・兄弟・姉妹・叔父叔母、親戚らが近づきのために盃を酌み交わす行事で、流儀により異なるが、銚子と提子によって上席の者から順々に盃に神酒が注がれる。なお、酒宴では、饗膳を進めるのが慣わしであり、神前での直会となる性格上、お神酒とともに饗膳（昆布・鯣・小梅など）を参列者に進めることが本義である。また、神楽舞や舞楽の奉納がある。

　祭典の行事として指輪の交換も一般化しているが、夫婦になったことを記念する行事として、厳粛さに見合う故実・伝統を考え合せた新しい行事を創意工夫することも大事であろう。

四、神葬祭

◆歴史　神葬祭とは、単に神葬ともいい、おおむね「神道式」「神道の儀式」に基づく葬祭のことで、江戸時代以降に仏葬を拒んだ神職によって始められ、死者の霊魂を神霊として祭る一連の祭祀をいう。

　わが国の葬儀は周知のとおり近世以前までは仏葬が中心であった。平安期以降、触穢思想が宮廷に浸透し、とりわけ死の穢れについてはもっとも忌避されていた。朝廷や公卿[※11]の意識はもちろんのこと、神事に関わる神職はいっそうこれを忌避する必要があり、たとえ身内さえも臨終に立ち会えず、葬送を目にすることも憚られているほどであった。神職として清浄を保つことが、何

孝の四女。昭和天皇および秩父宮雍仁（やすひと）・高松宮宣仁（のぶひと）・三笠宮崇仁（たかひと）の生母。

雄蝶（右）・雌蝶（左）　雄蝶・雌蝶は、婚礼の盃事に用いる銚子、提子につける折り紙の蝶で、金銀紙や紅白の和紙、水引などで作られる。雄蝶は提子に、雌蝶は銚子に付けられる。

よりも優先されていたのである。

　しかし、こうした状況を室町時代も後半、吉田兼倶の登場によって変化が訪れる。兼倶自身の葬儀式は僧侶を介在させず、吉田家の家人によって神葬祭が実施された。亡骸は土葬し、そのうえに霊社・御社が創建されることに特徴がある。このような形で神葬祭が実施され、社（廟）が創建された神社には、豊臣秀吉をまつる豊国社や、徳川家康をまつる日光東照宮がある。秀吉は豊臣家の守護神、家康は関八州の守護神になるため、「神」としてまつられることを希望し、神葬祭が執り行われることとなったのである。このほか、吉田神道を学んだ[※12]吉川惟足の影響を受けた会津藩主[※13]保科正之《ほしなまさゆき》も、その遺言により、惟足によって神葬祭が実施された。

　このように、室町時代から江戸時代の初期には公卿である吉田家のほか、将軍や大名など特権階級に認められるものではあっても、一般の民衆はおろか、神職の家の人間であっても実施できるものではなかった。

　江戸幕府は一貫してキリスト教の蔓延防止に尽力し、庶民に対して宗門改を行い、キリスト教徒を締め出す政策がとられた。寛文五年（一六六五）には宗門人別帳を作成し、神職といえども菩提寺の記入・仏葬が公的に義務付けられた。寛永十二年（一六七二）、幕府は寺院を利用して、キリスト教徒ではないことを証明させる文書を発行する[※14]寺請《てらう》け制度《せいど》が開始された。これは、必ずしもいずれかの寺院の檀家になる必要はなかったが、寺院側は切支丹（キリスト教徒）でないことを証明する理由に、檀家に対して寺院への寄進や布施などの要求を行うようになった。

　こうしたなか、神職側から離檀の動きがなされるようになり、安永二年（一七七三）、常州土浦藩内の神主禰宜ら二十八名の連署を以て、神葬祭願いを土浦藩寺社奉行へ提出した。吉田家の免許状を所持する神職とその嫡子に限り、神葬祭が認可されることとなった。これがきっかけと

※10　神宮奉斎会　伊勢神宮の奉賛団体。神宮教院が独立して教派神道の一つとなった神宮教が明治三十二年（一八八九）に解散し、財団法人神宮奉斎会が組織され、神宮の崇敬活動や神宮大麻の頒布などを行った。昭和二十一年（一九四六）に解散。

※11　公卿　27頁註34参照。

※12　吉川惟足　44頁註26参照。

※13　保科正之　慶長十六年―寛文十二年（一六一一―一六七二）徳川秀忠の四男。保科正光の養子となり、のち会津藩主となる。徳川家綱の後見役として幕政に参与した。朱子学を山崎闇斎に、吉田神道を吉川惟足から学んで、藩内の文教政策や宗教政策に反映させた。諡号の土津（はにつ）霊神は、生前に惟足から土津（はにつ）霊神に授与されたもの。延宝三年（一六七五）土津神社にまつられた。

※14　寺請け制度　仏教徒であ

なって、諸国でも神葬祭を願い出るところとなった。しかし、神葬祭の願い出には寺社奉行、そして寺請証文を握る寺院側との並々ならぬ折衝が必要で、その実現には莫大な労力と時間を費やすこととなった。

そうしたなか、津和野藩では葬祭改革を断行し、藩内領民のすべて神葬祭・祖霊祭が奨励された。明治時代を直前に控えた慶応三年（一八六七）のことである。慶応四年三月、祭政一致の布告が出され、神祇官の設立、諸祭典の復興が宣言され、国家主導による神祇行政が展開していく。その担い手となったのは、藩内で神葬祭・祖霊祭の実績を持つ津和野藩出身の国学者たちで、神葬祭も彼らの主張のもと全国で奨励されることになった。明治元年（一八六八）、「神職之者家内ニ至迄以後神葬祭相改可申事」として、神職は家族全員に到るまで許可されることとなった。

明治五年（一八七二）六月二十八日には「自葬を禁じ、葬儀は、神官憎侶に依頼すべき件」として、全国民を対象とした神葬祭許可の布告が出され、国民が葬儀を実施する際には神職か僧侶に委ねることとなった。これまで許可を得て行われた神葬祭とは、神職の手を借りることなく喪主自らが斎主となって故人に対して行う葬祭（自葬）であった。葬儀に関与してこなかった神職についても、氏子からの依頼があれば、喪主に代わり葬祭に斎主として奉仕できることになったのである。同年九月四日には、教部省[※15]から『葬祭略式』が刊行され、神葬祭の実施に際して参考に供されることとなった。とはいえ、神職にとって葬儀に関与することは、その親疎を問わず「死」の穢れに触れるため、重い物忌みが伴い、日常の神明奉仕に支障をきたすものであった。そうした「死」の穢れを避けるため、他人の葬儀はもちろんのこと、社家によっては自分の家族の葬儀でさえも参列することが憚られていた。

しかし、明治六年（一八七三）二月二十日、「混穢の制」が廃止された。これは古代以来のさ

ることを寺院に証明させる制度。禁制のキリスト教徒や異端の宗派の信徒でないことを証明する寺請証文（てらうけしょうもん）を発行、自己の檀家であることを証明。毎年宗門人別改帳（しゅうもんにんべつあらためちょう）を作成して証文を出したが、これは現在の戸籍原簿や租税台帳のような側面もあった。

※15　教部省　56頁註18参照。

まざまな穢れとされる対象に触れても、他者への伝染も忌みの期間もないことを意味するものであった。これまで最も忌むべき対象とされた「死」の穢れも例外ではなく、ここに神職が家族以外の者を対象として、神葬祭に奉仕する状況が公的に整えられることになった。

　このように、政府が奨励した神葬祭ではあったが、※16政教分離《せいきょうぶんり》の実施や教部省の廃止など、国家主導による国民教化政策の転換が図られるようになった。明治十五年（一八八二）には「神官教導職の分離」が布告され、官国幣社以下の神官は、それまで神道の教化活動を担っていた教導職を兼務することのほか、葬儀に関与するといった宗教的活動が禁止され、その活動は明治維新の国家方針である祭政一致に基づき、公的祭祀を実施することのみに制限された。府県社以下の神職については「当分従前之通」との但し書きのもと、葬儀への関与が許可された。その後、神葬祭をめぐる制度上の改変はなされることなく、終戦を迎えることとなった。

　この間、神道の教化に関することを担った※17教派神道《きょうはしんとう》など、神道系の教団が神葬祭の担い手となり、私撰の神葬祭の次第書が刊行された。一方、※18皇典講究所では、明治三十年頃から祭典を始めとする礼典儀式の調査が開始され、国民一般の標準となる神葬祭の祭式書『喪儀式（案）』（昭和十二年）や、戦死者に対する公葬を神式で実施するための『公葬式』（昭和十八年）を立案した。

　戦後、神社は「※19神道指令」により、まったく民間の宗教として出発することとなった。したがって、神社の祭祀には民間との信仰的な関わりを深めることとなり、神葬祭を実践するうえでの画期を迎えた。皇典講究所は引き続き「国民一般ノ国式国礼による」葬儀の調査・検討を行ない、『葬儀式』（昭和二十二年）を完成させ、また、愛知県神社庁は『神葬祭儀大要』（昭和二十五年）を刊行した。これらに準拠するかたちで、昭和二十五年に『諸祭式要綱』（前編に「神葬祭・祖霊祭の部」を収録）、昭和四十五年には、同書の神葬祭の内容に『神葬祭の実態調査』（昭和四十年）等を加筆した『神

※16　政教分離　政治と宗教とを分離すること。公権力は特定の宗教を支援・圧迫することができない。

※17　教派神道　明治時代に宗教として公認された神道系教団の総称。黒住（くろずみ）教、金光（こんこう）教、天理教、扶桑教等十三教団あり、神道十三派とも。

※18　皇典講究所　64頁註26参照。

※19　神道指令　76頁註3参照。

葬祭の栞』（昭和四五年）が神社本庁により刊行されている。

神葬祭の斎場

◆現代における神葬祭の内容　近代以降、皇典講究所や神社本庁が基準となる祭式書を刊行して参考に供されたが、その祭式は統一的な法令・規程として成立させることはできなかった。今日も、神葬祭はそれぞれの地域で多様な慣習を残し、その祭式では行事次第や作法、調度、それらの名称に到るまで異同があることは言うまでもない。

しかし、神葬祭の歴史は喪主自らが孝行を尽くすべく、斎主として親の神霊を祭る「自葬」に基づくもので、近代以降、神職が喪主に代わって祭祀を主宰することになったが、神職は故人の霊魂に対して、家族・親族らの想いが伝わるように奉仕することに変わりはない。

また、その霊魂はもとの神々の世界に帰り、祖霊とともに永遠にまつりを受ける存在となる。近世以降、わが国の葬儀は近世以降、仏葬が主流となったが、近世前期の神道家、中西直方が『死道百首』のなかで、

日の本に生れ出でにし益人《ますひと》は神より出てて神《かみ》に入《い》るなり

と詠んだことでもわかるように、我々の先祖が本来有していた死生観・祖霊観を投影した祭祀が神葬祭にほかならないのである。

ここでは『神葬祭の栞』をもとに、今日の神葬祭の内容について述べてみたい。

①枕直しの儀・納棺の儀　喪主をはじめ、家族親族によって行われる。枕直しの儀は遺体を殯室（遺体を安置する部屋）に移し、遺体の前に机を設け饌を供え、家族・親族が故人の側に控える（候する）。納棺の儀は、慎ましやかに遺体を棺に納め、棺を殯室から正寝（表座敷）に移し、棺の前に遺影等を飾り、饌を供え拝礼を行う。納棺の儀から発柩祭までの間、毎日、朝夕二度の饌を供え拝礼を行い、故人をもてなす。

②帰幽奉告の儀　喪家では、※20忌服《きぶく》に関係ない人を産土神社に遣わし、帰幽（幽界に帰る、すなわち死去）のことを奉告する。人の霊魂は没後、産土の神の御許に帰るという信仰による。

③通夜祭《つやさい》　往古の※21殯斂《もがり・ひんれん》の遺風で、夜を徹して蘇りを願う祭儀。本来は、家族親族等が終夜棺の側にあって面影を慕いながら功績を称え、故人と生前同様に接し、霊魂が再び帰り来て蘇生することを祈るもので葬場祭（告別式）の前夜に行う。その祭儀の次第を述べると、斎主・副斎主以下の神職および喪主以下の家族親族等は手水ののち着席し、斎主一拝、副斎主以下の神職が饌を供え、祭詞（祝詞）を白し、神職・家族親族等により玉串を奉り拝礼、副斎主以下が饌を撤し、斎主一拝、各退出となる。この次第は、以下に述べる一連の祭儀でも基本的な構成となっている。通夜祭では饌のほかに、着物の素材である幣帛を奉ったり、誄歌が奏でられることもある。

④遷霊祭《せんれいさい》　故人の霊魂を※22霊璽《れいじ》に遷し留める祭儀。通夜祭で蘇生が叶わず臨終が確定すると、遺体は墓所に埋葬し、霊魂を霊璽に遷し留めてその家の霊舎に安置し、永く家の守護神としてまつることになる。この祭儀は夜間清闇の裡に行い、斎主一拝ののち霊璽の帊《おおい》を撤し、柩前に向け斎主が遷霊詞を白す。この間、警蹕を行い室内は消灯する。浄闇のなか、斎主は霊璽の向きを戻して帊を覆い、霊璽を別室に設けている仮霊舎に奉遷する（この間、警蹕を行う）。祭員・家族・親族等は斎主に扈従《こしょう》（付き従う）し、仮霊舎に着席する。以下、一拝、献饌、遷霊祭詞の奏上、斎

※20　忌服　親族等の死亡に際し、血縁の遠近により一定の期間喪に服すこと。元来「忌」は人の死を畏れ忌むこと、「服」は喪服を着用することを指して区別される。

※21　殯斂　古代の葬送儀礼の一つ。死者を埋葬まで喪屋（もや）・殯宮（ひんきゅう）と呼ばれる場所に安置して生前同様に食事を供して近親者が奉仕した。「あらき」とも。

※22　霊璽　霊祭の対象となるもの。木製で位牌に似た木主（もくしゅ）、笏、鏡、幣串等の形態がある。木主には角柱形、片木（へぎ、薄板）形があり、材質は欅（けやき）、桜、檜等。みたましろ。

主以下の拝礼、撤饌、一拝、退出という次第となる。遷霊の作法には、和琴や※23神依板《かみよりいた》を用いる例がある。神依板は幅三〜四寸、長さ一尺二寸くらい、厚さ四〜五分ほどの杉の木を錦で覆ったものである。その作法は、神依板を左手に持って霊璽の上にかざし、右手に執った中啓で神依板の中ほどを軽く二度ずつ三回に分けて打ち、この間、警蹕を唱えるというものである。

⑤発柩祭《はっきゅうさい》　出棺祭あるいは棺前祭とも称する。葬送を行うのに際して、葬場祭が行われる葬場へ向けて、まさに出棺しようとする際に、その旨を柩前に告げる祭儀である。祭儀を終えるとただちに霊柩を奉じて葬列を整え、葬場に向かって出発する。葬列は自宅から葬場祭が行われる葬場まで棺を移す、葬送のための行列であり、その基本的な列の順序は以下の通りである。

（イ）霊輿の場合

前駆　先導　松明　篝　真榊　白旗　黄旗　祭員　伶人　伶人　幣饌辛櫃　祭員　副斎主　斎主　根堀榊　造花　生花　榊
　　　　　　松明　篝　真榊　黄旗　白旗　　　　伶人　伶人　　　　　　祭員　　　　　　　　根堀榊　造花　生花　榊

銘旗　勲章（遺影）　柩側　柩側　霊輿　柩側　柩側　凳子　凳子　沓　松明　松明　喪主　従者　従者　家族　親族　葬儀関係者　会葬者　後駆

（ロ）霊車（霊柩車）の場合

先導　祭員　祭員　副斎主　斎主　霊車　喪主　家族　親族　葬儀関係者

葬列のなかに松明が加わるのは、葬儀が古くは夜間に行われていた名残りである。なお、葬場が自宅の場合などでは、この祭儀は省略される場合もある。

※23　神依板　幅三〜四寸、長さ一尺二寸前後、厚さ四〜五分。杉板に錦を張ったもの。遷霊祭に和琴の代わりに使用する。

⑥**発柩後祓除《ふつじょ》の儀**　喪家では、発柩ののちは通夜祭以来の祭壇を撤却し、家内の火を改め各室を清掃し、祓除が行われる。これは「後祓《あとばらい》」と称して祓除をした旧例によって行われる。葬儀に係らない神職が大麻と塩湯により仮霊舎をはじめ屋内各部屋を隈なく祓い、家に留まる家族・親族をも祓う。なお、この祭儀を奉仕した神職が、葬場祭・火葬祭・埋葬祭に携わった神職および家族親族が喪家に帰宅する際に、門口で手水・清祓を奉仕する。

⑦**葬場祭《そうじょうさい》**　故人の遺体に対して、最後の訣別を告げる祭儀。神職とともに家族親族を初め近親者および会葬者が、挙って故人の面影を慕い遺徳を称えて、人生最終の最も厳粛な儀礼となる。霊柩が葬場に到着すると祭場を装飾し、祭具を舗設して葬場祭は斎行される。斎主が奏上する祭詞には、故人の経歴や功績・人柄や言動が懐かしく回顧できるような事柄を取り入れ、遺族に代わって読み上げるため心を込めた内容にまとめる事が肝要である。葬場祭では幣帛や誄歌《しのびうた》を奉納し、弔辞や弔電を奏上して、故人に誠を捧げることも重要な行事と位置づけられる。祭儀が行われると、火葬祭へと移行する。

　葬場は、祭場の周囲に忌竹を立てて注連縄を引き廻らし、壁代《かべしろ》・幔《まん》を張る。祭場内の中央奥に霊柩安置の場所を設け、幣・饌・玉串など祭具を弁備し、前面中央に幔門を設け、その左右に真榊を立てる。祭場の前方の左右に幄舎を設け、祭場内に霊柩を安置して行う。自宅や葬儀場で葬場祭を行う場合、発柩祭、火葬祭、あるいは埋葬祭が行われる。

⑧**火葬祭《かそうさい》**　葬場祭を終えると、霊柩は火葬場へ向かう（土葬の場合、直接墓所へ向かう）。火葬祭は埋葬に先立って、遺体を火葬に附する際に行う祭儀である。霊柩を竈前に安置して適宜饌を供えて拝礼を行う。

⑨**埋葬祭《まいそうさい》**　火葬祭もしくは葬場より墓所に至って、遺骨を埋葬して行われる祭儀である。地域に

よっては土葬に基づいて霊柩を埋葬する場合もある。遺骨あるいは霊柩に続き、喪主の杖・素服などを壙に斂め、次いで墓標を建て祭具を設えて祭儀を行う。

⑩帰家祭《きかさい》・霊前祭　帰家祭では、埋葬祭を終えると、喪家で神職および家族親族が、遷霊祭で仮霊舎へ遷された御霊に対し、葬儀が恙なく終了した旨を奉告する。翌日からは、日々霊前と墓前とに敬意を尽くし、生前嗜好の品々を日供として供え拝礼を行う。この儀は霊璽を祖霊舎に合祀するまで行う。また、帰幽日から数えて、十日・二十日・三十日・四十日・五十日と十日ごとに、霊前と墓前で供物を奉り拝礼をし、霊前日供の儀より鄭重な祭儀を行う。そして、一般的には五十日祭（場合によっては百日祭あるいは一年祭）では、忌明けとなる祭儀を行い、神職奉仕の下に家族親族が参集し、さまざまな供膳や御霊慰めの祭詞を奏上する。

⑪忌明け後の清祓の儀・祖霊舎合祀の儀　忌明けとなると、その翌日に清祓の儀を行ない、神棚・祖霊舎・仮霊舎を初め、家族親族や家内の隅々まで隈なく祓い清める。そして神棚や祖霊舎の白紙を除き、平常に復して参拝や神社の奉仕が可能となる。※24清祓《きよはらえ》の儀《ぎ》が終われば、仮霊舎の霊璽を奉じて※25祖霊舎合祀《それいしゃごうし》の儀《ぎ》を行う。以後は、祖霊とともに故人の霊をまつり、その家の守護神として折々の祭を懇ろに奉仕する。

なお、現代社会では利便性が求められるなかで、神職と葬家の間に介在する葬祭業者の意向により、神葬祭も従来の次第とは異なる形で執り行われることも少なくない。

今日では、野外の一定の敷地で浄闇のうちに葬場祭が執り行われることはほとんどなく、多くは葬家や葬儀業者が運営する会場（ホール）で行われるのが一般的である。したがって、前述のような葬列を成す機会は減少している。また、通夜祭も葬家ではなくホール等で行われ、発柩祭もホールから故人の遺骸を乗せた霊柩車が火葬場へと移る際に行われる例も多い。社会の多様な

※24　清祓の儀　概ね五十日祭後の翌日に行われるが、それ以前、或いは百日祭または一年祭の翌日に行うことがある。

※25　祖霊舎合祀の儀　仮霊舎の霊璽を忌明け後、祖霊舎に遷す儀式。神社の遷座祭（せんざさい）等と同様、夜間、灯火を消した中で行うことを本義とする。皇室では、一年祭の翌日に清祓の儀があって後、皇霊殿に奉遷合祀される。

ニーズのなかで、神葬祭の信仰や伝統をいかに保持し実践していくかについて、今後の神職が担う課題は多いと言わざるをえない。

（星野光樹）

第二章　建築儀礼

一、地　鎮　祭

◆意義と御祭神　地鎮祭とは、建築・土木工事の開始に際し、工事の安全と土地の平安堅固が祈願される祭祀のことである。じちんさいと読まれるが、とこしずめのまつりとも訓じられる。また、地まつりとも言う。伊勢の神宮では遷宮諸祭のうち、新宮の大宮地に坐す神を鎮める鎮地祭《ちんちさい》が行われる。

御祭神として、古く宮中では神祇官に祀られる※1座摩五柱神《いかすりのごはしらのかみ》（栄井神《さくいのかみ》・生井神《いくいのかみ》・綱長井神《つながいのかみ》・波比《はひ》祇神《きのかみ》・阿須波神《あすはのかみ》）が祀られたが、今日では「此の地を宇志波伎坐《うしはきま》す神等」として神名を明らかにしない場合や、当該地域の産土神・大地主神を併せてまつる場合が一般的である。

◆歴史　文献から歴史を繙くと、持統天皇紀五年冬十月二十七日「使者を遣して新益京を鎮祭《しずめまつ》らしむ」を初見とするが、鎮祭の内容はいま詳らかではない。時代は下って『古語拾遺』※2に「神殿帝殿を造り奉らむことは……伐るに斎斧《いみおの》を以ちてし、掘るに斎鉏《いみすき》を以ちてす」とあるように、着工に先立つ伐採儀礼があったと考えられる。

考古学の立場からは「地鎮祭も一般的であったらしく、もっとも大規模な宮城地鎮の跡が長岡京中枢部の造営初期段階の地層から確認されているほか、宮城内、京域、京内道路、宅地内流路、

地鎮祭

※1　座摩五柱神　五柱の神を総称して座摩神とよぶ。神祇官西院で座摩巫により祀られていた神。古語拾遺等によれば、神武天皇が高皇産霊神・天照大御神の神勅を受け宮中にまつったのが起源といわれる。

※2　『古語拾遺』　6頁註4参照。

井戸などを問わず多様な遺構からその跡を検出することができる。」（広瀬和雄編『考古学の基礎知識』）と指摘される。

時代は下って、近世江戸の遺跡からさまざまな地鎮に関する遺物が発掘され、そこでは仏教・陰陽道・修験道・道教などの諸思想の影響が窺えるという（江戸遺跡研究会編『江戸の祈り』）。そうしたなかで、白川家・吉田家・橘家といった神道諸家によって式次第の提示がなされ、かつ伝授されていたことは注目される。そうした諸家の式次第の伝授は神職たちに大きな影響を与えた。

一方で、これら一連の次第は、複雑で呪術的色彩の強いものとして国学者の批判の対象になる。幕末維新期以降、国学者や神職による地鎮祭式の検討がなされ、従来の祈祷的要素を排した簡素な次第が発表されるに至った。

次節で掲げる現行の式次第は、国学者らの考案したものとは違い、大正四年の明治神宮地鎮祭式の影響が指摘される。こうした現行の次第が定着した背景には皇典講究所※3の存在がある。同所では※4特殊《とくしゅ》祭儀《さいぎ》調査《ちょうさ》委員会《いいんかい》を設置し、地鎮祭はじめ特殊祭儀の調査研究を行い、旧儀を踏まえた祭式の確立に尽力したのである。

◆祭儀の流れ　地鎮祭の式次第は、今日、神社本庁『諸祭式要綱』に基づくことが一般的であり、その次第は次の通りである。

『諸祭式要綱』

当日予め祭場を鋪設し用具を弁備する

時刻斎主以下及び工事関係者並びに参列員が著席する

次に修祓の儀を行ふ

次に斎主が降神の儀を奉仕する

※3　皇典講究所　64頁註26参照。

※4　特殊祭儀調査委員会　諸祭の統一を図ることを目的とし、昭和八年（一九三三）に設置。高山昇、宮地直一、阪本廣太郎、星野輝興、宮西惟助、出雲路通次郎、佐伯有義が委員として調査にあたった。

次に副斎主以下が神饌を供する
次に斎主が祝詞を奏する
次に斎主が敷地を祓ひ散供を行ふ
次に童女一員が草刈初の儀を行ふ
次に童女一員が穿初の儀を行ふ
次に副斎主が鎮物を埋納する
次に斎主が玉串を奉って拝礼する
次に工事関係者が玉串を奉って拝礼する
次に参列員が玉串を奉って拝礼する
次に副斎主以下が神饌を撤する
次に斎主が昇神の儀を奉仕する
次に各退出する

ここでいくつか補足をすると、散供とは米・塩・切麻三種の合盛と清酒で、祭場四隅ならびに中央で散供することである。これは神々への供えであると同時に、祭場全体を祓い清めるため行われる。

次に草刈初《くさかりぞめ》の儀・穿初《うがちぞめ》の儀だが、これは忌鎌《いみかま》で荒草を刈る所作をし、忌鍬《いみくわ》で土を掘る所作を行う。まさに工事の手順を示し、施工の安全が祈られる。神宮の古例に倣って童女が務めることを本義とするが、一般的には建築主・工事関係者が執り行う。

鎮物《しずめもの》は鉄人像・鉄鏡・鉄小刀子・鉄長刀子・鉄矛・鉄盾・玉などを折櫃に納め、蓋を閉じ麻《あさ》苧《お》※5で結び、土中に納める。または産土神社の清浄な砂、あるいは小石を土器に納め用いる場合も

忌鎌

忌鍬

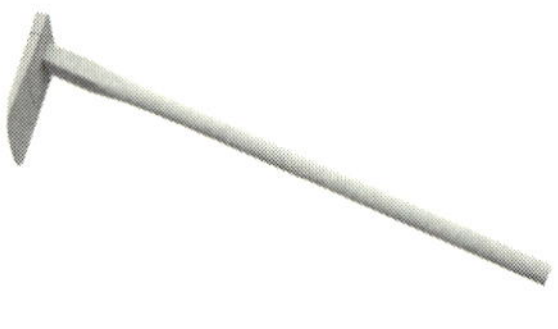

※5　麻苧　麻や苧（カラムシ）の繊維を原料として作った糸。麻糸。

ある。これらは神明に対する捧げ物として、また、災禍を防ぎ鎮めることを期して納められる。祭儀中の埋納が行い難い場合は所作のみにとどめ、後日、改めて行われる。その場所は、建物や施工箇所の中央に埋納されるが、かつては中央および四隅に納められることもあった。

◆祭場の鋪設　敷地の中央に祭場を設け、その四隅に斎竹を立てて、注連縄を引廻らし、奥に祭舎を構える。

祭舎の奥正面に神籬を据え、前面に神饌案を置く。その少し奥右方（向かって左）に鎮物案を、左方（向かって右）に散供用具案、鎮物案の手前に忌鎌・忌鍬案を置く（忌鎌、忌鍬に加えて忌鋤を用いる地域もある）。

祭舎前面の左右に真榊一対を立て、右方（向かって左）に修祓用具案を設ける。祭舎の前方右側に斎主以下祭員、左側に伶人が著く。施主・工事関係者は伶人に続き左側に、また、祭舎に面して著く。

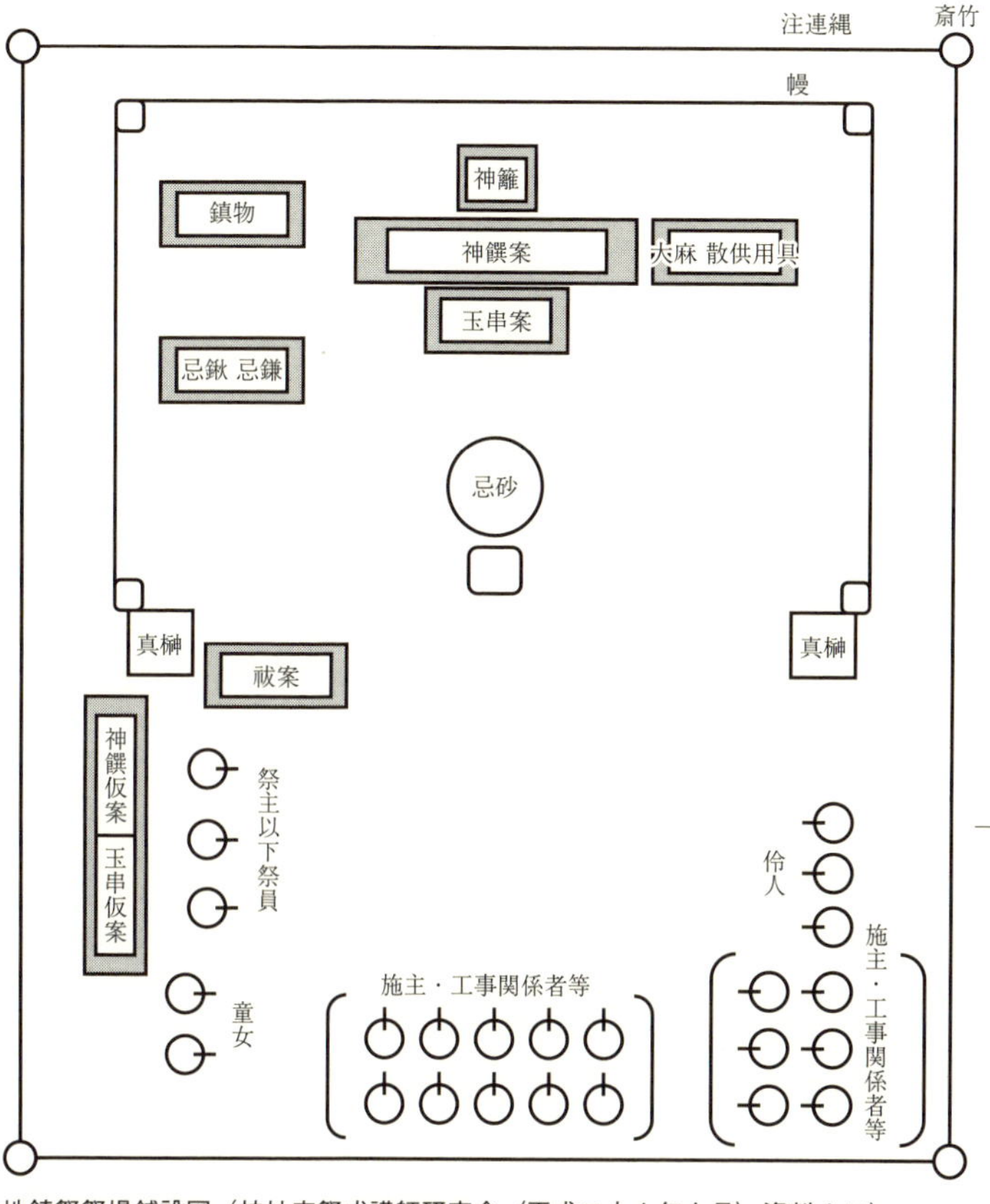

地鎮祭祭場鋪設図（神社庁祭式講師研究会〈平成二十六年九月〉資料より）

上棟祭

二、上棟祭

◆意義と祭神　「むねあげのまつり」と訓じる通り、建物の新築工事で棟木《むなぎ》を上げる節目にあたり、改めて建物の弥栄《いやさか》を願う祭りである。その祭神として屋船久久遅命《やふねくくのちのみこと》・屋船豊宇気姫《やふねとようけひめの》命《みこと》・手置帆負命《たおきほおいのみこと》・彦狭知命《ひこさしりのみこと》の神々と、産土神を併せて祭ることが多い。屋船神は家屋の守り神であり、手置帆負命・彦狭知命は工匠の神であるから、それぞれ祭神として祀られる。

◆歴史　平岡好文氏は「柱を建て、大殿祭を行ふ事あれば、自然に上棟の儀」はあったと指摘し（『雑祭式典範』）、記録上の初見として※6顕宗天皇《けんぞうてんのう》紀《き》室寿詞《むろほぎのよごと》を挙げる。そこには「取挙ぐる棟梁《むねはり》は、此の家長《いえおさ》の御心の林なり」として、新室を祝い言祝ぐ詞が記されている。また、『日本紀略』円融朝の承元元年（一二〇七）十二月二十八日条「辰刻。内裏殿舎等竪柱上棟」を引いて、立柱・上棟に伴う儀式があったと指摘する。

『諸祭式要綱』では、祭儀として執り行われるようになったのは宮中では平安中期以後、伊勢の神宮では平安末期から鎌倉初期と推定し、衆庶に広まるのは江戸時代になってからという。このことは、上棟祭等を詳述した『匠家故実録』（松浦久信著、享和三年自序）の刊行が文化五年（一八〇八）であることからも窺えよう。

明治に入ると地鎮祭同様にさまざまな祭式が示されるが、大正八年（一九一九）七月の明治神

※6　顕宗天皇紀室寿詞　顕宗天皇即位前紀に、身分を隠して縮見屯倉首に仕えていた弘計王（後の顕宗天皇）が首の新築祝いの場で、見事な新室寿ぎの寿詞を唱え、その後、歌で身分を明かしたことが記されている。

宮上棟祭々式を受けてか、皇典講究所の特殊祭儀研究でも明治神宮の方式で纏まっていく。その記録には「今此所ニ定ムル所ハ、近世行フ所ノ式ヲ本トシ、建築ノ工事略々成リシ後、屋上又ハ庭上ニ神籬ヲ設ケ神饌ヲ供シ、祝詞ヲ奏シテ後、技師　技手木工等ヲ率ヰ、各々其ノ所役ヲ定メテ上棟ノ式ヲ行フモノニテ、古ノ式ト異ナル所アレド、既ニ久シキ慣例トナレルヲ以テ、旧儀ヲ参考シテ之ヲ定メタリ」（※7『特殊《とくしゅ》祭儀《さいぎ》取調《とりしらべ》案《あん》』昭和十年）とあり、現行祭式へと繋がる議論がなされていたのである。

◆祭儀の流れ及び祭場の鋪設　『諸祭式要綱』が示すのは、次の通りである。

祭場は屋上、屋下の両所に設ける。屋上の祭場正面奥に幣串、その左右に弓矢を飾り立て、その前に神籬を設けて降神の儀を行う。次いで献饌、祝詞奏上がすんだ所で、棟木を棟に引き上げる曳《ひ》き綱《つな》、棟木を棟に打固める槌打《つちう》ちの儀、餅銭《へいせん》を散じて災禍を除く散餅銭《さんへいせん》の儀を相次で行う。この三種の儀式が上棟祭の中心的行事である。その後、拝礼、撤饌、昇神を以て祭儀が終わる。以上を本義とし、次に略儀を掲げる。その場合、棟上げを予め済ませた上で、その棟木の下を祭場とする。修祓、降神、献饌、祝詞奏上に続いて、上棟行事として斎主が屋下より棟木を仰いで米・切紙・切麻で祓う。曳綱、槌打、散餅・散銭は省略する。拝礼、撤饌、昇神を奉仕して祭儀が終わる。

以上は社殿や家屋を対象とするものだが、高層建築物では上記の要領だと行い難い。そこで棟木として鉄骨梁を用意し、工事関係者によるボルトナット締め付けを経て、棟木をクレーンで引き上げて納めることが行われる。

※7　『特殊祭儀取調案』　特殊祭儀調査委員会の中間報告として昭和十年（一九三五）に作成されたもの。通式、禊祓、渡御神事、社頭特殊神事、学事教育・軍事尚武・農桑殖産・土木建築工業に関する神事、家庭諸神事、附葬祭といった幅広い研究項目が掲げられ、本書では建築諸祭について記載される。森高章氏所蔵本に拠る。森氏は佐伯有義の孫にあたる方で、閲覧に際して高配頂いた。ここに御礼申し上げる次第である。

三、新殿祭（新殿清祓式）

◆意義と祭神　しんでんさいと音読し、神殿や住宅等の新築に際し、竣工を祝い神明に感謝すると共に殿舎家屋の堅固を祈る祭りである。新室祭・新宅祭・竣工（功）祭とも称される。一般に家固めとも言われる。また、新殿祭に代わる略儀として新殿・新屋清祓の儀のみ行われることもある。

新殿祭の祭神として、屋船久久能遅命と屋船豊宇気姫命の二柱の神をまつる。上棟祭同様、屋船の神々は家屋の守り神として信仰されていることからまつられるのだろう。

◆新殿祭の歴史　かつて宮中では大殿祭《おおとのほがい》という祭儀が行われていた。これは大嘗祭・新嘗祭・神今食といった節目にあたり、改めて災禍のないよう祈願する祭祀である。また宮殿の新築や移転など臨時にも行われた。大殿祭は、①神籬を設けず、②四隅に御富伎玉《みほぎだま》を掛け、③同じく四隅に散供、④神饌を供えない、⑤祝詞は巽の方に向かい微音にて奏上、といった特殊な祭儀であるが、新殿祭はこの大殿祭の流れを汲む祭祀とされる。

したがって、上記五項目を満たすものが古式に基づく新殿祭と言えるが、これが斎行されるのは神社の新殿くらいだろう。一般住宅では、神籬を設け、神饌を供する形式で行われることが多い。

◆祭儀の流れと祭場の鋪設　神社の新殿祭では神籬を設けず、新殿の周囲に注連縄を引き廻らす。祝詞座は本殿の外陣、巽（東南）に向かい鋪設する。本殿内陣四隅に御富伎玉を掛けるため、四隅に折れ釘を打つ、御富伎玉の仮案を設けるなどの準備を要する。御富伎玉とは、青・赤・白・黄の四色の玉で、それぞれ東北・東南・西南・西北の四隅に掛ける。

住宅の新殿祭では座敷や居間といった主要な一室を祭場と定めることが通例である。社殿同様、御富伎玉並びに散供の準備を行う。

祭儀の流れは、『諸祭式要綱』によれば、修祓、御富伎玉を掛け、四隅の散供、祝詞奏上、退出となる。神籬を設ける通常の祭式では、修祓、降神、献饌、御富伎玉、散供、祝詞奏上、拝礼、撤饌、昇神、退出となる。

なお、こうした新殿祭を斎行することが本義であるが、略儀として清祓の儀のみ行うことで、新殿祭に代える場合もある。

（高原光啓）

あとがき

全国の神社では、古くから伝統の祭祀が行われている。それぞれ特色がありながら本質は共通している。本書は、その多様な祭祀伝統を、「祭式」という視点から、整理したものである。現在は、全国神社統一の祭式で祭典が行われている。神前にて神職及び氏子総代や地域の役職者・崇敬者などが参列して厳粛に行われるものだ。よって神職にとっては、神社祭式と行事作法とを習得し熟達することが必須のこととされる。

「祭式」という視点から、神道祭祀の全体像を俯瞰してみると、改めて様々なことに気付く。古来の祭祀伝統の上に、現在の「祭式」があることは自明のことではあるが、廃れて廃絶しても、社会や時代の要請で復興し制度が再編成される。神々に社会の安寧や五穀豊穣を祈ることは、時代を超えた人々の願いである。祭祀を厳修するために、関係者が不断の努力を続けて、現在があるということだ。

最近、神社への関心が高くなっている。参拝の折に御朱印を受ける人も増加している。終戦後、占領政策で「神社は軍国主義の温床」と決めつけられたことで、一時期神社から人々が遠退いたが、神社は元来社会の平安を祈るところ、と再認識した結果でもある。多くの人が、「祭式」にも注目して、美しく麗しい祭式作法を通して、神々への崇敬の心を深めていただき度思う。

本書出版に当たり、國學院大學神道文化学部より平成二十八年度共同研究費を戴いた。また、補註の執筆には、祭式補助員である後藤正明、落合敦子の両氏にご協力いただいた。落合敦子氏には、本書の出版を待たず昨年七月に急逝されまことに残念であった。出版については、今回も戎光祥出版株式会社代表取締役社長伊藤光祥氏にお世話になった。ここに記して感謝申し上げたい。

平成三十年二月十一日

茂木貞純

【主要参考文献一覧】

第一編　神道祭祀の淵源と展開

井上光貞著『日本古代の王権と祭祀』
佐伯有義著『神祇官考証』
岡田荘司著『平安時代の國家と祭祀』
藤森　馨著『平安時代の宮廷祭祀と神祇官人』
三橋　正著『平安時代の信仰と宗教儀礼』
出村勝明著『吉田神道の基礎的研究』
小林健三著『垂加神道の研究』
近藤啓吾著『崎門三先生の学問—垂加神道のこころ—』
河野省三著『国学の研究』
上田賢治著『国学の研究』
米田雄介稿「朝儀の再興」（辻達也編『日本の近世　第二巻天皇と将軍』所収）
藤田　覚著『幕末の天皇』
藤井貞文著『近世における神祇思想』
武田秀章著『維新期天皇祭祀の研究』
阪本是丸著『明治維新と国学者』、『国家神道形成過程の研究』
阪本是丸編『国家神道再考—祭政一致国家の形成と展開—』
神道文化会編『明治維新神道百年史』
神社新報創刊六十周年記念出版委員会編『戦後の神社神道—歴史と課題—』
神社新報編『増補改訂近代神社神道史』

第二編　神道祭祀と祭式

植木直一郎著『皇室の制度典禮』
川出清彦著『皇室の御敬神』
川出清彦著『大嘗祭と宮中のまつり』
鎌田純一著『皇室の祭祀』
阪本廣太郎著『神宮祭祀概説』
中西正幸著『神宮祭祀の研究』
鎌田純一著『神宮史概説』
小野祖巨編『祭の体験と規範—祭式斎戒拾遺—』
岡田重精著『斎忌の世界』
八束清貫著『神社有職故実』、『装束の知識と著法』
鈴木敬三著『有識故実図典』
神社本庁編『神社祭式行事作法典故考究』
神社本庁編『神社祭祀関係規程附解説』
神社本庁編『神社祭式同行事作法解説』（平成二十二年改訂版）
沼部春友・茂木貞純編著『新神社祭式行事作法教本』

第三編　神社祭式の展開

星野光樹著『近代祭式と六人部是香』
沼部春友著『神道儀礼の原点』
茂木貞純ほか著『神饌—神々を彩るモノシリーズ—』
西宮秀紀著『律令国家と神祇祭祀制度の研究』

次田　潤著『祝詞新講』
青木紀元著『祝詞全評釈』
本澤雅史著『祝詞の研究』
粕谷興紀著『延喜式祝詞付中臣寿詞』
遠藤　徹編『雅楽』（別冊太陽）
季刊誌『皇室』編集部編『宮内庁楽部雅楽の正統』
小野亮哉監修著『雅楽事典』
西角井正慶著『神楽研究』、『祭祀概論』
本田安次著『神楽』
石塚尊俊著『西日本神楽の研究』

第四編　諸　祭

平岡好文著『典故考証現行実例雑祭式典範』
平岡好道編『雑祭式実例類纂』
神社本庁編『諸祭式要綱』（正・続）
江馬　務著『江馬務著作集』「結婚の歴史」
石井研士著『結婚式幸せを創る儀式』
禮典研究會編『神葬祭総合大事典』
加藤隆久編『神葬祭大事典』

本書全体に関わるもの

下中弥三郎編『神道大辞典』
薗田稔・橋本政宣編『神道史大辞典』
國學院大學日本文化研究所編『神道事典』
國學院大學日本文化研究所編『神道要語集』（祭祀篇一・二・三）
鈴木敬三編『有識故実大辞典』
宮地直一著『神祇史大系』
神社本庁企画『現代神道研究集成』
神社本庁研修所編『わかりやすい神道の歴史』
岡田莊司編『日本神道史』
長谷晴男著『神社祭式沿革史』
神社本庁『明治以降神社関係法令史料』
長谷晴男編『神社祭祀関係法令規程類纂』
柳田國男著『日本の祭』
折口信夫稿「大嘗祭の本義」
川出清彦著『祭祀概説』
茂木貞純著『神道と祭りの伝統』

【執筆者一覧】

沼部春友

別掲。

茂木貞純

別掲。

星野光樹（ほしの・みつしげ）

昭和五十一年、茨城県水戸市に生まれる。平成十二年、國學院大學文学部神道学科を卒業。平成十七年、同大学院文学研究科神道学専攻単位取得。現在、國學院大學神道文化学部専任講師。
著書に『近代祭式と六人部是香』（弘文堂）。

高原光啓（たかはら・みつひろ）

昭和五十五年、山梨県甲府市に生まれる。平成十四年、國學院大學文学部神道学科を卒業。同大学院文学研究科神道学専攻に進む。平成十一年に甲斐奈神社に奉職、同二十三年、祢宜並びに兼務宮司を拝命。平成二十一年より國學院大學兼任講師。

【写真提供】

生田神社／伊勢神宮／甲斐奈神社／鹿島神宮／春日大社／賀茂御祖神社／神田神社／
北野天満宮／宮内庁／國學院大學博物館／佐太神社／神社本庁／神社新報社／神宮司庁／
神宮徴古館／須賀神社／東京大学史料編纂所／東京大神宮／中氷川神社／
箱根神社／氷川神社／二荒山神社

【撮影協力】

増山正芳
松本滋
國學院大學萌黄會

【編著者紹介】

沼部春友（ぬまべ・はるとも）

昭和13年、栃木県小山市の須賀神社社家に生まれる。昭和36年、國學院大學文学部神道学科卒業、昭和42年、同大大学院博士課程神道学専攻修了。國學院大學栃木短期大學教授、國學院大學教授、神社本庁祭式講師等を歴任。現在、神社本庁教学顧問・祭祀審議委員会委員。須賀神社前宮司。令和4年、逝去。
著書に『神道祭式の基礎作法』（みそぎ文化会）、『神道儀礼の原点』（錦正社）ほか、編著書に『新 神社祭式行事作法教本』（戎光祥出版）ほか。

茂木貞純（もてぎ・さだすみ）

昭和26年、埼玉県熊谷市の古宮神社社家に生まれる。昭和49年、國學院大學文学部神道学科卒業、昭和55年、同大大学院博士課程神道学専攻修了。神社本庁教学研究室長、総務部長等を経て、現在、國學院大學神道文化学部教授。神社本庁祭祀審議委員会委員、祭式講師。古宮神社宮司。
著書に『神道と祭りの伝統』（神社新報社）、『日本語と神道』（講談社）ほか、編著書に『新 神社祭式行事作法教本』（戎光祥出版）。

神道祭祀《しんとうさいし》の伝統《でんとう》と祭式《さいしき》

平成三〇年四月一〇日　初版初刷発行
令和七年三月一〇日　初版第四刷発行

編著者　沼部春友
　　　　茂木貞純
発行者　伊藤光祥
発行所　戎光祥出版株式会社
　　　　東京都千代田区麹町一―七
　　　　相互半蔵門ビル八階
電　話　〇三―五二七五―三三六一㈹
ＦＡＸ　〇三―五二七五―三三六五
印刷・製本　モリモト印刷株式会社
装　丁　山添創平

http://www.ebisukosyo.co.jp
info@ebisukosyo.co.jp

ISBN978-4-86403-278-0

神道関連書籍のご案内

自宅であげる神棚祝詞　中澤伸弘 著
A5判／並製／268頁／2000円＋税／ISBN：978-4-86403-502-6

最新恒例祭典祝詞撰集〔例文収録CD-ROM付〕　宮西修治 著
A5判／並製／460頁／6200円＋税／ISBN：978-4-86403-439-5

現代祝詞例文撰集〔例文収録CD-ROM付〕　宮西修治 著
A5判／並製／558頁／6800円＋税／ISBN：978-4-86403-243-8

祝詞用語表現辞典　土肥 誠 著
A5判／並製／379頁／4000円＋税／ISBN：978-4-86403-252-0

平成新編祝詞事典〔増補改訂版〕　西牟田崇生 著
A5判／並製／552頁／4500円＋税／ISBN：978-4-86403-165-3

新 神社祭式行事作法教本　沼部春友 茂木貞純 編著
A5判／並製／317頁／2800円＋税／ISBN：978-4-86403-033-5

やさしく読む 国学　中澤伸弘 著
A5判／並製／229頁／1800円＋税／ISBN：978-4-900901-70-4

北畠親房『神皇正統記』現代語訳・総解説　今谷 明 訳・著
四六判／並製／408頁／2800円＋税／ISBN：978-4-86403-567-5

最新祝詞選集〔普及版〕全三巻
A5判／並製／各4800円＋税

1、建築諸祭祝詞
821頁／ISBN：978-4-86403-048-9

2、特殊祈願祭祝詞
807頁／ISBN：978-4-86403-049-6

3、誄詞・神葬諸祭詞
725頁／ISBN：978-4-86403-050-2

英和対訳 神道入門　山口 智 著
A5判／並製／223頁／1800円＋税／ISBN：978-4-86403-055-7

イチから知りたい日本の神さま
2 稲荷大神　中村 陽 監修
A5判／並製／176頁／2200円＋税／ISBN：978-4-86403-003-8

安倍晴明『簠簋内伝』現代語訳総解説　藤巻一保 著
四六判／並製／415頁／2700円＋税／ISBN：978-4-86403-263-6

戎光祥選書ソレイユ004
中世の阿蘇社と阿蘇氏 謎多き大宮司一族　柳田快明 著
207頁／1800円＋税／ISBN：978-4-86403-312-1

DVD 神社祭式行事作法　沼部春友 出演指導
200部限定!!
DVD2枚組／25000円（税・送料サービス）